低碳经济学系列教材

总主编 方洁

张伟 叶楠 主编

ECO

碳金融

产品视角

Carbon Finance: Product Perspective

东北财经大学出版社 大连

Dongbei University of Finance & Economics Press

图书在版编目（CIP）数据

碳金融：产品视角 / 张伟，叶楠主编. 一大连：东北财经大学出版社，2024.12
（低碳经济学系列教材）
ISBN 978-7-5654-5219-2

Ⅰ.碳⋯　Ⅱ.①张⋯②叶⋯　Ⅲ.二氧化碳−排污交易−金融市场−研究−中国　Ⅳ.①F832.2
②X511

中国国家版本馆CIP数据核字〔2024〕第071870号

东北财经大学出版社出版发行

　　大连市黑石礁尖山街217号　邮政编码　116025
　　网　　址：http：//www.dufep.cn
　　读者信箱：dufep@dufe.edu.cn
大连图腾彩色印刷有限公司印刷

幅面尺寸：185mm×260mm　字数：425千字　印张：28.75
2024年12月第1版　　　2024年12月第1次印刷
责任编辑：刘东威　刘慧美　　责任校对：那　欣
封面设计：张智波　　　　　版式设计：原　皓
定价：86.00元

碳排放权交易省部共建协同创新中心低碳经济学系列教材碳金融编写专项（22CICETS-JC032）最终成果

前　言

进入 20 世纪 90 年代以后，随着生态环境污染的日益严重，生态环境治理对资金的需求也在逐年加大。单一的财政资金力量非常有限，挖掘金融的潜力势在必行，绿色金融、碳金融等概念也就应运而生了。

党的二十大报告提出，"积极稳妥推进碳达峰碳中和"。鉴于碳金融对于碳达峰碳中和的重要作用，中共中央、国务院高度重视碳金融工作，提出了若干明确的要求。例如，2021 年 9 月发布的《中共中央　国务院关于完整准确全面贯彻新发展理念做好碳达峰碳中和工作的意见》提出，要"积极发展绿色金融"，强调了发展碳金融的重要性。2023 年 12 月发布的《中共中央　国务院关于全面推进美丽中国建设的意见》提出了"大力发展绿色金融""稳步推进气候投融资创新"等要求，将发展碳金融作为美丽中国建设的重要推动力。

为深入贯彻中共中央、国务院的要求，我们组织了中国地质大学（武汉）、湖北经济学院、山东交通学院的相关教师联合编写了本教材。本书以碳金融产品为主线，介绍了碳金融的基本知识、理论基础、市场机制、产品种类、产品设计与推广、产品监管、产品案例等，旨在为读者提供一个清晰完整的碳金融产品知识框架以及实务指南，并增强对碳金融产品的全面了解。本教材由张伟、叶楠担任主编，由周鲁柱、邓九生、严春晓、倪琳、吕婕、易杏花担任副主编。其中，第 1 章由周鲁柱编写，第 2 章、第 3 章、第 6 章由严春晓编写，第 4 章由倪琳编写，第 5 章、第 10 章、第 11 章由邓九生编写，第 7 章由张伟、周鲁柱编写，第 8 章由吕婕编写，第 9 章由叶楠、易杏花编写。全书由张伟负责拟定编写大纲，并组织落实书稿修改等工作。

本教材为碳排放权交易省部共建协同创新中心低碳经济学系列教材碳金融编写专项（22CICETS-JC032）的最终成果。在项目申报与教材编写过程中，得到了中国地质大学（武汉）、湖北经济学院等单位的大力支持，在此表示感谢！同时，在教材编写时，我们参考了不少相关论文及研究报告等，均尽量在教材中予以列示注明，在此向这些论文及研究报告的作者表示感谢！由于我们的水平有限，加之碳金融还是一个新生事物，教材中难免存在一些错误之处，敬请读者不吝赐教！我们的联系信箱是 cfy0510@163.com，欢迎读者随时联系！

张伟

2024 年 8 月

目　录

第1章　碳金融产品概述

　　本章从全球气候变化与碳排放权交易、碳市场的形成与发展、碳金融产品的发展等方面分析了碳金融产品的起源，同时阐述了碳金融产品的挑战与机遇，重点介绍了碳金融产品的内涵、类型与功能。国际碳金融产品主要有零售类、投资类、资产类和保险类产品，国内碳金融产品根据其功能和用途的不同，可以大致分为碳交易产品、碳融资产品、碳资产管理产品。碳金融产品作为连接金融市场和低碳经济的桥梁和纽带，通过价格发现、风险管理、融资支持、市场激励和信息传递等功能，推动全球碳减排目标的实现和经济的可持续发展。

1.1　碳金融产品起源

　　碳金融，作为一个相对较新的概念，近年来逐渐在全球范围内引起广泛关注。它是指与减少温室气体排放、促进低碳发展相关的各类金融活动和金融产品的总称。长期以来，生态环境与金融是两个没有关联的领域，按照各自特有的规律存在。当然，其区别也很明显：生态环境是自然界的产物，而金融是人类自身活动的产物。进入20世纪90年代以后，随着生态环境污染的加剧，人类社会开始加强对生态环境的治理，于是资金不足的问题就凸显出来。在财政力量非常有限的情况下，金融的作用被逐步挖掘出来，于是生态环境与金融开始结合，由此就出现了绿色金融。气候作为生态环境的一部分，同样也是如此。随着近年来全球气候变化问题的日益严峻，碳金融已经成为应对气候变化、推动可持续发展的重要工具之一，而碳金融产品作为碳金融的具体表现形式，更是在这一过程中发挥着举足轻重的作用。碳金融产品的出现，是碳金融发展到一定阶段的必然结果。随着全球对气候变化问题的认识不断加深，各国纷纷制定了减排目标和政策措施。要实现这些目标，就需要大量的资金支持，于是碳金融产品应运而生。它们通过创新金融产品和服务，为减排项目提供了多元化的融资渠道和风险管理工具。

1.1.1 全球气候变化与碳排放权交易

随着人类活动的不断发展，全球气候变暖、极端天气事件频发、海平面上升等现象给人类社会和自然环境带来了巨大的挑战。这些问题的根源在于温室气体排放量的不断增加导致地球大气层中的温室气体浓度持续上升，进而引发全球气候变化。

全球气候变化问题的严重性主要表现在以下几个方面：

首先，全球气候变暖导致冰川融化和海平面上升，这对沿海城市和岛屿等地区的居民造成了极大的威胁。同时，气候变暖还导致极端天气事件频发，如热浪、干旱、洪涝、飓风等，这些极端天气事件对人类社会和自然环境造成了巨大的破坏。

其次，全球气候变化还对生态系统产生了深远的影响。气候变化导致物种分布和生态系统结构发生改变，一些物种甚至面临灭绝的威胁。同时，气候变化还可能导致病毒和细菌的传播范围扩大，对人类健康构成威胁。

为了应对全球气候变化问题，国际社会采取了一系列行动。其中，《联合国气候变化框架公约》（UNFCCC）和《京都议定书》是两个具有里程碑意义的国际协议。《联合国气候变化框架公约》（以下简称《公约》）于1992年达成，是第一个全面控制二氧化碳等温室气体排放，以应对全球气候变暖给人类经济和社会带来不利影响的国际公约。该公约要求发达国家采取具体措施限制温室气体的排放，并向发展中国家提供资金和技术支持，以帮助其应对气候变化。《京都议定书》是UNFCCC的补充条款，于1997年达成。它规定了发达国家在2008年至2012年期间的减排目标，并建立了三个减排机制，包括排放贸易（ET）、联合履约（JI）和清洁发展机制（CDM）。这些机制为发达国家和发展中国家之间的合作提供了平台，促进了全球减排行动的实施。

在上述国际协议的推动下，碳排放权交易作为一种有效的减排工具逐渐兴起。碳排放权交易是指政府设定一个总的碳排放量上限，然后将这个上限分解成若干排放配额，分配给各个排放主体（如企业、行业等）。排放主体可以根据自身需求买卖这些配额，从而实现减排目标。

限额交易（Cap-and-Trade）系统是碳排放权交易的一种重要形式。在这种系统下，政府设定一个总的碳排放量上限（即总量控制），然后将排放配额分配给各个排放主体。如果某个排放主体的实际排放量超过了其配额，那么它就需要从市场上购买额外的配额；反之，如果某个排放主体的实际排放量低于其配额，那么它就可以将多余的配额出售给其他排放主体。通过这种方式，限额交易系统实现了对碳排放量的有效控制和管理。碳排放权交易和限额交易系统的实施，为全球应对气候变化提供了重要的工具。它们通过市场机制的作用，引导排放主体采取减排措施，从而降低了全球温室气体的排放量。同时，这些机制还为排放主体提供了灵活性和选择性，降低了减排成本。因此，在全球气候变化和可持续发展的背景下，碳排放权交易和限额交易系统的重要性不言而喻。

然而，碳排放权交易和限额交易系统的实施也面临着一些挑战和问题。例如，如何公平地分配排放配额、如何有效地监管市场交易行为、如何避免市场操纵和价格波动等问题都需要得到解决。因此，未来需要进一步完善碳排放权交易和限额交易系统的设计和运行机制，以更好地发挥其在全球气候变化和可持续发展中的作用。

1.1.2　碳市场的形成与发展

碳市场作为应对气候变化、推动低碳经济转型的重要机制，其形成与发展经历了漫长的过程。从最初的区域性尝试到如今的在全球范围内扩展，碳市场逐步成为连接政府、企业和金融机构等多方参与者的关键平台。

追溯碳市场的历史起源，不得不提的是欧洲排放交易体系（EU ETS）的成立。作为全球最大的碳排放权交易市场，EU ETS 自 2005 年启动以来一直是推动全球碳市场发展的重要力量。它的建立旨在通过市场机制来限制和减少欧盟内部的温室气体排放，以实现《京都议定书》下的减排承诺。EU ETS采用限额交易模式，对排放密集型行业如电力、钢铁、水泥行业等设定了排放上限，并允许配额在市场中进行交易。这一举措不仅为欧盟内部的减排行动提供了经济激励，同时也为全球其他国家和地区提供了宝贵的经验。

随着全球对气候变化问题的关注度不断提升，碳市场在全球范围内逐渐扩展。在北美，美国加州建立了自己的碳排放交易体系，与加拿大魁北克省等地区形成了跨区域的碳市场连接。在亚洲，中国于2021年7月16日正式启动了全国碳排放权交易市场，标志着全球最大的发展中国家在应对气候变化方面迈出了坚实的一步。此外，日本、韩国等亚洲国家也在积极探索和建立自己的碳交易体系。除了这些主要的碳市场之外，还有许多其他国家和地区正在建立或计划建立碳交易体系，形成全球范围内多层次、多元化的碳市场格局。

碳市场的发展离不开多方参与者的共同努力。

政府作为碳市场的重要推动者和监管者，发挥着制定规则、分配配额和监管市场等关键作用。政府通过立法和行政手段，为碳市场的运行提供了法律保障和政策支持。同时，政府还需要与其他国家和地区的政府进行合作和协调，以推动全球碳市场的互联互通和共同发展。

企业作为碳市场的主要参与者之一，承担着减排义务和碳配额的交易任务。企业需要根据自身的排放情况和减排成本制定合理的减排策略，并通过碳市场进行配额的买卖。在这一过程中，企业不仅可以实现自身的减排目标，还可以通过碳交易获得经济收益，形成减排与经济效益双赢的局面。

金融机构在碳市场中也扮演着重要的角色。它们通过提供碳金融产品和服务，为碳市场的运行提供了必要的资金支持和风险管理工具。金融机构可以开发碳期货、碳期权等金融衍生品，为市场参与者提供多样化的交易选择和风险管理手段。同时，金融机构还可以通过绿色债券、绿色基金等金融工具，引导资金流向低碳、环保的领域，推动经济的绿色转型和可持续发展。

1.1.3　碳金融产品的发展

碳金融产品作为连接金融市场和低碳经济的桥梁，其创新和发展变得尤为重要。从最初的碳排放权交易，到如今的碳期货、碳期权、碳债券等多元化碳金融产品，这些创新不仅为市场主体提供了丰富的风险管理工具，还有力地推动了全球碳减排目标的实现。

碳金融产品的发展历程可以追溯到20世纪90年代，当时全球范围内开始兴起碳排放权交易。在这一背景下，金融机构开始尝试将金融市场的理念和工具引入碳排放权交易中，从而催生了碳金融产品的诞生。早期的碳金融产品主要以碳排放权为基础，通过在金融市场进行买卖来实现碳排放权的流通和定价。

进入21世纪后，碳金融产品开始快速发展。碳期货、碳期权等金融衍生品相继问世，为市场主体提供了更加丰富的碳金融交易选择。这些金融衍生品不仅可以帮助市场主体对冲碳排放权价格波动的风险，还可以为投资者提供新的投资机会和盈利渠道。除了碳期货和碳期权外，碳债券也是近年来兴起的碳金融产品之一。碳债券是指发行人以低碳项目或碳减排收益为基础发行的债券，投资者购买碳债券不仅可以获得固定的利息收益，还可以为低碳项目提供资金支持。

这些碳金融产品的创新和发展，为市场主体管理碳风险和实现碳减排目标提供了有力的支持：首先，通过碳期货、碳期权等金融衍生品的交易，市场主体可以对冲碳排放权价格波动的风险，从而稳定其经营收益；其次，碳债券等融资工具为低碳项目提供了多元化的融资渠道，降低了融资成本，推动了低碳技术的研发和应用；最后，这些碳金融产品还为投资者提供了新的投资机会和盈利渠道，吸引更多的资金流入低碳、环保领域。

在碳金融产品的发展过程中，金融机构发挥着举足轻重的作用。首先，金融机构作为碳金融产品的设计者和发行者，需要根据市场需求和风险偏好来开发适合市场主体的碳金融产品。其次，金融机构需要为市场主体提供碳金融交易的平台和服务，如碳交易所、碳金融咨询等。最后，金融机构还需要积极参与低碳项目的投资和融资，为低碳经济的发展提供资金支持。

1.1.4 碳金融产品的挑战与机遇

随着市场的不断发展和深入，碳金融产品也面临着诸多挑战，同时孕育着巨大的机遇。

1）碳金融产品面临的挑战

首先，市场波动性是碳金融产品面临的主要挑战之一。由于碳排放权价格受到多种因素的影响，如政策调整、能源价格波动、气候变化等，导致碳金融产品价格波动性较大。这种波动性不仅增加了市场主体的经营风险，也影响了投资者的信心和预期收益。为了应对市场波动性的挑战，市场主体需要建立完善的风险管理体系，包括风险识别、评估、监控和应对等环节。同时，金融机构也需要加强碳金融产品的研发和创新，为市场主体提供更加多样化、精细化的风险管理工具。

其次，政策不确定性也是碳金融产品面临的重要挑战。由于全球气候变化政策的制定和实施涉及多个国家和地区的政治、经济、文化等复杂因素，导致政策调整的频率和幅度较大。这种政策不确定性不仅影响了碳排放权的供需平衡和价格走势，也增加了市场主体的合规成本和经营风险。为了应对政策不确定性的挑战，市场主体需要密切关注国际和国内气候变化政策的动态变化，及时调整经营策略和交易策略。同时，政府也需要加强政策沟通和协调，提高政策的透明度和可预见性，为市场主体提供更加稳定、明确的政策环境。

2）碳金融产品孕育的机遇

尽管碳金融产品面临着诸多挑战，但其为全球低碳转型提供的机遇也是巨大的。

首先，碳金融产品为绿色投资提供了广阔的空间。随着全球对气候变化问题的日益重视和低碳经济的不断发展，绿色投资已经成为全球投资领域的新热点。碳金融产品通过提供碳排放权交易、碳金融衍生品交易等多元化投资选择，为投资者提供了参与绿色投资的新渠道和新方式。同时，碳金融产品还为绿色项目提供了融资支持，推动了绿色技术的研发和应用。

其次，碳金融产品为绿色金融的发展提供了重要机遇。绿色金融是指金融机构将环境保护、社会责任和公司治理等因素纳入金融业务和金融产品中，以实现经济、社会和环境的可持续发展。金融机构可以通过发行绿色债券、设立绿色基金等方式筹集资金，支持低碳、环保项目的建设和运营；同时，还可以为企业提供碳排放权质押融资、碳交易咨询等碳金融服务，帮助企业降低减排成本和经营风险。

1.2　碳金融产品的内涵、类型与功能

1.2.1　碳金融产品的内涵

碳金融产品作为低碳经济与金融市场相结合的产物，是指在低碳经济发展过程中，围绕碳排放权交易、低碳项目投融资以及其他与碳减排相关的金融活动所形成的一系列金融工具和服务的总和。这些产品旨在通过金融市场的力量，推动全球温室气体减排，实现经济的绿色转型和可持续发展。

碳金融产品的核心在于将碳排放权这一环境资源转化为可交易的金融资产，从而赋予其经济价值。通过碳排放权交易，市场主体可以根据自身的减排成本和市场需求，买卖碳排放权，在实现减排目标的同时降低减排成本。碳金融产品则是在碳排放权交易的基础上，通过金融市场的创新，为市场主体提供更加丰富、多样化的风险管理工具和投融资渠道。

1.2.2　碳金融产品的类型

1）国际碳金融产品的类型

联合国环境规划署在关于《绿色金融产品和服务》的调查报告中指出，零售

类、投资类、资产类和保险类产品是全球主流的四类碳金融产品。

（1）零售类碳金融产品

零售类碳金融产品的主要目标客户群是个人、家庭和中小企业，旨在把公众行为和碳减排联系起来，使购买者获得一定的经济利益，并同时履行一定的减排义务，从而使环境、经济和社会效益获得兼容。目前国际主流零售类碳金融产品包括四大类：住房建筑贷款类产品、私人账户类产品、低碳运输交通贷款类产品和绿色信用卡类产品。

住房建筑贷款类产品主要涉及绿色节能房屋的初次贷款和节能设备的贷款，包含绿色房屋按揭贷款、智能社区抵押贷款、便捷太阳能融资、住房节能改造贷款、LEED认证建筑再次融资、生态家庭贷款等产品。这类产品较活跃的发行机构包括花旗银行、富国银行、本迪戈银行等。

主流私人账户类产品则针对受保人的存款制定用于低碳项目的贷款等融资安排，如澳大利亚的西太平洋银行在2018年推出的全球首个绿色定制存款。

低碳运输交通贷款类产品则为低碳排放汽车及运输提供贷款和帮助，如低碳汽车优惠贷款、卡车公司节油技术及设备贷款，以及低碳采购与低排放车辆补贴，其先行机构有温哥华城市商业银行、美洲银行和劳埃德银行。

绿色信用卡类产品则通过消费者的信用卡消费来实现碳减排，包括气候信用卡、生态Visa卡、绿色Visa卡、绿色电力信用卡等，主要发行机构包括荷兰合作银行、汇丰银行、巴克莱银行、富国银行及荷银集团等。

国际上此类产品受公众欢迎且一定程度上能为社会福利作贡献。以信用卡为例，绿色信用卡通常会提供非政府组织捐款，大致相当于持卡者每次购物余额转移或预支现金时的0.5%，借贷者只需很少的成本即可获得配套服务，同时还可获得一定回报，银行本身也能从中获得收益。例如，巴克莱银行的呼吸卡为顾客的绿色消费提供特别优惠，并将所获利润的一半捐赠于碳减排的清洁能源慈善项目。

零售类碳金融产品通常交易金额较小、风险系数较低，银行本身所承担的风险相对于巨额投资项目也较小。例如，温哥华城市银行推出的低碳汽车优惠贷款，其交易额是一辆车的价格；GE 的地球奖励信用卡只需持卡者使用1%的资金购买碳减排项目即可。

另外，新兴零售类碳金融产品通常能得到媒体和非政府组织的关注，如劳埃德银行为减少餐饮行业的碳排放和碳采购，为符合条件的超低排放车辆驾驶者提供 25% 的补助金，最多可达 5 000 英镑，并得到当地主流媒体及各大网站的持续宣传。

零售类碳金融产品也增强了包括客户、员工在内的利益相关者的环保意识。例如，荷兰银行本身通过使用清洁能源等措施减少碳排放，采购符合环保要求的 IT 设备，鼓励通过电话或视频会议减少商务旅行等。

（2）投资类碳金融产品

投资类碳金融产品的主要目标客户群体是有着复杂财务需求的大型企业、机构等团体，其中，融资类产品最为盛行。国际主要投资类碳金融产品包括低碳融资项目、债券、股权和与各项指数挂钩的产品。其中，低碳融资项目产品主要有清洁能源项目融资、可再生能源项目融资、废弃物再生项目融资、沙漠电力和太阳能脉冲项目融资、可再生能源私募股权、巴拿马森林恢复债券等，由花旗集团、巴黎银行、巴克莱银行、富通银行、渣打银行、摩根大通集团等发行。为降低碳排放而发行的债券和私募股权有森林保护私募股权、CCC股权债务碳融资、二氧化碳减排认证等，由美洲银行、英国气候变化资本集团、瑞银克拉里登人民银行等尝试发行。此外，还有瑞士信贷银行、巴克莱银行、摩根大通集团等发行的与可替代能源指数、巴克莱全球碳指数、生物燃料组合及太阳能指数等各项指数挂钩的产品。

大多投资类碳金融产品主要是针对清洁能源、能源技术开发等的项目型投资，无论是项目融资还是私募股权，其交易金额均较大，且周期较长。此类项目的投资对技术要求高，投入成本高，面临的技术瓶颈和技术失败的风险较高，但其解决了三个现实问题：缓解低碳技术投入资金不足问题；改善了银行融资结构；提供了灵活的融资渠道。碳融资的重点是为企业提供股权或贷款，使其能从国际交易市场上购买碳排放权，提高投资组合的多样性。

（3）资产管理类产品

基金在低碳资产管理类产品中较受欢迎，包括财政绿色基金、低碳发展基金等。此类产品通过前端支付、股权投资或提前购买协议为减排项目融资。按照投资者的类型，基金分为公共基金、公私混合基金和私人基金。基金的主要融资方式有政府承担所有出资、政府通过征税的方式出资、企业自行募集等，其中最常用的方式是由政府和企业按比例共同出资，除了各类金融机构外，各国政府也积极参与其中。

基金类产品的交易金额一般较大，特别是由政府出资设立的碳基金，规模通常在千万美元以上（二级市场上流通的基金除外）。从融资方式来看，政府在碳基金的发展中起到举足轻重的作用，无论是全部由政府管理还是政府与国际组织、企业联合管理，政府都充分发挥出政策和资金的优势，为投资方和项目业主之间搭建有形的平台，极大地推动了各国碳基金的健康发展。例如，英国碳基金是政府投资、按公司模式运营的独立公司，气候变化税是其资金来源之一；日本碳基金是由31家私人企业和两家政策贷款机构、日本国际协力银行和日本政策投资银行出资建立的。

（4）碳保险类产品

碳保险类产品利用保险的形式刺激各行业的碳减排，如低碳汽车保险、绿色建筑覆盖保险等。面对未来碳市场的蓬勃发展，保险为碳市场的交易体制提供了一种保证，促进碳金融产品的发展。

目前的低碳保险类产品一般有两种：与公众生活密切相关的产品，以及针对碳价波动的风险类产品。前者交易金额小、风险系数低，如汽车运输保险和建筑房屋商业保险；后者交易金额大、风险系数相对较高。作为一种新兴产品，碳保险的投保要求高，公司需要对每一份承保业务进行实地调查和评估，单独确定保险费率，合同内容均具有特定性。目前尝试发行碳保险类产品的机构多为大型保险公司，如全球最大保险集团法国安盛和英国最大的保险集团英杰华。

总的来说，发行碳金融产品的机构具有一定的共性特征。首先，这些金融机构多在欧美发达国家，尤以欧盟地区为主，这与欧盟成熟的金融体系和市场运作模式、国家政策与法律的大力支持，以及较强的公众环保意识密切相关。其次，这些银行发展历史悠久，资金实力雄厚，品牌形象深入人心，分支机构遍布全球，有着丰富的风险防范意识和产品创新经验。最后，这些银行尝试了不同类别的碳金融产品。例如，花旗银行既有零售类的绿色房屋抵押贷款，也有私募股权基金；荷兰银行推出了绿色房屋按揭贷款，以及低碳封闭资本金等。在发行碳金融产品方面，这些银行结合自身特点作出了努力并获得了一定的经济社会效益。多数在碳金融产品领域活跃的银行也是遵从赤道原则的银行，包括花旗银行、汇丰银行、荷兰银行在内的多家大型跨国银行，在贷款和项目资助中强调企业的环境和社会责任。

2）国内碳金融产品的类型

国内碳金融产品种类繁多，根据其功能和用途的不同，可以大致分为以下几类：碳交易产品、碳融资产品、碳资产管理产品。本书后面的章节主要介绍的是国内的碳金融产品。

（1）碳交易产品

碳交易产品是指在碳排放权交易市场上，以碳排放权为基础资产，通过金融工程技术设计出来的一系列金融合约。这些合约的价值取决于基础资产（即碳排放权）的价格变动，因此被称为"衍生"产品。碳交易产品的出现为市场主体提供了对冲碳排放权价格波动风险、实现套利交易等多元化交易策略的机会。碳交易产品主要包括碳现货、碳远期、碳期货、碳掉期、碳期权和碳指数等，它们之间既有联系又有区别。

碳现货是所有碳交易产品的基石。它代表了即时的碳排放权买卖，为市场提供了最基本的流动性。碳现货的价格直接反映了当前市场上碳排放权的供需状况，是其他衍生产品定价的重要参考。碳现货交易的活跃程度直接影响着整个碳市场的健康发展。

碳远期则是在碳现货基础上衍生出来的一种交易产品。买卖双方通过签订远期合约，约定在未来某一特定时间以特定价格进行碳排放权交易。这种交易方式可以帮助参与者锁定未来的交易价格，规避价格波动风险。与碳现货相比，碳远期具有更强的价格发现功能，能够反映市场对未来碳排放权价格的预期。然而，由于远期合约通常需要双方的信用担保，因此存在一定的信用风险。

碳期货是在交易所内进行标准化合约买卖的碳交易产品。与碳远期相比，碳期货具有更高的流动性和更低的信用风险。这主要得益于交易所提供的中央对手方清算和保证金制度。碳期货合约的标准化程度更高，交易更为便捷，因此吸引了大量投资者参与交易。碳期货的价格发现功能更强，能够为市场提供更为准确的价格信号。

碳掉期是一种更为复杂的碳交易产品，它同时涉及即期交易和远期交易。在碳掉期交易中，一方支付固定价格购买碳排放权，同时以浮动价格出售另一时间的碳排放权，或者相反。这种交易方式可以帮助参与者调整碳排放权的时间分布，优化碳资产管理。碳掉期在碳市场中扮演着桥梁和纽带的角色，连接着不同时间点的碳排放权供需。

碳期权是一种赋予购买者在未来某一特定时间以特定价格购买卖碳排放权的权利的交易产品。与碳期货和碳远期不同，碳期权的购买者只有在行使权利时才需要承担交易义务，因此具有更高的灵活性。碳期权交易为参与者提供了更为丰富的风险管理策略，既可以保护现有头寸免受不利价格变动的影响，也可以以较低成本获取潜在的价格变动收益。

碳指数是一种反映碳市场价格变动趋势和幅度的指标。碳指数的编制需要考虑各种碳交易产品的价格变动和权重分配，因此它是碳金融产品设计和创新的重要基础。碳指数可以为投资者提供市场走势的参考依据，帮助他们把握市场整体的价格动态。

各种碳交易产品之间的关系和区别构成了碳市场的完整生态链。随着全球应对气候变化的努力不断加强，碳市场的规模和影响力将不断扩大，各种碳交易产品也将在其中发挥越来越重要的作用。对于市场参与者来说，深入理解这些产品的特点和相互关系，将有助于他们更好地把握市场机遇、规避市场风险、实现自身的可持续发展目标。

（2）碳融资产品

碳融资产品是指金融机构根据低碳经济和绿色发展的需求，设计并推出的一系列与碳排放权交易、低碳项目投资、绿色金融市场相关的金融产品。这些产品通过提供资金支持和金融服务，帮助企业和项目减少温室气体排放、提高能源效率、推动技术创新和促进可持续发展。碳融资产品主要包括碳贷款、碳债券、碳股权、碳基金、碳信托以及碳资产支持证券等。

首先，从资金的提供方和使用方来看，碳贷款、碳债券、碳股权是三种主要的融资方式。碳贷款是金融机构直接向实施节能减排或清洁能源项目的企业提供资金支持，这种方式的优点在于资金提供方（金融机构）能够直接控制资金的使用方向，确保资金用于低碳项目。碳债券是通过发行固定收益证券的方式筹集资金，这种方式可以吸引更多的投资者参与，从而扩大资金来源。碳股权则是投资者购买低碳技术或清洁能源企业的股权以提供资金支持，这种方式不仅能够为企业提供资金，还能够引入战略投资者，帮助企业提升管理和技术水平。

其次，从投资的风险和收益来看，碳基金、碳信托和碳资产支持证券为投资者提供了更多样的投资选择。碳基金是一种集合投资工具，通过集合多个投资者的资金进行专业管理、分散投资风险，为投资者提供稳定的投资回报。碳信托是一种特殊的信托产品，通过信托公司的专业管理，将资金投资于低碳项目或企业，为投资者提供风险较低、收益稳定的投资选择。碳资产支持证券则是一种创新的金融衍生品，通过将碳资产证券化，提高了碳资产的流动性和市场价值，为投资者提供了新的投资工具。

具体来看，碳贷款与碳债券、碳股权在资金提供方式上存在明显区别。碳贷款是金融机构的直接贷款，其利率和贷款条件通常与项目的减排效益挂钩，因此更适合需要大量资金且信用状况良好的大型企业；而碳债券和碳股权则是通过证券市场进行融资，其发行条件和收益率也通常与项目的减排效益相关，因此更适合需要大量资金但信用状况一般或需要引入战略投资者的中小型企业。

碳基金与碳信托在投资策略和风险控制方面有所不同。碳基金的投资策略更灵活多样，可以包括股权投资、债券投资、项目融资等多种方式，因此更适合追求高收益且风险承受能力较强的投资者；而碳信托则更注重风险控制和收益稳定，其投资策略通常比较保守，因此更适合追求稳定收益且风险承受能力一般的投资者。

碳资产支持证券作为一种创新的金融衍生品，与其他碳金融产品相比具有独特的优势。通过将碳资产证券化，可以将原本流动性较差的碳资产转化为可交易的金融产品，从而提高碳资产的流动性和市场价值。此外，碳资产支持证券还可以为投资者提供多样化的投资选择，降低投资风险。然而，由于碳资产支持证券的市场还不够成熟，其定价和交易机制还需要进一步完善。

各种碳金融产品之间既相互联系又有所区别。它们各自具有独特的优势和适用场景，可以相互补充、相互配合，为推动低碳经济的发展提供全方位的服务。

（3）碳资产管理产品

碳资产管理产品是一种创新的金融工具，这些产品旨在帮助企业和机构有效管理其碳资产，实现碳资产的保值增值，降低碳市场风险，促进低碳经济发展和绿色金融创新。碳资产管理产品的核心理念是将碳资产转化为可交易、可流通的金融产品，从而赋予碳资产更多的经济价值和市场活力。碳资产管理产品主要包括碳保险、碳保理、碳托管、碳回购、碳储蓄和碳拆借等金融产品，它们以其独特的功能和运作方式，为企业提供全方位的碳资产管理服务。

首先，从风险管理的角度来看，碳保险和碳保理在功能上有一定的互补性。碳保险主要是为企业在参与碳市场交易时提供风险保障，当企业面临价格波动、交付违约等风险时，碳保险能够提供相应的赔偿，帮助企业规避潜在的经济损失。碳保理则更多的是为企业提供一种应收账款的融资服务，当卖方企业需要提前获得资金时，可以通过将应收账款转让给保理公司来获得融资，从而盘活碳资产，提高资金周转效率。因此，碳保险和碳保理在风险管理和资金融通方面为企业提供了双重保障。

其次，从碳资产管理的角度来看，碳托管和碳回购都是针对企业碳资产进行有效管理的工具。通过碳托管服务，企业将碳资产委托给专业机构进行管理和运作。借助专业机构的管理经验和市场分析能力，企业可以更好地把握碳市场的动态，优化碳资产配置，从而实现碳资产价值的最大化。碳回购则是一种短期的碳资产融资工具，企业在需要短期资金时，可以通过出售碳资产并约定在未来以特定价格回购的方式来获得融资。这种方式既满足了企业的流动性需求，又保留了其对碳资产的长期控制权。因此，碳托管和碳回购在碳资产管理方面为企业提供了灵活多样的选择。

此外，碳储蓄和碳拆借在碳资产的价值实现和短期借贷方面发挥了重要作用。碳储蓄是指企业将暂时不需要的碳资产储存起来，以备将来使用或交易。这种方式可以帮助企业在碳市场价格波动时把握市场机遇，实现碳资产的价值最大化。碳拆借则是一种基于碳资产的短期借贷行为，企业可以在短期内借入或借出碳资产以应对市场变化。这种方式不仅可以帮助企业调节碳资产的供需平衡，还可以为企业带来相应的利息收益或降低利息成本。因此，碳储蓄和碳拆借在碳资产的价值实现和短期借贷方面为企业提供了有效的支持。

随着全球应对气候变化行动的深入推进和碳市场的不断发展壮大，碳金融产品将会更加丰富和多样化。企业应当根据自身需求和实际情况选择合适的碳金融产品组合来优化碳资产管理策略并实现可持续发展目标。

1.2.3　碳金融产品的功能

碳金融产品作为连接金融市场和低碳经济的桥梁和纽带，在推动全球应对气候变化和绿色转型中发挥着至关重要的作用。具体来说，碳金融产品具有以下功能：

（1）价格发现功能

碳金融产品通过市场交易机制，为碳排放权定价提供了有效的平台。在市场供求关系的影响下，碳排放权价格能够反映其真实价值，从而为市场主体提供准确的减排成本信号。这种价格发现功能有助于引导市场主体根据自身的减排成本和市场需求制定合理的减排策略。

（2）风险管理功能

碳金融产品为市场主体提供了丰富的风险管理工具。通过碳期货、碳期权等金融衍生品的交易，市场主体可以对冲碳排放权价格波动的风险，稳定其经营收益。此外，碳金融产品还可以为投资者提供新的投资机会和盈利渠道，吸引更多的资金流入低碳领域，推动绿色经济的发展。

（3）融资支持功能

碳金融产品为低碳项目提供了多元化的融资渠道。通过绿色债券、绿色基金等融资工具，低碳项目可以获得长期稳定的资金支持，降低融资成本，推动绿色技术的研发和应用。此外，碳融资产品还可以引导社会资本投入低碳领域，促进经济的绿色转型和可持续发展。

（4）市场激励功能

碳金融产品通过市场机制为减排行为提供经济激励。在碳排放权交易市场中，减排成本较低的企业可以通过出售多余的碳排放权获得经济收益，从而激励其继续加大减排力度；而减排成本较高的企业则需要购买碳排放权以满足其排放需求，从而促使其寻求更加高效的减排技术和方法。这种市场激励功能有助于推动全球温室气体减排目标的实现。

（5）信息传递功能

碳金融产品作为金融市场的组成部分，具有信息传递的功能。通过碳金融产品的交易价格和交易量等信息，市场主体可以了解碳排放权的供需状况和市场趋势，从而为其制定合理的减排策略和交易策略提供依据。此外，碳金融产品还可以为政府制定和调整气候变化政策提供市场信号和参考依据。

综上所述，碳金融产品通过价格发现、风险管理、融资支持、市场激励和信息传递等功能，为市场主体提供了丰富的交易选择和风险管理工具，推动了全球碳减排目标的实现和经济的可持续发展。

1.3 本章小结

　　碳金融产品在全球气候变化和可持续发展背景下具有非常重要的意义。它们通过创新金融产品和服务，为应对气候变化、推动经济绿色转型提供了有力的支持。同时，它们也为投资者提供了新的投资机会，促进了全球金融市场的健康发展。全球气候变化问题的严重性已经引发了国际社会的广泛关注。为了应对这一问题，国际社会采取了一系列行动，包括签订国际协议和建立碳排放权交易市场等。这些行动为全球应对气候变化提供了重要的支持和保障。因此，需要继续加强碳市场的研究和实践，不断完善其设计和运行机制，以更好地应对气候变化挑战，推动全球经济的绿色转型和可持续发展。为了充分发挥碳金融产品在应对气候变化和推动低碳经济转型中的作用，需要加大市场建设和监管力度，完善市场机制和交易规则；同时加强国际合作和政策协调，推动全球碳市场的互联互通和共同发展；加强绿色金融产品的研发和创新，为市场主体提供更加多样化、精细化的碳金融产品和服务；还要加强宣传教育和人才培养工作，增强市场主体的环保意识和风险管理能力。

思政专栏

衢州碳账户与浙江健盛集团的协同实践

——谈大学生的环保与低碳生活教育

　　衢州市通过绿色金融改革，创新性地推出了碳账户建设，旨在通过数字赋能、多跨协同等形式，破解碳量化难题，增加碳价值评估，构建碳金融闭环系统。浙江健盛集团作为一家以高质量发展为统领，以科技、绿色等为导向的针织运动服饰制造企业，积极响应衢州市的绿色金融改革，高度重视环境保护工作，积极合理地运用碳账户。其不仅在年度报告中披露各主要子公司的环境信息情况，还主动披露了防治污染设施的建设和运行情况，充分体现了企业的社会责任和对于绿色金融发展的重视。通过碳账户的运用，浙江健盛集团能够及时买卖用能指标，实现资源更高效、合理的配置。这不仅为企业带来了经济效益，更为企业赢得了良好的社会声誉，而政府的支持和社会的认可又进一步激发了企业的环保热情，形成了良性循环。这一实践不仅为全社会的绿色低碳发展提供了强大的推动力，更为我们展示了一种全新的环保理念和实践路径。

衢州碳账户与浙江健盛集团的协同实践，为我们提供了一个生动的教学案例。大学生一方面要了解环保与低碳生活的重要性，通过课堂讲解、专题讲座、实地考察等多种形式，深入了解全球气候变化的现状、原因和影响，以及环保与低碳生活在其中的重要作用；另一方面要养成环保与低碳的生活习惯，从日常生活的点滴做起，如节约用水、用电、用纸，减少一次性用品的使用，选择绿色出行方式等。大学生要积极参与环保实践，无论是参与学校的环保项目，还是加入社会的环保组织，都应在实践中深入了解环保的艰辛与乐趣，更加坚定地树立环保与低碳生活的理念。

思考题

（1）简要介绍碳金融的内涵。

（2）简述碳金融产品在全球气候变化和可持续发展背景下的重要性。

（3）简述国内外碳金融产品的主要类型。

（4）简述碳金融产品的功能。

第2章　碳金融产品的理论基础

　　碳金融产品的核心是通过市场行为来消除企业碳排放所产生的负面影响，其理论基础涵盖了多个领域，包括外部性理论、科斯理论、公地悲剧和效用、边际成本理论等一系列经济理论，旨在通过市场机制和金融工具来解决气候变化和环境问题，促使企业和个人更加关注碳排放，实现可持续发展。在下文中，我们将逐一阐述碳金融产品的理论基础。

2.1　外部性理论与碳交易

2.1.1　外部性理论的内涵

　　1890年，马歇尔（Marshall）出版了著名的《经济学原理》，在书中首次提出"外部经济"的概念。他从内部和外部两个角度对企业的成本效益影响因素进行考察，将企业自身的发展作为研究的主线，将外部性因素纳入考察对象，认为由于企业外部因素——如市场区位、市场容量、地区分布、相关企业的发展水平、运输条件等——所导致的生产费用的减少和收益递增是外部经济。外部经济概念的提出为正确分析外部性问题奠定了基础。

　　英国著名经济学家庇古作为马歇尔的学生，以企业活动对外部的影响为研究视角，提出自己的核心观点，并在他的《福利经济学》中详细研究了外部性问题。外部性是指未被市场价格所反映的，某一经济主体的活动对其他经济主体所产生的有利或不利影响。其中，有利的影响被称为"正外部性"，指某一经济主体在行使其权利时，将可由其自身行使的权利让渡给他人，且不施加任何义务，属于一种"利益外溢";不利的影响被称为"负外部性",指某一经济主体的活动会对其他经济主体产生不利影响,该经济主体并不承担由此不利影响造成的损失,其他经济主体的损失也得不到补偿。在环境经济领域,正外部性是指当经济主体采取节能减排措施并取得成效后,所带来的成果将被其他经济主体无偿分享,而受益者无须花费代价。负外部性则指经济主体从其排污行为中获得生产收益,但无须支付相应的环境治理费用,并将环境治理费用转移,由其他主体承担。这种负外部性扭曲了市场主体成本与收益之间的关系,会导致市场缺乏效率甚至失灵,并造成生态环境持续恶化。

2.1.2 碳排放的负外部性

随着工业化、城市化的不断发展,人类社会实现了快速的经济增长。生产型、制造型企业的不可持续的能源使用方式排放出大量的二氧化碳等温室气体,导致全球平均气温比工业化前水平高出 $1.1℃$,引发温室效应、海平面上升、极端天气事件增多、冰川融化、生物多样性减少、生态系统严重破坏等。但这些经济主体大多没有为自身碳排放导致的全球气候变化和环境破坏承担相应的责任,这就是碳排放的负外部性。2023 年,政府间气候变化专门委员会(IPCC)第六次评估报告(AR6)指出,近年来与减缓气候变化相关的政策和法律法规不断增加,适应规划和措施都取得了一定的进展,但仍存在适应性差距。根据 2021 年 10 月国家自主贡献(NDCs)推算,预计 2030 年全球温室气体排放量可能使 21 世纪全球气温升幅超过 $1.5℃$,且很难将温升幅度控制在 $2℃$ 以内。

全球气温进一步升高会导致危害多发、并发。有效解决碳排放负外部性问题是减缓全球气候变化的关键之一,经济学家提供了诸多解决方案。将外部成本内部化来解决"外部性"问题是目前经济学界达成的一致主张。在达成路径上,形成了两大流派,即强调通过征税来矫正排污者生产的"庇古税理论"和主张通过明晰产权来解决外部性问题的产权理论。

2.1.3　解决外部性问题的两种经济理论

（1）庇古税

英国经济学家庇古认为："完全依托于新古典经济学的市场机制难以实现帕累托最优，其原因在于私人部门无须为其产生的负外部性向社会支付费用，也不会因其创造的正外部性而获得社会回馈，从而导致社会资源配置效率的下降。"庇古认为外部性实际上就是边际私人成本与边际社会成本、边际私人收益与边际社会收益的不一致。依靠自由竞争难以对其进行纠正，于是就应由政府采取适当的经济政策消除这种不一致现象。政府应采取的经济政策是：对边际私人成本小于边际社会成本的部门实施征税，即存在外部不经济效应时，向企业征税；对边际私人收益小于边际社会收益的部门实行奖励和津贴，即存在外部经济效应时，给企业补贴。通过这种征税和补贴，可以实现外部效应的内部化。这种环境规制的政策思路被称为"庇古税"，是目前部分国家政府对温室气体排放征收碳税的主要理论依据。"庇古税"的出发点在于根据排污者对环境造成的不同污染程度来征税，以此约束企业滥用环境资源的行为，其在控制碳排放问题上的具体体现就是"碳税"。例如，荷兰、挪威、瑞士、法国与芬兰等国家就先后采纳了"庇古税"的思想，通过征收碳税的行政干预来减缓温室气体排放。

碳税是针对二氧化碳等温室气体排放所征收的一种环境税，为纠正环境负外部性问题提供了一个很好的思路，但在实践中也存在着诸多局限性，主要表现为：

①碳排放总量不确定，由于价格效应、弹性效应和理性预期效应等因素，碳税制度存在排放总量不确定的最大劣势，不利于全球温室气体排放总量的控制。

②合理税率水平确定较为困难，理论上合理的税率水平应是边际成本曲线与边际减排收益曲线的交叉点，但在实践中这一数值很难准确计算。

③在征收碳税的过程中可能形成政府寻租，导致资源浪费和资源配置扭曲。

④单边碳税可能会导致碳泄漏，即跨国的外部性问题，具体指一国采取碳税等减排政策，会使国内产业转移至未实施减排政策的国家，导致本国产业外迁，同时

对全球减排目标的实现产生不利影响。

（2）产权理论

庇古税的负外部性内部化的政策思路在发挥其重要作用的过程中，也受到了诸多质疑。其中，产权理论奠基人罗纳德·科斯认为，政府征收庇古税这一行为本身也会产生一定成本，如果这一成本大于负外部性对社会造成的损失，反而会进一步降低社会的资源配置效率。科斯在其经典论文《社会成本问题》中提出，"在产权明晰与交易成本为零的前提下，市场交易机制可以自行达到社会资源的最优配置"。换言之，科斯主张运用市场交易机制代替庇古税来解决外部性问题。进一步地，美国学者戴尔斯提出以明晰环境资源与污染排放产权的思路来解决环境问题，并以科斯产权理论为框架设计了排污权交易市场：在排污总量约束的前提下，政府向企业出售或分配可用于交易买卖的"污染许可证"，企业则通过排污权交易的市场机制最小化减排成本，从而实现环境资源配置最优化。具体到碳排放权交易市场，设计思路为：微观企业在生产经营的过程中会产生碳排放污染，经济收益由企业独享，但温室气体所引发的环境问题则需要整个社会承担，私人部门所获得的边际净收益高于社会的边际净收益，产生了环境问题的"外部不经济"，即负外部性。明确资源产权则是将前述环境问题的负外部性追溯至相应的排放主体，并实现对其温室气体排放的量化，进而形成碳排放权交易的微观基础。

2.2 科斯定理与碳交易

2.2.1 科斯定理的内涵

科斯（Ronald H.Coase）是美国芝加哥经济学派代表人物和法律经济学的创始人之一、新制度经济学的鼻祖。科斯于1960年发表了《社会成本问题》，提出与庇古税截然不同的思路来解决外部性问题。科斯认为，环境问题源于产权不明晰和市场失灵，只有明晰产权，使经济行为主体开展交易才能有效地解决外部性问题。

科斯定理通俗的解释是："在交易费用为零和对产权充分界定并加以实施的条件下，外部性因素不会引起资源的不当配置。因为在此场合，当事人（外部性因素的生产者和消费者）将受市场的驱使去就互惠互利的交易进行谈判，也就是说，外部性因素内部化。"科斯定理具体由三组定理构成。

科斯第一定理认为，如果交易费用为零，不管产权初始如何安排，当事人之间的谈判都会导致那些财富最大化的安排，即市场机制会自动达到帕累托最优。

科斯第二定理通常被称为科斯定理的反定理，其基本含义是：在交易费用大于零的世界里，不同的权利界定会带来不同效率的资源配置。也就是说，交易是有成本的，在不同的产权制度下，交易的成本可能是不同的，资源配置的效率可能也会不同。因此，为了优化资源配置，产权制度的选择是非常必要的。科斯第三定理描述了这种产权制度的选择方法。

科斯第三定理主要包括四个方面：第一，如果不同产权制度下的交易成本相等，那么产权制度的选择就取决于制度本身成本的高低；第二，如果某一种产权制度非建不可，而这种制度有不同的设计方案和实施成本，则这种成本也应该考虑；第三，如果设计和实施某项制度所花费的成本比实施该制度所获得的收益还大，则这项制度没有必要建立；第四，即便现存的制度不合理，如果建立一项新制度的成本无穷大，或建立新制度所带来的收益小于其成本，则一项制度的变革是没有必要的。

科斯定律所提出的通过市场机制来解决外部性问题为碳排放权交易机制的产生播下了种子。

2.2.2 科斯定理的要点

新古典经济学以完全竞争的自由市场为前提，认为价格机制可以自动保证各种资源配置达到帕累托最优状态，即交易不会产生任何费用。但科斯认为价格机制的运行并非没有成本，市场交易是存在成本的，即交易成本。在理想情况下，交易成本为零，正如科斯第一定理所说，不管初始产权如何分配，在市场这个"看不见的手"的作用下，最终都会实现资源的最优配置。但现实世界中往往存在交易成本，即科斯第二定理所呈现的情况，初始产权的分配会影响交易的结果，不同的产权制度会产生不同的资源配置效率。科斯定理阐明了产权、制度对资源配置的重要意义，证明了市场机制在解决外部性问题中的可行性和优越性，同时也指出了实现产权的有效交易必须具备的条件。

首先，产权要明晰。产权清晰界定是价格体系有效运转所依赖的制度条件，也是市场交易能够实现的基本前提和基础。产权（Property Rights）即财产权利，是经济所有制关系的法律表现形式。它包括合法财产的所有权、占有权、支配权、使用权、收益权和处置权。在《新帕尔格雷夫经济学大辞典》中，产权经济学大师阿尔钦如此定义产权："产权是一种通过社会强制而实现的对某种经济物品的多种用途进行选择的权利。"在资源稀缺的条件下，产权是人们使用稀缺资源需要遵循的规则，它依靠社会法律、习俗和道德来维护，具有强制性和排他性。

其次，初始权利分配要适当。当存在交易成本时，不同的初始产权分配会产生不同的资源配置效率，科斯第三定理告诉我们要从成本收益的角度去选择合适的产权制度。根据波斯纳定理，在存在高昂交易成本的前提下，应把权利赋予那些最珍惜它们并能创造出最大收益的人，而把责任归咎于那些只需付出最小成本就能避免的人。

最后，交易成本要足够小。交易成本（Transaction Cost）是各方在达成协议及遵守协议过程中所发生的成本。交易带来的利益大于其成本是交易进行的必要前提，所以减少相关产权交易的成本是保证市场机制能够最大限度地发挥作用的根本。科斯解释了市场中存在企业的原因：市场的价格机制并不免费，为了节约市场交易费用，企业出现在市场经济中，但为了节约更多的交易费用，企业需要支付更多的组织成本。

2.2.3 科斯定理在碳交易中的应用

大气属于公共物品，具有非常典型的消费的非排他性和非竞争性特征，导致污染物过度排放。由于企业对大气碳排放的后果由整个社会承担，因此企业会从自身利益最大化的角度出发而过度碳排放，从而导致负外部性的产生。根据科斯定理，要解决负外部性问题，最重要的前提是明晰地界定产权。在产权明晰的前提下，温室气体排放者和受损者能够根据市场机制，通过资源交易来解决碳排放的负外部性问题。当不存在交易成本时，碳排放的初始界定并不会对资源的最终配置效率产生影响，而面对交易成本不可忽略的现实，碳排放的初始界定会产生截然不同的效率，初始碳排放权的分配则成为碳排放交易市场机制能否顺利运行的一个关键条件。

（1）明确产权

科斯第一定理中的交易费用为零的理想假设在现实生活中不存在，交易费用总是以各种方式不同程度地在经济生活中存在，并发挥着不可忽视的巨大作用。根据科斯第二定理，不同的产权制度安排会产生不同的交易成本，从而导致不同的资源配置效率。为了提高碳排放资源的配置效率，如何对碳排放权进行初始界定就显得尤为重要。通过建立一种具有排他性的产权制度安排将碳排放权私有化能够有效地将碳排放所产生的外部性问题内在化。通过界定碳排放权，相关的环境资源变成稀缺资源，碳排放权也相应地成为一种可交易的商品，污染者和受损者都可以在特定的市场上进行交易。

与庇古税相比，科斯定理在解决碳排放权以及污染外部性方面具有更高的经济效率。第一，在产权明晰的条件下，生产企业能够对自身减排的边际成本与生产的边际效益进行比较，从而选择进行自主减排或进入碳排放交易市场来购买碳排放指标；第二，由于碳排放交易允许生产企业将多余的碳排放权在碳市场上进行交易，企业能够通过市场机制得到激励并进行自主减排，使企业有动力去进行减排技术创新和管理创新，企业为了追逐利润最大化而进行的减排行为会在最大程度上避免由政府定价带来的减排资源配置低效率；第三，根据《公约》和《京都议定书》的减排机制框架，国家之间可以在国际碳金融交易市场上进行碳排放权交易活动，这种市场化的配置机制将有利于全球温室气体减排效率的提升，并能够为碳减排行为的制度化奠定基础。

（2）确定碳排放量的初次分配方案

在实践中，碳排放权初始分配不仅涉及效率问题，还涉及公平问题。在构建碳排放交易体系的过程中，必须慎重对待碳排放量初次分配方案的设定。

碳市场初始配额分配方式主要包括免费分配和有偿分配两种。

根据不同的分配标准，免费分配又包括历史法和基准线法两种。历史法可细分为历史排放总量法和历史排放强度法两类，前者根据排放单位的历史排放情况分配配额，后者则基于某一家企业的历史生产数据和排放量，计算其单位产品的排放情况，并以此为基数逐年下降。历史法以历史排放水平为依据，历史排放量高的企业将获得更高的免费碳排放配额，容易产生"劣币驱逐良币"的不利现象。此外，由于确定历史排放量所依赖的信息主要来自排放企业，历史法容易引发信息不对称问题，影响市场的公平性。基准线法是指参考行业的整体排放数据水平，设置排放强度基准线，并根据该基准发放配额。该方法基于一定的标准排放率对配额进行分配，能够克服历史法的缺点，激励市场主体积极减排，但其控排标准通常难以被准确判定。

根据不同的出售方式，有偿分配包括拍卖法和固定价格出售法两种方式。拍卖法是由企业竞价购买，出价高者可获得配额。固定价格出售法则是由主管部门确定固定的出售价格并向市场主体售卖。在有偿分配方式下，市场主体需要付费才能获得碳排放配额，且主要通过拍卖的方式获取。

2.3 公地悲剧与碳金融产品

2.3.1 公共资源中的公地悲剧

"公地悲剧"（The Tragedy of the Commons）这一术语由加勒特·哈丁（Garrett Hardin）于1968年在Science上发表的文章中首次提出，主要指那些有限的资源注定因自由使用和不受限的要求而被过度剥削。哈丁把公共财产比作公有草地，牧民们都可以在草地上放牧，每一位牧民为了从放牧中取得更多的好处，按照费用最少、效益最大的原则，总是力图增加畜群的数量，但是没有人愿意出资进行草地维护。于是，随着畜群增加，草地质量急剧下降，最后草场完全退化，不能再放牧牛羊，这就是草地公用权的悲剧。

每个人都追求自身利益最大化，但最后的结果是所有人的利益的毁灭。在哈丁的牧场故事里，牧羊人可以预见过度放牧而不进行草地维护引发的后果，那他们为什么还要这样做呢？从牧羊人的角度出发，增加更多的羊会同时产生正面和负面影响。正面影响是每增加一只羊，就能获得更多的利润，而负面影响是牧场的承载能力会随着羊的增加而遭到损耗。假如每增加一只羊所获得的利润是1，这一份利润的受益者当然是牧羊人自己，而同时产生的这1份损耗是由所有牧羊人共同承担。在这种情况下，大多数人都会选择增加放羊数量，因为如果自己不这么做，其他人可能也会这么做。而且谁先这么做，谁就能获得更多的利益。

公地悲剧的核心是公共资源被过度使用。对于公共资源，每个人都拥有使用权，且没有权力阻止其他人使用。当个人在使用公共资源时追求自身利益最大化，公有资源往往会被过度使用，进而损害公众的利益。过度砍伐的森林、过度捕捞的渔业资源及污染严重的河流和空气等，都是公地悲剧的典型例子。

2.3.2　气候变化与公地悲剧

气候变暖是一个典型的公地悲剧问题。根据马歇尔和庇古提出的外部性理论，一个经济主体的活动对其他经济主体产生的相关影响可以分为两种：一种是有利的正外部性，如自然界的共生关系；另一种是不利的负外部性，如温室气体排放使全球气候变暖和生态环境恶化，并对人们的正常生活造成负面影响。这种将不利影响转嫁给公共资源环境，通过对公共资源的消耗来达到个人利益最大化的现象称为公地悲剧。因为产生的公共成本并不直接计入个人成本，而所获得的利益由个人所得，所以当所有人都通过这样的途径来实现个人利益的最大化时，将很难实现公共利益。同理，若个人或企业在碳排放时不需要付出一定成本，或者付出的成本低于收益，个人或企业就会以加大碳排放来实现自我利益的最大化。长此以往，这将与碳减排目标背道而驰，甚至产生减排副作用，造成气候领域的公地悲剧。

2.3.3 避免气候公地悲剧——碳排放权交易

作为以市场为基础的碳定价工具，碳排放权交易是一种以最具成本效益的方式减少碳排放的激励机制，能够对温室气体排放给社会带来的外部成本进行市场定价，使其价值在市场中反映出来，从而抑制企业的碳排放行为，有效解决碳排放的负外部性问题，并防止大气等具有公共物品属性的环境资源被过度使用，避免公地悲剧现象的出现。碳排放权交易将从以下几个方面避免公地悲剧：

（1）碳排放配额分配

在碳排放权交易制度下，政府或国际组织在考虑环境质量目标与经济发展水平的前提下，首先设定碳排放总量，确保整体碳排放水平在环境的可承受范围之内。在设定碳排放总量的基础上，通过合理的分配机制进行配额分配，避免个体参与者过度使用公共环境资源而引发公地悲剧。

配额分配方式主要包括免费分配和有偿分配。免费分配是指按照一定标准确定各主体的排放配额，并以无偿的方式分配给企业。免费分配方式能够减轻市场主体的负担，便于减排工作的顺利推进，因此在碳交易市场的构建初期，通常采用免费分配方式对碳配额进行分配。但免费分配容易产生不公平问题，因此有偿分配方式被逐渐采用。有偿分配是指管理部门定期公开出售一定数量的配额。在有偿分配方式下，市场主体需要付出一定成本才能获得碳排放配额，这使市场的价格发现功能得以充分发挥，也使碳配额的需求量可以被准确地反映，并能够有效提高控排主体的减排积极性，从而有助于提升碳交易市场的运行效率与要素配置效率，确保碳排放总量不超过规定的限额。

（2）市场机制

从经济学理论出发，理性的自然人为了达到自身利益最大化的目的，会尽可能地消耗资源环境等公共物品，而产生的负外部性并没有引发相应的惩罚，因此生产者和消费者可能会低估污染的实际成本，从而使市场价格无法真正反映企业生产的环境成本，导致市场失灵。政府将碳排放权交易这一市场机制引入环境资源配置中，实现外部性内部化转移，可以纠正市场失灵问题。在碳排放交易中，卖方由于超额减排而将剩余的碳排放配额出售，获得的经济回报实质上是市场对有利于环境的外部经济性的补偿；买方由于无法按政府要求减排而购买碳排放配额，支付的费用实质上是外部不经济性的代价。碳排放权交易通过市场机制引入供需关系，使碳排放配额具有交易价值。企业在市场上买卖碳排放配额，并根据市场价格调整其碳排放水平，不断提升管理碳排放的能力，推动实现控制污染物排放、减少环境污染的目标。

（3）经济激励

碳排放权交易制度设立了经济激励机制，即对低碳排放的企业提供奖励，对高碳排放的企业征收罚款。这种激励机制鼓励企业主动采取更加环保的生产方式，从而减少碳排放，避免过度利用共享资源的行为。

（4）监管与执法

碳排放权交易体系需要建立有效的监管机制和执法体系，确保参与者遵守碳排放配额的相关规定。对于违规者的制裁能够有效地遏制过度排放行为，防止公地悲剧的发生。

（5）技术创新

为了避免过度依赖传统高碳产业，碳排放权交易制度鼓励技术创新和可持续发展。企业通过采用清洁能源、改进生产工艺等手段，可以减少碳排放并在碳市场中取得竞争优势。

（6）国际合作

跨国性的气候问题需要国际合作。碳排放造成的负外部性问题主要体现在三个层面：一是碳排放在局部区域产生的负外部性问题；二是碳排放在国际上造成的负外部性问题；三是碳排放的累积效应导致的代际负外部性问题。由于作为碳排放客体的大气具有流动性和全球不可分性等物理特征，碳排放诱发的气候变化将不可避免地波及全球所有国家，因此全球气候治理必然要依赖于国际合作。碳排放权交易可以促使不同国家共同努力，共享经验、技术和资源，避免了在全球层面发生碳排放过度的问题。

总体而言，碳排放权交易通过引入市场机制、经济激励和有效监管等手段，建立了一种可持续发展的碳管理体系，避免了公地悲剧的发生。这种制度不仅有助于降低碳排放，还能推动清洁技术的发展和应用，为实现全球气候目标作出积极贡献。

2.4 效用理论、边际成本理论与碳金融产品

2.4.1 效用理论

（1）效用理论的内涵

效用理论是经济学中的一个核心理论，旨在解释和分析个体作出决策时的行为。该理论着眼于个体对不同选择的偏好和满足程度，探讨人们如何在有限的资源下作出最优决策，以最大化其整体效用。在效用理论中，效用是指个体对某种商品、服务或情境的满足程度或幸福感。然而，效用是一种主观概念，不可以直接观测或测量，经济学家使用效用函数来描述和量化效用，因此便有了效用函数、边际效用等概念。

（2）效用理论的要点

①效用函数

效用函数是描述个体对不同选择的效用的函数，通常表示为 $U(x_1, x_2, \cdots, x_n)$。其中，"$x_1, x_2, \cdots, x_n$"代表个体在各种商品或服务上的消费水平。效用函数可以是线性或非线性的，这取决于对个体偏好的建模方式。通过效用函数，经济学家能够模拟和预测个体在各种决策情境下的行为。

②边际效用

效用理论关注的一个重要概念是边际效用。边际效用是指额外一单位消费或行为对个体总效用的增量。一般来说，随着消费或行为的增加，边际效用呈递减趋势，即每一单位的边际效用逐渐减小。这说明个体在追求最大化效用时，倾向于在各种选择上进行平衡。

③效用最大化

效用理论的核心目标是解释个体如何作出决策以最大化其整体效用。根据效用最大化原理，个体在有限的资源下，会选择能够让总效用达到最大值的那一组商品和服务的组合。这种决策过程涉及边际效用的比较和权衡，确保额外的消费对个体总体满足程度的提升。

④边际替代率

在效用理论中，边际替代率表示个体愿意放弃一种商品或服务以获取另一种商品或服务的程度。这是效用最大化过程中的重要概念，能帮助人们理解在不同商品和服务之间的权衡和替代关系。

效用理论在经济学的各个领域都有广泛的应用，包括消费理论、生产理论、福利经济学等。在消费理论中，效用函数用于解释消费者在有限的收入下如何进行最优的商品和服务选择。在生产理论中，效用函数可用于分析企业的生产决策。福利经济学则通过效用理论来评估经济政策对社会福利的影响。综合而言，效用理论为理解个体决策提供了一个强大的框架，通过对个体的偏好和权衡进行建模，揭示经济主体在有限资源下如何作出最理性的选择，从而为经济学家和决策者提供了深刻的洞察力。

2.4.2　边际成本理论

（1）边际成本理论的内涵

边际成本理论是经济学中的一个基本概念，旨在解释和分析在生产和消费中如何作出最优决策。该理论强调了边际成本在决策中的关键作用，帮助经济体在有限资源下更有效地分配生产要素，确保资源被用于产生最高的社会总福利。在市场竞争的环境下，边际成本理论有助于理解企业的生产行为和市场价格的形成，通过强调效率和最优化的概念，使得资源能够得到更有效的利用。

（2）边际成本理论的要点

① 边际成本的定义

边际成本是指额外生产或消费一个单位的产品或服务所产生的额外成本。在生产方面，边际成本表示额外生产一单位产品所需的成本；在消费方面，边际成本则是额外购买一单位产品或服务的费用。

②边际成本的递减

边际成本理论基于一个普遍的观点：边际成本通常呈递减趋势。这意味着在生产或消费的初期，每一单位的边际成本可能较高，但随着产量或消费的增加，边际成本逐渐减少。这反映了资源的有限性和生产效率的递减规律。

③边际成本与效用平衡

边际成本理论与效用理论有密切关系。在效用最大化的决策中，个体或企业通常会考虑边际效用与边际成本的平衡。最优决策发生在边际效用等于边际成本的点，即额外投入的资源所带来的额外满足与成本达到平衡。

④边际成本在生产中的应用

在生产决策中，企业需要考虑额外生产的每一单位产品所带来的边际成本。通过比较边际成本和市场价格，企业可以确定最优产量水平，以最大化利润。边际成本的递减特性也表明，企业在决定生产规模时需要权衡边际成本的增加和产量的增加带来的收益。

⑤边际成本在消费中的应用

在消费决策中，个体需要考虑额外消费一单位产品或服务的边际成本。这有助于确定最优消费水平——在资源有限的情况下满足个体需求的最有效方式。边际成本的递减特性也解释了为什么个体在一开始可能倾向于增加消费，但随着消费的增加，边际成本逐渐上升。

边际成本理论对于社会资源的有效配置也具有重要启示。通过在个体和企业层面上考虑边际成本，社会可以更好地理解资源的使用效率，从而采取政策措施来促使资源朝着社会最优配置的方向流动。综合而言，边际成本理论可以帮助解释个体和企业在生产和消费中的决策行为，为资源的有效配置提供理论基础。通过理解和运用边际成本理论，经济体系可以更好地实现资源的最优利用和社会福利的最大化。

2.4.3 效用理论、边际成本理论在碳金融产品中的应用

碳金融产品在设计和实施中可以借鉴效用理论与边际成本理论，在考虑个体、企业或国家的效用最大化的基础上更好地确保资源的有效配置，满足碳金融市场参与者的需求，有效促进碳减排。

（1）碳金融市场参与者的效用分析

利用效用函数对碳市场参与者的效用进行建模，了解他们对碳减排的偏好，同时利用边际成本理论分析碳市场参与者的成本和效益，设计碳金融产品，在边际成本和效用之间取得平衡，使其更符合市场参与者的利益和需求。

（2）碳金融产品的定价策略

根据边际效用递减的原理，碳金融产品的定价在考虑额外碳减排的边际效用的同时还应考虑边际成本，确保产品的定价与实际减排效果相匹配，这可以提高市场参与者的积极性与配合度，从而使市场效率得到提高。

（3）碳金融产品的激励机制

在设计碳金融产品时，利用效用理论和边际成本理论设立激励机制：通过效用理论来引导个体或企业在碳减排方面的决策，确保参与者的效用得到最大化；利用边际成本理论，确保额外减排的边际成本在可接受的范围内，鼓励市场参与者通过碳金融产品更积极地参与减排行动，提高碳金融产品的市场参与度。

（4）碳金融市场的透明度

提高碳金融市场的透明度，让参与者更清晰地了解产品的性质、效用和潜在的减排效果。提高碳金融市场的透明度有助于个体更好地理解和权衡参与碳金融市场

的利弊，从而更有效地参与。

（5）碳金融产品的个性化与效用最大化

根据效用理论的个体差异原则，碳金融产品可以通过创新和个性化的方式满足不同参与者的需求。在设计碳金融产品时，应确保市场参与者的边际成本与额外减排效果之间的平衡，以达到效用最大化的目标。这可能涉及产品的创新、多样化，以适应不同参与者的需求。例如，定制化的碳投资组合或碳信用项目可以更好地适应个体的偏好和目标。

（6）考虑时间效应和不确定性

效用理论强调个体对时间的偏好以及面临不确定性时的决策行为。在碳金融产品的设计中，应考虑到参与者对未来效用的权衡，以及在碳减排效果方面的不确定性，这有助于提高产品的适应性。同时，边际成本理论也涉及时间效应。例如，边际成本可能随着时间的推移而变化，产品的设计应能够适应长期和短期的减排需求。

总体而言，效用理论提供了一种理解个体决策行为的框架，边际成本理论则可以帮助碳金融产品市场的参与者实现边际效用与边际成本的平衡。在碳金融产品的设计和实施中结合上述理论，综合考虑市场机制、激励设计、市场透明度等因素后，可以使碳金融产品更好地满足市场参与者的需求，提高碳市场效率，使碳金融产品在实践中更有效地应对碳减排挑战。

2.5　本章小结

本章系统地阐述了碳金融市场的主要理论：外部性理论、科斯理论、公地悲剧，以及效用理论、边际成本理论。

外部性是指未被市场价格所反映的某一经济主体的活动对其他经济主体所产生的有利或不利影响。其中，有利的影响称为"正外部性"，不利的影响称为"负外部性"。在环境经济领域，负外部性指经济主体从其排污行为中获得生产收益，但无须支付相应的环境治理费用，并将环境治理费用转移，由其他主体承担。这种负外部性扭曲了市场主体的成本与收益之间的关系，会导致市场缺乏效率甚至失灵。将外部成本内部化来解决外部性问题，是目前经济学界达成的一致主张。在达成路径上，形成了两大流派：强调通过征税来矫正排污者生产的"庇古税理论"和主张通过明晰产权来解决外部性问题的产权理论。

科斯理论的主要内容包括交易费用理论、产权理论、契约理论和企业理论等。根据科斯定理，要解决负外部性，最重要的前提是明晰地界定产权。在产权明晰的前提下，温室气体排放者和受损者能够根据市场机制，通过资源交易来解决碳排放的负外部性问题。

公地悲剧的核心是公共资源被过度使用。对于公共资源，每个人都拥有使用权，且没有权力阻止其他人使用。当个人在使用公共资源时追求自身利益最大化时，公共资源往往会被过度使用，公众的利益会受到很大的损害。碳排放权交易是一种以最具成本效益的方式减少碳排放的激励机制，能够对温室气体排放给社会带来的外部成本进行市场定价，避免气候公地悲剧的发生。

效用理论着眼于个体对不同选择的偏好和满足程度，探讨人们如何在有限的资源下作出最优决策，以最大化其整体效用。边际成本理论旨在解释和分析在生产和消费中如何作出最优决策。该理论强调了边际成本在决策中的关键作用，帮助经济体在有限的资源下更有效地分配生产要素，确保资源被用于产生最高的社会总福利。碳金融产品在设计和实施过程中可以借鉴效用理论与边际成本理论，在考虑碳金融市场参与者效用最大化的基础上更有效地进行资源配置、促进碳减排。

思考题

（1）如何避免公地悲剧？

（2）什么是科斯定理？科斯定理的要点有哪些？

（3）科斯定理在碳交易的应用中体现在哪些方面？

（4）如何在碳金融产品的设计过程中运用效用理论和边际成本理论？

第3章 碳金融产品市场

随着全球气候变化问题的日益严峻，碳排放权交易市场应运而生，进而催生出与排放权相关的金融活动，形成了诸多碳金融产品。本章首先概述碳金融产品市场的概念、分类、特点和功能，然后阐述碳金融产品的价格机制、影响因素以及国际和国内的碳价格走势，最后介绍国际和国内碳金融产品市场的实践发展。

3.1 碳金融产品市场概述

3.1.1 碳金融产品市场的界定

碳金融产品市场有狭义和广义之分。狭义的碳金融产品市场是指以碳排放权为标的资产的碳交易市场，而广义的碳金融产品市场则是指与温室气体排放权相关的各种金融交易活动和金融制度安排，既包括碳交易，也包括一切与碳投融资相关的经济活动，具体包括：

①碳信贷市场，如商业银行的碳金融创新、绿色信贷、CDM项目抵押贷款等产品市场；

②碳现货市场，如基于碳配额和碳项目的交易市场；

③碳衍生品市场，如碳远期、碳期货、碳期权、碳互换等衍生品市场；

④碳资产证券化市场，如碳债券、碳基金等产品市场；

⑤机构投资者和风险投资者介入的金融活动，如碳信托、碳保险等产品市场；

⑥与发展低碳能源项目投融资活动相关的咨询、担保等碳中介服务市场。

本书中的碳金融市场即广义的碳金融产品市场。

3.1.2 碳金融产品市场分类

目前，统一的国际碳金融产品市场尚未形成，各国积极探索适合本国实际的市场模式，形成了分散的区域性碳金融产品市场。各市场所交易的标的产品与衍生产品不尽相同，不同市场对同种产品的交易管理规则也存在差异[2]。根据不同的分类标准，碳金融产品市场可划分为以下类型：

（1）京都机制下的碳金融产品市场和非京都机制下的碳金融产品市场

京都机制下的碳金融产品市场是在《联合国气候变化框架公约》和《京都议定书》框架下形成的。《京都议定书》明确规定了全球碳排放总量的控制目标和各成员国具有约束力的分解指标。各国为推动实现《京都议定书》的目标及自身的温室气体减排目标，进行了不同方式的碳排放权交易，形成了国际排放贸易机制市场、清洁发展机制市场和联合履约机制市场。

非京都机制下的碳金融产品市场是指未按照《京都议定书》确定的三种机制进行碳排放交易，形成了相对独立的交易模式和区域性的交易市场。它主要包括以美国芝加哥气候交易所为代表的北美减排交易体系、美国区域排放交易体系、澳大利亚新南威尔士州温室气体减排计划等。美国于2001年退出了《京都议定书》，其碳排放交易市场属于非京都机制下的市场。由于没有国家层面的强制性减排义务，美国目前并未形成全国性的碳排放交易市场，主要由各州市政府牵头组成了区域性的碳交易市场，其中较为重要的是芝加哥气候交易所、区域温室气体减排行动和加州碳市场等。美国的各个碳交易市场既有共性也存在区别，它们共同构成了美国的碳排放交易体系的一部分。澳大利亚新南威尔士州温室气体减排计划是全球最早强制实施的减排计划之一。排放体系所有的活动由新南威尔士州独立定价和监管法庭（IPART）监督。作为监督机构，IPART评估减排计划，对可行的计划进行授权、颁发证书。

（2）基于项目的碳金融产品市场和基于配额的碳金融产品市场

基于项目的碳金融产品市场以基准管制与交易制度（Baseline-and-Trade）为基

础，通常指在一定规则约束下交易双方直接以项目投资的方式进行碳排放交易的市场。每个具体碳减排项目的完成会产生一定量的碳信用，低于基准排放水平的项目经过专门机构的认证后可以获得碳减排单位，这些减排单位可出售给受排放配额限制的国家或企业，使购买者得以履行其碳减排目标。目前，基于项目的市场主要利用发展中国家相对低廉的减排成本帮助发达国家实现减排目标，因此制度安排上多局限于发展中国家向发达国家单线出售。较为典型的项目市场为《京都议定书》中的联合履约机制市场（JI）和清洁发展机制市场（CDM），分别产生减排单位（ERU）和核证减排量（CER）。

基于配额的碳金融产品市场以限额交易（Cap-and-Trade）机制为基础，由管理者确定碳排放总量，并按一定的原则对企业等参与主体进行碳排放权配额初始分配。总量的确定形成有限供给，造成一种稀缺，由此形成对碳配额的需求和相应的价格。受技术水平等因素的影响，企业的减排能力存在显著差异。减排能力强的企业能够获得节余配额，而减排能力弱的企业则可能无法在配额内实现减排目标。通过碳交易市场，有碳配额缺口的企业可以购买节余配额企业的碳配额，最终使不同排放条件的排放主体达到各自的减排目标。基于配额的碳金融产品市场主要包括欧盟排放交易体系、芝加哥气候交易所、澳大利亚新南威尔士州温室气体减排计划和《京都议定书》下的国际排放贸易机制。在配额市场中，欧盟排放交易体系在交易量和交易额上远大于其他碳交易市场，且发展势头最为强劲。此外，与基于项目的碳金融产品市场相比，基于配额的碳金融产品市场在交易量和交易额上都占据绝对主导地位。

（3）强制碳金融产品市场和自愿碳金融产品市场

强制碳金融产品市场是指一些国家和地区针对减排主体设定强制性减排指标，这些减排主体为了承担具有法律约束力的减排任务而开展碳排放权交易形成的市场，主要包括欧盟排放交易体系、澳大利亚新南威尔士州温室气体减排计划、新西兰碳排放交易体系、日本东京碳排放限额交易体系、美国西部气候行动倡议、英国排放交易体系等。

　　自愿碳金融产品市场是指一些国家和地区不对减排主体规定强制性减排指标，减排主体自愿作出减排承诺，通过市场交易购买碳信用，以抵偿其超额的碳排放量。当前全球主要的自愿碳金融产品市场位于北美，如美国芝加哥气候交易体系。亚洲和拉美等地区也有自愿碳金融产品市场，如韩国自愿减排项目计划等。与强制碳金融产品市场相比，自愿碳金融产品市场的规模较小，影响力更弱。

　　（4）碳现货交易市场与碳衍生品交易市场

　　碳金融的现货交易是指交易双方对排放权交易的时间、地点、价格和数量等达成协议，随着排放权的转移完成交易行为，实现交割。碳衍生品交易则主要是指在碳排放权交易的基础上，以碳配额和碳信用为标的的金融合约的交易活动，主要包括碳远期、碳期货、碳期权、碳掉期等交易。

　　在欧盟碳市场建立初期，碳现货和期货市场同步开始建设。期货市场在价格发现、风险管理和推动碳资源有效配置上扮演着重要角色。根据中金研究院的报告，在欧盟碳市场建设的第二阶段，碳期货市场的交易量占了全部碳配额交易量的90%。全球有四个主要的交易平台上架相关期货合约，即洲际交易所（ICE）、欧洲能源交易所（EEX）、纽约商品期货交易所（NYMEX）、纳斯达克 OMX 集团（NASDAQ OMX）。欧洲碳金融衍生品市场通过吸引不同的市场主体（包括商业企业、金融中介、投资基金等）参与碳市场的定价。交易目的不同的投资者充分博弈，生成了清晰的价格目标，从而有效地帮助企业更好地管理碳风险。

　　（5）一级市场和二级市场

　　碳金融产品市场可以分为一级市场和二级市场，前者是发行市场，后者是交易市场。一级市场是二级市场的基础，一级市场投放的碳资产种类和数量，直接决定着二级市场上流转的现货的规模和结构。

　　一级市场是创造碳排放权配额和项目减排量两类基础碳资产（碳信用）的市场。碳配额的产生主要通过免费分配和拍卖两种途径。项目减排量的开发则主要按照以下逻辑：国际上以每减少 1 吨二氧化碳排放量，作为 1 个单位碳排放权，即碳信用（Carbon Credit）。根据不同的交易机制，碳信用类型体现为不同的碳交易单位，如清洁发展机制（CDM）下的核证减排量（CER）和联合履行（JI）下的减排单位（ERU）等。

二级市场是碳资产现货和碳金融衍生产品交易、流转的市场，是整个碳金融市场的枢纽。二级市场包括场内交易市场和场外交易市场两部分。场内交易是指在集中的交易场所进行的碳资产交易，具有固定的交易场所和交易时间、公开透明的交易规则，是一种规范化、有组织的交易形式，交易价格主要通过竞价等方式确定。场外交易又称为柜台交易，指在交易所以外进行的各种碳资产交易活动，采取非竞价的交易方式，价格由交易双方协商确定。

在目前的全球碳金融市场中，场内交易是主流，但场外交易仍占有重要地位，场外交易涉及的交易额通常较小，适合那些根据切身需求购买额度的机构。无论是场内还是场外，二级市场都可以通过汇聚市场主体、汇聚各类资产，帮助参与者发现交易对手方、发现价格，完成货银的交付清算。二级市场还可以通过引入各类碳金融交易产品及服务提高市场流动性，为参与者提供对冲风险和套期保值的途径。

3.1.3 碳金融产品市场的特点

碳金融产品市场的特点主要体现为交易目的、交易对象、交易主体和交易价格四方面的特殊性。

（1）交易目的的特殊性

在传统金融市场上，交易的主要目的是进行投融资，实现资金的融通和资产的保值增值。但碳金融产品市场除了上述经济目标之外，还承担着更为重要的环境责任和社会责任，即为了应对日益变暖的气候变化，通过市场机制有效减少温室气体排放，实现经济的可持续发展和人类生存环境的优化。高能耗企业进行碳交易的主要目的是实现自身的减排目标，承担自身的环境责任，而碳金融产品市场中的投资者和投机者的碳交易行为在客观上也促进了这一目标的实现。因此，与一般金融市场相比，碳金融产品市场的交易目的具有鲜明的环境生态价值和重要的社会责任。

（2）交易对象的特殊性

碳金融产品市场与传统金融市场的交易对象有显著区别。后者以资金或代表资金的各种票据、凭证和证券等金融商品或工具为交易对象；而前者则以碳排放权为交易对象，碳排放权实质上是一种产权，是稀缺的环境容量使用权的获取。环境容量的有效性带来了这一资源的稀缺性，而资源的稀缺性又赋予了其可交易的内涵，即具有财产权的性质。《京都议定书》的温室气体排放交易制度使全球稀缺的环境公共产品——温室气体——获得了产权。各国为达到减排指标或满足自身碳中和需要而进行碳排放权的买卖，便形成了碳交易市场。随着碳交易市场的深入发展，以及套期保值和规避风险的需要，相继产生了以碳排放权为基础标的的碳远期、碳期货、碳期权和碳掉期等碳金融衍生产品。

（3）交易主体的特殊性

传统金融市场上的交易主体包括资金供求双方，即企业、政府、金融机构、机构投资者和个人投资者五个部分。碳金融产品市场的交易主体除了传统金融市场参与者之外，还包括一些特殊的参与主体：一是联合国和主权政府，它们是碳金融产品市场产生的重要推动者，是市场政策的制定者和引领者；二是国际组织，如联合国开发规划署、世界银行、国际农业发展基金会和亚洲开发银行等，在全球气候问题发展的过程中，国际组织作为参与气候问题治理的基本主体之一，发挥着独一无二的作用；三是碳金融产品市场上的创新碳金融机构，包括碳基金、碳资产管理公司、指定经营实体及碳信用评级机构等。

（4）交易价格的特殊性

在传统金融市场上，资本价格是资金使用权的让渡价格，在形态上表现为利率。统一的利率是金融产品交易的参考值，市场利率价格的变化对股票、债券等有价证券的价格具有决定性的影响。然而，碳金融产品的价格与利率并没有完全的关联，它主要取决于石油、煤炭和天然气等能源的价格变动。同时，钢铁、电力、化工、建材等行业的发展以及天气情况也会对碳金融产品市场的交易价格产生重要影响。此外，有关温室气体排放的政策制定、国际气候谈判的进展、各国对温室气体排放的承诺也是交易价格的重要影响因素。

3.1.4 碳金融产品的市场功能

碳金融产品市场体系涵盖了碳排放权交易、定价、风险管理等微观层面，金融体系的信贷、保险、资本市场资源配置等中观层面，以及财政政策、货币政策、产业政策等宏观层面。其经济功能主要体现在以下方面：

（1）促进减排成本内部化和最小化

温室气体排放的成本和收益具有典型的外部性，不易直接反映在经济主体的投资决策中。碳交易市场的运行使碳排放权成了一种可交易的无形商品，碳排放成本由无人承担的外部社会责任转化为由企业整体承担的内部生产成本。由于各企业的碳减排成本存在较大差异，企业根据自身减排成本和碳价格的波动进行碳交易或减排投资。碳金融产品市场提供了企业跨国、跨行业和跨期交易的场所，使得碳减排成本由企业外部转向企业内部，这种转移也使微观的企业减排成本和发达国家总体的减排成本实现最小化。伴随着碳交易市场的交易量以及交易额的增加，碳排放权已衍生为具有流动性的金融资产，碳资产的自由流通得到极大促进，碳排放权可以被更精准地定价，这进一步促进了减排成本的内部化和最小化。

（2）价格发现和决策支持功能

碳交易发挥了市场机制应对气候变化的基础作用，使碳价格能够反映资源稀缺程度和污染治理成本。碳金融产品市场的价格发现功能主要包含碳排放权的稀缺程度、供求双方的交易意愿、交易风险和治理污染成本等。在市场约束下得到的均衡价格对于减排企业的生产成本、利润和相关的投资决策具有重要意义，它能够促使减排企业在投融资决策中制定出更加有效的交易策略与风险管理决策，引导资金迅速、合理地流动，优化资源配置。此外，碳期货交易和其他碳衍生品交易亦能促进碳市场均衡价格的形成，并反馈到能源市场和贸易市场中，形成双向循环反馈。

（3）风险管理和转移功能

碳价格波动显著，除供需因素外，外部性冲击如能源价格变动、政治事件、极端气候和制度变化等都会对碳价格造成重要影响。不同国家、不同产业在碳价波动过程中所受到的影响存在显著差异，通过金融衍生品载体来转移和分散碳价格波动风险是目前较为普遍的应对措施。

风险管理和转移是碳金融衍生产品交易市场最为重要和核心的作用。衍生品的价格与现货市场价格相关，它们通常被用来降低或者规避持有现货的风险。通过金融衍生品交易，市场上的交易风险被重新分配，市场参与者可将风险控制在自身的能力承受范围之内，将风险从低风险能力承受者转向愿意并且有能力承受高风险的专业风险管理者。例如，在项目类碳交易市场上，基于项目而产生的碳排放权大多涉及未来的减排量，在项目审批、建设及减排单位的认证等阶段均存在大量的风险（包括宏观经济周期风险、政策风险、法律风险等），交易主体可通过持有碳期货或者碳期权来进行风险管理和风险转移，有效降低自身所承担的风险水平。

（4）为能源链转型提供资金融通

不同国家，或者同一国家在不同经济发展阶段的能源链差异较大，对减排目标约束的适应能力也不同。为实现经济发展与化石能源的不断脱钩，需要加快节能减排低碳产业发展，从根本上降低一国经济发展对碳素能源的依赖度。项目融资、风险投资和基金等多元化投融资模式可增加投资的新渠道、优化资金配置模式，有利于改变能源消费对化石燃料的依赖惯性，使能源链从高碳环节向低碳环节转移，进而使经济增长方式由高碳向低碳转型。例如，碳信贷作为碳金融领域最基础的融资形式之一，具备能源链转型的资金融通功能，可满足企业实现减排和技术创新的融资需求。通过碳信贷，社会资金可被有序导入减排技术的创新领域，鼓励企业开发利用新能源、使用并创新节能减排技术。

（5）促进国际贸易投资发展

低碳是可持续经济发展的新增约束条件，也将成为重要的国际贸易竞争力指标和非关税壁垒。低碳背景下的产品出口竞争力依赖于低碳技术的发展和创新，所需成本较高，发展中国家普遍缺乏相关技术支撑和资金来源。

《京都议定书》所建立的排放权交易机制被称为"碳贸易机制"，旨在不同缔约方之间展开温室气体排放权交易，是市场机制下碳排放分配的典型模式。它通过设立气候适应基金和技术转移机制，推动减排技术和资金向发展中国家转移。碳金融产品市场的发展可提供多元化投融资渠道，进一步促进国际资本合理流动，有利于国际贸易投资的发展和国际收支的平衡，有利于各国在减排上开展国际合作，实现互利共赢。

3.2 碳金融产品市场价格

3.2.1 碳金融产品的定价机制

碳金融产品的定价机制主要探讨碳金融产品价格的形成及其内在基础。一个完整的碳金融产品定价机制必须明确买卖双方、中介机构和监管者等市场参与者的构成，这些参与者按一定的交易流程和交易规则在一个统一完善的碳交易平台进行集中交易，逐步形成公平合理的碳金融产品价格。碳金融产品定价机制的组成要素主要有：

（1）定价方法

根据世界银行给出的定义，碳定价是对温室气体排放以每吨二氧化碳当量为单位给与明确定价的机制，其基于确定的碳价格，以"谁污染谁付费"为原则将部分碳排放产生的社会成本内部化，从而推动低碳技术和产品的创新以及产业结构的转变。碳定价的主要方法包括碳交易市场体系（ETS）和碳税。根据世界银行的统计分析，截至2023年3月，全球共有73项已实施或正在规划中的碳定价机制，包括36个碳排放交易体系和37个碳税计划，涉及39个国家和33个次国家级司法管辖区，覆盖的温室气体排放量占全球排放量的23%。

碳交易市场作为碳定价的机制之一，指的是以碳排放权为标的资产进行交易的市场。其价格发现机制完善、长期效果明显，是一种低成本减排的市场化政策工具。碳交易市场遵循"限额交易"的原则，政府确定稳定的或逐步降低的碳排放总额，并分配给各排放主体碳排放配额，该配额代表各排放主体每年能够无偿排放的二氧化碳上限，1单位配额代表1吨二氧化碳排放量。各排放主体实际碳排放量须低于配额，否则须在市场上购买碳排放配额，而排放低于配额的排放主体可以将过剩的额度拿到市场上交易。在这一市场交易过程中，碳配额价格得以确定。在碳交易市场上，减排成本较低的企业可以进一步加大减排力度，将额外的碳配额出售给减排成本高、碳配额不足的企业。在碳交易机制下，减排直接影响各排放主体的收益与成本，而拥有明确定价、可交易的碳配额将成为一种资产，可以引导更多社会资源参与到碳市场中，最终经济高效地推动整体降碳目标的实现。

（2）市场参与者

市场参与者包括供给方、需求方、中介机构和监管机构。供给方包括项目投资者、按规定完成减排任务且有剩余碳排放权或者本身排放成本较低的排放实体和技术开发转让商等。需求方主要有履约买家和自愿买家：履约买家主要由减排成本过高或因排放量过大而无法完成减排任务的企业或组织组成；自愿买家主要包括出于企业社会责任自愿购买碳排放权的企业、组织和个人。中介机构主要是一些专门服务于碳金融的新建金融中介机构和咨询机构等，这些机构有着信息优势，并以此服务于供需双方，是交易的纽带和催化剂。碳金融产品市场的监管机构则负责监管供给方、需求方和中介机构等市场参与者的行为，保证市场的合法有效运行。

（3）交易制度和规则

为保证碳交易的长期有效运转，必须建立健全与之相关的交易制度和规则。碳金融产品包含两种，即基于配额的碳金融产品和基于项目的碳金融产品。碳金融产品市场的运行制度相应地划分为基于配额的运行制度和基于项目的运行制度。这两种运行制度均基于《京都议定书》中的有关规定展开，但随着碳金融市场的纵深拓展，交易目的越来越繁杂，碳金融产品的交易形式趋于多样化，新的交易产品和形式已经超出了《京都议定书》的现有框架。面对新出现的交易产品和形式，交易制度和交易规则应当与时俱进，不断完善和拓展。

（4）碳金融衍生产品市场

与一般金融衍生产品类似，碳金融衍生品同样具有"价格发现"和"套期保值"两大功能。各碳金融衍生产品在交易市场集中竞价或在供需双方协议商讨过程中确定成交价格。该价格是供需双方对当前及未来一段时间内碳金融衍生品价值的认知和预期，能够在一定程度上纠正碳金融基础产品的市场价格，促进碳金融基础产品市场的发展和完善，并反馈至衍生品市场中，形成衍生品市场和基础品市场的循环反馈。

（5）政策及法律

碳金融的本质是以市场机制解决温室气体排放的制度安排，这一制度的提出必须以法律来确立其合理性和合法性。当前，《公约》和《京都议定书》支撑着各国碳金融产品市场的产生和发展，是低碳经济发展领域的重要制度基石。同时，鉴于各国国情，碳金融发展国家应当结合自身的实际情况，制定和出台相关碳金融政策和法律，以促进本国碳金融的健康发展。

3.2.2　影响碳金融产品市场价格的因素

碳市场是碳排放权交易的场所与媒介，是碳信用这一商品在市场经济中高度发展的产物，因此碳排放权价格也需要遵循市场经济的基本规律，其价格形成首先由供给和需求决定。其次，碳排放权具有独特的自然属性、全球属性等，其价格还受到外部政策因素的影响。

（1）供给因素

考虑需求不变的情况下，如果配额的发放量高于实际的排放量，企业机构对碳排放量的需求则会减少，出售配额的企业随之增加，进而导致市场价格走低；如果配额的发放量低于实际的排放量，则形成配额的稀缺，企业机构对碳排放量的需求增加，导致市场价格上升。此外，清洁发展机制中的温室气体减排项目主体是二级市场的主要供给方之一，即发展中国家的水电、风能、太阳能等领域项目，而这些领域投资巨大、周期较长、资源少、审批程序复杂，能否成功获得核证减排单位具有极大的不确定性，这进一步导致供给数量的有限性，从而可能对国际碳金融产品的价格产生重要影响。

（2）需求因素

第一，碳金融产品市场是全球经济发展的一个重要组成部分，在其中进行交易的碳金融产品不可避免地会受到宏观经济状况的影响。当全球宏观经济形势向好时，企业加大生产和投资的规模，对化石能源的需求随之增加，二氧化碳等温室气体的排放量急剧上升，对碳排放权等碳金融产品的需求大幅增加，在碳金融产品供给数量有限的情形下，碳排放权等碳金融产品价格会出现上涨。当全球宏观经济形势低迷时，社会消费总量将急剧下跌，企业生产和投资活动收缩，温室气体排放量下跌，碳金融产品需求减少，交易价格则会下降。

第二，能源产品的相对价格通常对减排的边际成本有明显影响，因而碳金融产品的价格与能源价格之间有紧密联系。当能源产品的相对价格下降时，能源消耗增加，二氧化碳等温室气体排放量随之增加，对碳金融产品的需求数量也增加，而当市场上碳金融产品的供给数量不变或供给增长速度跟不上需求增长速度时，碳金融产品价格上涨。当能源产品的相对价格上升时，能源消耗减少，温室气体排放量随之减少，碳金融产品的需求数量下降，最终导致碳金融产品交易价格的下跌。此外，化石能源之间的替代作用也会对碳金融产品的价格产生影响。目前，全球能源消费以石油、煤炭和天然气等传统化石能源为主，通常情况下，采用煤炭作为生产燃料时，碳排放浓度最高，石油次之，天然气相对较低。煤、石油和天然气价格的波动会影响企业的能源使用决策，若石油、天然气价格上升，企业将选择价格较为低廉的煤炭，而每单位煤炭的使用将比每单位石油或天然气的使用排放更多的二氧化碳，大量煤炭的使用意味着对碳金融产品需求的大幅增加，最终导致碳金融产品价格上升。

第三，在碳金融产品市场中，金融投机资本的力量不容忽视。碳排放权具有金融衍生品的基本属性，其价格波动较强，内在风险逐渐放大，价格体系也愈加脆弱。随着碳金融产品市场规模的扩大，除了对碳排放配额有真实需求的企业和团体外，大量拥有巨额资金的投资银行、私募基金等金融机构开始在碳金融产品市场中扮演重要角色。大量投机资金的进出增加了碳市场的流动性，有助于真实价格的形成，但同时也成为碳金融产品价格剧烈波动的助推者。

第四，酷暑、暖冬、干旱和严寒等天气变化会对能源需求产生影响，进而影响碳金融产品的价格。例如，冬天气温过低或夏天气温过高会引发额外的电力需求，发电企业的供给相对增加，其碳排放也随之增加，因而对碳排放权的需求也会增加，进一步推动碳金融产品的价格上涨。另外，降雨量、风速、日照时间等因素直接关系到水力、风力、太阳能等清洁能源的供给，清洁能源供给不足会加速传统能源的消耗，从而导致碳排放增加，对碳排放权的需求也随之增加，推动碳排放权价格走高。

第五，碳减排技术对减排的边际成本有重要影响。当减排技术水平保持稳定时，设定的减排目标越高，企业的履约成本也越高，因而碳价格会升高；当减排技术水平提高时，企业的履约成本就会降低，碳价格也会下降。同时，科技进步能够推动可再生能源技术的发展，在一定程度上会减少碳排放权的需求，进而引起碳金融产品交易价格的下降。

（3）政策因素

《公约》和《京都议定书》对于控制温室气体排放和减缓气候变暖作出了国际性的规定和约束，是各国进行气候合作的基础，确定了"共同但有区别的责任"原则。但温室气体减排涉及各国的经济发展空间，并且减排的经济成本数额巨大，加之各国都竭力争取利己的方式进行合作，因而难以形成统一的政治共识。例如，美国迫于经济和政治风险，在2001年宣布退出《京都议定书》，并强烈抵制"京都机制"。欧盟和美国等发达国家向其他发达国家和发展中国家施加压力，要求中国等发展中国家承担强制减排义务。毫无疑问，各国之间政治和经济上的博弈会对碳排放权的供需产生极大影响，加剧碳金融产品市场的不确定性，使碳排放权交易价格的波动更为剧烈。

碳金融产品市场是世界各国温室气体减排协议下的政策产物，政府这只"看得见的手"所制定的政策制度和减排的运作模式对碳金融交易价格的走向有着重要影响。例如，在项目市场中，政府对项目的审查机制直接决定项目市场的配额量和配额价格的高低；一国政府对企业减排的监管力度和惩罚力度影响着碳排放权的需求量，从而影响碳排放权的价格。这意味着如果政府对碳市场价格的形成过程施加过多的行政干预，会影响碳金融产品市场化价格的形成，阻碍价格机制的自由发展。

3.2.3 国际和国内碳市场价格概况

图 3-1 和表 3-1 展示了 2010 年以来，欧盟、美国加利福尼亚州、美国区域温室气体减排行动（RGGI）、加拿大魁北克省、韩国、新西兰、瑞士等碳市场的碳价格变化趋势和极值水平。数据显示，碳价格总体呈上涨趋势，价格波动较为明显，2021 年全球范围内几乎所有碳市场的碳价均大幅上涨。国际碳行动伙伴组织（ICAP）发布的《全球碳市场进展：2022 年度报告》显示，2021 年欧盟碳市场的配额价格达到 109 美元，创下历史新高，该年份市场拍卖收入达到 367 亿美元，同比增长近 63%；瑞士碳市场的配额价格在这一年几乎呈直线上升态势，上涨至约 70 美元；在北美地区，美国加利福尼亚州和加拿大魁北克省的碳市场配额价格从 2021 年年初的 18 美元上涨至年末的 28 美元；美国区域温室气体减排行动的碳市场配额价格从 8 美元上涨至 14 美元；在亚太地区，韩国的碳市场配额价格从 21 美元上涨至 30 美元；新西兰的碳市场配额价格从 27 美元上涨至 46 美元。

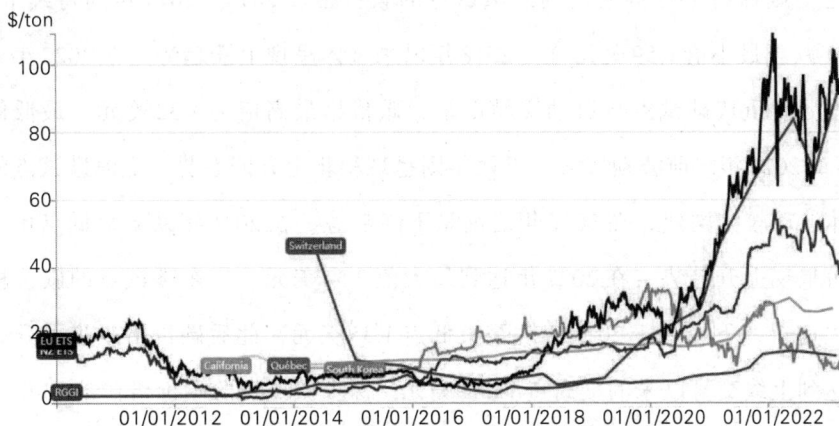

图3-1 主要国际碳市场碳配额价格波动情况

表3-1 截至2023年3月主要国际碳市场碳配额价格

碳市场	最大值（美元/吨）	最小值（美元/吨）	平均值（美元/吨）
欧盟	109.12	63.82	89.48
瑞士	83.58	5.44	25.55
加利福尼亚州	30.85	11.48	17.01
魁北克	30.85	10.09	16.96
RGGI	15.32	2.77	7.1
新西兰	57.02	2.46	19.20
韩国	34.79	8.45	19.01

资料来源：作者根据ICAP网站有关资料整理。

ICAP（国际碳行动伙伴组织）公布的数据显示，2014年以来中国各碳试点的碳价格波动较为剧烈，见图3-2及表3-2。整体而言，北京碳试点的碳价格要高于其他碳试点地区。自2018年以来，北京碳试点的碳价格波动幅度明显增加，2021年碳价格下降至最小值3.84美元，2022年年底则上升到最大值20.76美元。天津碳试点的碳价格在2014—2016年间呈下降趋势，在2017—2019年间相对稳定，在2020年之后则保持上升势头。湖北碳试点的碳价格在2014—2017年间持续下跌，在2016年跌至最小值1.59美元，自2018年以来整体呈现上涨趋势，在2022年上涨至8.27美元。重庆碳试点自启动交易以来，碳价格最高值为7.32美元，最低值为3.44美元，2021年之前波动较大，近两年则呈现稳步上升的态势。上海碳试点的碳价格整体波动较为剧烈，在2016年之前呈下降趋势，在2016年跌至最低点0.64美元，此后呈现上升趋势，在2022年达到最大值9.51美元。广东碳试点的碳价格在2016年之前持续下降，于2016年跌至最低点1.35美元，此后碳价格逐步上升，在2022年达到上线交易以来的最高点14.61美元。深圳碳试点的碳价格在2013年达到最高点20美元，此后震荡下跌，在2022年几乎跌至0美元。福建碳试点的碳价格自 2016 年以来最高值为 5.92 美元，最低值为 1.13 美元。中国国家碳市场于 2021 年 7 月 16 日正式启动上线交易，碳价格相对稳定，最大值为 9.66 美元，最小值为 6.48 美元。

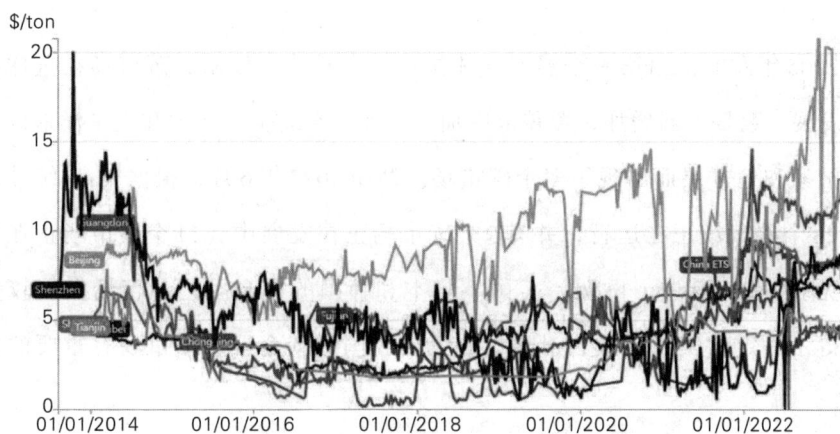

图3-2 中国各碳试点和全国碳市场碳配额价格波动情况

表3-2   截至2023年3月中国各碳试点和全国碳市场碳配额价格

碳市场	最大值（美元/吨）	最小值（美元/吨）	平均值（美元/吨）
北京	20.76	5.05	11.89
天津	5.69	4.09	4.69
湖北	8.27	1.59	4.19
重庆	7.32	4.27	5.86
上海	9.51	0	7.71
广东	14.61	5.89	9.93
深圳	9.19	0	3.74
福建	5.92	1.13	3.35
全国	9.66	6.48	8.47

资料来源：作者根据ICAP网站有关资料整理。

3.3 国外碳金融产品市场

3.3.1 国外碳金融产品市场实践

自 2005 年欧盟推出第一个温室气体排放权交易体系以来，碳市场在全球范围内迅猛发展，数量不断增加，覆盖范围加速扩大。在北美、亚洲和太平洋地区的超国家、国家和地方层面出现了多个碳市场。截至 2023 年 6 月，根据 ICAP 统计，全球已有 28 个碳市场正在运行，并有 9 个碳市场正在发展中、11 个碳市场正在考虑中，详见表 3-3。其中，欧盟、美国、日本和韩国的碳金融产品市场发展较为迅速，取得了一定的实践成效，对建设和发展我国的碳金融产品市场有重要的借鉴意义。

表3-3 全球碳市场概况

碳市场	开始运营时间（年）	行业覆盖	分配方法
现行			
欧盟	2005	航空、工业、电力	免费分配（基准法）、拍卖
新西兰	2008	林业、废弃物、航空、运输、建筑、工业、电力	免费分配（基准法）、拍卖、林业和其他采伐活动配额
瑞士	2008	航空、工业、电力	免费分配（基准法）、拍卖
日本东京	2010	建筑、工业	免费分配（历史法、基准法）
美国区域温室气体减排行动	2010	电力	拍卖
日本埼玉县	2011	建筑、工业	免费分配（历史法、基准法）
美国加利福尼亚州	2012	交通、建筑、工业、电力	免费分配（基准法）、拍卖
加拿大魁北克省	2013	交通、建筑、工业	免费分配（历史法、基准法）、拍卖

续表

碳市场	开始运营 时间 (年)	行业覆盖	分配方法
中国深圳市	2013	交通、工业	免费分配（历史法、基准法）、拍卖
中国北京市	2013	交通、建筑、工业	免费分配（历史法、基准法）、拍卖
中国广东省	2013	航空、工业	免费分配（历史法、基准法）、拍卖
中国上海市	2013	航空、交通、建筑、工业	免费分配（历史法、基准法）、拍卖
中国天津市	2013	工业	免费分配（历史法、基准法）、拍卖
哈萨克斯坦	2013	工业、电力	免费分配（基准法）
中国重庆市	2014	工业	免费分配（历史法）、拍卖
中国湖北省	2014	工业	免费分配（历史法、基准法）、拍卖
韩国	2015	废弃物、航空、运输、建筑、工业、电力	免费分配（历史法、基准法）、拍卖
中国福建省	2016	航空、工业	免费分配（历史法、基准法）、拍卖
美国马萨诸塞州	2018	电力	拍卖
加拿大-新斯科舍省	2019	交通、建筑、工业、电力	免费分配（历史法、基准法）、拍卖
黑山	2020	工业、电力	免费分配（历史法、基准法）、拍卖
中国	2021	电力	免费分配（基准法）
德国	2021	交通、建筑	固定价格至2025年，之后拍卖
英国	2021	航空、工业、电力	免费分配（基准法）、拍卖
奥地利	2022	交通、建筑、工业、电力	固定价格至2025年，之后拍卖
美国俄勒冈州	2022	交通、建筑、工业、电力	免费分配（历史法）
墨西哥	2023	工业、电力	免费分配（历史法）
美国华盛顿	2023	交通、建筑、工业、电力	免费分配（历史法、基准法）、拍卖
发展中		哥伦比亚、印度尼西亚、俄罗斯联邦库页岛、土耳其、乌克兰、美国宾夕法尼亚州、越南等	
考虑中		巴西、智利、印度、日本、马来西亚、尼日利亚、巴基斯坦、泰国、美国北卡罗来纳州等	

资料来源：作者根据ICAP网站有关资料整理。

（1）欧盟碳金融产品市场的发展实践

欧盟碳排放交易体系（EU-ETS）自2005年开始运行，是世界上第一个多国家联合参与的强制性碳排放限额交易体系，拥有目前为止规模最大的碳交易市场。它包括了27个欧盟成员国和冰岛、挪威、列支敦士登3个非成员国。

目前，EU-ETS的交易产品包含现货与期货、期权等金融衍生品。具体而言，现货包括欧洲碳排放配额（EUA）、欧洲航空碳排放配额（EUAA）、核证减排量（CER）、减排单位（ERU）。金融衍生品主要有基于EUA的欧洲碳排放配额期货（EUA Futures）、欧洲碳排放配额期权（EUA Opitions）、基于EUAA的欧洲航空碳排放配额期货（EUAA Futures）、基于CER的核证减排量期货（CER Futures）。EU-ETS的交易场所主要是洲际交易所（ICE）和欧洲能源交易所（EEX）。ICE成立于2000年，是欧洲最大的能源期货交易所，服务范围包括衍生品交易、场外交易、清算服务等。其在碳交易方面的产品主要包括一级市场的碳排放配额拍卖、二级市场的EUA、EUAA期货等相关金融衍生品。EEX成立于2002年，是欧洲的核心能源交易所之一，服务范围与ICE类似，额外纳入了现货交易。EEX的交易产品包括一级市场的碳排放配额拍卖，二级市场的EUA和EUAA现货、EUA和EUAA期货等金融衍生品。EU-ETS的交易主体较为丰富。对于一级市场，参与者有控排企业、经授权的投资公司与信贷机构、成员国内管控控排企业的公共机构或国有企业；对于二级市场，欧盟委员会规定欧盟内人员和符合规定的其他国家人员均可参与交易，即控排企业、金融机构、非控排企业以及个人均能在二级市场中参与碳排放交易。

（2）美国碳金融产品市场的发展实践

美国尚未建立全国统一的碳排放交易体系，但各州联合设立了区域性减排计划，如芝加哥气候交易所（CCX）、区域温室气体减排行动（RGGI）和加州碳排放交易体系（CAL ETS）等。

CCX是全球第一个自愿参与温室气体减排的平台，2003年以会员制开始运行。CCX的会员涉及航空、汽车、电力、环境、交通等不同行业，会员企业必须自愿承诺减少温室气体排放，并严格遵守相关年份的减排承诺，如果减排量超过了自身的减排额，可以将超出量在CCX交易或储存，如果没有达到承诺的减排量，则需要在市场上购买碳金融工具合约（CFI），每一单位CFI代表100吨二氧化碳当量。目前，CCX的交易品种主要是金融衍生品，包括期货、期权等。

RGGI于2010年开始生效，是美国第一个在市场机制基础上建立的强制性碳排放交易体系，主要针对电力行业减排，并规定配额总量的90%以上为拍卖分配，将拍卖收入的25%以上用于提高能效和发展清洁能源。同时，RGGI引入独立的市场监管机构，以维护拍卖市场的公平性、稳定性和高效性。

2012年，CAL ETS开始运行。在运行初期（2012—2014年），CAL ETS为防止"碳泄露"，碳排放总量的90%免费分配、10%拍卖分配。在第二阶段（2015—2017年），CAL ETS按照不同行业类型将企业分为高泄露、中泄露和低泄漏企业，对其采取不同的免费分配方案。其中，高泄露企业采取免费分配的方式，中泄露企业免费分配75%，低泄漏企业免费分配50%。在第三阶段（2017年后），将企业对高泄露企业仍实施免费分配，对中泄露企业和低泄漏企业的免费分配比例分别调整为50%和30%。此外，CAL ETS在拍卖中通过设定碳价上下限来避免碳价的剧烈波动，并建立配额价格抑制储备机制，当碳价过高时，使用预留配额以平稳碳价。

（3）日本碳金融产品市场的发展实践

日本碳市场以地区型的碳市场为主，包括东京碳排放交易体系（Tokyo ETS）和埼玉县碳排放交易体系（Saitama ETS）。Tokyo ETS成立于2010年，覆盖建筑、工业、供热和其他高排放的企业。该系统实行总量控制并采用基准法分配，受监管的企业必须将排放量减少到基准线以下，并向排放量低于基准线的企业发放信用额。Saitama ETS成立于2011年，它与Tokyo ETS相联系，二者可以互换信用。此外，日本政府成立了与ETS相配套的碳信用（J-Credit）交易机制，旨在鼓励创新和提升社会参与度。通过该机制，实现碳减排的企业可以将经过第三方认证后的数据提交给经济产业省、环境省或农林渔业省，从而获得可以拍卖和协商交易的碳信用。

在国家层面，2023年10月，东京证券交易所宣布正式开始运营"碳信用市场"，所交易的碳信用是日本政府认证的"J-Credit"，以吨为交易单位，此举旨在提高碳信用交易的透明度，鼓励企业实现低碳化。

（4）韩国碳金融产品市场的发展实践

2010年，韩国颁布《低碳绿色增长基本法》，提出建立韩国碳市场。2012年，韩国通过了《温室气体排放限额分配与交易法》及其执行法令，对温室气体配额分配与交易、被监管企业正当权益保护和违法行为都做了较为充分的规定，从立法层面保障了韩国碳排放权交易系统的运行。2015年，韩国碳排放交易系统（K-ETS）启动，韩国成为第二个建立全国范围碳交易体系的亚洲国家。目前，K-ETS覆盖了600多家来自电力、工业、航空、废弃物处理和建筑等部门的大型企业，涵盖7类温室气体，覆盖韩国约74%的温室气体排放量。

K-ETS的特色在于配额储备机制和政府主导的二级市场碳做市机制。一方面，K-ETS根据实际情况进行灵活安排，设立配额储备机制以稳定碳价。另一方面，K-ETS引入碳做市机制，以提高碳市场的流动性。K-ETS在建立初期不允许非履约企业参与，导致市场很快出现流动性短缺的问题。为此，2019年，韩国政府开始实行碳做市制度。K-ETS的做市商由政府指定，可以向政府借贷配额储备从而为市场提供流动性，并通过配额或资金形式偿还所借碳配额。做市商制度的引入有效地提高了碳市场的流动性，在一定程度上缓解了信息不对称造成的负面影响。

3.3.2 国际碳金融产品市场管理经验与启示

（1）免费分配与有偿拍卖相结合，逐步提升有偿拍卖比例

EU-ETS和CAL ETS按照初期提供较少拍卖额度，逐步增加拍卖比例、降低免费配额的方式进行分配。我国碳交易市场可以在各行业逐步被纳入交易体系后，分批降低免费配额，引入有偿竞拍机制，更好地发挥市场作用，进一步引导碳价合理化。

（2）逐步引入做市商制度，增加市场流动性

K-ETS通过引入做市商制度有效地增加了市场流动性和活跃性。2021年8月，上海环境能源交易所表示，将研究引入做市商制度，让机构投资者进入碳市场，激发多元化的市场需求，但该项措施尚未具体推进。全国统一碳排放交易市场应加快引入做市商制度，及时匹配买卖双方的实时交易需求，消化大宗碳配额交易，增加碳市场流动性，提升市场吸引力。

（3）丰富碳金融产品，从现货市场向期货市场延伸

在欧美等碳金融产品市场中，碳期货与碳期权的发展较为成熟、市场交易活跃。目前，我国的全国碳市场以碳排放配额现货交易为主，碳金融基础产品丰富但交易活跃度较低，可以借鉴国际经验，在现货产品的基础上开发碳期权、碳期货等产品，完善碳金融产品结构，提高碳交易产品的多样性，以有效规避交易价格波动风险、充分释放市场活力、激发市场潜力。

（4）扩大碳金融产品市场参与主体范围，提升碳市场交易活跃度

进一步扩大参与全国碳市场的重点排放单位名单，逐步纳入火电、建材、钢铁、石化等更多高排放的行业和企业。同时，在推出碳期货、碳期权等碳金融衍生产品后，逐步放开银行、保险公司、基金公司等金融业主体进入市场，鼓励其开展碳金融产品投资、交易等业务，有效发挥金融机构的资源配置、风险控制和市场定价等功能。

3.4 中国碳金融产品市场

3.4.1 中国碳金融产品市场的发展历程

随着全球气候变化问题日益加剧，各国纷纷致力于温室气体减排、碳排放交易市场的建设以改善环境。我国先后启动了8个试点碳市场和1个全国碳市场。截至2023年6月30日，全国碳市场碳排放配额累计成交2.3769亿吨，累计成交金额达

109.116亿元。

1）碳排放权交易试点

2008年，中国成立了上海环境能源交易所、北京环境交易所、天津排放权交易所，迈出了构建碳交易市场的第一步。随后，湖北、深圳、广州、河北、昆明、大连等地区的环境交易所纷纷成立，为中国碳市场的建立奠定了基础。2011年10月，国家发改委印发《国家发展和改革委员会办公厅关于开展碳排放权交易试点工作的通知》，决定在北京、天津、上海、重庆、湖北、广东和深圳七个省市设立碳排放权交易试点，为将来建立统一的碳排放权交易市场积累经验。2012年，《温室气体自愿减排交易管理暂行办法》正式颁布，明确了自愿减排交易的交易产品、交易场所、新方法申请程序及审定和核定机构资质的认定程序，解决了国内自愿减排市场缺乏信用体系的问题，是中国碳交易体系和市场建设的重要一步。2013年6月18日，深圳碳交易平台正式上线运行，随后，各试点地区的碳交易也陆续启动。

2）全国碳市场

（1）准备阶段（2013—2017年）

2013年11月，《中共中央关于全面深化改革若干重大问题的决定》将碳排放权市场建设纳入全面深化改革的重点任务。2014年12月，国家发改委发布《碳排放权交易管理暂行办法》，明确全国统一碳排放权交易市场的发展方向，规范碳排放权交易市场的建设和运行。另外，国家发改委分别于2013年10月、2014年12月、2015年7月分三批就24个行业发布行业企业温室气体排放核算方法与报告指南，具体包括《关于印发首批10个行业企业温室气体排放核算方法与报告指南（试行）的通知》《关于印发第二批4个行业企业温室气体排放核算方法和报告指南（试行）的通知》《关于印发第三批10个行业企业温室气体排放核算方法和报告指南（试行）的通知》。2017年12月18日，国家发展改革委印发《全国碳排放权交易市场建设方案（发电行业）》，明确了我国碳市场建设的指导思想和主要原则，强调了将碳市场作为控制温室气体排放政策工具的工作定位，提出以发电行业为突破口率先启动全国碳排放权交易体系，分阶段、有步骤地推进碳市场建设。

（2）建设和完善阶段（2018—2020 年）

全国碳市场的建设包括制度体系建设、系统建设和能力建设三方面。

①制度体系建设：与地方碳市场制度体系类似，全国碳市场的制度体系建设涵盖顶层制度、碳排放检测、报告与核查制度（MRV）、碳配额管理制度和市场交易相关制度。

②系统建设：一是数据报送系统，全国统一、分级管理，用于重点排放单位碳排放数据的报送；二是注册登记系统，用于记录碳排放配额的持有、变更、清缴、注销等信息，并提供结算服务；三是交易系统，用于开展全国碳排放集中统一交易，提供交易服务和综合信息服务。

③能力建设：2019 年 10—12 月，生态环境部在全国 15 个地市连续举办 8 期 17 场"碳市场配额分配和管理系列培训班"，参会人员涵盖各省、自治区、直辖市、新疆生产建设兵团生态环境局（厅）负责碳市场工作的干部、支撑单位的技术骨干和发电行业重点排放单位代表等。

（3）正式启动阶段（2021 年以后）

为规范全国碳排放权交易及相关活动，《碳排放权交易管理办法（试行）》于2021 年 2 月 1 日开始施行。为进一步规范全国碳排放权的登记、交易、结算活动，保护全国碳排放权交易市场各参与方的合法权益，2021 年 5 月 17 日，生态环境部印发《碳排放权登记管理规则（试行）》《碳排放权交易管理规则（试行）》《碳排放权结算管理规则（试行）》，规定在全国碳排放权注册登记机构成立前，由湖北碳排放权交易中心承担全国碳排放权注册登记系统账户开立和运行维护等具体工作；在全国碳排放权交易机构成立前，由上海环境能源交易所承担全国碳排放权交易系统账户开立和运行维护等具体工作。

2021 年 7 月 16 日，全国碳市场正式启动上线交易，发电行业成为首个被纳入全国碳市场的行业，包括 2 162 家发电行业的重点排放单位，覆盖约 45 亿吨二氧化碳排放量，成为全球配额规模最大的碳市场。在保证全国碳市场初期稳定运行的前提下，我国未来将逐步扩大碳市场覆盖范围，不断丰富交易品种和交易方式，探索开展配额有偿拍卖以及碳金融创新等工作。图3-3为全国碳市场建设发展阶段示意图。

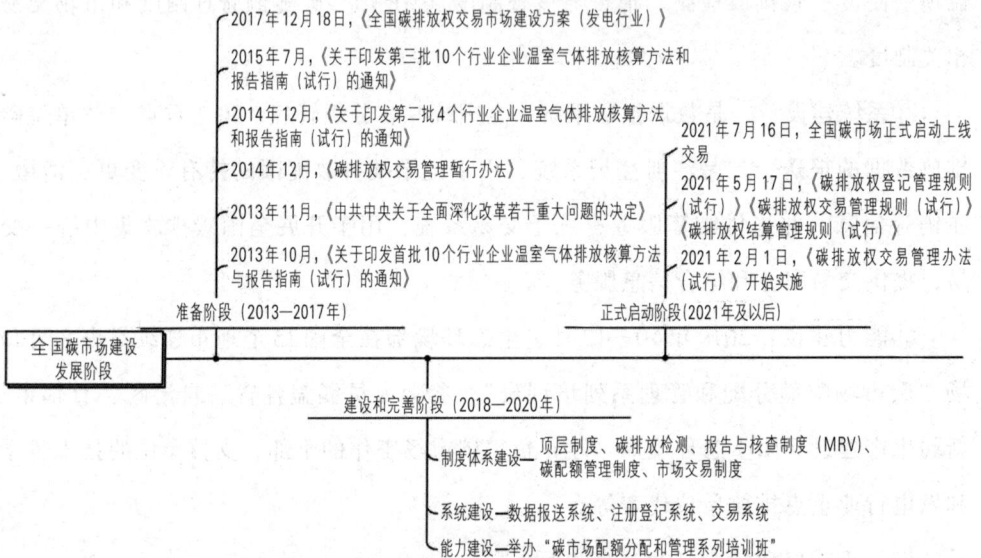

图3-3 全国碳市场建设发展阶段

3.4.2 中国碳金融产品市场存在的问题

近年来,金融机构参与碳金融业务的力度逐年上升,但总体来看,我国碳金融产品和服务体系尚不完善,难以满足低碳经济发展的需要,主要体现在以下几方面:

(1)碳金融产品市场配套制度尚不成熟

当前,全国碳市场的建设时间较短,与碳金融产品市场发展相匹配的法律法规较为缺乏,这在一定程度上影响了碳金融市场交易双方、中介服务机构在开展碳金融业务时的积极性。

同时,我国与碳金融产品市场相关的全国性顶层设计较少,各碳交易试点主要根据本地区的市场环境、经济情况和控排企业特点来设计碳金融产品。以碳远期交易为例，在保证金制度上，上海环境能源交易所、湖北碳排放权交易中心均要求缴纳保证金，而广州碳排放交易中心采取自愿缴纳的模式。这容易导致同一碳金融交易产品的审核标准在不同地区存在较大差异，不利于相关碳金融产品的推广。

（2）碳金融产品和服务种类较为缺乏

首先，现有中国碳金融产品品种和服务种类较为单一。各金融机构、碳交易平台主要围绕碳排放配额和CCER现货尝试开发碳金融产品。碳期货、碳期权、碳互换等金融衍生产品的开发尚处于研究阶段，可供投资者选择的碳金融衍生产品不够丰富。

其次，碳交易直接融资体系有待完善。低碳行业前期投入大，产生经济效益的周期长，而股票市场和债券市场的准入及发行条件严格，致使低碳行业在资本市场上融资困难，难以为碳金融市场提供有效支持。

最后，金融机构服务的广度和深度亟须拓展。碳金融服务不仅包括融资服务，还包括保险、中介和咨询等其他金融服务。但当前我国的碳金融服务以传统融资服务为主，其他金融服务的专业性和可得性尚不能较好地匹配低碳经济发展的需求，有待进一步提升和完善。

（3）碳金融产品创新力度偏弱

首先，碳金融机构和碳交易平台推出新型交易产品的持续性不高。虽然碳金融机构开发了一些较为典型的业务类型，但大多附加值较低，执行效果有限。此外，由于碳期货、碳期权等碳金融衍生品缺乏统一的管理规则，各交易主体对碳金融产品的信心不足，部分碳金融产品存在首发后再无交易的现象。

其次，碳金融产品的创新力度和基础建设偏弱。碳金融领域发展迅速，金融机构需要不断创新金融产品和服务方式以适应市场发展。但我国的碳金融业务体系仍不完善，且碳金融产品主要集中在商业银行，参与主体的范围小。同时，碳金融的基础建设不足，目前主要依靠碳排放交易平台发挥作用，极大地限制了碳金融产品和服务的创新及碳金融的发展。

3.4.3 发展中国碳金融产品市场的建议

（1）完善碳金融政策体系与配套措施

我国碳金融产品市场正处于发展初期，相关的政策体系仍需不断完善。一是要健全碳金融法律法规体系。随着全国碳交易市场的启动，亟须建立与碳金融相关的全国性法律法规体系，在市场准入、交易规则、监督管理等方面统一标准。二是制定碳金融配套支持政策。目前，中小型金融机构在碳交易市场上的参与程度较低，不利于碳金融产品市场的进一步拓展，各级地方政府的相关部门可以通过政策引导、财政贴息、税收优惠等方式，多措并举地调动其参与碳金融交易的积极性，为碳金融产品市场注入发展动力。

（2）丰富碳金融产品和服务种类

加强碳金融衍生产品开发。碳市场的建立与发展离不开活跃的碳远期、期货及其他衍生品交易。碳金融衍生产品，尤其是远期与期货产品，对于提高碳市场交易活跃度、增强市场流动性具有重要作用。碳金融衍生产品为市场主体提供了对冲价格风险的工具，便于企业更好地管理碳资产风险敞口，也为金融机构参与碳市场、开发更为丰富的碳金融服务创造了条件。我国碳金融机构、碳交易平台、期货交易所等应该在规范发展现货交易产品的同时，大力发展碳金融衍生产品。

拓宽碳交易融资渠道。通过为具有市场潜力的低碳企业上市开通绿色通道、鼓励低碳企业利用股票市场融资，推动金融资源向符合低碳经济发展要求的企业配置；允许符合发展条件的低碳企业发行低碳债券、中期票据和短期融资券等，以获得债券市场的资金支持。

丰富碳金融服务类型。例如，商业银行、信托公司等金融机构进行资源整合，联合设计、创新碳信托产品，聚集社会闲散资金；保险公司针对各主体在碳交易过程中面临的不同风险，创新碳保险业务模式，为客户提供更多可选择的风险防控服务；碳资产管理公司大力发展碳托管、碳金融业务咨询等服务，引导企业获得符合自己特点和需求的碳金融产品和服务。

（3）提高碳金融产品创新力度

完善现有碳金融产品和服务。我国对碳排放权交易已进行了十多年的探索，相关金融机构和碳交易所开发了碳排放权质押贷款、碳债券、碳回购等碳金融产品，但大部分产品仍处于零星试点状态。要建立起系统的碳金融市场，需要在全国碳排放权交易市场有序发展、碳市场和碳金融相关制度逐步完善的基础上，对现有碳金融产品进行改进和完善，探索可持续、可推广的碳金融产品和服务。

加强碳金融产品和服务创新。提高碳金融产品的创新力度，除了鼓励金融机构开发更丰富的碳金融衍生产品，还应适当放松商业银行、证券公司等金融机构和个人投资者的准入条件，吸引更多主体参与碳金融产品交易。一方面，金融机构可以为市场参与者开发并提供碳排放权质押贷款、碳保险、减排项目融资等多元化碳金融服务业务，推动碳金融体系创新发展；另一方面，机构及个人投资者的参与能增强碳市场的流动性，有利于提高价格发现能力、平抑价格波动和提高碳市场的效率，进一步促进交易市场健康运行。此外，碳金融产品设计是一个复杂的系统工程，需要碳交易平台、交易所、碳资产管理公司与金融机构合作，提升碳金融产品的创新效率。

3.5　本章小结

本章对碳金融产品市场的界定、分类、特点和功能进行了概述，介绍了碳金融产品的定价机制、价格影响因素以及全球碳市场的价格概况，梳理了欧盟、美国等碳金融产品市场的实践经验及对我国的启示，并对我国碳金融产品市场的发展情况、存在的问题及对策进行分析。碳金融产品市场是旨在控制、减少以二氧化碳为代表的温室气体排放的各种金融交易活动和制度安排的总称。自欧盟碳市场成立以来，经过十多年的发展，全球已形成近30个成规模的碳金融产品市场。其中，欧盟、美国的碳金融产品市场起步早、规模大，目前已经形成相对完善的市场运行机制，为我国碳金融产品市场的建设提供了重要参考。我国碳金融产品市场以"双碳"目标的提出为契机，实现了从地区试点市场到全国市场的跨越发展。与此同时，我国碳金融产品市场也出现产品种类缺乏、创新力度不足等问题，需要进一步完善碳金融产品和服务体系、加强衍生产品创新，以适应低碳经济发展的需要。

思政专栏

李经理是一家初创绿色科技公司的产品经理，负责开发新一代碳金融产品。在碳金融产品创新的道路上，李经理和他的团队遇到了一个困惑和挑战，即市场对碳金融产品的认知差异。他发现，尽管在学术和政策制定者中碳金融的概念逐渐普及，但在实际的商业实践中，普通公众对于碳金融产品的理解和接受度却大相径庭。很多潜在客户和投资者对碳信用、碳交易等术语感到陌生，不理解这些产品的作用、价值以及操作方法。这种认知上的差异导致了市场推广的困难，影响了碳金融产品的流动性和吸引力。

意识到问题所在，李经理和他的团队针对核心问题，结合2024年政府工作报告中提出的"推进绿色低碳发展"，启动了一项全面的市场教育和宣传计划。他们利用线上、线下多个渠道，组织了一系列公开讲座和研讨会，邀请碳金融领域的专家和实践者分享碳金融的概念、价值以及实践案例。此外，他们还合作开发了一系列通俗易懂的教育材料，包括动画视频、信息图表和公众号推文等，以便普通公众和潜在的市场参与者更好地理解碳金融产品的工作原理和益处。

思考题

（1）什么是碳金融产品市场？碳金融产品市场可以被划分为哪些类型？

（2）碳金融产品市场的功能体现在哪些方面？

（3）影响碳金融产品价格的因素有哪些？

（4）国外碳金融产品市场的迅速发展对我国建设碳金融产品市场有何启示？

（5）现阶段，我国碳金融产品市场发展面临诸多挑战，应如何应对？

第4章　碳交易产品

碳交易产品是碳金融市场中可交易的碳资产，作为权利义务关系的载体以及碳排放权交易的合法凭证，使得碳排放权以多元化的形式进行转让、变现成为可能。本章从概念、分类、功能、运行机制、市场结构、定价方法、作用等方面介绍了碳现货、碳远期、碳期货、碳掉期、碳期权和碳指数六种碳交易产品。

4.1　碳现货

4.1.1　碳现货概述

1）碳现货的概念

碳现货是碳期货的对称，是指可以进行现时交易的碳配额、碳信用，属于碳金融原生交易工具。具体来说，碳现货交易是指交易双方通过协议约定碳排放权的交易时间、地点和方式等条款，随着碳排放权的转移和交付，同时完成资金的结算。

2）碳现货的分类

在国际交易市场，碳现货交易主要包括碳配额交易和项目交易。项目交易的标的主要包括清洁发展机制（Clean Development Mechanism，CDM）下产生的核证减排量（Certified Emission Reduction，CER）和联合履约机制（Joint Implementation，JI）下产生的减排单位（Emission Reduction Unit，ERU）。最先出现的是碳信用的现货交易，主要包括 CER 现货、EUA 现货以及 EUA 与 CER 的差价现货。在国内交易市场，碳现货交易同样包括碳配额交易和项目交易，项目交易的标的是中国国家自愿减排量（Chinese Certified Emission Reduction，CCER）。

（1）碳配额

碳配额是主管部门根据国家控制温室气体排放目标，向被纳入温室气体减排管控范围的重点排放单位分配的规定时期内的碳排放额度，是目前碳配额市场交易的主要现货。

①碳配额分配模式

碳排放配额的分配模式分为有偿分配、免费分配和混合分配三种。有偿分配模式通过拍卖法和固定价格出售法进行；免费分配模式在实际应用中分为祖父法和基准法两种；混合分配又细分为行业混合和渐进混合两种，具体内容见表4-1。

表4-1　　　　　　　　　　　　　　碳配额分配模式

分配模式	分配原则	具体内容
有偿分配模式	拍卖法	通过拍卖竞价的方式有偿地获得配额，拍卖定价和各个企业的配额分配过程均由市场决定
	固定价格出售	依据自身需要按照政府定价购买排放权。政府定价往往是管理当局根据市场需求以及行业碳排放强度制定的
免费分配模式	祖父法	基于企业过去一段时期的碳排放历史数据，选用滚动基准年计算分配量，大部分碳交易体系在初期采用祖父法作为免费分配方法
	基准线法	首先将不同企业生产的每单位同种产品的碳排放量由小到大进行排列，然后在其中选择一个标准作为基准线，最后企业获得的配额=产品的生产量×基准线值
混合分配模式	渐进混合	在初期对全部配额或绝大部分配额进行免费分配，以便碳排放交易能够尽快为企业所接受并得到推广。在碳排放交易体系发展一段时间后，通过提高有偿分配在配额分配中的比例，逐渐向完全有偿分配模式过渡
	行业混合	针对不同行业的特点采用不同的分配方式，对比较容易转嫁成本的上游行业采用有偿分配的方式，对碳密集型或在国际上竞争激烈的行业则采用免费发放的方式

在欧盟排放交易体系形成初期，免费分配模式产生的碳配额量占碳配额总量的比例达到了90%以上。在后期，有偿分配模式中拍卖法产生的碳配额量占碳配额总量的比例逐渐上升。从长期来看，免费分配的比例不断缩小，欧盟碳配额量下降幅度逐年提升。我国碳配额初始分配方法在长期内主要采用免费分配模式下的祖父法和基准线法，基准线法可根据不同行业制定具体的分配方法。现阶段碳配额的分配方法还存在发放总量过多、实施状况不佳等问题，需要逐步探索恰当的分配方法。

②碳配额的作用

首先，碳配额市场会影响碳金融产品的发展。我国碳配额市场起步较晚，各个试点的交易所仍然存在碳配额不同质、试点之间联系较少以及不能跨区域交易等问题，并且不同地区经济发展水平和重点发展产业的差异进一步加剧了问题的严重性，表现为交易所之间碳配额价格的差异很大。例如，2023年8月，北京碳交易所每吨碳配额价格在120~130元之间波动，每吨碳配额成交均价为127元，而上海碳交易中心每吨碳配额均价仅为61元。这种情形导致了以碳配额为标的的金融产品价格也受到影响，当产品价格上升时投资者有利可图，而当产品价格下降时，碳金融产品的投资者会承受损失，这种价格的差异性和波动性容易造成不同试点的市场参与者数量参差不齐，最终对碳配额金融产品的发展产生不良影响。

其次，碳配额市场会影响碳金融产品的收益。我国推出碳配额产品的主要目的是促进我国低碳绿色经济的发展，即在保护环境的同时发展经济。当前，我国碳配额金融产品仍处于发展阶段，且可能长期处于这一阶段。这一阶段存在的通货膨胀和机会成本会对碳配额金融产品的投资收益产生影响。例如，2023年8月15日，我国碳配额的收盘价为70.07元/吨，而同一时期欧盟碳配额的收盘价超过了80欧元/吨（折合人民币约为637元/吨）。碳配额是碳金融产品交易的标的物，所以碳配额价格的变化会影响碳金融产品价格的变化。相比而言，我国碳配额的收盘价较低，使得以其为基础的衍生碳金融产品的价格也会相对较低，进一步导致碳配额金融产品的绝对收益较低。

（2）国家核证自愿减排量

国家核证自愿减排量是指对我国境内可再生能源、林业碳汇、甲烷利用等项目的温室气体减排效果进行量化核证，并在国家温室气体自愿减排交易注册登记系统中登记的温室气体减排量。

①发展历程

我国的CCER经历了探索期、暂停期和新时期三个发展时期，每个时期的主要事件汇总如下：

探索期（2009—2016年），见表4-2。

表4-2 国家核证自愿减排量探索期

时间	事件
2009年	国家发改委开始着手国家自愿碳交易行为规范性文件的研究和起草
2012年6月	印发《温室气体自愿减排交易管理暂行办法》
2012年10月	印发《温室气体自愿减排项目审定与核证指南》
2012年	以上两份文件建立了CCER的交易机制，确定了CCER的项目工作流程，确保交易的规范性以及减排量真实可靠，同时明确了CCER项目审定与核证机构的备案要求、工作程序和报告格式，促进审定与核证结果的客观、公正
2015年	国家发改委上线自愿减排交易信息平台，国家对CCER交易采取备案管理。通过了国家自愿减排交易信息平台审定、注册、签发以及公示，完成签发的CCER，即可进入交易所进行交易

暂停期（2017—2022年），见表4-3。

表4-3 国家核证自愿减排量暂停期

时间	事件
2017年3月	国家发改委发布了"暂缓受理"的公告。公告称，由于在《温室气体自愿减排交易管理暂行办法》（简称《暂行办法》）施行过程中存在温室气体自愿减排交易量小、个别项目不够规范等问题，暂缓受理温室气体自愿减排交易相关项目申请及程序执行。待《暂行办法》修订完成并发布后，将依据新办法受理相关申请。发布"暂缓受理"公告的目的是进一步完善和规范温室气体自愿减排交易，促进绿色低碳发展
2018年5月	国家自愿减排交易注册登记系统恢复运行。CCER交易备案申请并未影响已经备案的CCER参与交易，但增量项目备案申请无法正常进行

新时期（2023年重启在望），见表4-4。

表4-4 国家核证自愿减排量新时期

时间	事件
2023年3月	生态环境部发布《关于公开征集温室气体自愿减排项目方法学建议的函》，这被业内解读为国家核证自愿减排量迈出了重启的第一步，说明自愿减排项目备案即将恢复
2023年7月	生态环境部联合市场监管总局对《温室气体自愿减排交易管理暂行办法》进行了修订，编制形成《温室气体自愿减排交易管理办法（试行）》，并面向全社会公开征求意见

②市场构成要素

第一，主管部门。主管部门是生态环境部。生态环境部按照国家有关规定建设全国温室气体自愿减排交易市场，负责制定全国温室气体自愿减排交易及相关活动的技术规范，并对全国温室气体自愿减排交易及相关活动进行监督管理和指导。

第二，交易主体。交易主体是国内登记组织。中华人民共和国境内登记的法人和其他组织，可以依据相关方法开展温室气体自愿减排活动，申请温室气体自愿减排项目和减排量的登记。符合国家有关规定的法人、其他组织和个人，可以依据相关办法开展温室气体自愿减排交易活动。

第三，交易产品。全国温室气体自愿减排交易市场的交易产品为核证自愿减排量。

第四，交易方式。核证自愿减排量通过试点地区交易系统实现交易。核证自愿减排量交易可以采取挂牌协议、大宗协议、单向竞价，以及其他符合规定的交易方式。

第五，方法学。方法学是指确定特定领域温室气体自愿减排项目基准线、核算项目减排量等所依据的技术规范。由生态环境部负责组织制定的温室气体自愿减排项目方法学，作为相关领域自愿减排项目审定、实施和减排量核算、核查的依据。

4.1.2 碳现货的作用

（1）有利于满足市场参与者的需求

碳现货有利于直接满足市场参与者的需求。碳现货在碳市场中是最常见的碳金融交易工具，相关控排企业、金融资产管理机构可根据需求直接买卖碳现货，买卖程序较为简单，碳现货交易也是碳市场中普遍存在的交易方式。

（2）有利于其他碳金融产品的发展

碳现货有利于其他碳金融衍生产品的形成发展。从金融产品的发展历史来看，现货的发展历史长于远期、期货等金融衍生产品的发展历史，碳现货的发展情况亦然。在碳现货产品及市场还未形成一定规模时，其他碳金融衍生产品难以产生，并且碳现货对其他衍生产品定价有一定影响。比如，在市场机制与政策稳定可期的条件下，可以根据单一的碳现货价格预测未来多个月的期货合约价格，这反映市场对未来的价格预期。

4.2 碳远期

4.2.1 碳远期的概念

远期是指交易双方约定在未来的某一时间，以确定的价格买卖一定数量的某种实物商品或金融资产的合约。碳远期是指交易双方约定未来某一时刻以确定的价格买入或者卖出相应的以碳配额或碳信用为标的物的远期合约。

碳远期合约作为一种特殊的远期合约，其组成要素与一般的远期合约类似，主要包括：交易方、标的资产、报价单位、最小变动价位、到期时间、交割价格、交付方式等，具体的构成要素见表4-5。

表4-5   碳远期合约要素

构成要素	内容描述
交易方	每份远期合约都有买方（多头）和卖方（空头）
标的资产	碳远期合约的标的资产为碳信用或碳排放权
报价单位	标的碳资产的结算价格的单位，即报价的货币单位
最小变动价位	碳远期合约中对最小的价格波动所作的规定
到期时间	碳远期合约一般持有至约定到期日进行实物交割
交割价格	分为固定的交割价格和浮动的交割价格
交付方式	交易双方按照合约的规定和程序交付约定数量的资金和碳资产

4.2.2 碳远期的运行机制

（1）碳远期的交易流程

从交易参与人的角度看，碳远期的交易流程主要包括五个步骤，如图4-1所示。

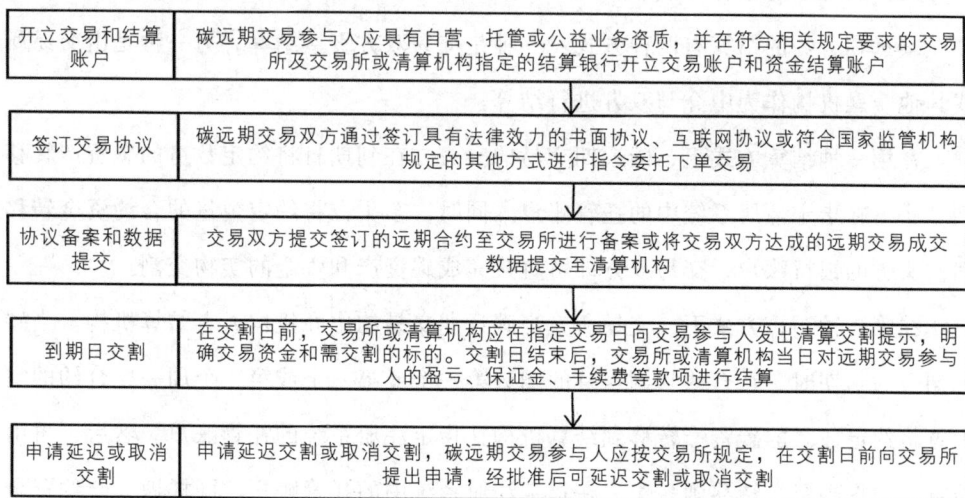

开立交易和结算账户	碳远期交易参与人应具有自营、托管或公益业务资质，并在符合相关规定要求的交易所及交易所或清算机构指定的结算银行开立交易账户和资金结算账户
签订交易协议	碳远期交易双方通过签订具有法律效力的书面协议、互联网协议或符合国家监管机构规定的其他方式进行指令委托下单交易
协议备案和数据提交	交易双方提交签订的远期合约至交易所进行备案或将交易双方达成的远期交易成交数据提交至清算机构
到期日交割	在交割日前，交易所或清算机构应在指定交易日向交易参与人发出清算交割提示，明确交易资金和需交割的标的。交割日结束后，交易所或清算机构当日对远期交易参与人的盈亏、保证金、手续费等款项进行结算
申请延迟或取消交割	申请延迟交割或取消交割，碳远期交易参与人应按交易所规定，在交割日前向交易所提出申请，经批准后可延迟交割或取消交割

图4-1 碳远期交易流程

碳远期的运行流程是从宏观的角度描述交易参与人、相关交易所和清算所之间的关系。碳远期的运行流程如图4-2所示。

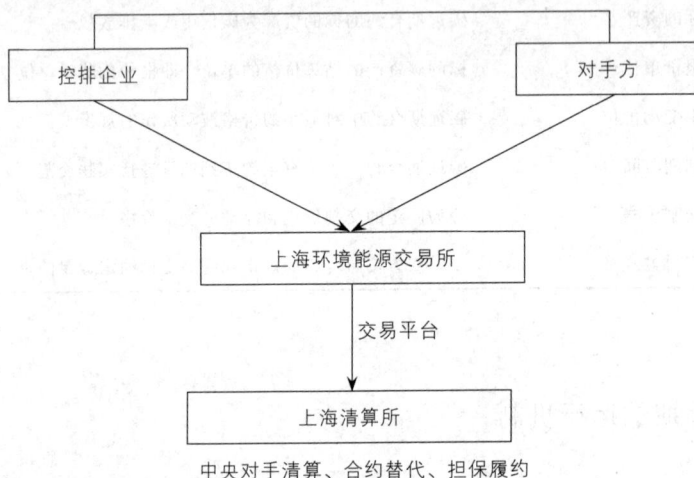

图4-2 碳远期运行流程图

（2）碳远期的结算方式

碳远期合约的结算有两种方式：一种是交易双方直接结算；另一种是由交易所或其他金融机构作为中介与双方进行结算。

在第一种结算方式下，碳远期交易的空头方在到期日将约定数量的碳资产转移到多头方在指定注册系统中的托管账户。同时，多头方将约定数量的合约资金转移到空头方的银行账户，交易双方即可直接完成碳资产和资金的实物交割。

在第二种结算方式下，交易所充当碳远期交易的中介机构或者结算机构。当碳远期合约到期时，在合约到期当月的倒数第一个或第二个或第三个周一，合约的空头方将约定数量的碳资产转移到结算机构在指定注册系统的托管账户。然后，再由结算机构将碳资产转移到多头方在指定注册系统中的托管账户。同样地，合约资金也以结算机构为中介进行转移支付。

4.2.3 碳远期的定价方法

目前，有两种主要的碳远期合约定价方法，分别是固定定价方法和浮动定价方法。固定定价方法是指碳远期合约买卖双方在签订合约时约定一个固定的碳单位交割价格，该价格不随市场的变动而变动；浮动定价方法是指碳远期合约买卖双方在签订合约时不约定固定的交割价格，仅确定碳单位交割的保底价格，再在此基础上参照相关碳市场上碳资产的价格（如欧盟碳市场上标准碳资产的价格）来决定远期合约的交割价格。两种定价方法具体如下：

（1）固定定价法

固定定价法下的碳远期合约，其标的碳单位的价格在合约签订时就确定了，在该合约期限内，支付价格不发生变化。该类碳远期合约规定的买卖双方的义务分别是：卖方交割一定数量的标的碳单位，该数量可能是固定不变的，也可能有一个存在最大值和最小值界限的范围；买方为得到标的碳单位，支付固定的金额（一般以美元或欧元计量），这一固定的价格有时也会基于一定的通货膨胀系数或事先约定的价格发生变化，并随着时间的推移而出现结构性的增长。

（2）浮动定价法

在浮动定价法下的碳远期交易中，买方支付的价格是不固定的，会随着有关市场价格的变化而变化。也就是说，碳远期合约要求卖方支付事先确定的固定数量的标的碳单位，但是买方所支付的价格却是基于某一指数而变化的。当运用浮动定价法从事碳远期交易时，卖方无法确定未来的现金流量，如果将来价格下降可能导致卖方入不敷出、产生亏损。因此，当市场参与者预期碳单位的价格上升时，浮动定价法下的碳合约对卖方而言更有吸引力。

4.2.4 碳远期交易的作用

（1）有利于预测未来价格

当控排企业参与碳交易时会时刻关注碳价格。如果缺乏碳配额，必须从市场上进行购买；如果有多余的碳配额，则可以在市场上进行出售，企业出于节约排放成本的目的将加大节能减排力度。鉴于减排效应的显现是一个漫长的过程，并且现货价格仅能反映当前的碳价，所以研究期货与远期产品的价格预测曲线，对制定长期的减排计划具有非常重要的意义。

（2）有利于实现套期保值

碳排放配额的分配与交易之间存在时间差，这使控排企业产生了套期保值的需求，碳远期作为碳金融衍生产品具备实现套期保值的能力。当交易者在进行碳现货交易时，可以通过买进或卖出同等数量的碳远期规避风险、减少损失，即碳远期作为向市场交易者提供的可以用来对冲价格风险的产品，便于交易者通过锁定未来碳资产的价格来消除价格波动的不确定性，从而更好地管理碳资产风险敞口。

（3）有利于实现套利投机

在交易市场上，套利投机者可根据其对未来碳市场价格的走势判断，利用碳远期合约价差获利。套利的依据是价格关系，投机操作的依据是价格水平，而价格关系能够反映价格水平的合理程度。碳远期的套利投机功能可使碳交易价格更加合理，从而使相应的市场资源得到合理和有效的配置。

4.3 碳期货

4.3.1 碳期货概述

（1）碳期货的概念

期货是以某种大宗产品（如棉花、大豆、石油等）及金融资产（如股票、债券等）为标的的标准化可交易合约。碳期货是指期货交易场所统一制定的、规定在将来某一特定时间和地点交割一定数量的碳配额或碳信用的标准化合约。在全球主要碳市场中（除我国外），碳期货是交易量最大、流动性最强的碳交易产品。碳期货的具体构成要素见表4-6。

表 4-6 碳期货合约的构成要素

构成要素	内容描述
交易品种名称与代码	核证减排量期货
交易单位	每个碳期货合约交易的碳资产数量
报价单位	主要采用公开集中竞价,在此过程中对期货合约采取的报价单位一般根据交易所的属地确定
最小变动价位	碳期货合约每次变动报价的最小幅度
涨跌停板幅度	对碳期货市场最大波动的限制
合约交割月份	碳期货合约并不是每个月都可以交易,通常会在合约中做具体规定
到期日	碳期货合约可交易月份中的最后一个星期
交割方式	现金交割和实物交割
保证金	最低交易保证金有比例保证金和定额保证金两种

（2）碳期货、碳现货、碳远期的联系与区别

①碳期货与碳现货的比较

碳期货与碳现货之间存在一定的联系,碳期货价格与碳现货价格的波动周期高度相符。从长期来看,碳期货价格和碳现货价格的运动趋势基本一致,距合约到期日越近,碳期货价格越接近碳现货价格。

两者之间也存在区别:

第一,功能不同。碳期货的功能主要是转移碳现货市场上的价格波动风险,而碳现货的推出旨在限制排放、保护环境。

第二,交易对象不同。碳期货交易是以标准化期货合约进行的,而碳现货交易是针对碳排放权本身进行的。

第三,交易场所不同。碳期货交易在指定的交易场所完成,而碳现货没有交易场所的限制。

第四,结算方式不同。碳期货交易存在保证金制度,交易门槛低、杠杆较高,

而碳现货交易采取即时结算。

第五，交割时间不同。在货物的交割模式上，碳期货交易中排放权的转移往往发生于合约结算之后，而碳现货则是在交易完成的同时实现排放权的转移。

两者的区别具体见表4-7。

表4-7　　　　　　　　　　　　　碳期货与碳现货的区别

比较内容	碳期货	碳现货
功能	转移碳现货市场价格波动的风险	限制排放、保护环境
交易对象	标准化期货合约	碳排放权
交易场所	场内交易	无交易场所限制
结算方式	采取少量保证金结算	采用一次性结算全部资金
交割时间	合约结算后碳排放权转移	交易达成时碳排放权转移

②碳期货与碳远期的比较

碳期货和碳远期之间存在一定的联系，两者都是基于合约下对碳排放权未来交易时的数量与价格进行规定的交易方式。

两者之间也存在区别：

第一，功能不同。碳期货和碳远期都能够转移市场的价格风险，但碳远期由于自身流动性不足，其降低市场风险的幅度不大。

第二，交易对象和场所不同。碳期货的交易更加规范化、标准化，属于场内交易；碳远期一般是双方自行协商的非标准化协议，属于场外交易。

第三，履约和结算方式不同。碳期货的交易采用实物交割和对冲平仓这两种履约方式，以保证金制度为基础，信用风险较低；碳远期交易采取实物交割方式，全部过程都由交易双方自行约定，保证金形式不固定，金融风险高。

两者的区别具体见表4-8。

表4-8   碳期货与碳远期的区别

比较内容	碳期货	碳远期
功能	转移碳现货市场价格波动的风险	流动性低、分散风险作用相对较弱
交易对象	标准化碳期货合约	非标准化合同
交易场所	场内交易	场外交易
履约方式	实物交割与平仓	实物交割
风险特征	信用风险低	信用风险高
保证金制度	比例保证金和定额保证金	双方商议

4.3.2　碳期货的运行机制

（1）碳期货的交易流程

首先，由交易所为买卖双方共同定制一个标准化合约。然后，按照碳期货合约在未来某一特定的时间和地点，买方向卖方以一定的价格购买一定数量的碳现货。具体交易流程如图4-3所示。以买方公司A、卖方公司B为例，公司A在约定日期内买入碳现货的价格若高于当时市场上的现货价格，则A公司亏损，B公司盈利；反之亦然。在实际交易过程中，买方除了选择到期交割外，也可以选择在交割之前做卖出交易进行平仓。

（2）碳期货的结算方式

碳期货的结算工作主要由结算机构完成。结算机构主要从事对每日成交的期货合约所在账户的盈亏进行统计的工作，并参与保证金的结算，同时负责收缴交易者的保证金以及管理保证金，以保证每笔交易的履约。

结算模式大多依照结算机构与碳交易所之间的关系进行区分，有内部结算模式、分支机构模式及独立结算模式三种。如果结算机构属于交易所，那么对应的结算模式就是内部结算模式；如果结算机构属于交易所设立的分支机构，则对应的结算模式属于分支机构模式；如果结算机构完全独立运营，与交易所无任何关联，则其结算模式为独立结算模式。

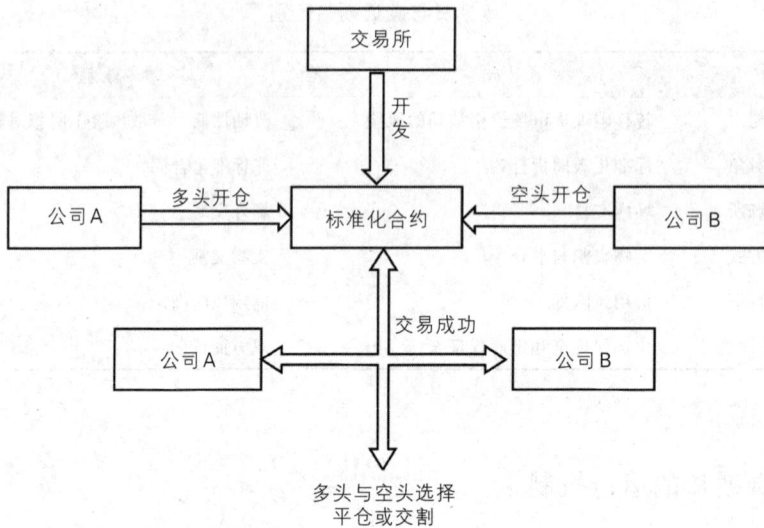

图4-3　碳期货交易流程图

4.3.3　碳期货的定价方法

碳期货价格是指交易双方在确定期货合约时所商定的未来交割的碳资产的价格。确定碳期货价格通常采用两种方法：一种是用碳远期价格近似确定碳期货价格；另一种是根据碳现货价格和碳期货价格的关系推算出碳期货的价格。

（1）依据碳远期价格确定碳期货价格

通常，碳远期价格和碳期货价格存在差异，价格差主要取决于标的碳资产与利率的相关性。

当标的碳资产价格与利率呈正相关时，碳期货价格高于碳远期价格。当标的碳资产价格上升时，碳期货的价格通常也上升，碳期货合约的多头方由每日结算获得利润，并可将利润进行再投资。当标的碳资产价格下降时，碳期货合约的多头方当日出现亏损，交易者可以较低利率获得融资补充保证金，而碳远期合约的多头方不会受利率变化的影响。所以，碳期货的多头方较碳远期的多头方更易获利，碳期货价格高于碳远期价格。相反，当标的碳资产价格与利率呈负相关时，碳远期价格高于碳期货价格。

此外，碳远期与碳期货价格间的差异也可受合约期限长短、保证金、交易费用、流动性等因素的影响。

多数情况下，合理假定碳远期价格与碳期货价格相等。基本假设如下：

① 碳远期价格与碳期货价格相等；

② 交易中不存在交易费用和税收；

③ 市场参与者能以相同的无风险利率实现资金流转；

④ 远期合约不存在违约风险；

⑤ 允许现货卖空；

⑥ 碳期货合约保证金账户按无风险利率支付利息。

根据无套利原理，碳期货的价格可以表示为如下：

$$F = Se^{(r-q)(T-t)} \tag{4-1}$$

式中，F 为 t 时刻碳期货（碳远期）的价格；Se 为标的碳资产在时间 t 的价格；r 为无风险利率，q 为标的碳资产在期货合约期限内的收益率；T 为到期时间（年），$T-t$ 表示剩余时间。

当期货合约价格与 $Se^{(r-q)(T-t)}$ 出现偏离时，市场上的大量套利者将以买卖现货及期货的方式获取无风险利润，直至碳期货与碳现货价格的关系满足该式。若套利行为受制约，不存在买空卖空，那么无套利平价等式不成立。

（2）依据碳现货价格推导碳期货价格

以碳现货价格为基础推导碳期货价格。同一标的碳资产的期货价格与现货价格受到相同因素的影响，尽管价格波动幅度存在差异，但是两者的价格变动方向一致。随着碳期货合约到期日的临近，碳期货与碳现货价格的差异逐渐缩小。在合约到期日，两者的价格基本相同。碳现货与碳期货价格之差可用基差（basis）表示。

基差=现货价格-期货价格 (4-2)

在碳期货合约有效期内，基差可为正值或负值；在碳期货合约到期日，基差应为零。基差的不确定性称为基差风险，投资者可以选择交易对冲期货合约来降低基差风险。

随着碳期货合约到期日的临近，碳期货价格与碳现货价格逐渐聚合，在到期日两者大致相等。如果碳期货市场价格与碳现货市场价格不一致，则会引发两个市场间的套利行为。比如，如果碳期货价格高于碳现货价格，那么大量的市场参与者就会买入碳现货、卖出碳期货，从中获取收益，从而促使碳现货价格上升。如果碳期货价格低于碳现货价格，多数市场参与者就会选择买入碳期货合约，促使碳期货价格上升。

碳期货价格与预期碳现货价格的关系可用以下公式表示：

$$E（S_T）=Se^{y（T-t）}$$ (4-3)

式中，S_T 为未来 T 时刻现货的价格；y 为资产的连续复利预期收益率；t 为当前时间。

碳期货价格与未来现货期望价格的高低取决于 y 与 r（无风险报酬率）的比较。结合资本资产定价模型以及公式 4-1 进行分析：若标的碳资产的系统性风险为零，则 r=y，碳期货价格与未来现货的期望价格相等；若标的碳资产的系统性风险小于零，则 y<r，碳期货价格高于未来现货的期望价格；若标的碳资产的系统性风险大于零，则碳期货价格低于未来现货的期望价格。

综上所述，碳期货是规避现货价格波动的避险工具，两者的价格之间存在内在联系。碳期货价格的确定一般基于无套利定价与风险中性定价方法。

4.3.4 碳期货交易的作用

（1）有利于转移交易风险

转移风险是期货市场的重要功能。碳金融市场上的各类风险本质上源于碳排放权供需的波动，而市场机制的不完善更会使碳金融市场的风险加剧。碳期货具备套期保值功能。所以，碳市场上的企业可以通过碳期货交易规避风险，以保证企业在经济效益和环境保护两个维度上实现稳定发展。

（2）有利于增强市场流动性

碳期货使碳市场交易更加活跃，并且能够增强市场的流动性。一般而言，碳现货的相关交易必须按照标的资产的价格全额支付，若碳市场上只有现货产品，那么多数买家和卖家为了缩减成本，很可能会减少交易次数，选择在履约日临近的一段时间内进行交易，从而造成市场交易的拥堵，提高了履约成本。与碳现货交易相比，碳期货交易的主要优势体现在其是以保证金为基础进行的，资金占用程度相对较低。在实际的交易过程中，为减少现金收支，交易主体通常选择在交割日之前进行平仓，这将极大提升碳市场交易的流动性。

（3）有利于降低交易成本

碳期货交易为市场参与者提供了交易媒介，市场参与者可以在相对标准化、透明化的环境中进行交易，最大限度地获取交易信息，降低交易成本。一方面，碳期货交易采用标准化的期货合约，简化了交易流程，既避免了过于烦琐的环节所带来的交易成本和时间成本，也有利于市场参与者更好地预测和避免交易风险；另一方面，碳期货交易采取保证金制度，其交易成本远远低于碳现货的交易成本，同时，市场参与者可以利用碳期货的高杠杆效应以更低的成本完成期货合约的买卖行为。

4.4　碳掉期

4.4.1　碳掉期概述

（1）碳掉期的概念

掉期交易（Swap Transaction）是指交易双方依据事先约定的协议，在未来某一时期，相互交换某种资产的交易。更准确地说，掉期交易是交易双方约定在未来确定的期限内，相互交换认为具有同等经济价值的现金流（Cash Flow）的交易。

掉期交易的目的是在不改变远期所有权的情况下规避持有该资产的利率波动风险，较为常见的有利率掉期交易和货币掉期交易。利率掉期交易是指同一种类货币资金的不同种类利率间的互换交易，通常不包括本金的交换；货币掉期交易通常是两种货币资金之间的本金交换。掉期交易与期权、期货交易一样，已成为全球金融机构规避利率风险和汇率风险的重要工具。

碳掉期（Carbon Swap）又称碳互换，是指交易双方根据事先约定的协议，以碳资产为标的物，在未来的某一期限内交换双方认为具有同等价值的现金流或现金流与碳资产的交易合约。与其他金融掉期产品类似，碳掉期是交易双方根据合同法开展的场外非标准化交易活动，没有标准化的合约形式。碳掉期合约由交易双方直接协商并自行签署，可以包含符合交易双方特定需要的定制化条款。根据碳掉期合约，交易双方在未来交割日以碳资产或现金进行结算，交易所仅为交易双方提供保证金监管与合约清算工作。多数情况下，碳掉期合约只进行现金结算，很少对碳资产进行实物交割。碳掉期的产生主要是为了满足碳市场参与者对灵活交易和风险管理的需求。碳掉期交易的开展为碳市场创造了更大的流动性，并为将来的碳金融产品创新交易摸索了经验。

（2）碳掉期的分类

根据标的物的不同，碳掉期分为期限互换和品种互换。

①期限互换

期限互换是同一标的物的固定价格和浮动价格的互换交易。它以碳资产为标的物，交易双方在签订合约时以固定价格确定交易，并约定以未来某一确定时点的市场价格完成固定价格交易对应的反向交易，即浮动价交易，最终对两次交易的差价进行结算。

国内较为常见的是碳排放权互换交易，具体交易过程如图4-4所示。

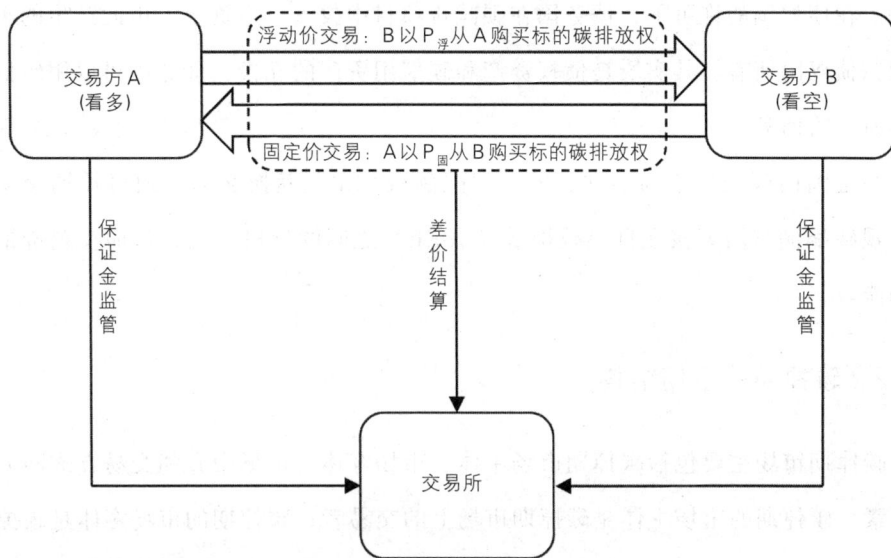

图4-4 期限互换交易图

在图4-4中，固定价交易是A、B双方签订碳掉期合约，A方于合约结算日以约定的固定价格向B方购买标的碳排放权；浮动价交易是B方于合约结算日以与标的碳排放权的现货市场交易价格相挂钩的浮动价格向A方购买标的碳排放权。交易所依据掉期合约向双方收取一定的初始保证金，根据标的碳排放权的现货市场价格变化对保证金进行定期清算。在合约结算日，交易所会根据固定价和浮动价之间的差价对交易结果进行结算。若固定价<浮动价，则A方为盈利方，B方为亏损方，B方向A方支付资金=（$P_浮$-$P_固$）×标的碳排放权；若固定价>浮动价，则A方为亏损方，B方为盈利方，A方向B方支付资金=（$P_固$-$P_浮$）×标的碳排放权。

②品种互换

品种互换是不同标的碳资产之间的互换交易，又称碳置换。它是指交易双方约定在未来某一期限内，交换碳配额和碳减排信用并对差价进行结算的交易合约。品种互换包括两种交易形式：

一是债务与碳信用互换交易。这种互换交易主要发生在有债权债务关系的国家之间。在债权国的许可下，债务国在碳减排项目中投入一定资金，由此产生的碳排放权归债权国所有。其实质是债权资产和碳信用资产的互换，债务国可以用碳信用清偿所欠的债务。

二是国内碳交易市场中常见的"碳配额-CCER"互换交易。通过掉期交易可以发现碳配额与国家核证自愿减排量（CCER）之间的价格关系，从而实现价格发现功能。

4.4.2　碳掉期的市场结构

碳掉期市场主要包括碳掉期市场主体、市场客体、市场中介和交易方式四大构成要素。碳掉期的市场主体是碳掉期市场上的交易者；碳掉期的市场客体是碳掉期的交易标的；碳掉期的市场中介，即碳掉期交易的中介机构；碳掉期市场的交易方式主要为柜台交易。

（1）碳掉期市场的主体

碳掉期市场的交易者是碳掉期市场主体，主要包括各国政府、减排企业、金融机构和投资者等，这些交易者可以根据自身需求灵活交易碳配额和碳信用等碳资产，以实现碳资产的有效配置和风险管理。

其中，政府是具有多重身份的关键主体，不仅可以以债务国或债权国的身份参与碳掉期交易，而且为了保障交易市场健康有效地运行，还要对碳掉期交易进行必要的审查和监管。

在碳掉期交易中占据主导地位的减排企业一般是碳信用的需求者，若不能完成碳减排任务，需要通过碳掉期获得额外的碳信用进行补偿。

金融机构主要包括碳基金、商业银行、投资银行和证券公司等。

由于碳排放权未来价格的不确定性产生了投机获利的可能性，投资者可以通过参与碳掉期市场进行投机套利。

（2）碳掉期市场的客体

碳掉期市场的客体是市场的交易标的，分为碳配额和碳信用两大类。现行碳掉期市场中较为常见的交易标的有欧盟碳配额（EUA）、核证减排量（CER）、减排单位（ERU）和自愿减排量（VER）。

欧盟碳配额产自欧盟排放交易体系，欧盟根据各国的情况免费发放碳配额，各国根据企业的减排情况将碳配额发放至排污企业。当企业的实际排放量超过被发放的配额时，需要缴纳罚金。

核证减排量是基于清洁发展机制产生的碳减排额度，用来兑换《京都协议书》中所承诺的温室气体的减少量。

减排单位是基于联合国履约机制产生的一种碳中和单位，通过项目合作的发达国家将产生的减排单位转让给另一缔约方国家，同时在转让国的碳减排总量额度上扣除已转额度。

自愿减排量是基于自愿减排项目产生的减排信用，主要在自愿减排市场上交易。

（3）碳掉期市场的中介

由于碳掉期交易的专业性和复杂性，需要拥有专业知识、技能和资源的中介机构提供各种专业服务。

在碳掉期交易市场中，提供交易服务的市场中介机构有经纪商、交易所和第三方核证机构等。

提供其他服务的中介机构有碳会计服务机构、碳保险服务机构、碳法律服务机构和碳信用评估机构等。

中介机构是碳掉期市场上必不可少的参与者，维护市场交易的有效性，保证碳掉期交易的顺利完成。

（4）碳掉期市场的交易方式

碳金融市场的交易方式主要有两种：拍卖方式和柜台方式。

交易所内的碳金融衍生品交易主要采用拍卖方式，如碳期货和碳期权。

交易所外的碳金融衍生品交易主要采用柜台方式。碳掉期属于场外交易，交易方式主要是柜台方式，其交易一般不在交易所内完成。

4.4.3 碳掉期交易的作用

（1）有利于进行套期保值

碳掉期为碳交易市场的投资者提供了一个可以通过对冲、财务杠杆、开展套期保值分散风险的手段。具体来说，通过碳掉期，投资者可以将这种不确定性风险转移给其他愿意承担此类价格波动风险，以期从中获取利益的交易方。也就是说，投资者可以通过碳掉期规避风险，提前锁定自身的收益和成本。例如，持有碳配额的企业 A 和持有 CCER 的企业 B 签订合同，约定企业 B 在半年后给予企业 A 一定量的 CCER 和一笔现金来换取当期的碳配额。碳掉期保证企业 A 所持有的碳配额在半年后交易时，不会因碳金融市场的价格波动而遭受损失。尽管这样的交易会使企业 A 错失因价格上涨而带来的收入，但同时也避免了因价格下跌而带来的损失，实现碳配额的保值，确保企业获得预期收入。

（2）有利于回稳更新周期

碳掉期有利于降低中小企业持有碳资产的利率风险，回稳中小企业更新周期，为企业管理碳资产创造流动性。对于中小企业而言，在推进绿色经济的过程中，无论是对大功耗、重污染的机器进行更新换代，还是对生产流程的审查改良，都需要在前期投入大量资金，这势必会给中小企业带来资金流动性不足的问题，甚至影响企业的正常经营。碳掉期可以让中小企业与资金充沛的大企业以及机构投资者交易，通过出售碳资产换取当期现金，来回稳中小企业的现金流和更新周期，更加平稳高效地响应政府的减排号召。

（3）有利于降低交易成本

碳掉期交易可以帮助控排企业降低成本。一方面，控排企业通过购买碳配额或 CCER 获得更多的碳排放限额，可以避免直接投资用于减排的技术和设备，从而减少减排成本，而减排企业则通过将多余的碳配额或 CCER 出售给其他企业，获取经济收益；另一方面，控排企业通过精益化提升整体的生产和经营效率、发展循环经济，从产品的设计、生产、包装到产业链上下游更好地减碳，从而降低了企业的经济成本。这种碳配额掉期交易可以提供经济激励、降低减排成本，能够解决CCER交易模式单一的问题，有利于提高CCER的开发利润、降低交易成本，推动碳市场引入低碳技术，进而提高市场活跃度。

（4）有利于促进国际合作

碳掉期可以促进国际交流合作，激励各国共同应对气候变化。通过碳掉期，不同国家和地区可以在全球范围内进行碳减排的合作。一方面，发达国家以较低的成本获得碳排放限额，实现国家减排成本最小化；另一方面，发达国家将先进的技术、经验转移到发展中国家，促进发展中国家碳减排技术的进步，从而实现全球的碳减排目标。

例如，2015年6月10日，壳牌能源（中国）有限公司（简称壳牌）与华能国际电力股份有限公司广东分公司（简称华能国际）签订碳掉期交易合同。这是我国迄今为止成交量最大的定制结构碳掉期交易。壳牌作为全球碳排放市场上的领军企业，可以提供复杂的产品交易组合和解决方案，拥有丰富的碳金融市场交易经验。壳牌通过与华能国际的合作将国际市场交易经验带到中国，为中国碳排放市场的发展作出贡献。

4.5 碳期权

4.5.1 碳期权概述

（1）碳期权的概念

期权（Option）是一种选择权，指在未来一定期限内，交易方依据事先约定的价格，卖出或买入某项金融现货或期货合约的权利。具体来说，是买方向卖方支付权利金后，获得在未来某一特定日期（欧式期权）或未来一段时间内（美式期权）以事先约定好的价格向卖方卖出或买入一定数量标的物的权利，而不负有必须卖出或买进的义务。卖方收取权利金后，应买方要求，负有必须买进或卖出的义务。因此，期权是一种单项合约。

碳期权（Carbon Option）是指在未来某一特定时期或未来一段时间内以事先确定的价格买入或售出一定数量碳排放权标的物的权利。与传统的期权合约不同，现存的碳期权实际上是碳期货期权，即在碳期货基础上产生的一种碳金融衍生品。因此其与碳期货功能类似，碳期权具备套期保值功能，可以帮助买方避免因碳排放权价格波动带来的风险。此外，碳期权的买方可以通过购买不同类型的碳期权组合提前锁定收益水平，达到规避风险、确定利润的目的。

碳期权合约是由交易双方签订的合法凭证。市场上较为常见的合约有 EUA 期货期权、CER 期货期权以及 ERU 期货期权。

碳期权合约的构成要素见表 4-9。

表4-9 碳期权合约的构成要素

构成要素	内容描述
交易品种名称与代码	交易品种名称与代码根据期货合约的不同而不同
标的资产	经批准进入期权市场的碳期货合约
交易单位	交易所一般以手作为交易单位
报价单位	碳期权交易所报价所采用的币种
最小变动单位	碳期权合约公开竞价中合约变动的最小单位
每日价格波动幅度限制	当碳期权价格的波动幅度大于一定数额时会暂停交易
交割月份	合约到期时需要交割的月份，分为季度合约和月度合约
行权价格	以确定价格买进或卖出标的资产的价格，也称执行价格
交割方式	分为现金交割和实物交割

（2）碳期货与碳期权的比较

① 功能不同

碳期货主要是现货价格的保值机制，而碳期权是现货价格和未来价格的保值机制。碳期货更多的是一种提供对冲的工具，碳期权的作用在于提高流动性。流动性越高，价格发现的作用越大，应用的范围越广。

② 权利与义务不同

碳期货持有到期前可以在相应的市场中进行平仓交易，但持有到期时，必须履行交割标的物的义务；碳期权则是期权买方可以自行决定是否行使权利。

③ 保证金制度不同

碳期货的买卖双方均要缴纳保证金，根据价格波动情况调整保证金账户金额。在碳期权交易中，买方需要向卖方支付权利金，且碳期权的权利金远低于碳期货的保证金，而卖方获得了权利金，需要缴纳保证金作为履行合同义务的担保，并且所缴纳的保证金金额要遵循覆盖次日最大损失可能的基本原则。

④ 盈亏风险不同

碳期货交易是对称、线性盈亏状态，交易双方均有无限盈利和无限亏损的可能。碳期权交易是不对称、非线性盈亏状态，买方的最大亏损只限于购买期权的权利金，其收益取决于碳排放权的市场价格；期权卖方则相反，最大收益是权利金，其亏损随市场价格的变动而变动。碳期货与碳期权的比较见表4-10。

表4-10 碳期货与碳期权的比较

比较内容	碳期货	碳期权
保值机制	现货价格的保值机制	现货和未来价格的保值机制
交易场所	场内交易	场内和场外交易
履约方式	必须履行交割义务	自行决定是否交割
保证金制度	双方都须缴纳保证金	买方缴纳权利金，卖方缴纳保证金
盈亏风险	线性盈亏，无限盈利和亏损	非线性盈亏，买方无限盈利和有限亏损，卖方有限盈利和无限亏损

（3）碳期权的分类

根据碳期权的权利、执行时间、执行价格、市场关系、交易场所等方面的不同，碳期权分为不同的类型。

①看涨期权和看跌期权

根据买方权利不同，碳期权可以分为看涨碳期权和看跌碳期权。看涨期权是指碳期权持有者在将来的一定时刻以一定价格买入碳资产的权利。看跌期权是指碳期权持有者在将来的一定时刻以一定价格卖出碳资产的权利[13]。通常，如果在到期日碳资产价格高于执行价格，碳期权持有者就会行使看涨期权。对于标的资产为期货合约的碳期权，看涨期权持有者获得碳期货合约的买权，以及碳期货价格超出执行价格的现金额；看跌期权持有者获得碳期货合约的卖权，以及执行价格超出期货价格的现金额。

②美式期权和欧式期权

根据买方执行期权的时间不同，碳期权可以分类为美式期权和欧式期权。一般来说，碳期权的到期日是交割月份的最后3个交易日。美式期权可在到期日之前的任何时刻行使权利，交易更为灵活，交易量相对更高；而欧式期权只能在到期日才能行使权利，且不能超过最后交易日。欧式期权的最后交易日是期货合约到期日之前的第2个工作日，且实值期权在最后交易日会被自动平仓。

③实值期权、虚值期权和平值期权

根据标的碳资产的市场价格关系和碳期权执行价格的不同，碳期权可以分为平值期权、实值期权和虚值期权。标的碳资产的市场价格等于执行价格的看涨或看跌期权称为平值期权。标的碳资产的市场价格高于执行价格的看涨期权，或标的碳资产市场价格低于执行价格的看跌期权称为实值期权。虚值期权与实值期权的执行价格和市场价格恰好相反。只有实值期权具有内涵价值，虚值期权和平值期权不具有内涵价值。随着市场条件的变化和时间的推移，标的碳资产的价格出现波动，同一碳期权在不同时点会出现不同状态。实值期权、平值期权、虚值期权与看涨期权、看跌期权的关系见表4-11。

表4-11　　实值期权、平值期权、虚值期权与看涨期权、看跌期权的关系

期权类型	看涨期权	看跌期权
实值期权	市场价格>执行价格	市场价格<执行价格
平值期权	市场价格=执行价格	市场价格=执行价格
虚值期权	市场价格<执行价格	市场价格>执行价格

④交易所交易碳期权和柜台交易碳期权

根据交易场所的不同，碳期权可以分类为交易所交易碳期权和柜台交易碳期权。交易所交易为场内交易，具有标准化合约和集中公开竞价机制，由交易所指定碳期权合约的交易单位、交易时间和执行价格等条款。柜台交易碳期权通常采用场外交易，其交易合约并非标准化合约，且场外交易的流动性较差，部分交易指令由于缺乏交易对手而无法成交。相比而言，柜台交易碳期权依赖双方信用，风险较高，但交易程序简洁方便，由买卖双方自行达成交易，交易者不需要公开有关信息。

4.5.2　碳期权运行机制

（1）碳期权市场结构

碳期权市场的构成要素主要包括碳期权市场主体、市场客体和市场中介机构。碳期权市场主体是碳期权市场上的交易者，主要包括各国政府、减排企业、项目开发商和金融机构等。碳期权市场客体是碳期权的交易标的，主要包括排放配额、减排单位、经核证减排量等。碳期权市场的中介机构一般包括经纪商、碳期权交易所、碳期权结算公司等。

（2）碳期权交易流程

碳期权的交易流程包括下单委托、报价、撮合和成交四个主要步骤，主要以电子交易为主，通过计算机终端连线集中竞价买卖。具体交易流程如图4-5所示。

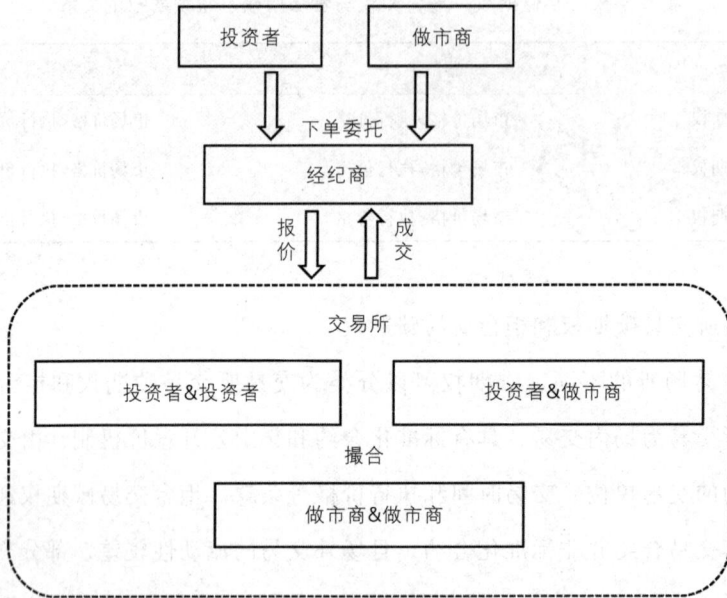

图4-5 碳期权交易流程

①下单委托

碳期权交易下单委托是指投资者向经纪公司发出买卖一份或多份期权合约的指令。经纪公司接到指令后，立即将其送至交易大厅执行。指令类型可以分为限价委托、市价委托、停损委托以及组合式委托。碳期权指令发出后，投资者应承担相应的法律责任和义务。下单委托后，投资者需要支付一定的手续费或佣金。碳期权手续费计算复杂。佣金由固定金额和非固定金额两部分构成。其中，非固定金额由交易金额乘以一定的百分比计算得出。不同经纪人或经纪公司收取的手续费或佣金不同，折扣经纪人的佣金低于全服务经纪人的佣金。当注销交易结算后，投资者必须再次支付佣金。

②报价

在碳期权交易中，当市场上需要报价时，该产品的做市商必须执行报价委托。作为合约的做市商可以通过交易窗口接收市场的询价信息，立即对买卖价格进行双边报价。根据规定，期权交易所必须明确其买卖报价的最大差值，以保证报价的合理性。由于其市场调节功能，做市商采用较低的交易成本标准，并可以使用交易系统中的一些特殊功能，这使做市商能够快速输入、更改和取消多个报价。在碳期权交易中，报价只由做市商提供。

③撮合

碳期权交易委托撮合按照价格优先、时间优先的顺序进行：价格较优的委托优先于价格较差的委托；如果价格相同，输入系统时间早的优先执行。如果交易者的订单数量减少，则原订单的时间顺序保持不变；价格变动或委托数量增加的，视为重新委托。一般来说，碳期权市场价格委托的撮合优先于限额委托。如果同时收到多个市场价格委托单，则按照输入的时间顺序执行。开盘期间，市场价格委托以开盘价匹配。因此，碳期权交易的市场价格委托是委托书中当前最优价格与最低报价之间的价格。

④成交

在经过上述步骤后，碳期权交易正式达成，同时仓位和保证金完成结算。当投资者通知经纪人执行期权时，经纪人需要通知期权结算公司会员。期权结算公司随机选择持有相同碳期权的短头寸会员，按程序确定出售该项期权的投资者，然后达成交易。碳期权被执行后，未平仓账户数量减1。在期权到期日，当执行期权对客户有利时，部分经纪人会代替客户自动执行期权，无其他变化的实值期权会被执行。

4.5.3 碳期权的定价模型

国内外学者对碳期权定价方法的研究十分丰富，国外学者最先开始对期权定价模型进行研究，Black 和 Scholes（1973）提出著名的 Black-Scholes 模型（B-S 期权定价模型），其核心是设计一个套期组合，使得期权市场投资风险完全消除，为之后的研究奠定了坚实的基础。目前国内外学者常用的碳期权定价模型主要包括 B-S 期权定价模型、二叉树期权定价模型、分形布朗运动期权定价模型和风险中性期权定价模型。其中，B-S 期权定价模型和分形布朗运动期权定价模型是学术界比较常用的且易于操作的期权定价方法。

B-S模型在实证研究中的使用最为广泛,陈敏敏(2017)从多个角度对比分析三种期权定价模型对碳排放权的适用性,选择B-S模型研究我国深圳碳排放权衍生产品交易价格以及碳交易中存在的问题;刘致嘉(2018)通过整理国内外对碳期权定价方法的研究,认为由于B-S模型的自身优越性,该模型仍是碳期权定价模型中最常用的。但B-S模型要求严格的市场假设条件,在中国目前的碳金融市场中很难实现,如B-S模型假设交易过程中交易费用为零,而在国内碳交易市场中是有交易费用的。因此,运用B-S期权定价模型存在一定的局限性,需要对其进行改进。

分形布朗运动期权定价模型是近些年新兴的期权定价模型,相比于标准布朗运动,分形布朗运动中标的碳资产价格变化的增量之间是有依赖性的,不是相互独立的。此外,分形布朗运动期权定价模型能很好地刻画标的碳资产价格的厚尾性、长记忆性和自相似性,符合碳期权价格的分布特征,国内外学者对该模型的认可度也越来越高。

(1)B-S模型

B-S模型是由Blank和Scholes在20世纪70年代推出的经典期权定价公式,是有史以来第一个期权定价模型,主要应用于欧式期权。B-S模型的优势有两点:首先是能快速适应市场上的状况,对市场的分析更为准确;其次是所需的数据是从市场上提取的精确数据,所以估算的价值更加准确,过程更加直观。

B-S模型有如下6点假设:

① 期权的标的物为有风险的资产,可在市场被自由买卖;

② 交易费用和税金为零,即市场无摩擦;

③ 期权为欧式期权;

④ 安全利率是恒定的,即无风险利率为常数;

⑤ 期权到期前,标的资产无任何收益的支付,期权商品价格变化随机分布,且是连续的;

⑥ 标的资产的价格波动性为常数,且其变动符合几何布朗运动。

具体公式如下:

看涨期权定价模型：

$$C = X_t N(d_1) - Ke^{-R(T-t)} N(d_2) \tag{4-4}$$

看跌期权定价模型：

$$P = Ke^{-R(T-t)} N(-d_2) - X_t N(d_1) \tag{4-5}$$

其中：

$$d_1 = \frac{\ln(X_t) - \ln(K) + (R + \frac{\sigma^2}{2})\sqrt{T-t}}{\sigma\sqrt{T-t}} \tag{4-6}$$

$$d_2 = d_1 - \sigma\sqrt{T-t} \tag{4-7}$$

式中：C 表示看涨期权；X_t 为标的资产的当前市场价格；$N(d)$ 是标准正态分布的累积概率分布函数；K 为期权的行权价格，即期权合约的购买者选择是否行权的价格；R 是年度无风险利率的连续复利，根据不同国家的国情，选择无风险利率的标准不同；T 为期权合约有效期的时限，即期权的有效期；t 表示当前日期；P 表示看跌期权；σ 为标的物价格的波动率。

（2）分形布朗运动模型

分形布朗运动模型是采用分形布朗运动模拟标的资产运动，根据伊藤公式推导得出偏微分方程，再通过临界条件求解偏微分方程从而进行期权定价的一种方法。分形布朗运动和布朗运动之间的最明显的区别在于，布朗运动中的增量是相对独立的，而分形布朗运动中的增量是具有自相关性的。由于具有自相似性、厚尾性以及长相关性等性质，分形布朗运动成为描述证券资本市场的有力工具。

分形布朗运动模型有如下 5 点假设：

① 分形市场股票期权价格只依赖于股票价格 W 及无风险利率；

② 市场无摩擦，即不存在税收和交易成本；

③ 无风险利率为常数；

④ 股票价格符合分形布朗运动；

⑤ 该期权是欧式期权，即在期权到期前不可执行。

分形布朗运动的欧式期权定价公式为：

看涨期权定价模型：

$$C = S_t N(d_1) - KN(d_2)e^{-r(T-t)} \tag{4-8}$$

看跌期权定价模型：

$$P = KN(d_2)e^{-r(T-t)} - S_t N(-d_1) \tag{4-9}$$

其中：

$$d_1 = \frac{\ln(S_t) - \ln(K) + r(T-t) + \frac{\sigma^2}{2}(T^{2H} - t^{2H})}{\sigma\sqrt{T^{2H} - t^{2H}}} \tag{4-10}$$

$$d_2 = d_1 - \sigma\sqrt{T^{2H} - t^{2H}} \tag{4-11}$$

式中：C 表示看涨期权；S_t 表示标的资产的当前市场价格；$N(d)$ 是标准正态分布的累积概率分布函数；K 表示期权的行权价格；r 表示年度无风险利率的连续复利，根据不同国家的国情，选择无风险利率的标准不同；T 表示期权合约规定到期日；t 表示当前日期；P 表示看跌期权；σ 表示标的物价格的波动率；H 表示 Hurst 指数。

4.5.4 碳期权交易的作用

（1）具备套期保值功能

与碳期货一样，碳期权具备套期保值功能，可以帮助买方避免交易过程中因碳排放权价格波动造成的风险。一方面，碳期权可以为现货和期货业务保值，弥补了碳远期交易只保现值、不保未来值的缺陷。另一方面，对碳期权买方而言，其最大亏损只限于购买碳期权的保证金，避免了碳排放权价格的波动风险。部分学者通过研究也证实了相关结论，Xu 等（2016）和 Ying 等（2017）通过开发程式化模型，研究碳期权给碳排放权价格波动带来的影响，发现期权市场的存在为对冲未来现货价格的不确定性提供了一种机制，可以降低现货价格水平和平抑价格波动风险；同时指出，期权工具的引入为碳许可交易的风险管理带来更多的流动性和灵活性。

（2）降低交易主体风险

期权是一种有效的风险管理工具，通过订立碳期权合约，可以最大限度地降低碳期权交易主体的风险和不确定性。例如，企业希望未来购买的碳排放权的价格不会超过当前市场价格，可以选择买入看涨期权来锁定未来碳排放权的价格。无论未来市场价格怎么变化，期权持有者都有权以约定的价格购买碳排放权。刘婧（2018）将碳期权引入碳市场模型中，构建跨期碳交易模型，模型结果表明：引入碳期权扩展我国的碳金融市场有利于降低交易成本和碳排放量，同时增加碳市场交易主体的收益。Liu 等（2022）也站在碳金融市场交易主体的角度，认为碳期权在规避碳排放权市场的交易风险方面发挥着非常重要的作用，有利于交易主体的决策制定与风险控制，未来的碳交易市场应重点关注碳期权等金融衍生产品的发展。

（3）促进市场的流动性

碳期权交易可以提高交易市场的流动性和效率。我国在碳交易市场的交易量呈现稳中有升的态势，然而相对于我国制定的"双碳"目标，目前碳交易市场的交易量和市场流动性仍然不足，主要原因是市场投机需求性较少、参与主体单一。

碳期权作为碳金融衍生产品具有以下特点：

首先，碳期权市场交易灵活。不同执行价格、不同到期日、买权或卖权的不同变量的期权组合在一起，创造出更加丰富的交易策略，满足各种交易目的和投资需求。

其次，适用范围广。与碳期货只能进行场内交易相比，碳期权可以进行场内交易，也可以进行场外交易。

最后，碳期权交易能够反映市场对未来碳排放权价格的预期，为参与者提供重要的价格信息，具有较高的投资价值。机构和个人投资者会更积极地参与到碳期权产品的市场交易中，从而增加市场交易量并提高市场流动性。

4.6　碳指数

4.6.1　碳指数概念

碳指数（Carbon Index）是指为反映整体碳市场或某类碳资产的价格变动及走

势而编制的统计数据。2007年，国际上诞生了用于追踪欧盟碳排放权交易体系下碳交易市场的巴克莱资本全球碳指数（Barclays Capital Global Carbon Index, BC GCI）。随着国内碳金融市场的发展，我国也开发了一系列相关价格指数，如"中碳指数""置信碳指数""复旦碳价指数"。在广义上，碳指数不仅是碳交易市场的价格指数，也可以是所有与碳排放权和碳市场交易相关的各种经济指标。有代表性的碳指数有碳中和指数、碳效率指数及碳减排指数等。本节主要探讨与我国碳市场交易相关的碳指数。

4.6.2 碳指数功能

由于碳指数的关注点在碳排放权交易市场，所以碳指数有着与一般指数类似的基本功能，也有不同于传统的金融市场指数的特殊功能，如图4-6所示。

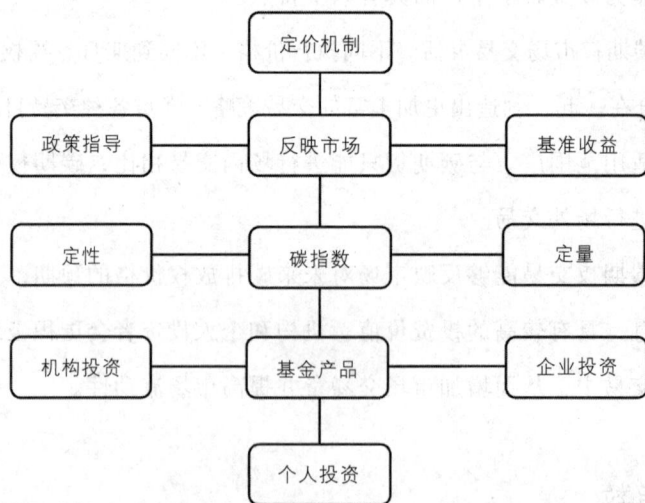

图4-6 碳指数基本功能

（1）基本功能

①标尺性功能

碳指数作为一种碳市场支持工具，更直观地反映碳市场的供求和价格信息，为投资者了解市场动态、投资碳市场提供了重要的参考工具。投资者可以根据碳价指数的趋势来进行投资决策，以获得更好的经济效益。除此之外，政府可以通过监测碳价指数来制定更加科学合理的碳排放政策，帮助实现碳减排目标。总之，碳指数是一个重要的参考指标，对于推动我国碳交易市场的健康发展具有重要意义。

②交易性功能

首先，目前我国碳市场尚不成熟，体系尚不完善，大额投资的市场风险较大。而且，由于单个碳市场的交易量有限，当大量资金涌入单个碳市场时，会主导碳市场，并造成碳市场异常波动。以指数为投资标的，则将资金分散到各个碳市场，可以稳定资金，有效规避非系统性风险。

其次，金融机构可以开发基于碳指数的交易产品，投资者可以参与指数化投资，从而以较低的风险分享低碳环保产业发展带来的收益，为未来碳市场进一步开发碳指数相关产品奠定基础。目前，我国碳金融市场上的碳指数交易产品尚待开发。

（2）特殊功能

①打破碳交易市场壁垒

对于碳市场参与者来说，分析碳市场从而确定碳市场的整体走向是开展碳交易的前提。由于碳市场是一个高度专业化的市场，缺乏专业知识是普通投资者进入碳市场的最大障碍。但是由于对低碳环保的期盼以及对新兴市场潜在利润的渴望，投资者进入碳市场的意愿是非常强烈的。由专业机构开发的碳指数能够更直观地反映碳市场的供求和价格信息，投资者可以根据碳价指数的趋势来进行投资决策，以获得更多的经济效益，满足投资者参与碳市场的需求。因此，开发碳指数可以帮助普通投资者打破碳交易市场高度专业化的壁垒，即使缺乏专业知识也能进入碳市场并获得收益。

②抑制投机因素影响

碳排放权是一种特殊商品，对于普通投资者来说，他们的交易目标不是获取碳排放权的使用价值，而是赚取差价。所以，普通投资者的市场交易必然带有投机性。然而，碳指数通过对各个碳市场的价格进行加权平均，可以放大政治、经济和市场周期等系统性波动，有效抑制投机因素的影响。因此，对指数进行分析更能突出市场的规律性走势。

③反映企业减排成本

碳指数所反映的碳价格信息与企业的减排成本密切相关。在成熟的碳市场中，如果减排的边际成本低于碳价格，企业就更有可能自愿减排；如果边际成本高于碳价格，企业则更有可能在市场上购买碳排放权，以抵消超出分配排放量的实际排放量。因此，企业会随着减排成本的提高增加对碳排放权的需求，从而提高碳价。

4.6.3 碳指数的分类

（1）中碳指数

中碳指数由北京绿色金融协会开发推出，它包括"中碳市值指数"和"中碳流动性指数"，该指数可以综合反映我国各个试点碳市场成交价格和流动性的变动情况。中碳指数以2014年第一个交易日即2014年1月2日为基期。

①中碳指数的特征

中碳指数全面地考虑各个试点碳市场的交易状况。自2013年以来，北京、天津、上海、重庆、湖北、广东及深圳这七个试点碳市场纷纷启动上线交易，各个试点碳市场的交易价格变动十分复杂。为了从复杂的价格变动中分析总结出我国整体碳市场的交易状况，中碳指数在编制时全面考虑了各个试点碳市场的交易价格、交易量和配额总量等因素。

中碳市值指数和中碳流动性指数在编制时选取的样本地区均为北京、天津、上海、广东、湖北和深圳这六个试点碳市场。

中碳市值指数以6个样本地区试点碳市场的碳排放配额线上成交均价为主要变

量，衡量样本地区在一定时期内整体市值的变化情况。

该指数的计算方法为：

$$中碳市值指数 = \frac{总调整市值}{基期市值} \times 1\,000 \tag{4-12}$$

$$总调整市值 = \sum(碳配额均价 \times 配额数量) \tag{4-13}$$

中碳流动性指数以 6 个试点碳市场的碳排放配额线上成交量为主要参数，并把各地区的权重等因素考虑在内，观察样本地区一定时期内整体流动性的强弱变化情况。其中，样本地区的权重由其配额规模决定。

该指数的计算方法为：

$$中碳流动性指数 = \frac{总调整换手率}{基期换手率} \times 1\,000 \tag{4-14}$$

$$总调整换手率 = \frac{\left\{ \sum \left(\dfrac{成交量}{权重} \right) \right\}}{配额总量} \tag{4-15}$$

②中碳指数的意义

一是为投资碳市场提供参考信息。对于碳市场的投资者而言，中碳指数能够综合反映某一时点或一定时期内整体碳市场交易价格和交易量的变动方向以及涨跌幅度，从而为碳市场投资者和研究机构分析和评估碳市场动态及走势提供重要信息。

二是为开发碳指数产品奠定基础。对于整体碳市场而言，推出中碳指数为开发碳指数型交易产品和其他碳金融创新产品奠定了重要基础。

（2）置信碳指数

在我国没有统一的全国碳排放权交易市场之前，碳交易活动主要发生在北京、天津、上海、重庆、湖北、广东及深圳这七个试点碳市场。由于碳市场政策的高度敏感性，以及碳市场走势与地方经济发展状况、节能减排基础等密切相关，因此在各地的政策导向下，七个碳交易市场的定价大相径庭。对于投资者、分析人士和相关利益方来说，全国碳市场的整体趋势更为重要，他们需要一个能够科学描述和准确反映整体市场宏观趋势的信息。由此，置信碳指数应运而生。

2014年4月30日，上海环境能源交易所正式发布置信碳指数。指数每日更新一次，每个交易日碳市场休市后，根据当日七个试点碳市场的成交均价计算得出。置信碳指数的基期为2013年12月31日，基期值为1 000。

①置信碳指数的特征

置信碳指数的特征是兼顾各碳市场的独立性。我国的碳交易试点目前分布在七个不同的省市，每个试点地区的经济总量和产业结构都不尽相同。比如，广东和深圳虽然同处华南，但地域面积和经济规模差异显著，碳排放总量相差近百倍。如果将广东碳市场和深圳碳市场的碳价格设置在同一个水平，就会低估广东碳市场对整个碳市场的影响。置信碳指数的编制团队认为，中国当时的七个试点碳市场在很大程度上是相互独立的，经济环境、市场环境和政策环境的差异都将影响各地区的碳排放权价格和交易量。所以，置信碳指数在编制时采用混合加权模式，综合选取了经济环境、市场环境、政策环境等方面的指标，使体量较小的碳市场的价格波动也可以在指数上得以科学地反映，具有良好的市场代表性，可以适应指数化投资的需求。

②置信碳指数的意义

第一，反映碳市场的整体状况。置信碳指数的采样范围涵盖全国七个试点碳市场，是我国碳市场统一之前反映整体碳市场动态的先驱，能够全面反映全国碳交易试点市场的整体走向和价格动态，为碳市场参与者提供交易前提。

第二，适应指数化投资的需求。置信碳指数的编制充分考虑了我国七个试点碳市场在经济环境、市场环境、政策环境等方面的差异，具有良好的市场代表性，为国内碳交易指数化投资和衍生品开发提供参考依据。

第三，巩固上海碳交易试点市场的地位。置信碳指数是上海置信碳资产管理有限公司开发的，反映了我国多个试点碳市场的整体走势，巩固了上海作为国内碳交易试点地区的地位。

③中碳指数与置信碳指数对比

中碳指数和置信碳指数的联系与区别具体见表4-12。

表4-12 中碳指数和置信碳指数的联系与区别

	中碳指数	置信碳指数
联系	二者都反映碳交易市场整体走势波动幅度较大，这表明我国的试点碳市场仍处于发展初期，其主要功能是履约，投资功能尚待开发 二者都能反映某个时点或一定时期内碳市场交易价格的变动方向及涨跌幅度，为碳市场投资者和研究机构分析和评估碳市场动态及走势提供重要信息 二者都为开发指数交易产品和其他碳金融创新产品奠定了重要基础	
区别	中碳市值指数以成交均价为主要参数；中碳流动性指数以成交量为主要参数并考虑各地区权重等因素 中碳指数偏重根据样本地区配额规模设置权重 中碳指数忽略了各碳交易试点市场在碳配额成交量以外其他方面的差异	置信碳指数以交易日各碳市场成交均价计算得出 置信碳指数采用混合加权模式，兼顾各碳市场的独立性 置信碳指数在编制时充分考虑七个试点碳市场在经济环境、市场环境、政策环境等方面的差异

（3）复旦碳价指数

复旦碳价指数（Carbon Price Index of Fudan，CPIF）由复旦大学可持续发展研究中心公布。该指数于2021年11月7日推出，此后每个月底，复旦大学可持续发展研究中心都会发布下个月的复旦碳价指数。该指数是针对各类碳交易产品开发的系列价格指数。截至目前，复旦碳价指数纳入全国碳排放配额和核证自愿减排量两类产品，分别计算价格指数，根据不同试点市场的特点具体计算，得到表4-13所列的五个价格指数。

表4-13 复旦碳价指数种类

复旦碳价指数
全国碳排放配额价格指数
北京和上海履约使用核证自愿减排量价格指数
广州履约使用核证自愿减排量价格指数
其他地方试点履约使用核证自愿减排量价格指数
全国核证自愿减排量价格指数

表4-14显示了2023年9月CEA和CCER价格指数的相关信息。

表4-14　　　　　　　　　　2023年9月CEA和CCER价格指数

产品类型	买入价（元/吨）	卖出价（元/吨）	中间价（元/吨）	买入价指数	卖出价指数	中间价指数
CEA202309	70.27	74.19	72.23	175.67 ↑	167.40 ↑	171.32 ↑
CEA202312	72.19	75.19	73.69	135.06 ↑	129.06 ↑	131.93 ↑
全国 CCER202309	59.74	62.84	61.29	150.18 ↑	151.17 ↑	150.68 ↑
北上 CCER202309	65.75	71.16	68.45	202.92 ↑	189.76 ↑	195.86 ↑
广州 CCER202309	63.73	68.64	66.19	210.34 ↑	189.35 ↑	198.91 ↑
其余 CCER202309	58.01	62.46	60.24	256.68 ↑	231.33 ↑	242.88 ↑

资料来源：作者根据复旦大学可持续发展研究中心数据整理。

①复旦碳价指数的特征

第一，反映各类产品的价格信息。目前，复旦碳价指数体系已经包括了六项价格指数，其中主要反映了CEA、CCER、I-REC这三类碳交易产品的价格信息，能够反映在特定时期全国碳交易市场各类碳交易产品价格水平的变化方向、趋势和规模。

第二，基于参与者真实的交易意愿。复旦碳价格指数参考国际通用定价模型，分析碳交易价格的形成机制，结合中国碳市场的特点，形成相应的碳价格指数方法论。在此基础上，结合基于碳市场参与主体真实交易意愿的价格信息，进行加权计算、调整优化，从而形成各类碳价格指数。

第三，能够预测未来一个月的碳价。复旦碳价格指数的创新之处在于它能够预测未来一个月的碳价，这可以作为碳资产管理的重要依据。

②复旦碳价指数的意义

第一，有利于提供科学的价格信号。复旦碳价指数的编制充分考虑了我国碳市场的特点，结合市场参与主体真实的交易意愿，该指数能够为国内外碳市场参与者提供科学有效的价格信号，降低信息收集和监测成本。

第二，有利于提高碳交易市场的活跃度。复旦碳价指数的发布可以更好地实现碳市场的价格发现功能，使碳交易市场更加稳定、有序，提高整体碳市场的效益和流动性。

第三，有利于提高我国在国际碳市场上的定价权。随着全国碳市场的发展，复旦碳价指数未来将针对国内碳市场上的新品种以及国际主流碳市场的交易品种，研发推出对应的碳价格指数。碳价指数的持续更新，能够进一步提高我国在国际碳市场的定价权。

（4）碳中和指数

我国的碳中和指数有：中证上海环交所碳中和指数、中证碳中和60指数、沪深300碳中和指数，见表4-15。

表4-15　　　　　　　　　　　　　我国碳中和指数

指数名称	发布时间	代码	基日和基点	样本空间
中证上海环交所碳中和指数	2021.10.21	931755	2017.6.30，1000	同中证全指数的样本空间
中证碳中和60指数	2021.11.09	931772	2017.6.30，1000	同中证全指数的样本空间
沪深300碳中和指数	2022.03.07	931859	2017.6.30，1000	沪深300指数样本

资料来源：作者根据中证指数有限公司官网数据整理。

其中，最具有代表性的碳中和指数为中证上海环交所碳中和指数。中证上海环交所碳中和指数覆盖"深度低碳领域"和"高碳减排领域"，如图4-7所示；由沪深市场的100只上市公司证券组成，包括深度低碳领域中市值较大的上市公司证券66只、高碳减排领域中潜力较大的上市公司证券34只，如图4-8所示。该指数能够反映沪深市场中对碳中和贡献较大的上市公司证券的整体表现。

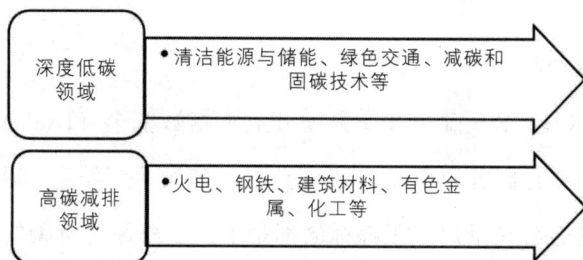

图4-7　中证上海环交所碳中和指数成分股覆盖领域

中证上海环交所碳中和指数计算方法为：

$$报告期指数=\frac{报告期样本的调整市值}{除数}\times 1\,000 \tag{4-16}$$

$$调整市值=\sum(证券价格 \times 调整股本数 \times 权重因子) \tag{4-17}$$

权重因子介于 0 和 1 之间，以使单个样本权重不超过 10%，深度低碳领域权重为 W_1，高碳减排领域权重为 W_2。

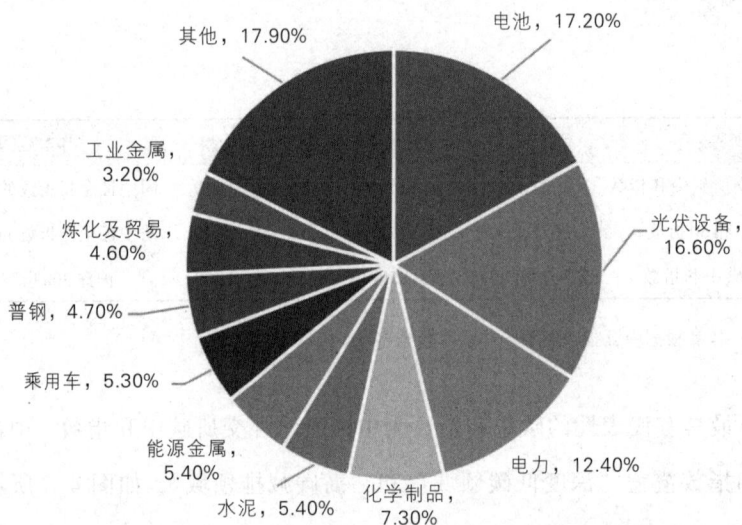

图4-8 中证上海环交所碳中和指数成分股行业分布

资料来源：佚名.一文读懂中证上海环交所碳中和指数［EB/OL］.［2024-05-10］. https：// xueqiu.com/1617788076/223501249.

①碳中和指数产品

2022年6月28日，8只碳中和交易型开放式指数基金（Exchange Traded Fund，ETF）在国内获批，它们分别由易方达、富国、广发、汇添富、南方、工银瑞信、招商和大成八家基金公司推出，跟踪标的都是中证上海环交所碳中和指数，这体现出该碳中和指数具有很大的投资潜力，见表 4-16。

表4-16   碳中和ETF产品

基金名称	基金代码	交易场所	发行日期	基金规模（亿份）	跟踪标的
易方达中证上海环交所碳中和ETF	562990	上海证券交易所	2022.07.04	42.738	中证上海环交所碳中和指数
富国中证上海环交所碳中和ETF	561190	上海证券交易所	2022.07.04	29.393	中证上海环交所碳中和指数
广发中证上海环交所碳中和ETF	560550	上海证券交易所	2022.07.04	21.576	中证上海环交所碳中和指数
汇添富中证上海环交所碳中和ETF	560060	上海证券交易所	2022.07.04	10.971	中证上海环交所碳中和指数
南方中证上海环交所碳中和ETF	159639	深圳证券交易所	2022.07.04	32.653	中证上海环交所碳中和指数
工银瑞信中证上海环交所碳中和ETF	159640	深圳证券交易所	2022.07.04	9.538	中证上海环交所碳中和指数
招商中证上海环交所碳中和ETF	159641	深圳证券交易所	2022.07.04	11.797	中证上海环交所碳中和指数
大成中证上海环交所碳中和ETF	159642	深圳证券交易所	2022.07.04	5.514	中证上海环交所碳中和指数

资料来源：作者根据东方财富网数据整理。

②碳中和指数的意义

第一，有利于我国绿色股票指数体系的拓展。中证上海环交所碳中和指数的成功推出，为碳市场参与者提供了新的分析工具和投资标的，进一步完善了多元化的绿色金融产品体系。

第二，有利于我国碳中和目标的实现。基于碳中和指数开发交易类产品（如碳中和ETF）能够丰富碳市场交易标的，引导更多资金流向低碳转型企业，进入低碳减排领域，助力实现我国的"双碳"目标。

4.7　本章小结

本章主要介绍了碳现货、碳远期、碳期货、碳掉期、碳期权和碳指数6种碳交易产品。首先，本章界定了碳交易产品的定义、类别和特征，同时逐一梳理了碳现货、碳掉期等碳交易产品的发展历程、市场结构和作用；其次，将碳现货、碳远期、碳期权与碳期货进行比较，具体阐述了不同碳交易产品的功能、交易对象、交易场所、交易风险以及履约方式等；再次，深入分析了碳远期、碳期货和碳期权的运行机制和定价方法，运行机制包括交易流程和结算方式等；最后，选取国内具有代表性的中碳指数、置信碳指数、复旦碳指数和碳中和指数进行介绍，分析不同碳指数对我国碳排放权交易市场发展的意义，帮助读者认识我国的碳指数体系。

思政专栏

党的二十大报告提出"积极稳妥推进碳达峰碳中和。立足我国能源资源禀赋，坚持先立后破，有计划分步骤实施碳达峰行动"。

在"双碳"目标指导下，为培养满足我国低碳经济发展需求的"双碳"人才，可将课程体系分为思想政治模块、专业基础模块、专业能力提升模块及实验与实践能力模块。思想政治模块对培养学生的社会主义核心价值观、社会责任感和职业道德有着至关重要的作用。

具体而言，教师在金融学专业课程的讲授中，可将绿色低碳发展理念作为课程思政元素融入课程教学，将知识传授放到积极发展绿色金融，全面实现碳中和、碳达峰的重大战略部署中进行思考，深入挖掘金融学专业课堂中的"绿色基因"，重点突出：金融为了更好地服务碳中和目标，既要提供资金保障，也要发挥价格发现的功能；要适当有序地增加碳交易市场的金融产品种类，这是因为金融产品在交易过程中会反映碳排放的真实成本，有利于形成有效的碳价格，用来指导碳排放；要积极探索碳交易产品创新，适时引入碳金融衍生品，如碳期权、碳期货等，以确保碳金融衍生产品与实物市场相衔接，增强衍生品支持我国绿色转型的可信度与真实性。从中长期来看，赋予碳市场金融属性是构建良好交易生态的关键，也是绿色发展的必然趋势。一方面要设定合理的碳配额限制并依此确立衍生品合约的强制交割机制，避免过度交易或市场投机；另一方面要进一步构建碳指数产品，反映能源、金融市场在需求侧对碳金融衍生产品的真实需求，盘活碳交易，从供给侧丰富资源供给。

此外，虑及顶层设计与法律层面对碳资产的商品属性与金融属性设定的重要影响，在思想政治模块的教学中，教师还要引导学生关注政策、法规（如碳市场监管框架和碳金融发展框架等总体政策目标）对碳市场的定位，以及相关机制的设置（如碳市场发展条例、碳配额初始分配法规、碳金融交易与监管制度等具体交易制度）对碳金融产品市场的发展的关键性作用。从政策端口逐步允许碳资产金融属性的发现，以广义碳金融赋能我国绿色发展。

思考题

（1）碳排放配额以免费分配为主，可以根据国家有关要求适时引入有偿分配。有偿分配采取拍卖的方式，这种方式具有什么样的特点？

（2）碳排放权交易机构的监管职权有哪些？

（3）请说明一个完整周期内的碳现货交易流程。

（4）碳期货与碳远期相比具备什么优势？

（5）简述碳期货有什么特征？

（6）一份90天的碳远期合约的标的资产为CER，现价为500欧元，现在合约双方商定的远期价格为510欧元，无风险利率为6%。分析远期合约建立时的现金流状况。

（7）简述碳掉期的特征。

（8）碳掉期的市场构成要素有哪些？

（9）比较碳期货和碳期权的不同之处，简述碳期权的交易过程。

（10）讨论实值期权、平值期权、虚值期权三种期权类型在分别属于看涨期权和看跌期权时，其市场价格和执行价格之间的关系。

（11）简述碳指数的内涵和功能。

（12）简述置信碳指数和中碳指数的区别和联系。

第5章 碳融资产品

本章对国内六大类碳融资产品的理论知识进行详细的介绍，主要包括碳贷款、碳债券、碳基金、碳信托、碳资产支持证券、碳股票等碳融资形式的含义、特征、分类、作用与运行模式等基本内容，并对各种碳融资形式的发展历程与现状进行了梳理，对其未来的发展进行了展望。通过本章的学习，读者可以对这六种主要的碳融资产品的概念、特征、分类与运行有较清晰的认识与了解。

5.1 碳融资产品概述

5.1.1 产生背景

1）实践背景

中国作为世界第二大能源生产国和消费国、第二大 CO_2 排放国，一贯高度重视全球气候变化问题。不同于大部分已经完成现代化进程的发达国家，我国碳排放的峰值期将在2030年至2040年间到来。2020年9月，习近平总书记在第七十五届联合国大会一般性辩论上宣布，中国将采取更为有力的政策和措施，"二氧化碳排放力争于2030年前达到峰值，努力争取2060年前实现碳中和"。

1997年，为应对温室效应和气候变暖的全球化问题，发达国家签订了旨在控制并降低二氧化碳排放量的《京都议定书》，规定工业化国家在2008—2012年间，每年必须减少相当于1990年排放水平5.2%的温室气体排放量，其中至少25亿吨的 CO_2 排放目标必须来自于减排权交易。至此，碳排放量成为可以交易的商品，碳排放权交易成为一种新型金融活动，碳金融市场开始初步形成。

在中国，作为推动实现"双碳"目标的具体措施，碳市场无疑是实现低碳经济转型的重要抓手之一。我国于 2021 年 7 月 16 日实现碳配额现货市场统一交易。2021 年中共中央、国务院发布的《关于完整准确全面贯彻新发展理念做好碳达峰碳中和工作的意见》（中发〔2021〕36 号）进一步提出"推进市场化机制建设，依托公共资源交易平台，加快建设完善全国碳排放权交易市场"。

自全国碳排放权交易市场正式上线以来，运行平稳，价格稳中有升，截至 2022 年 12 月 22 日碳排放配额累计成交 2.23 亿吨，累计成交额突破 100 亿元大关。碳市场是推动产业低碳转型的市场化手段，在碳市场交易的过程中，诸多金融机构会直接或间接地参与，助力绿色产业的发展与完善、提高碳资产市场价值、增加碳资产流动性。在这一背景下，碳金融产品得以迅速发展。

2）政策背景

2021 年中国人民银行发布《环境权益融资工具》（JR/T 0228-2021），2022 年证监会发布《碳金融产品》（JR/T 0244—2022）——两部国家标准都明确了碳贷款、碳债券、碳基金、碳信托、碳资产支持证券的定义、分类及要求，为碳金融产品的进一步发展提供了有利的政策环境。特别是，它们肯定了环境权益和碳资产的所有权内涵，表明持有者可将其拥有的环境权益和碳资产作为抵质押物。在金融交易中，资金融出方（如银行或其他金融机构）会通过吸收客户存款或同业融入资金等方式筹集资金，然后将资金融入方（如企业或个人）合法持有的权益和资产（如碳排放权、股票、债券等）作为抵质押物，向资金融入方提供贷款。进入 2023 年后，为了结合不同地区的具体情况来落实碳金融发展，各地方纷纷出台碳金融相关政策：《深圳市碳交易支持碳达峰碳中和实施方案》（深环〔2023〕256 号）的颁布旨在充分发挥碳交易促进社会绿色低碳转型的机制作用，助力深圳实现碳达峰、碳中和；《山东省碳金融发展三年行动方案（2023—2025 年）》（鲁政办字〔2023〕43 号）对各类碳贷款产品的发展提出了更为明确的目标，争取到 2025 年年底，碳资产托管、碳保险等碳金融产品破题并不断丰富，碳交易市场参与度有效提升。

碳账户应用场景更加多样，初步搭建起集评价、融资、数据分析等于一体的碳金融服务平台。碳债券融资规模达到100亿元以上，绿色贷款增速高于全部贷款增速。碳金融体系基本形成，为绿色低碳高质量发展先行区建设提供有力支撑。对于不同类型的碳金融产品，国家也出台了相应的指导性文件来支持其发展。

（1）碳贷款的相关政策

当前，碳贷款方面尚未出台统领性的纲要与标准，碳贷款办法以地方性操作办法为主。这些办法大多于2021年下半年以后推出，如2021年山东省出台的《关于支持开展碳排放权抵质押贷款的意见》、浙江省出台的《绍兴市碳排放权抵押贷款业务操作指引（试行）》，以及2023年重庆市出台的《重庆市排污权抵（质）押融资业务指南（试行）》。

（2）碳债券的相关政策

2015年12月31日，国家发改委办公厅发布了《绿色债券发行指引》（发改办财金〔2015〕3504号），此后中国人民银行、证监会分别出台了一系列政策，规范、促进绿色债券的发展。2023年12月，中国证监会和国务院国资委联合发布《国务院国资委关于支持中央企业发行绿色债券的通知》（证监发〔2023〕80号），支持中央企业发行绿色债券（含绿色资产支持证券）融资，发挥其绿色投资引领作用，协同推进降碳、减污、扩绿、增长，带动支持民营经济绿色低碳发展，促进经济社会全面绿色转型。

（3）碳基金的相关政策

2016年，中国人民银行等七部门联合印发的《关于构建绿色金融体系的指导意见》（银发〔2016〕228号）提出支持设立绿色发展基金，通过政府和社会资本合作（PPP）模式动员社会资本。2020年7月，财政部、生态环境部和上海市政府共同发起设立国家绿色发展基金，以引导政府投资和社会资本支持绿色可持续发展。2020年10月，生态环境部等五部门联合发布《关于促进应对气候变化投融资的指导意见》（环气候〔2020〕57号），提出市场化碳金融投资基金设立。2021年9月，《中共中央 国务院关于完整准确全面贯彻新发展理念做好碳达峰碳中和工作的意见》（中发〔2021〕36号）强调积极发展绿色金融，研究设立国家低碳转型基金，鼓励社会资本设立绿色低碳产业投资基金，建立绿色金融标准体系。2021 年 12 月，生态环境部等九部门发布《关于开展气候投融资试点工作的通知》（环办气候〔2021〕27 号），推动碳金融服务发展，涉及碳基金、碳资产质押贷款和碳保险等。

（4）碳信托的相关政策

2019 年，中国信托业协会发布了《绿色信托指引》，成为首部指导绿色信托业务发展的行业自律规范，《绿色信托指引》结合信托行业的特点和实践，对信托公司开展绿色信托业务作出原则性规定和操作性指引，明晰了绿色信托的内涵、业务类型、组织管理、信息披露、监管措施等多方面内容，具有较强的业务指导意义，进一步促进了绿色信托下碳信托业务的发展。

（5）碳资产支持证券的相关政策

2015 年，国务院发布《生态文明体制改革总体方案》（中发〔2015〕25 号），明确提出加强资本市场体制建设，鼓励对绿色信贷资产实施证券化；2016 年，证监会发布《资产证券化监督问答》，支持鼓励绿色环保产业相关项目通过资产证券化方式融资发展。法律法规的不断完善以及政策的支持，在一定程度上也间接地推动了碳资产支持证券的发展。

5.1.2 碳融资产品的含义、基本特征与分类

1）碳融资产品的含义

碳融资产品是碳金融市场中可交易的金融资产，包括碳贷款、碳债券、碳基金、碳信托、碳资产支持债券、碳股票等多种形式。碳融资产品通过为企业、机构或项目提供融资，达成推动可持续发展、减缓气候变化、减少全球温室气体排放的目的。

2）基本特征

与传统金融产品相比，碳融资产品有如下基本特征：

（1）碳中和导向

碳融资产品最主要的特征是与碳中和、减缓气候变化或其他环境可持续发展目

标密切相关，其首要目标是推动高排放行业实现产业结构和能源消费的绿色低碳化，推动高排放行业向绿色低碳发展转型，促进高排放行业率先达峰以维护气候公共利益，而非追求经济效益。

（2）强产品竞争力

碳融资产品通常都为客户提供更加优惠、便利且有竞争力的条款。相对于传统金融产品而言，碳融资产品一般具有贷款利率更低、现金返还、免手续费、贷款额度更高、贷款年限更长等优势。

（3）政府支持

政府部门一直是倡导碳减排计划与推动碳融资产品发展的先驱，通过推出一系列支持政策以及对碳金融市场的宏观调整，对碳融资产品的发展起到了关键性作用。

（4）标的非实物性

碳融资产品的标的物是一种权利或信用。碳配额在履约期初作为控排企业排放二氧化碳的许可权利，在履约期结束时被履约清缴，结束生命周期。碳信用则来自监管的核证签发，同样被用于履约。与传统商品市场的大宗商品相比，碳融资产品的标的物并非实物，其价格发现难以依赖资产本身的实物价值。

3）主要分类

碳融资产品呈现多元发展的趋势，其包含了丰富的种类，这些产品的创新与推广支持了实体经济产业的绿色低碳发展，具体分类如下：

（1）碳贷款：企业以碳资产为标的物进行融资、碳借贷、碳增值的金融工具，帮助企业估值和变现碳资产，拓宽融资渠道。

（2）碳债券：发行人为筹集低碳项目资金向投资者发行并承诺按时还本付息，同时将低碳项目产生的碳信用收入与债券利率水平挂钩的有价证券。

（3）碳基金：依法可投资碳资产的各类资产管理产品，具有理财、专业化管理和独立托管的特点。

（4）碳信托：碳信托是指信托公司围绕碳资产开展的金融受托服务，大致可分为碳融资信托、碳投资信托、碳资产服务类信托。

（5）碳资产支持债券：将能源减排项目所获得的碳减排量分割成小额，将其打包成类似债券的证券出售给投资者，以获得资金支持减排项目的长期运营。

（6）碳股票：属于概念股，依靠低碳经济转型支撑价格，不具有获利保证，包括碳排放权股票、清洁能源股票、能效改进股票、碳金融股票。

在碳中和的背景下，这些碳融资产品的交易和应用频繁，可以将较多的资金引入低碳产业中，为市场交易者提供更多投资产品和渠道，在帮助交易者规避和转移风险的同时，达到了保护生态环境的目的，推动"3060"目标的实现。

5.2　碳贷款

5.2.1　碳贷款的基本概念与分类

碳贷款（Carbon Loans）是企业以碳资产为标的物进行融资、碳借贷、碳增值的一种金融工具，使企业能够对碳资产进行估值和变现，并拓宽融资渠道。

碳贷款具体包括碳排放权质押贷款、碳回购和碳托管。

（1）碳排放权质押贷款

排放权质押是指碳排放权持有人将持有的碳排放配额或者国家核证自愿减排量作为质物/抵押物，向资金提供方（即贷方）进行抵质押以获得贷款，到期再通过还本付息解押的融资合约。碳排放权质押贷款有如下特点：

①仅使用碳配额作为交易标的，对企业其他资质没有过高要求；

②贷款须用于减少碳排放，因此在贷款合同中应明确约定减排目标和实施细则；

③贷款人须抵押碳排放权，因此在风险管理方面需要考虑碳市场的波动风险；

④降低企业的融资成本，减轻实体企业的运营负担，提升节能减碳的积极性和主动性。

（2）碳回购

碳回购是指重点排放单位或其他配额持有者通过签订《回购协议》的方式向碳

排放权交易市场其他机构交易参与人出售配额，并约定在一定期限后按照约定价格回购所售配额，从而获得短期资金融通的交易活动。

碳回购业务相较于其他碳贷款产品有如下特点：

①方式灵活，期限从几天至1年，利率或低于其他渠道融资成本；

②为企业提供多元化的融资渠道与方式，盘活碳资产；

③当采用回购式融资方式时，远期协议的或有支付不计入企业资产负债表，不会提高资产负债率或占用授信额度。

（3）碳托管

碳托管是资产管理业务在碳市场的创新应用，狭义的碳托管主要指碳配额托管，即控排企业委托托管机构代为持有碳配额，由托管机构对碳配额进行集中管理和交易，以实现碳配额的保值增值。广义的碳托管则指将控排企业所有与碳排放相关的管理工作（如CCER开发、碳资产账户管理、碳交易委托与执行、低碳项目投融资、碳金融咨询服务等）委托给专业机构进行策划和实施。

碳托管有如下实际意义：

①托管机构把控排企业闲置在手中的配额集中起来在碳市场上进行交易，从而活跃碳市场；

②有利于帮助控排企业提升碳资产管理能力，控排企业通过碳托管既可以完成履约又可以取得额外收益；

③碳托管有利于帮助控排企业剥离非主营业务，增强业务专注度，同时提升碳资产管理能力。

5.2.2 碳贷款的作用

5.2.2.1 碳贷款对企业的作用

（1）缓解企业融资约束

对于企业尤其是重点控排企业来说，碳排放权配额是一项重要的无形资产，这种担保品属于全国碳市场的标准化产品，由国家相关部门认证、分配，信用等级高，价值相对稳定，容易被金融机构接受，开辟了缓解企业融资难与担保难的新渠道。因此，碳排放权质押贷款对提升企业的融资能力具有重要意义。

（2）激励企业减碳

一方面，从资金的用途来看，金融机构往往会要求企业将其所提供的碳贷款资金用于碳达峰碳中和领域，以促进企业的节能减排与绿色转型；另一方面，从企业自身来看，企业为了获得更多的碳排放权配额用于质押融资，本身也有加强碳资产管理、提升碳减排能力与水平的激励和内生动力，促使企业通过创新与升级减排技术形成一条低成本、市场化、具有环境与经济双重效益的减排道路。

（3）碳贷款对银行业的作用

对于银行业而言，开展碳贷款活动顺应了我国"双碳"进程和碳排放权交易蓬勃发展的潮流，为银行打开了绿色金融高效发展的新路径。首先，银行发展碳贷款产品，通过积极响应有关部门的号召，助力我国实现"双碳"目标，树立银行自身良好的社会形象。其次，碳贷款产品是碳金融产品创新的一个重要表现，在传统投融资模式和传统金融产品之外，扩大了银行的业务范围，盘活了银行的资产。最后，排放权作为一个有效的质押品，为银行扩大融资提供了重要的质押基础，为市场提供更多的增量资金，进而使银行更加有效地为我国企业提供金融支持，缓解我国企业融资难的问题。

5.2.2.2 碳贷款对"双碳"目标的作用

碳贷款以市场化方式服务碳达峰、碳中和。碳排放权交易是当前全球推动温室气体减排最具代表性的市场化机制，而碳贷款正是建立在碳排放权交易的基础之上，以碳排放权交易产品作为对象进行的贷款融资，可发挥如下作用：

首先，企业要申请碳排放权质押贷款，需要在生产经营之余拥有富余的碳排放配额或核证自愿减排量，这要求企业在节能减排方面有较好的表现，以获取更多的碳配额和贷款额。

其次，获得的碳贷款可用于企业自身的技术改造、购买更新环保设施等节能减排活动，助力企业的绿色低碳转型。

最后，由于高质量的绿色项目可以为企业带来预期现金流，更容易以较低的成本进行高效的质押融资，因而碳排放权质押贷款可以强化实体经济的绿色减排理念，推动企业开展绿色项目，引导企业步入良性循环的生态发展模式。

5.2.3 碳贷款的运作模式

碳贷款的运作模式为：企业以自有的碳排放配额或CCER为质押担保，将质押标的过户转移给银行，向银行获取质押贷款。如果到期企业还本付息，那么这个质押标的就还给质押方；如果到期不能还本付息，这个质押标的就可以由银行处置。[①] 以碳资产质押贷款为例，企业在向银行申请碳贷款时包括以下9个步骤：

(1) 碳资产抵质押贷款申请

借款人向符合相关规定要求的金融机构提出书面的碳资产抵质押融资贷款申请。办理碳资产抵质押贷款的借款人及其碳资产应符合金融机构、抵质押登记机构以及行业主管部门设立的准入规定。

(2) 贷款项目评估筛选

贷款人对借款人进行前期核查、评估、筛选。

(3) 尽职调查

贷款人应根据其内部管理规范和程序，对碳资产抵质押融资贷款借款人开展尽职调查。借款人通过碳资产抵质押融资所获资金原则上用于企业减排项目建设运维、技术改造升级、购买更新环保设施等节能减排改造活动，不应用其购买股票、期货等有价证券和从事股本权益性投资。

(4) 贷款审批

贷款人应根据其内部管理规范和程序，对尽职调查人员提供的资料进行核实、评定，复测贷款风险度，提出意见，并按规定权限报批后作出对碳资产抵质押融资

---

① 碳贷款包含了碳排放权质押贷款、碳回购和碳托管三类子产品，且不同的子产品有其独特的运行模式。本部分专注于碳排放权质押贷款的运行模式，碳回购与碳托管的运行模式则在第6章有详细的介绍。

贷款项目的审批决定。贷款额度根据贷款企业实际情况确定。

（5）签订贷款合同

通过贷款审批后，借贷双方签订碳资产抵质押贷款合同。

（6）抵质押登记

贷款合同签订后，借款人应在登记机构办理碳资产抵质押登记手续，审核通过后，向行业主管部门进行备案。

（7）贷款发放

贷款发放时，贷款人需按借款合同的规定如期发放贷款，借款人则须确保资金实际用途与合同约定用途一致。

（8）贷后管理

贷款发放后，贷款人应对借款人执行合同的情况及借款人的经营情况持续开展评估、监测和统计分析，跟踪借款人的资金使用情况及还款情况。

（9）贷款归还及抵质押物解押

借款人在完全清偿贷款合同的债务后，和贷款人共同向登记机构提出解除碳资产抵质押登记申请，办理解押手续。如果借款人未能清偿贷款合同的债务，贷款人可按照有关规定或约定的方式对抵质押物进行处置，所获资金按相关合同规定用于偿还贷款人全部本息及相关费用，处置资金仍有剩余的，应退还借款人；如不足偿还的，贷款人可采取协商、诉讼、仲裁等措施要求借款人继续承担偿还责任。

5.2.4　我国碳贷款的现状与建议

1）我国碳贷款的实践

自 2021 年 7 月 16 日全国碳排放权交易市场启动以来，碳贷款业务迎来了广泛参与和深入发展，业务频率相较于政策实施前显著提升。原先主要由地方碳排放权交易中心与中国人民银行负责业务实施，在政策实施后金融机构也积极参与其中。央行 2021 年 10 月底数据显示，随着我国碳排放交易市场的启动，天津、江苏、江西、山东、浙江等 22 个省市的金融机构开展碳排放配额抵质押贷款业务，发生登记166笔，贷款总金额累计22亿元。但当前业务仍然有金额偏低、融资期限偏短、抵押品单一等不足之处。

2）碳排放权质押贷款的产生与发展

（1）企业实践日益增多

2014年，全国首单碳排放权质押贷款业务出现——湖北宜化集团用210万吨碳排放配额作抵押，获得兴业银行4 000万元的贷款用于实施节能减排。同年，浦发银行为广州大学城华电新能源公司发放了境内首笔能源企业碳排放配额的抵押贷款。2021年5月，浦发银行与上海环交所为申能碳科技有限公司落地境内首单上海碳排放权（SHEA）和核证自愿减排量组合质押融资。2023年6月，青岛银行莱芜分行向山东阳光电力有限公司发放了全国首笔碳排放披露支持贷款，其特点是将贷款利率与企业生产经营过程中的碳表现挂钩，为注重碳披露工作、减排效应显著的企业提供优惠利率融资，鼓励企业积极进行碳披露，通过技术改造提升单位碳排放价值，更好地发挥碳市场的价格发现作用。随着碳排放权质押贷款的发展，其产品设计不断创新、标的物逐渐多元化，且相关贷款业务数量在近年来增长较快。

（2）制度逐渐规范

碳排放权抵质押贷款出现后，相关贷款办法因抵质押物的权益性质不明一直未见出台，但情况在2021年以后得到改观。不过，碳排放配额抵押贷款办法主要以地方性办法为主，旨在指导贷款业务的具体操作。

2021年9月山东省出台的《关于支持开展碳排放权抵质押贷款的意见》（以下简称《意见》），为在全国率先推动碳排放权抵质押贷款规范化、标准化、规模化发展提供有力支撑。《意见》的出台旨在鼓励银行业金融机构结合碳排放权权能属性，合理确定碳排放权价值测算方法和抵质押率参考范围，在授信审批、利率定价、风险控制等方面积极创新，探索将企业节能降碳与浮动利率、还款期限等挂钩，实现信贷政策与绿色发展的深度融合。

2021年10月，中国人民银行杭州中心支行会同浙江省生态环境厅等部门印发《浙江省碳排放配额抵押贷款操作指引（暂行）》（以下简称《浙江指引》）。《浙江指引》同样也注重规范碳排放配额抵押贷款业务的申请、受理、价值评估、抵押登记、处置等操作流程，打通了企业碳配额资产向信贷资源转化的渠道，并进一步强调企业在获得碳排放配额抵押贷款后，必须将其优先用于清洁能源、节能环保、碳减排技术等绿色项目和工业环保领域，助力企业加快绿色低碳发展。

2021 年 12 月，中国人民银行上海分行、上海银保监局、上海市生态环境局联合印发了《上海市碳排放权质押贷款操作指引》（以下简称《上海指引》）。《上海指引》与上述地方政策相似，从贷款条件、碳排放权价值评估、碳排放权质押登记、质押物处置等方面提出具体意见；进一步完善了贷后管理的相关内容，有效保障了贷款人权利，规定在贷款到期前，如果贷款人发现被质押的碳排放权价值发生较大幅度的波动，权属有争议，出质人另行转让、再担保等擅自处置碳排放权，以及碳排放权被行政或司法机关采取强制措施等情形，有权要求借款人及出质人补足担保物、压降贷款额度、提前收回贷款并处置担保物等。

3）碳贷款实践中的困境

（1）内部因素

① 碳贷款融资期限偏短

根据全国碳市场的相关规定，碳排放权每年由生态环境等部门按年度进行分配与清缴，企业当年获得的碳排放权仅在当年有效，下一年度是否还能获得碳排放权、还能获得多少碳排放权，以及何时能确定新获得的碳排放权额度，在生态环境部分配方案落地前均难以确定。因此，企业无法形成稳定预期，无法将碳资产质押纳入全年财务统筹，对碳资产质押业务的开展形成不利影响。当融资企业提供的抵质押物所有权期限较短或期限长短不确定时，金融机构往往偏好短期融资以控制风险敞口。

② 碳排放权估值较低

一方面，我国碳排放权市价较低，导致质押时金融机构对其估值较低。截至 2023 年 1 月 31 日，我国碳排放权市价为 56 元/吨，同期欧盟碳排放权市价为 87 欧元/吨，折合人民币 643 元/吨，欧盟碳价是我国碳价的 11.5 倍。另一方面，碳排放权质押融资属于新兴业务，金融机构缺乏合理的估值标准，主观性强，为控制风险往往给予较低的估值。从公开可查的资料来看，已开展的项目中碳排放权估值平均在市价的40%~50%，最低的甚至只有30%左右。

③ 碳贷款额度不大、利率成本优势不明显

从公开可查的资料来看，在全国碳排放权落地的项目中各金融机构的授信额度普遍为百万元和千万元级别，上亿元的项目非常有限。在贷款利率方面，年利率大致与同期贷款市场报价利率（LPR）持平，或略高于LPR，较之于其他领域的项目利率成本优势并不明显。

（2）外部因素

① 缺乏统一的法规指导和操作规范

国内目前尚未制定碳贷款的全国性操作细则，仅有中国证监会发布的推荐性标准《碳金融产品》（JR/T 0244—2022）对于包括碳资产抵质押融资在内的碳金融产品制定了一系列实施要求。当前我国有关碳排放权质押贷款的文件多由地市级银行或政府部门发布，全国统一的法规指导和操作规范需要尽快制定，以提高信息透明度、加强信息资源共享、降低信息不对称性，进而使碳贷款产品可以低风险、高效率地运行。

② 监管风控体系不完善

由于碳排放权市场价格波动较大、估值定价难度大，商业银行将承担抵押物价值低于实际放贷本息和的管理风险，若政府负有最终清偿责任，这一管理风险也会转移给政府。并且，由于碳排放权的非物质性，其作为质物本身存在一定的固有风险。无论是从管理风险还是固有风险出发，相对应的风控方式、产品设计、业务流程以及贷后管理等都需要进一步完善。

③ 碳市场发展不成熟

首先，我国当前碳市场覆盖的行业较少，仅将区域性碳市场的电力企业纳入，而8大控排行业的剩余7类（钢铁、有色、化工、石化、建材、造纸和航空）行业要等到成熟后再逐步覆盖。其次，CCER存量紧缺，我国现阶段碳交易品种主要为CEA和CCER，其中自国家发改委于2017年暂缓受理CCER备案申请以来，市场上的 CCER 存量已不多（余额约为 1 000 万吨），目前国家也正在积极筹备重新启动 CCER 项目备案和减排量签发。最后，碳排放权估值定价难度大。一方面，当前市场没有公认的碳定价方法，且由于碳排放权受到多重因素的影响，所以不同方法评估的碳排放权资产价值具有一定差异；另一方面，碳排放权的数据较少且准确性难以监测，我国碳市场正处于起步阶段，可比案例数量较少，交易不活跃，且价格波动相对较大，相关监测技术也有待提高，以保证碳排放权相关数据的真实性。

4）碳贷款的运用条件

碳贷款产品如要有效运用，需具有如下特性：

（1）资产属性

碳贷款产品依赖于碳排放权的资产属性。首先，根据环境产权理论，碳排放权应当是一种环境容量的使用权，由法律规制为企业拥有的私人财产权，持有者对该财产拥有占有、转让、使用和处分等权利，具有资产属性。

（2）商品属性

碳贷款产品依赖于碳排放权的商品属性。各企业为满足减排指标需要而进行碳排放权的买卖，当实际碳排放超过分配的碳配额时，控排单位可以购买一定数额的碳配额以履行义务；而当实际碳排放少于配额时，剩余部分既可以转让，也可以留存，这类简单的碳商品现货买卖所表现的就是碳贷款的商品属性。

（3）交易属性

碳贷款产品依赖于碳排放权的可交易性。从法律角度出发，2014 年年底国家发展和改革委员会发布的部门规章《碳排放权交易管理暂行办法》、2017 年年底国家发展和改革委员会发布的《全国碳排放权交易市场建设方案（发电行业）》和2016 年的《碳排放权交易管理条例》三份法规文件为碳排放权的交易属性提供了法律背书。从碳排放权的自身价值角度出发，碳排放权的稀缺性赋予其交易属性，可以作为一种特殊的有价经济资源在资本市场流通，成为继石油等大宗商品之后又一新的价值符号。从碳排放权的流动性出发，在不久的将来随着碳排放权交易市场参与主体由高排放行业逐渐转向全行业，由机构参与扩展到个人参与，碳排放权的流动性会进一步提升，其交易属性会更加明显。

（4）稳定运行

碳贷款产品依赖于碳排放权交易市场的稳定运行。作为银行避免信用风险的重要缓释手段，抵质押品充当着第二还款来源的重要职责，即在企业无法还清贷款时，银行可以在市场上处置掉抵质押品，以弥补自身的损失。当碳贷款出现逾期或者违约的情况时，银行会在碳排放权交易市场上尽快出售碳排放权配额。如果碳排放权交易市场出现了较大的价格波动，导致碳价格不稳定，不仅会危害到银行贷款质量的稳定，也会影响银行对于碳排放权这个非传统抵质押物的信心。当然，如果碳价不能保持平稳运行，银行也难以在贷前审批中依据碳排放权的情况确定给予的贷款额度和年限等，可能会要求企业增加额外的固定资产作为抵押物，这无疑给企业也造成了困难。

只有符合以上四点，碳贷款产品的有效运用才具备一定可行性，碳贷款产品才能够成功落地。

5）推动碳贷款业务发展的对策建议

（1）适度借助第三方机构实力开展评估、保险、信用评级、咨询等服务

在当前的交易机制下，仅银行、碳排放企业和交易所三方参与碳贷款交易，这容易产生较大的信用风险。因此，引入第三方机构，包括资产评估机构、保险公司、信用评级机构和咨询服务机构，形成多方参与的风险共担机制，能增强交易的公正性、客观性。例如，资产评估机构通过专业评估、审批、授信及风险监控碳贷款业务等一系列专业化服务，与其他参与方共担风险。保险公司可以开发针对碳贷款的保险产品，通过提供差异化的质押融资险种分散贷款风险。信用评级机构需要提供统一、公正、客观的企业碳信用评级服务，助力高等级企业拓宽融资渠道。咨询服务机构则可以提供碳贷款方案，帮助企业实现碳贷款的专业化。这些机构和服务的建立将有助于降低风险、推动业务发展，促进低碳经济的建设。

（2）扩大碳市场规模、推动多元主体参与

应加快建材、有色、钢铁等数据基础较成熟的行业进入碳市场，加速开放个人

以及非控排企业、金融机构等投资者进入碳市场，以此为碳金融市场带来更大的流动性，强化价格发现功能、平抑价格波动；也为更多企业提供参与碳资产管理的机会，拓宽企业融资渠道，推动落实节能减排，实现金融服务实体、实体助力实现"双碳"目标的良性循环。

（3）出台专门针对碳贷款的统一标准

明确碳排放权质押融资、回购业务、碳托管业务的操作流程、定价机制、质押率参考范围，强化规范管理以优化流程、提高效率。同时，通过规范客户调查与客户评级、贷前检查与款项评定、定价与审批，以及加强贷后管理等一系列措施来防范风险。明确贷款的绿色用途，防止贷款资金进入"非绿色"领域，保证碳贷款产品的"绿色"本质。

（4）创新贷款模式

针对不同企业的碳排放权质押特点，提供符合企业实际情况并能满足企业贷款需求的产品。例如，在贷款标的物上创新，采用"碳配额+项目未来收益""固定资产+碳配额"等组合质押模式；在贷款主体上创新，将境外企业纳入交易主体范围，采用"境内企业贷款+跨境放款""境内企业涉外信用证+FTN[①]福费廷""境内企业担保（关联担保/融资性保函+FTN授信）"等模式。

5.3 碳债券

5.3.1 碳债券的基本概念与分类

碳债券（Carbon Bonds）是发行人为筹集低碳项目资金向投资者发行并承诺按时还本付息，同时将低碳项目产生的碳信用收入与债券利率水平挂钩的有价证券。碳债券是政府、企业为筹集低碳经济项目资金而向社会公众发放的，表示在未来期间

---

① FTN（Free Trade Non-resident），FIN账户即境外机构自由贸易账户，是上海自由贸易试验区推出的一种自贸账户，适用对象为境外机构，只能在区内金融机构开立。

返还利息和到期还本的一种承诺，可以作为解决融资问题的一种手段，它是一种绿色债券。

（1）碳国债

碳国债是国家以其公信力保证发行和收益的有价债券，由国家面向民众与机构投资者发行，是筹集发展绿色项目专用资金的一个工具，其资金可用于更新落后生产技术、提高能效、降低污染等。碳国债的购买和持有者包括国内企业、个人甚至地方政府，也包括外国的政府、企业、个人。

（2）碳企业债券

碳企业债券是由低碳企业发行的债券，募集的资金只能投向有碳减排效应的清洁能源项目。碳企业债券中为首的是碳中和债，全称为碳中和绿色公司债，是绿色债券的一种，其募集的资金专项用于经认证具有碳减排效益的绿色产业项目建设、运营、收购或偿还碳中和项目的贷款等。

5.3.2　各种碳债券的作用

（1）对国家产业布局的作用

碳债券的发行是以金融工具的创新驱动推进美丽中国建设的积极举措，满足政府大力推动低碳经济的导向性需求，代表了国内金融市场对于助推中国生态文明建设的社会责任意识。碳债券产品的创新正向撬动国内碳交易市场的发展，对以金融市场手段引导多元化资本投向节能环保、产业转型升级，以及布局国内绿色经济全局具有推广意义，对于构建与低碳经济发展相适应的碳金融环境具有积极的促进作用。

（2）对债券发行人的作用

对于债券发行人而言，创新结构的碳债券为清洁能源项目提供了独特的融资方式，满足重要的融资需求，有效降低债务融资的成本，带动了其绿色产业效益。同时，如果是企业发行碳债券，将会提升企业的市场知名度，为国内碳交易市场树立标杆，帮助国内其他以清洁能源为代表的绿色产业类企业打开全新的融资渠道，协助其盘活碳资产，实现未来碳减排交易收益的即期化，同时也将碳收益未来的部分风险转移到资本市场。

（3）对债券投资者的作用

债券投资者通过投资碳债券，间接参与到正在蓬勃发展中的国内碳交易这一新兴领域，实现了与发行人对未来碳收益的共享，满足项目投资者弥补回报率低于传统市场平均水平的需求、实现债券购买者主动承担应对全球环境变化责任的需求。碳债券形成的发行价格优势，充分体现了市场投资者对于多元化创新产品的认可与追捧，以及对于未来国内碳市场发展的信心。

（4）对国内债券市场发展的作用

对于整个国内债券市场的发展而言，碳债券通过创新手段提供了一类新的债券投资标的，丰富了债券品种，进一步满足了追求高净值、超额收益类投资者的需求，这是支持实体经济推进债务融资工具创新的又一标志性事件。碳债券这样的产品设计拓宽了我国可再生能源项目的融资渠道，未来不仅可以进一步在国内可再生能源领域批量复制，其定价模式的创新也可以在其他贵金属交易、大宗商品交易等领域拓展尝试，为未来债券结构化发展提供广阔的空间。

5.3.3 各种碳债券的运作模式

1）碳国债的运行模式

碳国债在综合考虑票面金额、票息率、市场利率和债券期限等主要因素后确定价格，参照目前国债的发行制度实施，通过招投标来选择承销商，主要通过商业银行和证券公司等金融机构的渠道发行。

碳国债发行流程如下：

（1）设计面额及发行价格

目前债券的发行价格有三种，分别是平价发行、溢价发行和折价发行。按照我国以往的国债发行方式和价格确定方法，碳国债亦可采用平价发行的方式，发行价格为100元，与票面价值名义上等同。

（2）确定发行期限

设立碳国债的目的是国家对新成立的能源公司和参与低碳减排计划的企业进行投资。由于这类企业的资金投入见效缓慢、收益滞后，所以碳国债的期限设立充分考虑了上述问题，以中长期为主。这样，国家发行碳国债募集的资金不仅可以在短时间内集中帮助新成立的能源企业、新兴节能减排企业等绿色经济产业迅速兴起、形成规模，快速完成我国的产业转型，而且可以改善我国目前中长期国债品种较少、长期资本投资手段比较单一的现状，丰富我国的国债品种。

（3）确定票息率

在我国，国债在设定年利率的时候参照的是当时的定期存款利率，且采用固定利率。碳国债的息票率设定需要考虑到以下两点：一是发行期限较长，要兼顾物价水平的波动对碳国债收益率的影响，因此利率可设定为浮动利率制，但是利率调整不应过于频繁，最佳频率为一年一次；二是在确定利率值的时候以一年期的定期存款利率为标准并适当上浮。

首先，对于中长期债券而言，浮动的利率制度更加适合，操作时比较公平，债权人不会因为通货膨胀而遭受损失，债务人也不会面临通货紧缩的问题，最大程度地降低了双方承受的风险。其次，虽是浮动利率，但不能太过频繁地改变利率标准，考虑到计算利息是否方便和经济周期的影响，在一年内调整一次利率比较符合实际。最后，利率的设定在一年定期存款的基础上适当增加是考虑到购买债券承担的风险比银行储蓄要高，所以利率也应该相应提高。并且，政府为投资人提高利息率也是对以购买债券的方式支持国家低碳环保事业的鼓励。

（4）选择承销商承销

国债主要是通过商业银行和证券公司等金融机构的渠道发行。考虑到碳国债的投资群体利用商业银行等现有国债发行渠道办理业务的便利性，且银行的工作人员可以凭借自己的专业知识进行碳国债知识的介绍和业务的推广等优势，碳国债也可以采用相同的渠道发行。商业银行等金融机构办理碳国债的发行业务还可以拓展银行的业务范围，增加收益。除了选择商业银行进行柜台发售这种发行渠道之外，还可以创新地利用网上预订、银行卡投资及电话购买等渠道发售。

2）碳企业债券的运行模式

碳企业债券作为债务融资工具采用市场化定价方式，发行利率根据企业和融资工具级别，结合银行间市场资金面情况进行定价，一般低于银行贷款基准利率。发行期限可以根据资金需求灵活安排。目前碳企业债券一般采用市场化发行方式，按照交易商协会相关工作指引注册发行，一次注册后可根据资金需求及市场情况分期发行，不需要监管机构审批。

碳企业债券发行流程如下：

（1）确定发行企业资质。企业债券发行人应当具备健全且运行良好的组织机构，最近 3 年平均可分配利润足以支付企业债券一年的利息，应当具有合理的资产负债结构和正常的现金流量，发行债券募集的资金投向符合国家宏观调控政策和产业政策的项目建设。

（2）衡量募投项目是否符合碳企业债券要求。碳债券的募集资金用途需要符合六大领域要求（节能环保产业、清洁生产产业、清洁能源产业、生态环境产业、基础设施绿色升级、绿色服务六大领域），且需要符合《绿色债券支持项目目录》或国际绿色产业分类标准。

（3）进行财务审计，获取审计报告、资产评估报告。

（4）对企业和融资工具进行评级。

（5）主承销商负责撰写募集说明书，做好信息披露工作安排。需要披露碳债券的减碳效应基本信息，使项目符合使用绿色债券收益的标准以及环境可持续发展的目标。

（6）律师事务所出具《法律意见书》。

（7）第三方专业绿色债券评估认证机构认证评估。具体根据发行的债券品种确定是否需要进行发行前评估认证。

（8）向中国银行间市场交易商协会提交申请，注册发行。

5.3.4 我国碳债券的现状与展望

1）我国碳债券发展的总体情况

我国目前正在构建碳金融产品的美好发展蓝图，碳债券是我国债券发展的风向标之一。碳债券作为绿色债券的子品种，成为绿色债券的重要组成部分，占整个绿色债市场的比重越来越大。尤其是在碳中和的大背景下应运而生的碳中和债，它在短时间内不断扩容，成为绿色债券的重要组成部分，至2021年12月31日，境内碳中和债共计发行202只，发行规模达2 586.35亿元，占整体绿色债券发行规模比例的42.3%。其中，公募发行149只，发行规模1 700.8亿元。新华财经网数据显示，2023年上半年，国内市场共发行绿色债券233只，规模共计4 670.92亿元，与去年同期4 121.53亿元的发行规模相比，增长13.33%。其中，2023年上半年碳中和债券共发行55只，规模达792.47亿元。

2）我国碳债券发展的具体情况

碳债券是发行人为筹集低碳项目资金向投资者发行的有价证券，主要发行主体是政府和企业，这里将介绍我国企业发行的多种类型的碳债券及相关制度建设情况。

（1）多种类型的碳债券出现

① "固定利率+浮动利率" 的碳资产债券

2014年5月，中广核风电发行国内第一支碳资产债券 "14核风电MTN001"，为5年期中期票据，发行规模为10亿元，募集的资金主要用于置换公司本部或中广核财务有限责任公司的贷款。利率采用 "固定利率+浮动利率" 的形式，浮动利率与发行人下属5家风电项目公司在债券存续期内实现的碳资产（CCER）收益正向关联，浮动区间为5BP~20BP。

2022年8月，安徽省能源集团有限公司发行国内首单碳资产标识债券 "22皖能源SCP004（碳资产）"，利率采用 "固定利率+浮动利率" 的形式，浮动利率值由处置挂钩碳配额产生的碳收益率确定，浮动区间为0BP~5BP。浮动利率定价机制为：当碳收益率低于0.05%时，按照碳收益率换算为BP的实际数值确认当期浮动利率值；当碳收益率等于或高于 0.05% 时，当期浮动利率为 5BP。

2023 年 2 月，无锡市华光环保能源集团股份有限公司发行国内首单碳资产转型债券"23 华光环保 SCP004（转型碳资产）"，发行规模为 2 亿元，期限 268 天，募集资金用于偿还子公司天然气热电联产项目借款。利率采用"固定利率+浮动利率"的形式，浮动利率值由处置挂钩碳配额产生的碳收益率确定，浮动区间为 0BP~5BP。

② 碳中和绿色债

2021 年 3 月 4 日，中国华电成功发行首期碳中和绿色债，本期债券是首批登陆上交所的"碳中和"绿色债品种，发行规模为 15 亿元，期限为 2 年和 3 年，票面利率分别为 3.35% 和 3.5%，最终认购倍数达到 2.86 倍和 4.03 倍。

③ 资产担保碳中和债

2023 年 3 月，吉林电力股份有限公司发行 2023 年度第一期碳排放权资产担保债务融资工具"23 吉林电力 SCP001（资产担保碳中和）"，发行规模为 0.62 亿元，期限为 180 天，利率为 2.6%。债券同时服务碳中和、碳资产、乡村振兴和革命老区四大主题，募集资金用于偿还风电场项目银行贷款，预计可实现年减排二氧化碳 1.01 万吨。

（2）制度规范的发展

首先，我国碳债券法律制度的顶层设计已初步完成。中共中央、国务院发布的《生态文明体制改革总体方案》提出构建绿色金融体系并研究绿色债券的发行制度。中国人民银行、财政部等七部委发布的《关于构建绿色金融体系的指导意见》进一步对我国绿色债券发行制度的完善提出了意见，构成了顶层设计。

其次，主管部门与监管部门对债券发行制度进行了完善。在中央顶层设计的指导下，各主管部门与证券监管机构构建了碳中和债券发行的法律体系架构。这也意味着我国的绿色债券发行的法律制度框架基本构建完成，绿色债券的发行和监管能够做到有法可依。

最后，我国法律规定中也体现了国际公认且普遍适用的规则，包括但不限于募集资金须投向绿色项目、信息披露制度、鼓励第三方专业认证和评估机构进行认证的制度、绿色项目的范围。

3）碳债券实践中的困境

（1）政策支持方法和力度有待加强

我国碳债券市场发展有成本优势，但较之其他债券优势不明显。到目前为止只有绿色金融改革创新试验区和很少省市有一定的财政支持政策，缺少货币政策、财税政策等方面的推动。企业的内生性动力仍然不是来源于市场。

（2）碳债券多以1年及以上的中长期债券为主，存在有局限性

例如，中广核在银行交易市场发行的碳债券属于中期票据，仅商业银行、信用社、证券公司等机构可以购买，主要投资者是商业银行。碳中和债券中1年以内的短期债券也占比很小。目前来看，碳债券虽然是一种金融创新产品，但是中期票据带来的限制使广大的投资者不能参与其中。因此，未来应不断创新碳债券的种类，比如，可以发行以碳债券为标的的期货和期权产品，将与碳债券相关的多种类金融产品推广到证券市场，为广大投资者提供多种类的投资产品和风险对冲工具，引导更多投资者参与我国的低碳经济发展。

（3）发行程序复杂

碳债券是以碳资产价值为保证的债券，碳资产价值的准确评估是债券定价以及能否顺利发行的关键。相对于一般资产的价值评估，碳资产评估对象的界定、评估方法的选择、评估参数的确定、评估结论的使用等相对复杂。

碳债券的发行程序复杂，表面上是环节设置问题，本质上可归结为碳市场发展不足而导致的碳资产定价缺失，而碳市场发展不足的本质是免费排放额过大，减排力度不足抑制了碳资产的市场交易需求。碳债券市场发展中遇到的种种困难归根到底是国家强制减排力度以及减排方式市场化程度不足的反映。

（4）法律监管方面的问题

第一，碳债券标准体系有待进一步完善，我国碳债券的认定标准并不统一。我国通过构建政府监管、证券交易所监管、行业协会自律监管这三层监管机制来保障碳债券发行的合法合规，但是对于碳债券进行的多头监管产生了碳债券认定标准不统一这一附带性问题。

第二，碳项目信息披露力度有待加强。例如，根据现有数据，绿色金融债券发行机构在披露环境效益信息时通常存在选择性披露、选择性量化等情况。再如，2022年上饶银行绿色金融债券第三方评估报告显示，绿色金融债券发行前的预估环境效益和发行后募集资金所投绿色项目的实际环境效益数据缺失，可能导致该债券发行后的减碳效应受到影响。

第三，第三方评估制度尚待完善。根据《中国绿色债券原则》，企业需要明确资金流向、项目进度、资金使用等相关情况，明确生产和经营的碳排放要求披露是否符合监管要求。为了避免企业债券出现"漂绿"问题，我国引入第三方机构对碳债券进行监督。但是，我国碳债券监管机构对第三方评估制度的态度只是鼓励，而非将其作为碳债券发行的前提条件，且第三方评估机构缺乏统一的评估流程与标准。

4）碳债券的展望

碳债券的推出给国内绿色债券市场发展提供了新的契机，同时也有助于实现碳达峰和碳中和目标。展望未来，碳债券市场仍将呈现供需两旺的现象。

首先，环境、社会和治理（ESG）投资理念逐步被主流机构认可，投资氛围逐步形成。在政策的鼓励下，ESG理念受到越来越多投资者的关注，国内的ESG投资氛围正在逐步形成。公募基金与银行理财均发行了ESG的相关产品，为碳债券的需求提供了有力的支撑。目前我国ESG公募基金有133只，总规模超过2 000亿元，其中，权益型基金占比超过95%，进一步细分，偏股混合型和灵活配置型基金规模最大，占比分别为42%和23%。在银行方面，目前存量68只ESG主题的净值型理财产品，主要为固定收益类与混合类。

其次，"绿色"认定标准差异缩小，第三方机构规范化提升。国内外"绿色"认定标准差异逐渐缩小，增加了海外投资者对国内绿色债券的投资需求。此前由于中国对绿色支持项目的认定标准与国际标准存在较大差异，导致外资机构对国内绿色债券的认可度不够。近年来监管机构对作为国内绿色债券认定的重要参考标准的《绿色债券支持项目目录》进行了多次修订，随着目录的不断完善，境内外的认定标准差异已在逐渐缩小，这有助于中国的绿色债券得到境外投资者的广泛认可，吸引外资机构进入中国市场。

再次，碳债券吸引力较强，供给有望持续增加。碳中和债的发行成本低于可比口径的其他类型债券，这有助于发行人增加供给。从供给端来看，碳中和债的发行利率大多低于同期限同评级中债估值收益率曲线，同时通过比较可比债券的票面利率，碳中和债同样具有一定的票息优势。此外，多地相继出台针对绿色债券的优惠政策，包括贵阳、南宁、湖州、广西、广州、深圳、吉林在内的地区均对绿债发行企业、担保机构等给予风险补偿、直接或贴息补贴。融资成本的降低将极大提高相关企业的发行动力，有利于碳中和债规模的持续扩张。

最后，市场主体的多元化发展仍需政策加强支持。在国内碳债券市场运行中，央企等大型企业明显起到"先行先试"的作用。伴随市场规模的大幅扩容，未来我国碳债券市场结构还需多元化。建议在大力支持央企和 AAA 级企业碳减排项目发展的同时，加大对民营企业等其他类型企业以及 AA+（含）级以下企业的支持力度，方式包括但不限于加快和简化审批、提供信用缓释工具和财政贴息等。此外，市场仍然需要更多的实质性优惠及激励政策以进一步推进碳债券市场的发展。尽管政策已在积极引导，但是在整个信用债市场中，碳债券规模仍然占比较小。境内投资者对碳债券关注度不高、投资意愿不强的原因有绝对收益率偏低、缺少针对投资端的实质优惠政策等。虽然我国已出台了一些鼓励政策，但多为指导意见，实质性优惠不多。因此市场还需要更多的实质优惠及激励政策，以提升投资者参与碳中和债市场的积极性和主动性。

5.4　碳基金

5.4.1　碳基金的基本概念与分类

在《京都议定书》的框架下，逐渐演化出履行减排责任的"减排三机制"，包括"排放权交易机制（ETS）""联合履约机制（JI）""清洁发展机制（CDM）"。

与传统金融市场相同，碳金融市场也同样有一级和二级市场，一级市场与碳排放权的直接交易相关；二级市场则是碳排放权交易工具及其衍生工具的交易市场。碳基金（Carbon Fund）是碳金融工具中用于直接投资的产品之一，同时碳基金承担中介的角色，主要通过买卖碳信用指标促进碳金融市场的发展。具体而言，在一级市场中，碳基金通过购买发展中国家的CERs（核证减排量）向发展中国家提供清洁技术和资金；在二级市场中，又将手中持有的碳信用出售给需要碳信用的买家以回笼资金，拿到资金后可以继续投资购买发展中国家的CERs，支持发展中国家的绿色技术研发，从而达到碳信用在一级市场和二级市场中的流通。

1）碳基金的定义

基金，广义是指为了某种目的而设立的具有一定数量的资金，主要包括信托投资基金、公积金、保险基金、退休基金，以及各种基金会的基金。会计中的基金主要是指有特定目的和用途的资金。

碳基金是碳金融产品之一。碳金融产品具体可分为碳市场融资工具、碳市场交易工具以及碳市场支持工具，其中，碳基金是碳市场支持工具。1999年，世界银行为支持清洁发展机制，成立了原型碳基金（Carbon Prototype Fund），碳原型基金的来源主要是政府的采购资金。我国深圳碳交易所也对碳金融产品进行了详细的介绍，将碳基金定义为由政府、金融机构、企业或个人投资设立的专门基金，致力于购买碳配额或经核证的项目减排量，经过一段时期后予以投资者碳信用、碳配额或现金回报，以帮助改善气候变暖。2022年出台的《中华人民共和国金融行业标准》（JR/T 0244—2022）则将碳基金定义为依法可投资碳资产的各类资产管理产品。本书以《中华人民共和国金融行业标准》为依据，将碳基金定义为支持低碳经济发展的依法可投资碳资产的各类资产管理的新型金融工具。

2）碳基金的基本特征

碳基金通过市场化的机制募集资金，并由专业机构进行管理、投资和获取收益，与投资基金具有一致性。故而，其与投资基金相同，具有集合理财、专业化管理、独立托管等特点，而这也构成了碳基金与其他碳金融工具的主要区别。另外，与投资基金相比，碳基金投资组合的构建更具有专业性。其主要特征如下：

（1）具有理财、专业化管理和独立托管特点

碳基金涉及的投资主体除投资人和发行人外，还有托管人或基金管理人。碳基金的基本运营模式受其组织结构的影响，采用"集合理财、专业化管理以及独立托管"的基本思路。首先，其具有集合理财的特点，通过将众多投资者的资金汇集起来，并委托基金管理人进行共同投资，取得投资收益；其次，实行专业化管理，基金管理人依赖自身所具备的专业投资研究人员和强大的信息网络，对资金池进行投资和管理，对低碳项目进行合理评估和专业指导；最后，其保证投资者的基本收益权，基金管理人负责基金的管理和操作，而基金财产的保管则由特定的独立于基金管理人的托管人负责，相互制约、相互监督。

（2）资金来源多样化

碳基金的资金一部分来源于银行，一部分来源于碳市场的收入。例如，世界银行在1999年就用1.8亿美元建立了原型碳基金；在欧洲地区，法国兴业银行、瑞士信托银行和英国汇丰银行共同出资1.35亿英镑，设立了碳排放交易基金；在亚洲地区，2006年11月，亚洲开发银行批准建立亚太碳基金（APCF），推进亚太地区的清洁能源项目；而欧盟所设立的创新基金（Innovation Fund）和现代化基金（Modernisation Fund），则分别将2021—2030年总配额所产生收入的3%和2%用于大型气候相关项目和特定国家的小型能源现代化项目，其余收入留归各成员国。碳基金资金来源的多元化也有利于降低碳金融投资的风险。

（3）投资标的的特殊性

碳基金的投资标的既可以是实业部门即低碳项目方，也可以是与节能减排相关的股票。由于碳基金投资项目为周期长、风险大的低碳项目，在资金安排和策略选择方面会更多地与期限更长的基金匹配，属于风险投资型基金。在此过程当中，碳基金和受资金赞助方是双向互利互信的关系。

（4）投资方式的多样性

碳基金不仅可以通过注资或者股权投资的形式支持低碳项目的开发和运行，还

能依靠丰富的项目开发经验和灵敏的信息网络为项目开发方提供专业的知识指导和
信息收集服务，从事项目的价值投资，投资模式更为灵活。根据碳基金的收益目
标，碳基金也可在碳交易的二级市场从事碳信用的交易，从价格波动中赚取利差。

碳基金作为一类新型基金产品不仅丰富了资本市场的投资品种，还通过吸引基
金市场投资者广泛关注碳交易和碳资产，推动了碳交易和气候变化理念的普及，对
于培育低碳投资市场和绿色投资偏好投资者具有重要的实践意义。

5.4.2　碳基金产品的发展、分类与设立

1）碳基金产品的发展历程

碳基金的发展可以追溯到 20 世纪 90 年代末，产品受到本世纪初气候变化、大
众环保意识增强等诸多因素的影响，在品种不断丰富的同时其涉及的领域及应用范
围也在不断扩大。碳基金产品的主要发展阶段总结如下：

（1）早期开创先机，相关产品项目获得认可

在这个阶段，一些先行者开始认识到气候变化对环境和经济的影响，并采取了
一些行动来解决问题。1997 年的《京都议定书》为碳市场铺平了道路，该协议要
求工业化国家减少温室气体排放。1999 年，世界银行开创了碳信用投资的先机，
建立了原型碳基金，由政府和私人投资者出资 1.8 亿美元。几个月后，荷兰启动了
"荷兰碳减排信用额购买计划"。这些是碳基金的创新，为在不确定背景下购买碳信
用额度增加了可能性。在该阶段，一些金融机构和投资公司开始推出节能和碳减排
项目，以减少温室气体排放并获得可再生能源收益。这些项目通常包括能源效率提
高、清洁能源发电以及碳捕捉和储存技术等。2002 年年底，欧洲共有 7 只碳基金，
筹集的资金额度达 7.5 亿欧元。自世界银行设立首个碳基金以来，碳基金数量呈不
断扩大趋势。

（2）推动持续发展，我国也开始探索相关领域

随着碳排放权市场的兴起，碳基金产品种类不断丰富，一些金融机构开始提供
碳排放权交易和管理服务，帮助企业和投资者更好地参与碳市场。在 2005 年 2 月

《京都议定书》生效后，全球碳交易市场迅猛发展，交易规模持续扩大，交易制度不断完善，市场参与主体日益增加。2005年，在全球范围内，碳基金只有34只，资金规模仅为35亿欧元。到2010年年末，碳基金数量达到95只，资金规模为123亿欧元。由于碳基金的促进作用，全球碳市场发展较快，交易额在2010年达到895亿欧元，与2005年相比，年均增幅为124%。

在该阶段，我国逐步开始探索发展碳基金领域，中国碳基金成立于2006年，总部位于荷兰，为国内清洁发展机制项目产生的实体减排量进入国际碳排放市场交易提供专业性服务，为我国与国际碳市场接轨、进行交流与合作提供了平台以及全流程覆盖的专业服务，是我国碳金融开展国际合作的重要桥梁；同年，中国清洁发展机制基金成立，它是由国家批准设立的按照社会性基金模式管理的政策性基金，专门用于推动与应对全球气候变化相关产业的资金支持；2007年7月中国绿色碳基金成立，它由国家林业局、中国石油天然气集团公司等多家国内外组织机构联合发起设立，是中国绿色基金的重要部分，属于全国性公募基金，专门用于支持造林减排项目，为社会各界人士和团体自愿参与植树造林和经营森林等相关活动搭建了平台。

（3）碳基金蓬勃发展，日趋成熟

国外的碳基金市场已经较为成熟，碳基金作为一种固定收益型和基金型金融产品，已经成为全球绿色金融领域的主流产业之一。国际碳市场的繁荣直接推动了碳基金的发展，由于其中蕴含大量的商业机会，许多国家、地区、多边金融机构，以及企业、个人等相继出资成立了碳基金，在全球范围内开展减排或碳项目投资，并购买或销售从项目中所产生的可计量的真实的碳信用指标，碳基金由此进入一个前所未有的全球性碳交易市场。目前发达国家已经形成碳金融体系来支持低碳经济的发展，而碳基金是国际碳市场投融资的重要方式，它通过一整套完整有效的运行机制推动了全球节能减排市场的迅速发展。在欧洲，碳市场的推出和碳定价机制的逐步完善，促进了碳市场及其相关派生品的繁荣，大型杠杆式的碳交易基金不断涌现。此外，亚洲的碳市场也在逐渐崛起。日本、韩国和新加坡等国家和地区纷纷开始建立自己的碳市场，相关的碳基金和碳交易基金也开始涌现。总之，国外碳基金的成熟发展体现了全球社会逐渐关注环保、减排和可持续发展问题的态势，同时也反映了碳市场的逐渐成熟和完善。

近年来，在国家相关政策的支持和引导下，我国的碳基金发展也逐渐加速。2010年9月，我国财政部、国家发展和改革委员会等七部委联合发布了《中国清洁发展机制基金管理办法》，推动中国清洁发展机制基金的发展。同年，浙商诺海低碳基金由浙商创投发起，是一只一直致力于低碳领域的私募股权投资基金，主要投资方向为低碳经济领域的节能、环保、新能源等行业中具有自主创新能力和自主知识产权的高成长性企业。

2021年7月16日，在全国碳市场线上交易启动仪式上诞生了武汉碳达峰基金，该基金由武汉市人民政府、武昌区人民政府与各大金融机构、产业资本共同成立，总规模达100亿元，是目前国内首只由地方政府牵头组建的百亿级碳基金。

2022年，我国又成立了多只产业资本或创投机构牵头的双碳基金：1月，IDG资本联合基金战略投资方香港中华煤气有限公司共同成立当时国内首支零碳科技投资基金；3月，协鑫能科发布公告，公司与中金合作的百亿碳中和产业投资基金首期45亿元落地，标志着双方的"金融+产业"战略联盟迈出了实质性步伐，通过打造绿色金融的创新产品与服务，支持移动能源业务快速发展。

2023年，山东省发展改革委、省财政厅牵头，省地方金融监管局配合，印发《山东省碳金融发展三年行动方案（2023—2025年）》，提出构建规模化、体系化绿色低碳基金群，积极对接国家低碳转型基金等政府投资基金，发挥新旧动能转换基金等各类绿色发展基金的引领作用，分级分类构建绿色低碳子基金群，撬动更多社会资本投资绿色低碳高质量发展领域，鼓励以基金直投等方式重点支持新能源开发利用、高碳行业低碳转型、绿色低碳科技创新、能力巩固提升等项目。

2024年1月10日，国务院发起3 000亿元的绿色基金，在全球清洁能源和低碳发展方面迈出关键一步。通过该基金，中国将加速推进清洁能源、绿色交通和低碳技术等领域的发展，为实现2030年前碳达峰和2060年前碳中和的宏伟目标奠定坚实基础。

截至2022年9月30日，国内碳中和公募基金规模达1976亿元，相较2017年的300亿元增长了561%。首只以"碳中和"命名的公募基金于2021年2月向证监会提交申请材料，到2022年10月31日，全市场碳中和主题概念的基金累计198只，其中，股票型基金122只、混合型基金67只、债券型基金8只、REITs基金1只，分别占比59%、32%、3%及0.3%。碳中和基金的配置中，股票资产规模占据了绝对优势。可见，随着国内碳市场的逐步建立和成熟，碳基金市场有望在未来迎来更大的发展机遇，不断成熟。

2）碳基金种类及其特征

（1）按资金来源划分的碳基金种类及其特征

按资金来源划分，碳基金主要可以分为公共碳基金、私募碳基金以及公私混合碳基金。

① 公共碳基金

公共碳基金是完全由政府部门承担出资的碳基金类型。常见的形式有政府出资和由政府征收的环境保护税出资。在英国，公共碳基金主要由政府通过征税的方式出资，这种方式的优势在于收入稳定，而且能源使用税的价格杠杆能够限制对能源的过分使用，促进节能减排。公共部门设立碳基金主要是通过碳基金的运作来达到节能减排的目标，无论是强制性的还是非强制性的。

② 私募碳基金

私募碳基金完全由私人部门自行募集资金，由企业独立出资设立，并采取企业化管理方式，规模通常较小。私人部门更期望通过设立碳基金来购买或出售碳排放量，以达到盈利或避免高额罚款的目的。因此这些私人部门一般为能源供应商或者大型工业企业，如在欧盟内部交易体制下背负着减排目标、被限制温室气体排放的公司。

③ 公私混合碳基金

公私混合碳基金由政府和私营企业按比例共同出资，国际金融机构参与合作设立并由国际金融机构管理，世界银行的碳基金大多属于此种类型。作为碳基金最常见的一种资金来源方式，其在碳基金的构成当中占有较大份额。最具代表性的公私混合碳基金是丹麦碳基金，其由该国外交部、环保署与另外 3 家私营公司共同出资，世界银行参与设立并进行管理。

（2）按性质划分的碳基金种类及其特征

按性质划分，碳基金主要可以分为政府碳基金和民间碳基金。

① 政府碳基金

政府碳基金是指由国家财政在国民预算中拨出的专门用于支持低碳经济和应对气候变化的资金，主要用于应对全球气候变化的科学实验、绿色公用事业的建设、政府节能产品的集中采购、监控检测体系的建设、基础学科的研究等直接支出项目的碳基金。

② 民间碳基金

我国的民间碳基金的设立是为了在国际上树立负责任的大国形象和贯彻落实我国的《中国应对气候变化国家方案》，帮助企业以通过植树造林活动吸收并固定二氧化碳的方式开展自愿减排活动。目前，我国发展比较成熟的民间碳基金是中国绿色碳基金。

（3）按组织形式划分的碳基金种类及其特征

按组织形式划分，碳基金主要可以分为公司型碳基金和契约型碳基金。

① 公司型碳基金

公司型碳基金是由私人部门投资设立的碳基金，往往以商业利润最大化为目标，采用公司型投资基金的形式。例如，英国排放贸易基金公司（TEP）的大股东多为私营性质的机构投资者（资产管理公司、基金管理公司等），主要通过低价买入、高价售出碳信用的方式获得资本增值。

② 契约型碳基金

契约型碳基金是以政府、国际机构、政府背景的金融机构为投资主体的碳基金，其追求的目标是通过购买碳信用推进 CDM 项目的发展，促进实现节能减排目标和可持续发展。这种碳基金具有一定的公益性，往往采用契约型投资基金的组织形式。

（4）其他分类方式下的碳基金种类及其特征

按发起人和管理方式来划分，碳基金分为：政府发起并管理的碳基金，政府发起、委托银行或国际组织管理的碳基金，政府发起、企业化管理的碳基金，政府和私人部门发起、国际组织托管的碳基金，私营企业发起、企业化管理的碳基金，政府和私人部门合作发起、商业化管理的碳基金等。

按基金获取信用的投资项目来划分，碳基金分为单纯项目碳基金、混合项目碳基金以及其他项目碳基金。

按投资目标划分，碳基金可分为减排承诺驱动碳基金、投资获利驱动碳基金、自愿减排驱动型碳基金以及国际公益性驱动型碳基金。

碳基金还有对冲碳基金、基金的基金等不常见的类型。

在国家推进环境保护和减排的政策支持下，中国的碳基金市场逐步发展起来，由于碳市场基础设施建设日趋完善，碳市场活动也日益繁荣。但碳基金在我国的发展还处于起步阶段，需要在全国范围内建立完善的碳交易市场和碳市场监管机制，积极探索创新的碳中和解决方案，让碳基金发挥更大的社会效益和经济价值。

3）碳基金产品设立的要求与步骤

碳基金是一种专门用于支持环保和减排项目的投资基金，其设计需要充分考虑市场需求、投资回报和环境效益之间的平衡，其目的是通过投资环保和减排项目来获得投资回报和社会效益。

（1）碳基金产品设立的基本要求

① 应充分结合国家政策和市场需求

在环保、减排等领域内寻找具有成长性和前景的企业和项目，同时要注意投资组合的分散，降低投资风险。

② 应注重长期持有

这意味着需要选择符合环保、减排、可持续性等标准的企业和项目，通过做好投前尽职调查、投中评估、投后管理等环节，建立稳健的投资策略，以保证长期的稳定回报。

③ 应考虑投资者偏好和需求

随着越来越多的投资者关注环保和减排行动，碳基金在投资组合的选择和投资策略的制定中应充分考虑投资者对环保和减排的关注程度和预期回报，提供符合投资者偏好的投资解决方案。

④ 应充分考虑环境、社会和治理因素

基金管理人需要建立完善的投资决策模型和评估指标体系，从环境、社会和治理等方面对投资标的进行评估，选择符合 ESG 标准的企业和项目，确保环境效益、经济效益和社会效益的综合性。同时，碳基金还要注重投资透明度和公开性，充分保护投资者权益和信息披露的合法性。

（2）碳基金设立的基本步骤

第一步，发起人根据当前节能减排的现状、碳交易市场的状况以及投资人的偏好程度，确定投资策略和目标，选取合适的碳基金投资重点以及具体的基金形式。

第二步，发起人根据碳基金的类别和性质，选择基金管理人、托管人以及第三方参与人（会计师事务所、律师事务所、投资顾问等），并与其形成委托协议，建立碳基金管理团队。这些管理团队应具备深厚的理论知识和实践经验、优秀的人才队伍和强大的领导力、对环保和减排项目的评估和投资的深入了解，能够管理和监督基金的投资组合，注重内部管理规范，关注客户服务和投资者关系。

第三步，由发起人亲自或委托基金管理人、托管人制定基金发行文件。

第四步，发起人向主管机构递交设立碳基金的申请。

第五步，主管机构审批通过后，发起人在规定时间内发起基金的收益凭证，开始募集资金。

碳基金可以向机构投资者和个人投资者募集资金，资金来源主要有三种：一是国家设立并出资，资金由政府承担；二是混合出资，主要由政府和企业共同出资；三是仅由企业出资，资金主要为本企业内部所用，企业自行管理。

5.4.3 碳基金的运行、作用及功能

1）碳基金的运行

（1）碳基金运行直接涉及的主体

① 碳基金的发起人

碳基金的发起人指发起设立基金的机构，包括政府和私人企业。发起人拥有以下权利：申请设立基金、出席或委派代表参加基金持有人大会、取得基金收益、监督基金经营情况、获取基金业务和财务状况的资料、参与基金清算以及法律法规认可的其他权利。

② 碳基金的管理人

碳基金的管理人是负责基金经营管理的专业机构，在整个基金的运作过程中起着核心的作用，主要包括政府、私人金融机构、商业银行、国际组织以及其他私人机构等。通常，碳基金的发起人和管理人分别由不同的机构担任。管理人的基本职能包括与基金托管人签订"信托契约"，负责基金的设立发行、支付收益等一系列基本业务，制定基金的运营方式和投资策略，定期编制、公布有关基金的财务报告等。

③ 碳基金的持有人

碳基金的持有人是基金的出资方和所有者，又称基金的投资人，其依法享有取得基金投资收益、转让或申请赎回所持基金份额的权利。基金的持有人可以是法人，也可以是自然人。在碳基金运营期间，其有权利获取基金业务及财务状况资料、基金管理人运营职责评估情况，以及监督基金总体运营等。

④ 碳基金的托管人

碳基金的托管人是依据基金运行的"管理和保管分开"原则，对基金管理人进行监督和保管基金资产的机构。通常情况下，碳基金托管人由商业银行担任。在基金运行中承担资产保管、交易监督、信息披露、资金清算与会计核算等职责，是基金持有人权益的代表。

总之,碳基金份额的持有人、管理人和托管人通过基金契约的方式,确定投资者出资并享有风险和收益、管理人负责管理基金资产、托管人负责保管基金资产的信托关系。

(2)碳基金各主体的诉求

从碳基金的运作模式来看,各主体参与到碳基金投资和交易活动中的诉求是有差异的,期望从中获得的回报形式也各有不同,主要参与方包括政府、国际组织和机构、金融机构、中介服务机构、企业和个人。

① 政府

《京都议定书》对碳排放的总量目标和阶段目标作出了明确规定,特别是对部分国家的温室气体排放量作出了定量的法定约束,这就意味着缔约国必须完成对应的减排任务,那么通过碳基金获得相应的碳信用,或者通过碳基金收益购买碳信用来抵消本国的碳排放指标成为各国政府青睐的方式。

② 国际组织和机构

世界银行、国际货币基金组织等作为温室气体减排的主要倡导者,承担了推广、普及温室气体减排的责任,设立并投资碳基金,使其参与到减排技术条件较弱的地区项目中。同时,低碳项目的投资前景、潜在收益率使得其成为碳基金的投资对象。

③ 金融机构

开发银行、商业银行以及基金管理公司等非银行性金融机构参与碳基金项目大多是追求互利共赢的效果,在帮助投资方履行减排义务的同时,解决发展中成员国家CDM[①](清洁发展机制)项目业务的前期融资困难问题。

④ 中介服务机构

中介服务机构主要包括碳资产管理公司、碳信用评级公司、碳审计服务公司、

---

① 简单来说就是承担碳减排的缔约国从非缔约国的清洁能源类项目中购买CO_2减排量,抵冲本国的减排义务。

碳交易法律服务公司、碳经纪商、碳金融信息服务机构等。中介服务机构拥有专业咨询优势、融资优势，能够指导和运营碳基金项目的顺利开展，并从中赚取一定的服务费。

⑤ 企业

企业是温室气体的直接排放主体，也是碳市场中数量最庞大的交易主体。一旦企业被选为控排企业，其就承担一定数量的减排任务。当它的减排技术无法满足减排任务的需求或者技术改进需要昂贵的成本时，从碳基金交易中获取的碳信用就能抵消企业的减排量。反之，企业如果有富余的碳排放指标，也可以通过碳基金交易将企业的碳信用转化为资金，用于节能减排项目和低碳技术的研发。

⑥ 个人

个人是低碳投资的主体，是相关国家法律规定的具有投资碳基金资格的自然人。投资资格既有对自然人行为能力的规定，也包括对基金投资门槛的限定，当投资主体从机构投资者扩展到个人投资者时，就标志着碳基金交易市场的日益完善和成熟。目前，只有少量特定的碳基金向个人投资者开放。

（3）碳基金的运行机制

碳基金的市场运行包括发起和设立、发行和认购、上市与交易、管理与运营、收益分配等多个环节，完整的运行机制如图5-1所示。

① 碳基金的发起与设立

通常，各国对碳基金的发起人都有一定的资格条件限制，只有具备一定条件的部门才能作为碳基金的发起人申请设立基金。目前大部分国家实行审批制，即设立碳基金必须经证券监管机构的审查批准。我国目前有一个碳减排证卖方基金，即中国碳基金，是全球第一家卖方减排证交易中心。中国碳基金的总部位于荷兰，其核心业务是为中国CDM项目的减排量进入国际碳市场交易提供专业服务，特别是为欧洲各国政府、金融机构、工业用户同中国的CDM开发方之间的合作和碳融资提供全程服务。

```
┌─────────────────────┐
│    发起、设立碳基金      │
└─────────────────────┘
           │
           ▼
┌─────────────────────┐
│  销售、募集资金形成碳基金   │
└─────────────────────┘
           │
           ▼
┌──────────┐   ┌─────────────────────┐   ┌──────────┐
│ 定期披露信息 │◄──│  基金管理人的管理和运营    │──►│ 接受申购赎回 │
└──────────┘   └─────────────────────┘   └──────────┘
                          │
                          ▼
               ┌─────────────────────┐
               │   向投资者分配收益       │
               └─────────────────────┘
```

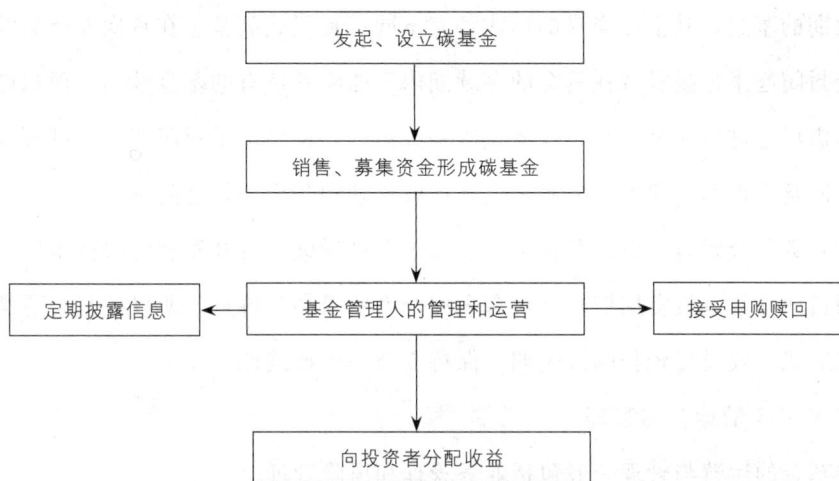

图5-1 碳基金市场的运行机制

② 碳基金的发行与认购

碳基金的发行是指向投资者销售基金证券的行为。基金的发行市场又称为基金的一级市场，发行内容包括确定发行对象、发行日期、销售方式、发行价格、发行面额以及发行区域。按照发行对象和发行范围的不同，碳基金的发行可以划分为公募和私募两种形式。公募是指向社会公众发行的方式，私募是向少数特定投资者发行的方式，目前私募碳基金较为普遍。

碳基金的销售渠道分为直接销售法和承销法两种。直接销售法是不通过任何专门销售组织直接向投资者销售的方式。承销法是指通过承销商发行基金的方式，承销商通常由投资银行、综合性券商或信托投资公司来担任。

碳基金的发行价格是指在发行市场出售的价格，一般由基金面值、发行费用与销售费用组成。

碳基金的认购是指投资者在基金发行期内按照基金证券发行的公告或者规定向基金管理公司购买基金的行为。通常认购价是基金面值和认购费用的总和。

③ 碳基金的上市与交易

碳基金发行认购成功后，有部分类别可以在市场上进行买卖活动。处于封闭期和开放期的基金，其上市交易的形式各有不同：封闭式碳基金在首次发行后等同于将基金封闭起来，投资者在基金的存续期内不能将其持有的基金赎回，而只能在证券交易市场上进行交易；对于开放式碳基金而言，在经历了封闭期后，都可以申购或者赎回基金份额，这种交易实际上是在投资者和基金公司之间进行的。

对于碳基金而言，由于其资金一般用于促进低碳项目开发和低碳技术创新，而这类项目通常具有投资周期长、对资金配合度要求高等特点，所以碳基金通常会选择封闭形式，或设置较长的封闭期，保持资金的可持续性。

④ 碳基金的运营与管理

碳基金的运营与管理一般包括业务管理和风险管理。

碳基金的业务管理包括融资服务、专业支撑和市场服务，由专业的碳基金团队负责，团队一般隶属于基金托管人。融资服务是碳金融业务中的关键部分，其基本含义是为碳减排项目提供相应的融资服务，一般分为三类：一是在碳减排项目所产生的碳信用①交付的时候，支付购买资金；二是提供碳减排项目前期申请阶段的相关费用，包括审定费用、注册费用等；三是按照约定支付一部分预估的购买减排项目碳信用的费用。专业支撑是为了帮助碳减排项目的开发者开发出合格的碳减排项目，减少碳基金在碳减排项目上的投资风险，对碳减排项目开发提供综合性的专业技术指导，一般包括项目的识别与筛选、项目开发、审定注册、项目执行和监督、项目开发方能力建设和项目出资方能力建设等。市场服务的目标是帮助碳减排项目的开发者以合理的价格和最优的条款出售碳信用额度，为项目的开发者提供市场服务。

碳基金是一种集中资金、定向投入、专业管理的机制，基金运行中会面临市场风险、项目运行风险、管理能力风险、技术风险等。碳基金的市场风险主要来源于国际碳排放权交易市场，而碳排放权交易市场的情况在很大程度上取决于国际社会

① 碳信用（Carbon Credit）又称碳权，指在经过联合国或联合国认可的减排组织认证的条件下，国家或企业以增加能源使用效率、减少污染或减少开发等方式减少碳排放，因此得到可以进入碳交易市场的碳排放计量单位。

关于气候问题的谈判结果以及减排政策等。项目运行风险，如 CDM 项目投入的资金是否能够正常收回的风险，主要来源于项目前期的项目审批风险、审查风险和注册风险（审批风险主要是指 CDM 项目的有关内容与东道国的有关政策和经济发展目标不吻合所导致的风险），以及项目实施中期和后期由于项目审批程序复杂、标准严格、周期长、技术不稳定导致的项目交付风险和由于市场价格波动而引起的价格风险。此外，还有项目现金流不匹配、融资风险大等问题。为了应对这些风险，首先，我国可以设计全面有效的碳基金交易风险预警指标体系，以及时了解碳基金交易的风险信息，从而矫正其风险与收益的不对称特性；其次，构建健全的碳基金交易风险管理组织框架，在一定程度上抑制 CDM 项目运行风险；最后，以多样化的风险防范措施，如完善的审计机制，加强对基金管理人和托管人的监督和管理，在最大程度上保护投资人的利益。

2）碳基金的作用与功能

（1）推动碳交易和气候变化理念的普及

碳交易是指交易主体按照有关规则开展的温室气体排放权或碳排放空间的交易活动，其本身是一种低成本的减排途径。国际上碳交易的产品主要是排放配额和基于项目的减排量，而国内碳交易的产品绝大多数是排放配额，即政府分配给重点排放单位（控排企业单位）指定时期内的碳排放额度（排放许可）。发展碳基金实质上就是利用市场化的手段，将这种环境外部性内部化，使得排放主体以市场交易形成的价格来承担其碳排放的社会成本，其具有社会成本低、效率较高、机会公平、鼓励创新、减排效果好等优势，所以碳基金作为一类新型基金产品不仅丰富了资本市场的投资品种，还通过吸引基金市场投资者广泛关注碳交易和碳资产，推动了碳交易和气候变化理念的普及。

（2）培育低碳投资市场和吸引绿色投资偏好投资者

想要实现经济发展与温室气体排放的不断脱钩，就必须加快节能减排低碳产业的发展，从根本上解决一国经济发展对碳素能源的过度依赖。引入碳基金可以实现多元化投融资模式，增加投资的新渠道，优化资金配置，吸引投资者关注绿色低碳项目，有利于改善能源消费对化石燃料的依赖性，使能源链从高碳环节向低碳环节转移。作为重要的市场杠杆，碳基金市场将社会资金有序导入减排技术的创新领域，成为低碳技术开发利用的平台，激励企业开发利用新能源，使用并创新节能减排技术。

（3）引导企业产品结构调整

在企业层面，碳基金主动为重点减排企业或项目制订碳能效管理计划。开展工作前，碳基金通过出资帮助目标企业做能源调查，为每个企业列出一定数量的推荐优先节能和提高能效的领域，针对重点高能耗企业，碳基金则开展直接合作，有针对性地制订若干碳能效管理计划。在这种情况下，企业只需要提供人力配合，没有负担，更容易接受碳管理。在此基础上，碳基金为企业和相关项目提供必要的资金支持，用于碳能效管理计划的执行。

在行业或国家层面，碳基金围绕低碳技术制定了相关标准和认证程序。碳基金依据国际标准化组织的"ISO 16064"标准和温室气体排放协议，开展了"碳足迹"的研究和管理活动，对"碳足迹"的情况进行测度和管理，并推动"碳标签"的应用。2008年10月，碳基金资助的"PAS 2050"碳足迹方法标准为碳标签的实施提供了科学依据。"PAS 2050"的发布得到了大多数欧美国家的支持，并有可能转化为国际标准。近年来，碳基金还制定了碳能效认证框架，包括51个改进的认证指标和61个新认证指标。

（4）支持节能减排技术创新

碳基金对应用低碳技术的企业进行投资，包括股权投资或具股权性质的工具投资。这些资金主要用于节能减排技术的改造和升级，助力企业实现低碳生产。碳基金支持技术创新是在直接提出解决方案的基础上派生出来的功能，其通过与高校、科研机构建立产学研一体化的合作平台，研制有替代性、高效率的低碳技术，包括共同发展微型热电联产、生物质供热、海洋能源以及海上风能等技术。

（5）推动产业结构向低碳行业转型

针对成熟、具有明确应用前景的新能源技术，碳基金也通过建立企业的方式推动技术应用。例如，2006年，英国碳基金建立了可再生能源合资公司，计划在5至8年内投入5亿英镑，在英国公共机构所拥有的土地上，开发总发电量达到500兆瓦的可再生能源项目。在资金来源方面，碳基金除了直接投资推动产业化以外，也吸引各方面投资为企业提供支持。

（6）战略研究和信息支撑

碳基金对于低碳经济发展担当着战略研究和公共宣传的角色。目前，针对欧盟排放贸易计划、海上风能、全球气候变化的企业影响等问题已有研究报告发布，为企业和公共机构提供适应低碳经济的参考资料。除了专题性内容以外，碳基金还依据自身的知识储备为目标企业提供丰富的信息支撑，帮助其完成繁杂的核证手续。

5.4.4　我国碳基金发展的困境与展望

1）存在的困境

（1）碳基金筹资规模小

我国碳基金由于处于起步阶段，宣传推广力度以及参与程度还不够，而且筹资渠道比较单一，多数是靠国家扶持和个人捐款，因此筹资规模较受限制。

（2）碳基金设立形式和管理模式单一

目前国外碳基金有多种管理模式，包括：全部由政府设立和管理；由国际组织和政府合作创立，由国际组织管理；由政府设立，采用企业模式运行；由政府与企业合作建立，采用商业化管理等。在国内，碳基金属于新兴产业，企业和银行看不到它的营利性和重要性，从而不愿出资参与碳交易，使得碳基金较难形成规模效益。因此，企业和金融机构对CDM项目和碳金融的认识尚不到位是推广碳基金的一个主要障碍。

（3）碳基金配套支持不足

第一，在碳基金的资金管理阶段，基金内部缺乏制衡机制，某些基金发起人既充当基金管理人又充当基金托管人，违反了基金经营管理与资产保管相分离的原则，很容易产生基金管理人的越权行为。第二，碳基金法律法规建设滞后、监管乏力，有很大的盲目性和主观随意性，尽管少数地方颁布了这方面的暂行规定，但没有一部全国统一的权威性法规，致使投资基金从设立到运作都缺乏规范化管理。

（4）碳基金过程管理不善

在碳基金筹到资金，并做好投资决策之后，资金被投入计划的项目，目前国内的项目主要是碳基金造林获得碳汇。项目实施单位需要采取措施切实保证造林后项目成果得到合理保护，并纳入当地森林资源统一管理，在项目期内会进行碳汇计量，在符合相应标准后才会拨付剩余资金。但这其中存在若干问题：在整个过程管理中，项目实施好坏的检查标准是什么？项目验收合格后就可以拨付剩下资金，那么项目实施单位与验收单位是否可能在利益达成一致的情况下发生资金到位而项目实施不到位的风险？另外，还存在碳汇计量方法以及碳基金信息披露不规范，投资者能不能及时、有效、充分地了解投资变动情况等一系列问题。

2）展望

（1）丰富碳基金产品种类

我国碳基金存在着资金来源单一、投资领域狭窄、配套支持不足等问题，不过我国已经启动了碳市场交易试点，未来随着碳市场的不断扩大和完善，碳金融将有更多的发展机会。未来碳基金市场应拓展碳基金的层次体系、扩大碳基金的投资领域。碳基金可以参照普通金融市场中基金的运行方式和产品类型，逐步引导和鼓励市场流动资金设立多样化碳基金。

（2）加强碳基金风险管理

目前碳基金的运行处于初级阶段，风险管理是碳基金能否持续稳定发展的关键。因此要加强对碳金融市场及碳基金的风险监控。基金风险管理方式包括：设立基金前的风险控制，如对资金来源的严格审核；基金运行中的风险识别，如对投资项目的信息收集、明确项目各方的职责、将责任分配到人以及投资项目之后的信息反馈。2024年发布的《碳排放权交易管理暂行条例》旨在保障我国碳市场的健康运行，碳排放权的合理监管有助于碳金融市场的稳定发展。

（3）加大对碳基金的支持力度

2024年1月10日，国务院发起3 000亿元的绿色基金，在全球清洁能源和低碳发展方面迈出关键一步。中国政府通过各种政策鼓励低碳产业的发展，为碳基金提供了更多的发展机会。一方面，政府可以针对碳金融市场的相关业务给予支持，如提供税收优惠，鼓励企业和投资者投资碳金融市场，丰富市场资金；另一方面，加快建立外资投资绿色通道，国外碳金融市场的发展时间相对较长，引导外部资金投资本土碳金融产品能够加快国内碳基金及相关产品与国际接轨。预计中国将会加快与国际碳交易市场的政策协调，相信未来会有更多政策与资金支持碳金融市场的发展。

5.5　碳信托

5.5.1　碳信托的基本概念与分类

（1）碳信托的基本概念

根据《信托法》的规定，信托是指委托人基于对受托人的信任，将其财产权委托给受托人，由受托人按委托人的意愿以自己的名义，为受益人的利益或特定目的，进行管理或者处分的行为。通俗地说，信托是一种与财产有关的具有信任性质的关系，由财产所有人（"信托人"）将其合法拥有的财产（"信托财产"）转移给"受托人"，由其持有该信托财产并为财产所有人进行利益管理和处分信托财产，即"受人之托，代人理财"。可见，信托本质上是一种基于信任产生的财产转移和管理，信托财产可以是资金、动产、不动产及其他财产权。

碳信托是指围绕碳资产开展的金融受托服务，属于碳金融[①]的一个细分领域，同样也是绿色信托（如图5-2所示）的重要组成部分，是碳金融和绿色信托融合产

[①]　碳金融概念起源于国际气候政策变化及《联合国气候变化框架公约》和《京都议定书》，具体指服务于旨在减少温室气体排放的各种金融制度安排和金融交易活动，主要包括碳排放权及其衍生品的交易和投资、低碳项目开发的投融资以及其他相关的金融中介活动。

生的新业务模式。其主要运行模式是信托公司通过开展与碳金融相关的信托业务，将资金用于限制以二氧化碳为主的温室气体排放等技术或项目的碳权交易、直接投融资和银行贷款等的金融活动。就具体业务实践而言，信托公司在开展碳信托业务时主要从三个角度出发：一是引导社会资金参与碳资产交易；二是提供碳信托账户托管服务；三是向控排企业提供金融服务，助力企业稳定发展。

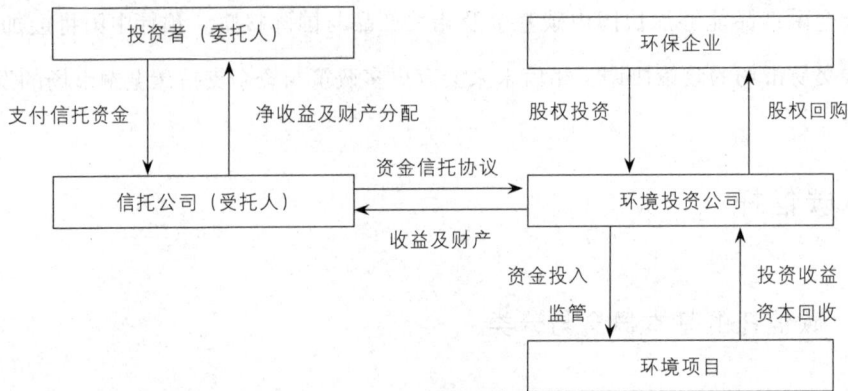

图5-2　绿色信托模式

　　相对于传统信托业务，碳信托在信托目标、投资对象等方面有所不同。在信托目标方面，碳信托作为由《京都议定书》所确立的排放权贸易机制的市场运作形式，必须服从国际条约的相应约束，即信托目标为减少温室气体的排放。在投资对象方面，碳信托起初的投资对象是符合清洁发展机制或联合履行机制中规定的特定行业领域中的具体公司项目，随着碳排放权市场的发展，投资对象逐渐延伸至碳排放权。由此可见，碳信托是绿色信托服务细分领域的一项特色业务。

　　（2）碳信托的种类

　　碳信托按功能划分为碳融资类信托、碳投资类信托和碳资产服务类信托。

　　①碳融资类信托

　　信托公司以控排企业的碳配额或CCER为抵押/质押设立信托计划，向控排企业发放贷款；亦可设立买入返售信托计划，向控排企业购买碳资产，同时约定在一定的期限内再以约定的价格将碳资产回售给控排企业。前者类似于商业银行的碳资产抵押/质押贷款融资，后者类似于证券公司的碳资产售出回购业务。例如，兴业信托设立"利丰A016碳权1号集合资金信托计划"，该信托计划以海峡股权交易中心碳排放权公开交易价格作为估价标准，通过受让福建三钢闽光股份有限公司100万元的碳排放权收益权的方式，向其提供绿色融资。

②碳投资类信托

碳投资类信托类似碳基金模式，即信托公司设立投资类信托计划，将信托资金直接投资于碳排放权交易所的碳资产，通过把握碳资产价格趋势在二级市场赚取价差。投资标的可以为碳配额或CCER。考虑到碳资产定价的复杂性及专业性，信托公司可以引入专业的第三方碳资产管理机构作为投资顾问。此类业务模式目前实践得最多，爱建信托、中建投信托、中航信托、华宝信托和中融信托5家信托公司均落地了相关信托产品。以华宝信托"ESG系列-碳中和集合资金信托计划"为例，信托资金主要投资于在国内碳排放权交易所上市交易的碳排放配额及国家核证自愿减排量。

③碳资产服务类信托

碳资产服务类信托一般指利用信托的财产独立和风险隔离优势，帮助企业开展碳资产托管服务。委托方控排企业将其碳资产作为信托财产设立服务信托计划，信托公司作为受托人对碳资产进行集中管理，利用托管的碳资产从事多种碳市场操作，包括二级市场投机套利性交易，或向其他控排企业、碳资产管理机构出借碳资产以获得固定收益。信托计划到期后，信托公司将碳资产返还给控排企业，并支付约定的收益。例如，中海信托作为受托人设立的"中海蔚蓝CCER碳中和服务信托"就是以CCER为基础资产的碳中和服务信托。受托人通过转让信托受益权份额的形式为委托人募集资金，同时提供碳资产的管理、交易等服务。又如由交银信托设立的"外资机构非资金募集型CCER碳资产服务信托"，同样是以CCER为信托基础资产，受托人主要负责信托财产专户的开立、管理、销户以及上海环境能源交易所账户、CCER账户的开立和管理等工作。

5.5.2 碳信托的作用、功能及特征

1）碳信托的作用

随着我国"双碳"目标的提出以及国家加快推进碳达峰、碳中和顶层设计路线图的规划与启动，绿色信托特别是碳信托的创新发展迎来新机遇，碳信托也将拓展绿色信托功能，丰富绿色信托展业模式，为信托公司深化转型、回归信托本源业务提供新理念、新动能和新路径。碳信托的作用主要体现在以下几个方面[①]：

（1）碳信托丰富了绿色信托的内容

① 碳资产丰富了信托财产的类型

我国《信托法》对信托财产的合法性和确定性作出了明确规定。碳资产本质上是一种具有经济价值的财产性权益，是在强制碳排放权交易机制或自愿碳排放权交易机制下，产生的可直接或间接影响组织温室气体排放的配额排放权、减排信用额及相关活动，因此可以纳入信托财产的范畴，在满足合法性和确定性的前提下，成为碳信托服务的标的。需要特别指出的是，根据信托财产的独立性原则，用于设立碳信托的碳资产可以独立于碳排放企业主体的其他财产，充分实现资产隔离的法律效果，体现为独立的资产流转与交易价值，由此成为合格的投融资标的和金融及受托服务对象。

② 碳信托深化了受托责任的内涵

根据信托原理，受托人须严格履行受信义务，为受益人的最大利益服务。碳交易机制本身是将碳排放权成本化和商品化，并按照一定的定价机制实现经济价值，然而受益人的信托利益不仅包括经济利益，还有基于碳减排而产生的环境利益和社会利益。因此，受托人履行受信义务的职责内涵要相应地纳入环境效益，兼顾经济

---

① 佚名.中航信托袁田："双碳"目标指导下的碳信托创新发展 [EB/OL]. [2024-05-10]. https://www.163.com/dy/article/GMUADHSI0519QIKK.html.

利益与环境效益的最大化。碳信托的受托职责更加丰富，与 ESG 投资策略纳入非财务指标因素类似，受托人的审慎投资义务超越了单纯考虑盈利性的单一目标，也需要综合考虑环境与经济的双重目标。

（2）碳信托推动了信托业的数字化能力建设

碳资产所表征的碳排放权需要折算为二氧化碳当量值，即度量温室效应的基本单位作为计量的标准和依据，从形式上体现为数字资产。可以说，碳资产本身就是一种数字资产，需要运用数字化手段管理与运行，由此也对碳信托的数字化管理能力提出了新要求。围绕碳资产的定价、托管、分配及流转交易均需要以数字化平台系统为基础，可见，建立依托数字化管理的系统及技术基础设施、培育全流程的碳资产数字化能力是信托公司开展碳信托业务的能力基础。这种能力明显有别于传统信托业务的资金管理和项目管理能力，对于信托公司而言是全新的专业化能力考验及竞争，需要信托公司提早布局，在系统建设和能力建设两个维度提升碳信托的数字化管理及运营能力。

（3）碳信托促进了信托的可持续发展

在新发展理念的指导下，绿色生产、绿色消费、绿色生活不断涵盖新场景，信托服务实体经济和社会民生的内涵与边界均得以拓展，聚焦碳资产的碳信托创新也将迎来巨大的市场机遇。无论是资金信托、服务信托还是慈善信托均可以在碳信托业务实践中探索新的服务模式。

在"双碳"目标的指导下，碳信托服务领域将更加聚焦与碳资产相关的碳减排细分领域，通过转型金融服务帮助高碳企业节能、减排、降碳；深化绿色金融服务，为低碳企业提供多元金融综合服务，提高低碳企业的竞争力，推动企业可持续发展。

2）碳信托的功能

信托功能创新始终是支持行业持续发展的重要动力，在不断完善监管规范与持续探索市场实践的共同作用下，信托功能日益丰富。碳信托的功能主要涵盖碳足迹评估和管理、碳减排咨询和指导、碳市场支持以及碳金融和投资支持等方面。

（1）碳足迹评估和管理

碳信托可以评估和管理企业、组织或项目的碳足迹，即其产生的温室气体排放量。通过对碳足迹的测量和分析，碳信托可以帮助企业了解其碳排放情况，并制定减排策略和措施。

（2）碳减排咨询和指导

碳信托提供专业的咨询和指导服务，帮助企业制定和实施减少碳排放的计划。这包括识别减排机会、推荐技术改进、开展能源效率项目等，从而帮助企业实现碳减排目标。

（3）碳市场和碳交易支持

碳信托可参与碳市场的建设和运作，并支持碳排放权交易。碳市场是一种市场机制，通过对碳排放量设定上限和发行碳排放权进行交易，鼓励企业减少碳排放。碳信托可以提供市场参与指导和支持，帮助企业理解碳市场机制，并积极参与碳交易活动。

（4）碳金融和投资支持

碳信托可以与金融机构合作，推动碳金融和低碳投资的发展。碳信托可以提供碳金融产品设计和发行、低碳投资评估和咨询等服务，以鼓励投资者支持低碳经济和可持续发展。

通过这些功能，碳信托可以推动企业和组织实现更低碳的经营模式，并为碳减排和气候变化应对提供支持。

3）碳信托的特征

目前已经落地的碳信托业务实践集中表现为资金信托计划投资于地方碳市场和财产权信托根植于自愿减排交易市场两种模式，以碳配额设立财产权信托的实践则较少。现有的碳信托业务有如下特点：

（1）信托目的的复杂性

重点排放单位作为委托人的碳信托业务，其信托目的除了有盘活碳资产外，亦需要受托人结合委托人的实际情况进行动态调整并实现委托人的清缴履约需求。根据国家主管部门的安排，国家温室气体排放目标的设定将分解到各重点排放单位，最终需要重点排放单位落实并实现。所以，通过自下而上设定的总量控制目标量化重点排放单位获得的碳配额时，虽然鼓励对此类碳资产进行盘活和主动管理，但不能偏离或完全脱离其最初的功能设定，即在碳信托业务存续期间需协同处理好此类委托人的履约需求。

（2）信托模式的多样性

根据当前强制减排市场和自愿减排市场的特点，受托人对国家核证自愿减排量的管理拥有更多的制度优势。地方碳市场和全国碳市场、地方碳交易所和全国碳交易所相互影响、相互补充，"百花齐放、百家争鸣"，差异化的交易市场在一定程度上促成了多样化的信托模式，为碳信托业务的发展创造了充足的空间。

（3）信托计划的特殊性

由于自愿减排交易市场尚未统一，CCER 信托计划与碳配额相比，在管理方式和投资收益的确定等方面均存在一定特殊性。强制减排交易市场项下的碳配额随着全国碳市场的不断成熟，其定价功能将逐步发挥出来，在碳配额管理方式主要为交易的情况下，有利于此类碳配额信托计划管理的统一和收益的确定。但是，自愿减排交易市场下的国家核证自愿减排量，以及当前八个交易所并存的阶段性市场特征，对信托管理提出了更高的要求，即要求受托人以更综合的管理方式、更灵活和更公允的交易价格来执行信托计划。

5.5.3 碳信托的主体、设立与运营模式

1）碳信托的主体

碳信托的主体包括委托人、受托人以及受益人。

（1）委托人

委托人是信托关系的创设者，应是具有完全民事行为能力的自然人、法人或依法成立的其他组织。委托人提供信托财产，确定谁是受益人以及受益人享有的受益权，指定受托人，并有权监督受托人实施信托。

（2）受托人

受托人承担着管理、处分碳信托财产的责任。在我国，受托人特指经国家金融监督管理总局批准成立的信托投资公司，属于非银行金融机构。受托人必须恪尽职守、履约诚实，有谨慎、有效管理的义务，为受益人争取最大利益，并依照碳信托文件的法律规定管理好碳信托财产。

（3）受益人

受益人是在信托中享有信托受益权的人。碳信托的成立必须通过订立书面合同，并具有当事人的真实意思表示才有效，且碳信托合同的内容必须完善，如果有缺漏会导致碳信托合同无效。信托合同的三方当事人都可以提出变更，每一个人都必须严格地承担自己的义务。

2）碳信托的设立

根据我国的实际情况，设立碳信托主要有以下几点要求：

（1）依法依规操作

设立碳信托需要依据当地的法律和监管框架进行操作。相关法规包括信托法、金融法、环境法等，信托机构需要确保碳信托的合法性和合规性。

（2）需要有足够的资金和健全的组织结构以支持其运营和投资活动

根据地区、行业和机构类型的不同，选择恰当的组织结构、运营模式和企业资本，完善信托章程、管理条例等信托制度。

（3）有合法的信托目的和信托财产

信托的目的是信托行为成立的依据，设立信托必须有合法的信托目的。如果没有信托财产，就没有财产的转移，信托就不能成立，因此，信托的成立必须有确定且合法的信托财产。

（4）符合碳减排项目标准

碳信托通常要求投资的碳减排项目符合特定的标准或认证体系，如国际认可的碳项目标准（CDM、VER）等，以此确保碳信托项目的环境效益和可持续性。

（5）应具备透明度和报告机制

依据报告机制，向投资者和利益相关方提供项目选定、投资组合、资金使用等方面的信息。透明度和报告机制有助于增强投资者的信任，并确保信托的运作符合规范。

（6）有管理能力和专业团队

设立碳信托需要具备一定的管理能力和专业团队，能够进行碳足迹评估、风险管理、投资决策等工作。专业团队包括环境专家、金融专家、投资管理人员等，以支持碳信托的运营和项目管理。

3）碳信托的运行模式

（1）碳信托的基本流程

由于碳信托的发展时间较短，具体设立流程尚未统一和标准化，因此，参考常规信托的基本流程，我国书面碳信托的业务流程如下：

① 设立碳信托

在碳信托设立之初，需要确定信托目的和受益人，创立信托文件，包括信托契约或信托章程，明确受托人、受益人和信托财产等具体内容，并将信托文件提交给相关的法律机构用于注册或备案。

② 选择受托人

选择合适的受托人，一般为受信任、有信托经验的个人或机构，并确定受托人的权益和责任，包括资产管理、受益人权益保护等方面。

③ 信托财产转移

将信托财产转移给受托人，可以是现金、不动产、股票等资产形式，确保财产转移符合法律和监管要求，办理财产评估和签署转移合同等手续。

④ 受托人管理碳信托财产

受托人根据信托文件的规定管理和运营信托财产，履行投资管理、风险控制、财务报告等职责，确保实现信托目的和保护受益人权益。

⑤ 收益分配

根据信托文件的规定，受托人将信托财产的收益分配给受益人，分配方式可以是定期分配、条件分配或一次性分配等，具体根据信托文件约定。

⑥ 信托终止

信托终止的条件包括信托目的达成、受益人权益终止、信托期限届满等。终止时，受托人将剩余的信托财产按照信托文件的指示处理，归还给委托人或其他受益人。

（2）碳信托的运营模式

服务"碳达峰、碳中和"目标，我国碳信托逐渐聚焦以下四大模式[①]：

①减碳低碳企业融资类信托

该碳信托模式主要包含碳资产抵质押贷款信托、碳资产买入反售信托等业务模式。其中，碳资产抵质押贷款信托的业务模式与碳资产抵质押贷款相近，均是通过设立信托计划，以碳排放配额或CCER为抵押、质押物，向对应的控排企业提供相应的贷款，用以支持绿色企业减碳低碳运营发展。碳资产买入反售信托是通过设立信托计划，将资金用于向控排企业购买碳资产，并且相互约定回售期限及回售价格，在期限内向企业回售碳资产，进而向企业提供资金融通。除了专门设立信托计划进行买入反售这一介入方式以外，信托公司通过认购资管企业和基金份额的方式也同样可以实现碳资产买入反售的收益目标。

②减碳低碳产业基金信托

减碳低碳产业基金信托主要包含两种运营方向。第一种是通过设立信托计划，将信托资金以股权、债权及参与定增等形式投资绿色产业，以及可以产生CCER的项目，参与分享企业正常生产经营的收益以及企业标准化碳资产的交易收益。第二种是投资碳排放配额、CCER等碳资产，根据碳排放权交易市场的碳资产价格走势，利用碳资产的二级市场及其衍生品市场进行交易获取收益，业务模式与碳基金十分相似。

具体来说，低碳产业基金投资类碳信托项目可参与碳基金、碳资产拆借、碳金

[①] 邢成，尤浩然.服务"碳达峰、碳中和"目标，我国碳信托聚焦以下四大模式 [EB/OL]. [2024-06-06]. https://www.sohu.com/a/472490688_739521.

融衍生产品交易等业务。在碳资产拆借业务中，碳信托可参考碳资产借出方的出借操作，与借入方约定期限后由其返还碳资产并获取约定收益；并可结合碳金融衍生产品交易业务，进行碳金融衍生产品（碳期权、碳期货）的投资，对冲价格波动风险及获取一定利润。

③ 碳资产事务管理类信托

该碳信托模式主要包括碳资产托管服务信托业务。信托产品财产独立、风险隔离的特点，使得信托公司开展资产托管服务具有天然的行业优势。信托公司通过设立碳资产托管服务信托计划，对托管企业交付的碳资产代为持有。信托公司通过信托计划代表托管企业进行碳资产的集中管理和处置交易，并且与托管企业约定托管期限和到期应兑付的收益。在约定托管期限到期后，按照信托计划约定返还碳资产，并向托管企业兑付收益。

④ 碳排放权资产证券化信托业务

碳排放权是指企业依照相关法律法规取得向大气排放以二氧化碳为主的温室气体的权利，包括可供和可需两种碳排放权。对于减排困难的企业而言，通过购买碳排放权，可以完成一定的减排任务。对于减排容易的企业而言，可以通过出售多余的碳排放权获得收益。碳排放权由此成为一种具有价值的资产，可以在碳排放权交易市场进行交易。

碳排放权资产证券化信托业务的主要运营模式为：减排企业将碳排放权集中转让给作为特殊目的机构的信托公司，信托公司将其汇集成资产池，进行资产池信用增级，并以该资产池的预期现金流作为底层资产在金融市场发行有价证券进行融资，最后通过收取碳排放权交易产生的现金流来支付投资者收益及清偿所发行的有价证券。

5.5.4 我国碳信托的现状与展望

1）我国碳信托的现状

结合"双碳"目标以及我国的绿色金融发展整体战略，信托行业持续深化转型，大力推进绿色信托创新发展。在碳信托领域，已有信托公司结合自身的资源禀赋先行先试，取得了较为显著的实践效果。例如，中航信托发起设立"碳中和"主题绿色信托计划，与专业的碳资产管理机构合作筛选优质碳汇标的资产，募集社会资金，投向碳排放一级市场或全国交易市场上交易的碳配额和 CCER，通过市场化手段助力控排企业完成碳履约；同时助力碳资产合理定价与有效流转，依托信托灵活的制度安排，引导更多社会资本参与碳中和行动，让受益人实现最佳信托利益。在实践中，也有信托公司针对地方碳排放权交易市场开发设计碳信托产品或直接投资于碳捕集、利用与封存（CCUS）项目，积极助力碳减排技术的商业化应用。

目前，我国已经发行了数只与碳交易挂钩的信托产品。各信托公司根据委托人的意愿将碳资产开发成不同的信托产品，以满足委托人的实际需求。由于碳交易目前还在起步阶段，更多的信托产品还有待开发，碳市场金融有待进一步创新，在未来具有很高的投资前景。表5-1列示了我国近十年的一些碳信托产品。

表5-1　　　　　　　　　　　我国近十年的部分碳信托产品

登记时间	名称	募集资金
2014年2月	爱建信托·海证1号碳排放投资集合资金信托计划	3 000万元
2015年3月	中建投信托·涌泉1号集合资金信托计划	5 000万元
2018年	中航信托·航盈碳资产投资基金集合资金信托计划	—
2021年1月	兴业信托·利丰A016碳权1号集合资金信托计划	1 000万元
2021年3月	国网国际融资租赁有限公司2021年度第一期绿色定向资产支持商业票据（碳中和债）	175 000万元
2021年4月	中航信托·天岚20A007号碳交易CCER投资集合资金信托计划	3 000万元
2021年4月	中海蔚蓝CCER碳中和服务信托	—
2021年7月	中融·骥熙4号碳交易CCER投资集合资金信托计划	—
2021年4月	华宝信托ESG系列-碳中和集合资金信托计划	—
2021年12月	北清环能·"碳达峰、碳中和"绿色信托	9 980万元
2022年4月	平安碳中和绿色金融发展慈善信托	—

2）我国碳信托发展的困境与展望

信托公司开展碳信托业务虽然已迎来良好的市场机遇，但由于创新业务的开拓有难度、自身能力储备不足、配套政策制度尚待完善，仍然面临现实困境。

（1）外部原因

①目前全国碳交易所还不能以信托产品名义开设登记和交易账户；

②碳投资类信托产品是否被认定为投向标准化市场有待监管机构的进一步明确，这一点对目前融资额度紧张的信托行业而言尤为重要；

③目前碳市场发展仍处于初级阶段，碳资产交易活跃性不足，利用碳资产进行投融资的配套制度并不完善，导致大部分信托公司仍持观望态度。

（2）内部原因

①信托公司对绿色产业和碳市场领域的了解和认可程度还不够，绿色产业范围广、细分领域多，需要信托公司深耕产业，探索可持续的业务模式；

②碳信托业务的逻辑和管理方式与传统信托业务相差较大，信托公司需要转变展业思路，提升对碳信托业务的数字化管理能力（因为碳资产本身就是一种数字资产），积极践行 ESG 发展理念，提升基于碳资产的账户管理能力和权益投资能力；

③碳信托业务的开展对信托公司的风控管理提出了更高的要求，环境风险将成为整个项目风险研判中的重要一环，然而目前多数信托公司缺乏对相关因素的考量。

（3）碳信托发展展望

据国务院发布的《中国应对气候变化的政策与行动》白皮书，全国碳市场目前纳入发电行业重点排放单位 2 162 家，覆盖约 45 亿吨二氧化碳排放量，是全球规模最大的碳市场。我国碳市场在立法和制度层面不断完善，在覆盖行业范围、参与主体、交易品种和交易模式等方面将不断拓展，市场成交有望进入活跃期，发展潜力巨大。因此，信托公司应针对当前的市场发展窗口期，提前布局相关产业链条，响应国家政策，发挥行业优势，助力碳达峰、碳中和目标的实现。我国碳信托业务发展可重点把握三个方面：

一是引导更多的社会资金参与碳资产投资交易，提升市场活力，发挥市场调节功能。碳资产作为一种财产性权益是无形资产，需要依托特定的载体方可实现价值，碳信托则可将信托账户作为碳资产管理的载体，整合碳资产需求方与供给方的项目与资源，提供对碳信托账户事务的管理服务，如碳资产的托管与权益分配、企业及个人碳足迹的受托管理与服务等；提供对受托碳资产的管理服务，如碳资产的保值增值服务。结合委托人的实践需求，信托公司可与具有碳核算和碳核查技术的第三方专业平台合作，开展针对个人或企业主体的碳汇资产核算或碳核查受托服务，作为确定形成碳汇资产规模的计量依据。委托人将其自主产生的碳汇资产作为信托财产设立碳信托，纳入独立的碳信托账户，独立于个人或企业自身的其他财产，交由受托人托管，并按照委托人意愿参与碳中和及碳交易，实现碳资产价值的交易与变现。

二是基于碳资产向控排企业提供多元化的金融服务，助力企业实现绿色转型和持续发展。碳信托除了基于受托服务实现碳资产的商业价值外，也可以实现公益和慈善目的，为信托公司开辟公益慈善信托业务的创新场景。例如，委托人可以设立专项用于实现碳减排或碳中和目的的慈善信托，信托资金直接投入可以改善及提升环境效益的降碳减排项目，或用于支持碳汇资源丰富的地区开发碳汇资产，助力乡村振兴等公益慈善事业。

三是提升对相关资产的管理服务能力，包括碳资产的价格发现、交易管理、账户托管等。随着我国环境权益工具交易品种和交易场所的逐步丰富，碳信托还可以与碳期货、碳保险、碳基金、碳资产管理公司等新型碳金融工具及机构形成集成创新。信托公司可以通过发行碳信托计划募集社会资本，围绕碳资产需求和供给整合相关方资源，发挥各自制度的差异化优势，共同服务于碳资产的形成与交易，助力碳资产价值的有效实现。

5.6　碳资产支持证券

5.6.1　碳资产支持证券的基本概念和种类

碳资产支持证券（Carbon Asset-Backed Securities，CABS）是在碳市场的基础上发展起来的金融创新产品，是一种基于碳减排项目的金融工具，旨在通过将来自碳减排项目的收益转化为可交易的证券，促进碳减排活动的融资和发展。其基本思想是，将能源减排项目所获得的碳减排量分割成小额，然后将这些碳减排量打包成类似债券的证券，出售给投资者，以获得资金来支持减排项目的长期运营。碳资产支持证券通常是由一个证券池、基础证券和支持证券三个部分组成。

碳资产支持证券可以将碳减排额转化为资产，并通过市场化方式进行收益分配和流通交易，其通过创造新的资产和投资品种，为减排工程提供了新的融资方式，并吸引了更多投资者，更好地将社会资金引入减排领域。

随着碳市场的增长和健全，碳资产支持证券已成为碳市场中的一个重要产品，相应的需求逐渐增加。2020年，全球碳市场交易总额达到了约212亿美元，与2019年相比增长了17%。虽然传统碳市场的交易规模还是以"任意减排单位"（Emission Reduction Units，ERUs）为核心产品，但新型碳市场的发展正在推动碳资产类证券成为主流产品。随着碳价值的不断上升和金融机构的不断参与，碳资产证券将在金融业中扮演越来越重要的角色。

最普遍的碳资产证券类型是碳抵押证券，它是将碳减排所需的凭证作为抵押品的债券。随着碳市场的发展，现货交易型、权益型碳排放权证券也越来越受到关注。由此可见，碳资产支持证券的出现，在推动低碳经济发展、降低碳排放、应对气候变化等方面具有重要意义。

基于各类交易及基础资产的不同，碳资产支持证券主要分为质押贷款型、现货交易型和权益型证券化三类。

（1）质押贷款型碳排放权证券化

通过碳排放权质押的方式形成合同债权，以合同债权作为基础资产开展资产证券化。

（2）现货交易型碳排放权证券化

企业通过碳交易所等渠道将碳排放权转让给购买方，可通过延期支付或分期支付的方式形成应收账款，以应收账款作为基础资产开展资产证券化。

（3）权益型碳排放权证券化

根据基础资产属性不同，证券化可以分为债务型和权益型两类，前者占市场的绝大多数，后者偏少，较为典型的是 REITs 架构[①]（如图 5-3 所示），将持有碳排放权的企业股权作为证券化基础资产，以企业未来产生的收入现金流作为债券兑付来源。

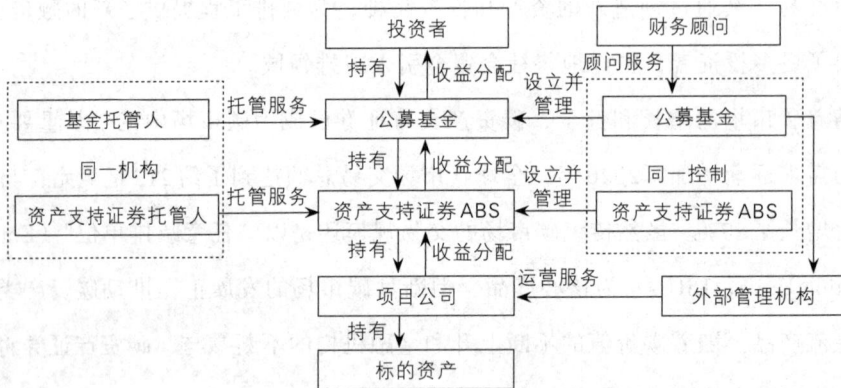

图5-3　REITs架构图

---

① REITs（Real Estate Investment Trusts），即房地产投资信托基金，是一种以发行股票或收益凭证的方式汇集众多投资者的资金，由专门基金托管机构进行托管，并委托专门的投资机构进行房地产投资经营管理，最后将投资综合收益按比例分配给投资者的信托基金。从本质上来看，类REITs就是资产证券化的一种形式。

5.6.2 碳资产支持证券化的作用与功能

1）碳资产支持证券化的作用

碳资产支持证券化有助于推动碳减排项目的发展，通过金融工具的创新和市场化，提高环保项目的融资效率，为投资者提供更多选择，同时促进碳减排的市场化和可持续发展。具体来说，碳资产支持证券化有以下作用：

（1）吸引资金流入环保项目

通过证券化的方式，碳减排项目可以吸引更多的资金投入，提高项目的融资效率。这种金融工具的灵活性可以吸引不同类型的投资者，包括机构投资者、个人投资者等，从而为碳减排项目提供更多融资来源。

（2）降低融资成本

证券化可以通过分散风险和提高流动性的方式降低碳减排项目的融资成本。投资者更容易购买碳资产支持证券，因为这些证券提供了相对稳定的未来收益，从而使得融资更加经济合理。

（3）市场化碳减排

碳资产支持证券化将碳减排项目的价值量化，并使其能够在金融市场上进行交易。这有助于建立一个市场化的碳减排机制，通过市场供需关系来决定碳减排的价格，从而激励更多的碳减排活动。

（4）提高透明度和流动性

证券化可以提高碳减排项目的透明度，使投资者更容易了解项目的运作和预期回报。同时，通过证券化，碳减排资产变得更具流动性、更容易买卖，为投资者提供了更多的选择。

（5）激励碳减排创新

碳资产支持证券化有助于激励碳减排项目的创新。由于投资者对碳减排项目的需求，项目方可能会更积极地寻找创新性的解决方案，以提高项目的市场吸引力。

2）碳资产支持证券的功能

碳资产支持证券具有以下功能：

（1）筹集资金

碳资产支持证券可以为碳减排项目、可再生能源项目和能效项目等提供资金支持。企业可以提供吸引投资者购买这些证券，筹集所需资金支持项目的实施和运营。

（2）风险分散

碳资产支持证券将碳减排项目的收益、碳减排量等捆绑在一起，形成的证券组合可以实现投资风险的分散。

（3）收益投资

购买碳资产支持证券的投资者可以从中获得投资回报。例如，投资可再生能源资产支持证券的投资者可以分享项目产生的电力收入，投资碳减排项目支持证券的投资者可以分享来自项目收益的分红。碳资产支持证券为投资者提供了一种获取可持续收益的机会。

（4）支持碳减排

在碳资产支持证券的发行和交易过程中，对于碳减排项目的选择和审核有严格要求。这有助于确保可信、具备真实碳减排效果的项目获得投资，并促进实际的碳减排行动。

碳资产支持证券的功能在于将碳减排和可持续发展与金融市场联系起来，为投资者提供了涉足低碳经济领域的机会，同时为企业和项目提供了资金支持和市场认可。这种证券的发展有助于推动碳减排和可持续发展的实现，并促进金融与环境目标的结合。

5.6.3 碳资产支持证券的交易模式

碳资产支持证券是一种基于碳减排项目的金融工具，通常由证券池、基础证券和支持证券三个部分组成。证券池通常包括多个满足碳减排要求的项目，按照碳信用等级和期限进行分类，由有资质的第三方机构首先进行测量和验证。基础证券是证券池所支持的一种证券类型，其收益与其支持的碳减排项目所获得的减排量相关。支持证券则是另一种证券类型，主要由基础证券的减排回报补充下的一段额外抵押支持，也可以将未被包括在基础证券中的碳减排作为抵押品。

目前，碳资产支持证券主要包括三类：质押贷款型碳排放权证券化、现货交易型碳排放权证券化、权益型碳排放权证券化。三者的运营模式存在差别，具体介绍如下：

（1）质押贷款型碳排放权证券化的交易模式

①形成基础资产

信托公司向企业发放信托借款，将企业所持有的碳排放权质押给信托计划作为增信措施。

②构建资产池

信托计划将向企业发放的多个信托借款合同债权打包，提高分散度，形成拥有可预测现金流的基础资产池。

③搭建发行结构

信托机构基于合同债权设立财产权信托，实现基础资产的风险隔离，并据此发行资产支持票据，或通过将其转让给资产支持专项计划发行资产支持证券。

④发行证券

证券获得监管部门核准后启动发行工作，商业银行等机构投资者出资认购。

在上述交易结构中，信托贷款可以由商业银行贷款替代，即商业银行基于碳排放权质押向企业发放贷款，形成表内的碳排放权质押贷款资产，并将多笔贷款资产组成基础资产，在银行间债券市场发行信贷资产证券化产品。该模式与目前商业银行开展的小微企业贷款证券化类似，但抵押及质押物存在差异，是将传统上的房产抵押变为碳排放权质押。碳排放权质押贷款证券化可通过资本市场直接融资方式，盘活企业持有的存量碳排放权，缓解企业融资难的问题，对有碳减排投资需求的中小企业尤为重要。

（2）现货交易型碳排放权证券化的交易模式

①形成基础资产

碳交易所基于企业间通过交易所开展的碳排放权交易，将企业间的支付方式设计为延期支付或分期支付，形成出售企业对购买企业的应收账款。

②构建资产池

碳交易所基于多笔碳排放权交易，形成对 N 个购买方的应收账款，并代理卖方将应收账款转让给商业保理公司，由商业保理公司统一管理，形成基础资产池，进行应收账款的管理和资金归集。

③搭建发行结构

商业保理公司将管理的多笔碳排放权交易项下的应收账款作为基础资产，通过设立财产权信托或直接转让给资产支持专项计划的形式发行资产支持证券。

④发行证券

证券获得监管部门核准后启动发行工作，商业银行等机构投资者出资认购。

碳排放权现货交易型证券化，属于基于碳交易所现货交易的代理模式，碳交易所作为代理机构，通过交易结算机制的调整，形成交易双方在交易系统内登记的应收应付，引入第三方商业保理公司作为基础资产的代理机构开展证券化业务。这种模式可降低碳排放权交易买方的付款压力，又不影响卖方的收款，有效地提高了买卖双方交易的积极性。

（3）权益型碳排放权证券化的交易模式

①设立运营平台

由碳交易所或第三方资产管理机构成立专业运营平台，并设立下属 SPV 公司①，向市场中的企业统一收购碳排放权资产。

---

① Special Purpose Vehicle，简称 SPV。在证券行业，SPV 指特殊目的的载体也称为特殊目的机构/公司，其职能是在离岸资产证券化过程中，购买、包装证券化资产和以此为基础发行资产化证券，向国外投资者融资。

②构建债权关系

运营平台通过对 SPV 公司减资的方式形成对 SPV 公司的应收账款债权,将须通过碳排放权交易才能实现的现金流变为稳定、可预测的现金流。

③搭建发行结构

由证券公司设立资产支持专项计划,通过契约式基金受让运营平台持有的 SPV 公司股权及应收账款债权。

④发行证券

根据权益及应收账款债权的比例设计优先、劣后的证券分级结构,并基于资产支持专项计划发行资产支持证券。

在上述交易结构的基础上,若未来 REITs 的相关政策条件允许,可通过发行公募基金受让资产支持专项计划份额,实现 REITs 的上市挂牌交易。其中,SPV 公司须通过碳排放权的交易实现运营收入,REITs 未来的兑付现金流包括:因减资形成的应收账款债权下的现金流、SPV 公司实现盈利后通过股东分红方式支付的现金流。权益型证券化能够最大程度上降低运营平台的负债压力。

5.6.4 碳资产支持证券发展的概况、趋势与建议

1)碳资产支持证券的发展概况

(1)发展历程

① 初步探索(2010—2014年)

在 2010 年前后,一些创新型机构开始探索碳资产支持证券这一新兴领域。其中,芝加哥气候交易所于 2010 年推出了碳资产支持证券,作为一种基于碳交易的金融工具,通过将碳减排项目的减排证书划分为可分割的证券来实现资产证券化。2011 年,世界银行为泰国一家电力公司发行了首只碳资产支持证券,形式为碳减排收入流通证券,这也是世界上第一只发行的碳资产支持证券。

② 市场推广(2015—2018年)

2015 年,美国国家公路交通安全管理局设立了碳资产支持证券计划,旨在鼓

励私人投资者支持绿色公路基础设施项目。同年，世界银行连续两次为墨西哥和中国两家电力公司发行了碳资产支持证券，逐渐推动该领域的市场化和标准化。2016年至2018年，世界银行还为印度一家工厂发行了碳资产支持证券，首次引入评级机构对项目进行评级，进一步推动碳资产支持证券产品的市场化。

③ 逐渐成熟（2019年至今）

从2019年开始，众多金融机构和企业开始推出碳资产支持证券产品，证券化的碳减排项目范围逐渐扩大。例如，欧洲投资银行（EIB）在2019年发行了首期重型车辆排放减少债券（Heavy Duty Vehicle Emissions Reduction Bond），成为该领域最大的发行机构之一。黑岩集团也在2021年推出了碳资产支持证券，标志着该领域的商业化程度逐渐增强。2020年，全球碳市场交易总额达到了约212亿美元，与2019年相比增长了17%。联合国环境规划署（UNEP）和欧洲投资银行于2021年联合发布了碳资产支持证券发行指南。该指南在全球范围内定义了碳资产支持证券的标准化发行程序，以帮助投资者了解和购买碳资产支持证券。

虽然传统的碳市场还是以"任意减排单位"作为核心产品，但新型碳市场的发展正在推动碳资产类证券逐渐成为主流产品。随着碳价值的不断上升和金融机构的不断参与，碳资产类证券将在金融领域扮演越来越重要的角色。碳资产支持证券产品的发展历程呈现逐渐规范化和商业化的趋势，在此过程中，金融和环保领域的专业人士共同推动着碳资产支持证券的不断发展和创新。

（2）我国碳资产支持证券实践中的困境

碳资产支持证券属于新型金融工具，通过直接融资的形式打通碳排放权交易与资本市场的通道，以需求牵引的方式引导企业开展碳减排投资，但我国在配套制度体系、市场监管、交易形式等方面仍有很多需要完善的地方，这些给碳资产支持证券的顺利实施带来了障碍。

首先，我国碳排放权定价体系尚不完善，碳资产支持证券作为基础资产，其风险特征有较大的不确定性。

其次，我国碳排放权二级交易的市场化程度和参与主体数量不足，可能影响交易的稳定性。

再次，我国碳排放权一级市场仍以强制性的碳减排配额为主，自愿性减排产品不足，在供给结构方面仍有较大提升空间。

最后，我国碳排放权市场缺乏专业投资人的参与，短期内证券投资人仍主要以传统投资逻辑评估碳排放权证券化的风险和收益特征。

此外，金融机构参与碳排放权交易，虽然能够为市场带来流动性、稳定市场价格波动，发挥市场的价格发现功能。但不以未来交割为目的的交易很容易演变为投机性交易，在面临外部冲击时，可能引发系统性风险。这方面风险的防范需要在制度设计层面及试点中充分研判。

2）碳资产支持证券的发展趋势与建议

随着碳市场的增长和参与金融机构数量的增加，碳资产支持证券的前景将更加广阔。碳资产支持证券的发展趋势及建议可以归纳为以下几点：

（1）市场发展潜力大

碳资产支持证券领域具有巨大的市场潜力，随着全球对碳减排的需求不断增长，碳资产支持证券有望成为投资者寻求可持续投资和环境效益的选择之一，预计该领域将吸引更多的投资和创新，推动碳减排项目的融资和发展。

（2）完善法律法规和监管机制

建立更加健全的法律和监管框架能够规范碳资产支持证券市场的运作。相关政府和监管机构可以制定更明确的规则和标准，确保碳资产支持证券的可信度和透明度，促进市场的发展和稳定。

（3）提高投资者的认知

加强投资者对碳资产支持证券的了解和认同，提高其对可持续性和环境效益的重视，将有助于推动该市场的发展。相关机构可以通过宣传和教育活动，增加投资者对碳资产支持证券的认知，并解释其与可持续发展目标的关联。

（4）碳资产评估和标准化

为了提高碳资产支持证券的可信度和可比性，需要建立统一的碳资产评估标准和方法。这将有助于投资者评估碳减排项目的效益和风险，并为市场参与者提供更多的投资选择。

（5）创新金融产品和模式

随着碳资产支持证券市场的发展，可以探索更多创新的金融产品和模式，以满足不同投资者的需求。例如，可以考虑发展碳资产支持证券交易所、碳资产证券化产品等，以提高市场流动性和活跃度。

（6）利用区块链技术

区块链等分布式账本技术有助于实现碳资产支持证券的去信任化数据和流程，此外，使用区块链技术还可以追踪和记录碳减排数量。这将有助于增加碳资产支持证券的透明度，并提高投资者对其的信任度。

5.7 碳股票

5.7.1 碳股票的基本概念与分类

1）碳股票的基本概念

碳股票（Carbon Stocks）是一种金融工具，是与减少温室气体排放或促进清洁能源发展相关的股票，其旨在将企业或组织的碳排放情况与其股票价格和投资回报相关联，以促进低碳经济转型和应对气候变化挑战。碳股票是碳市场发展和碳定价机制实施的产物，反映了社会对环境可持续性的关注和金融领域对可持续投资的兴趣，属于概念股。概念股是指某种具有特别内涵的股票，与传统股有所不同，概念股依靠某一热点题材，如资产重组、金融概念等来支撑价格，不具有任何获利的保证。

碳股票体现了对气候变化和碳排放问题的关注，满足了推动低碳经济转型的需要，尤其在我国将进行高碳行业低碳化转型的大背景下，碳股票将对绿色经济发展发挥着至关重要的作用。

2）碳股票的分类

根据碳股票所代表的碳减排手段和策略的不同，碳股票分为以下几种类型：

（1）碳排放权股票

碳排放权股票代表企业所持有的碳排放配额或减排权益。这些企业通过购买等方式获得碳排放配额，以实现符合法规要求的碳排放量，同时也可以在市场上以碳排放权为标的物进行交易。碳排放权股票通常与企业的碳减排效果密切相关。

（2）清洁能源股票

清洁能源股票包括可再生能源、清洁能源技术和设备相关企业的股票。这些企业致力于开发和推广可再生能源，如太阳能、风能和水能等，以替代传统的化石能源，减少碳排放并推动低碳经济转型。

（3）能效改进股票

能效改进股票涵盖致力于提高能源利用效率和降低能耗的企业股票。这些企业通过引入节能技术、优化生产过程、改进产品设计等措施，实现能源消耗的减少和碳排放的降低。

（4）碳金融股票

碳金融股票包括从事碳金融服务、投资和咨询的金融机构的股票。这些企业提供碳市场交易、碳金融产品设计、碳资产管理等服务，以支持碳减排和推动低碳经济发展。

需要注意的是，碳股票的分类可能存在一定的主观性和灵活性，因为不同的机构和研究者可能采用不同的分类标准和方法。此外，随着碳市场和气候变化议程的发展，碳股票的分类也可能会出现变化和演进。

5.7.2 碳股票的作用

（1）碳股票对企业的作用

①激励低碳经济转型

碳股票可以激励企业采取低碳战略和实施减排措施，推动整个经济向低碳方向发展。通过与碳排放情况相关联，碳股票使得企业在经营决策中更加关注碳排放和环境可持续性，促使它们采取创新技术、提高能源效率、降低碳排放等行动。

②提供融资渠道和投资选择

中国未来三十年的低碳转型需求将达上百亿元人民币，绿色融资需求会愈加旺盛。一方面，碳股票作为一种成本低、期限长、灵活性高的融资工具，满足了企业多元化的融资需求，能够减轻企业的资金负担。另一方面，碳股票作为绿色经济的一部分，投资者关注度较高，可以吸引更多的资金支持企业研发、扩大生产规模、进一步创新等，提高了企业融资的可能性。

（2）碳股票对投资者的作用

①提供投资选择和风险管理工具

碳股票因为其特殊的概念，给投资者提供了参与碳市场和环境可持续投资的选择。投资者可以根据企业的碳排放情况和低碳战略，选择购买或出售碳股票，以在碳市场中获得投资回报。同时，碳股票也能给专注于环境与气候风险治理的ESG投资者提供一种应对气候变化风险的工具，使其能将环境因素纳入投资决策过程中。

②评估企业的可持续性和社会责任

碳股票可以用于评估企业的可持续性和社会责任水平。投资者可以通过研究和分析碳股票来了解企业的碳排放水平、减排措施、能源转型进程等，从而评估企业在环境和社会方面的表现。

（3）碳股票对政府及监管部门的作用

①为政府制定政策和监管提供参考

碳股票可以为政府制定碳减排政策和监管提供重要参考。政府可以通过研究碳股票的市场表现，了解不同行业和企业的碳排放情况、减排措施的有效性等，从而更好地制定环境政策，推动经济可持续发展。

②推动碳定价机制的实施

碳股票的存在推动了碳市场和碳定价机制的发展与实施。企业为了适应碳市场的需求和规则，需要对自身的碳排放进行监测、报告和验证，并采取相应的减排措施。碳股票通过与碳市场相关联，使得企业更加重视碳排放管理和低碳技术的发展，推动了碳定价机制的有效运行。

5.7.3　碳股票运行模式

碳股票的运行模式与日常股票类似，唯一的区别就是碳股票与如今的市场热点"碳达峰"和"碳中和"密切联系。如果一只收益平平、前景一般的股票被贴上"概念股"的标签，就很有可能一夜翻身，成为炙手可热的股票。碳股票的运行模式分为两种：一是首次上市发行，二是增发股票。

1）首次上市发行

与碳中和有关联的环保类企业为筹集低碳产业发展的相关资金，将公司划分为若干份额，每份代表着一股，形成碳股票。碳股票发行及上市的过程通常包括以下步骤：

（1）申请程序

发行碳股票的申请程序与发行普通股票的程序类似，企业首先需要聘用会计师事务所、资产评估机构、律师事务所等专业机构对其信用资产、财务状况进行审定和评估，并就相关事项出具法律意见，然后根据隶属关系向各省、自治区、直辖市、计划单列市人民政府（地方政府）或中央企业主管部门提出公开发行股票的申请。此外，还需要评估该申请企业是否符合碳中和企业的条件，有以下几种判断方法：一是判断企业的主营产品的未来发展是否与低碳减排相关，包括电力、新能源、新材料研发、煤炭、化工、光伏等诸多企业；二是判断企业是否从事碳金融、碳资产开发与管理、碳交易等业务，这类企业有开尔新材、远达环保等。

（2）审批程序

在国家下达的发行规模内，地方政府对地方企业的发行申请进行审批，中央企业主管部门在与申请人所在地方政府协商后对中央企业的发行申请进行审批。地方政府、中央企业主管部门应当自收到发行申请之日起30个工作日内作出审批决定，并抄报证券委。

（3）复审程序

经批准的发行申请送证监会审查，证监会自收到审查申请之日起20个工作日内出具审查意见，并抄报证券委，经证监会、上市委员会审核批准后，方可发行股票。

（4）股票发行人与证券经营机构签署承销协议，由证券经营机构承销股票

根据相关法律法规，公开发行的股票应由证券运营机构承销。承销包括包销和代销。包销是指通过合同出售股票的方式。也就是说，运营机构会在股票发行前出售一揽子计划下发行人的所有股票，股票发行后，未售出的股票由承销商全额认购。代销是证券经营机构作为中间商帮忙代售，股票发行后，所有未售出的股票可以退还给发行人。

（5）向社会公布招股说明书

招股说明书应在股票出售前在证监会指定的全国性证券报纸上公布。发行股票的公告也应当在报刊上刊登，公告中应当列明发行股票的数量、价格、时间和方式。

（6）发行股票

在发行股票时，先确定研究报告，准备路演，然后开始巡回路演，进行询价和促销，确定股票发行的规模和定价范围。发行股票及之后的步骤为：先定股价，再进行股份配置、交易，最后发行结束。

此外，股票上市需要满足一定的条件，通常包括：股本结构符合要求，财务状况良好，有稳定的盈利能力及合规的经营管理制度；同时，还应符合证券交易所的上市规则和要求，如需要进行上市申请、披露相关信息、接受交易所的审核等。在这个过程中，股票发行价格对于发行人而言是至关重要的，一般而言股票发行价格不得低于票面金额，最好也不要定价过高，会使投资者产生规避心理，从而导致发行失败。

（7）股票交易

发行后的碳股票通过股票交易所公开交易，投资者在二级市场中的碳中和板块

进行买卖股票，按照价格与需求实现资产配置，但是没有权力注销股票。股票的交易会受到多个因素的影响，如公司的基本情况、政治政策、经济状况、行业发展等。

2）增发股票

（1）先由董事会作出决议

董事会就上市公司申请的发行方案作出的决议应包括下列事项：本次增发股票的发行方案；本次募集资金使用的可行性报告；前次募集资金的使用报告；其他必须明确的事项。

（2）提请股东大会批准

股东大会就发行股票作出的决定至少应当包括下列事项：本次发行证券的种类和数量；发行方式、发行对象及向原股东配售的安排；定价方式或价格区间；募集资金用途；决议的有效期；对董事会办理本次发行具体事宜的授权；其他必须明确的事项。

（3）由保荐人保荐

保荐人应当按照中国证监会的有关规定编制和报送发行申请文件。

（4）审核

中国证监会审核发行证券申请的程序为：收到申请文件后5个工作日内决定是否受理；受理后，对申请文件进行初审，由发行审核委员会审核申请文件并作出核准或者不予核准的决定。

（5）上市公司发行股票

自中国证监会核准发行之日起，上市公司应在6个月内发行股票。超过6个月未发行的，核准文件失效，须重新经中国证监会核准后方可发行。

证券发行申请未获核准的上市公司，自中国证监会作出不予核准的决定之日起6个月后，可再次提出证券发行申请。上市公司发行证券前发生重大事项的，应暂缓发行，并及时报告中国证监会。该事项对本次发行条件构成重大影响的，发行证券的申请应重新经过中国证监会核准。

（6）销售上市公司发行的股票

上市公司发行的股票应当由证券公司承销，承销的有关规定参照前述首次发行股票并上市部分所述内容；非公开发行股票，发行对象均属于原前10名股东的，可以由上市公司自行销售。

我国公司法等法律规范规定，有资产的民事主体可以设立公司，但是在设立之前必须确定注册资本，并且一旦确定就不得随意发布增发股份等相关信息，若想增加公司的资本就需要向注册机关提供证明自己确实满足条件的信息。

5.7.4 我国碳股票的发展概况与展望

1）我国碳股票的形成与发展

碳股票这一概念是在2020年9月我国明确提出"碳达峰"和"碳中和"目标后才逐渐进入人们生活的，成为股市上的一大热点。虽然目前我国对于碳股票还没有针对性的规范政策，但也出台了一系列相关法律法规来规范碳股票市场的发展。例如，2016年中国人民银行等七部委联合印发《关于构建绿色金融体系的指导意见》，指出要健全绿色股票指数体系；2022年2月8日生态环境部颁布《企业环境信息依法披露管理办法》，要求上市公司披露环境信息，包括碳排放情况等。

2）我国碳股票实践中的困境

（1）数量略少，投资者选择有限

发达国家的绿色股票指数投资品市场有投资主体多、规模大、市场活跃的特点，相比之下，中国绿色股票市场发展缓慢、投资主体的投资意愿和参与活跃度都较低。虽然目前碳股票属于市场上的新兴概念股，但我国碳股票选择种类少，投资者可选范围有限。

（2）碳股票市场良莠不齐，缺乏有效监管

目前市场上因为"碳中和"及"碳达峰"的热度，出现了许多所谓碳股票，但各种股票鱼龙混杂，有真正的碳股票，也有蹭热点的伪碳股票，在这个概念被提出后，似乎所有的股票都被贴上了"碳中和"的标签。自2021年3月以来，电力、钢铁、环保等板块集体走高，沪深两市多只股票连续涨停。这些股票的高收益吸引了大量投资者进入该板块，但也不乏投资者因辨别失误而损失惨重的情况。

（3）缺乏股票选择的引导性标准

碳中和概念涉及板块众多，包括清洁能源、新能源汽车、环保等领域，并且这些板块均能获得较大的收益，只不过获益的时间段有所区别。各个板块中的个股数量庞大，这给投资者选择合适的投资标的带来很大的困难。

3）我国碳股票的发展展望

（1）政府大力支持，丰富碳股票种类

政府可以通过出台绿色优惠政策及激励政策来吸引与碳中和有关的公司实现上市，并公开发行股票，丰富市场上的股票类型，促进碳股票市场的发展，为投资碳股票创造更好的发展平台。此外，还可以积极打造组合产品，推动绿色金融市场的有效整合，形成多样化的绿色产业。

（2）严格进行上市公司的"绿色"监管，把控价格波动

在"碳达峰"和"碳中和"的概念推出后，随着时间流逝，碳中和板块分化明显加大，一些伪碳中和概念板块纷纷退潮。但是，因为目前的政策不断推进"碳达峰"和"碳中和"目标的实现，许多公司都搭上了这趟顺风车，投资者需仔细甄别，挑选真正受益于碳中和、有业绩支撑的股票作为投资标的。

要保障股票市场中的绿色激励，企业绿色信息公开、绿色等级评级分类等基础工作需要尽快展开。只有股票市场中存在绿色激励，绿色金融体系的建立才能稳步向好。上交所、深交所以及北交所三大交易所可以借鉴纳斯达克北欧交易所的经验，引入 CICERO 绿色评级①或穆迪 ESG 的绿股评估标准与认证程序，提高企业的能见度、透明度以及信用度。

---

① CICERO 绿色评级是一种评估公司、城市、地区或国家在环境可持续性方面的表现的评级系统，CICERO 绿色评级的方法论包括对公司在环境、社会和治理（ESG）方面的表现进行全面评估，评估过程包括对公司的政策、实践和绩效进行详细分析，以及对其在关键领域的表现进行评分。这些领域包括气候变化、废物处理、生物多样性、社会影响和治理等。

此外，证券交易所也应当加强对价格的把控，防止再出现价格大幅波动的情况。证券交易所应当设置严格的交易门槛，筛除那些伪碳股票，减少股民利益大幅受损的情况。政府也可以建立相关产品的投资风险保护制度，降低投资者投资碳股票的风险，保障碳股票投资者的投资收益。

（3）完善相关碳中和股票的风险保护机制

对于数量众多的中小投资者来说，投资跟踪碳股票的指数是选择产品的一个好办法。我国应当建立碳股票的评价体系，协调构建区域跨部门资源配置，以持续的绿色金融创新引导公司进入新兴的低碳经济板块，提升碳股票指数对市场的预测准确性，引导碳股票市场的良性发展。

（4）提高投资者对ESG的认识和需求

如今我国的资本市场主要以中小投资者为主，其持股比例占整个市场的30%以上，交易额占比达到了70%左右。但是大部分中小投资者对于ESG的了解还停留在概念表面，没有形成系统的投资理念，对于ESG商品的需求不强。这在一定程度上限制了我国碳股票市场的持续发展，各交易所可以编制绿色ETF，按照CICERO的绿色等级将其进行分类，让投资者能够更加直观地了解到该商品，提高他们的参与度。

5.8 本章小结

首先，本章对碳融资产品进行了概述，以使读者对碳融资产品产生的背景、含义、基本特征和分类有一个总体的掌握与认识。

其次，本章对六大类碳金融产品进行了详细的介绍。

（1）碳贷款

碳贷款主要分为碳排放权质押贷款、碳回购、碳托管三大类，其中着重讲解了碳排放权质押运行模式，即企业以自有的碳排放配额或CCER为质押担保，将质押标的过户转移给银行，向银行获取质押贷款的融资方式。

（2）碳债券

碳债券包括碳国债和碳企业债券两大类，其对国家产业布局、发行人、投资者、债券市场都产生了积极作用。我国碳债券经历了从"固定利率+浮动利率"的碳资产债券，到碳中和绿色债，再到资产担保碳中和债的实践历程。

（3）碳基金

我国将其定义为依法可投资碳资产的各类资产管理产品，其具有独立托管、资金来源多样化、投资标的特殊性、投资方式多样性等特点，可按资金来源划分、按碳性质划分、按组织形式划分或按其他分类标准划分。碳基金的运行涉及发起人、管理人、持有人以及托管人等四大主体，其中需要注意管理人、持有人以及托管人三者的责任是不同的。碳基金的市场运行包括发起和设立、发行和认购、上市与交易、管理与运营、收益分配等多个环节。碳基金具有推动碳交易和普及气候变化理念、引导企业产品结构调整等功能。

（4）碳信托

碳信托是指围绕碳资产开展的金融受托服务，其资金用于限制以二氧化碳为主的温室气体排放等技术和项目的碳权交易、直接投融资和银行贷款等金融活动。碳信托分为碳融资类信托、碳投资类信托以及碳资产服务类信托三大类，在不同类别的碳信托中信托公司承担的责任和管理标的是不同的。碳信托具有碳足迹评估和管理、碳减排咨询和指导、碳市场支持以及碳金融和投资支持等方面的功能，但碳信托具有目的复杂性、模式多样性、信托计划特殊性等特点。当前为服务"碳达峰、碳中和"目标，我国碳信托逐渐聚焦以下四大模式：减碳低碳企业融资类信托、减碳低碳产业基金信托、碳资产事务管理类信托、碳排放权资产证券化信托。

（5）碳资产支持证券

碳资产支持证券是一种基于碳减排项目的金融工具，通常由证券池、基础证券和支持证券三个部分组成，基于各类交易及基础资产的不同，碳资产支持证券化主要包括质押贷款型、现货交易型和权益型三类。碳资产支持证券在吸引资金流入环保项目、降低融资成本、市场化碳减排方面具有重要作用，具有筹集资金、分散风险、投资收益、支持碳减排的功能。质押贷款型碳排放权证券化、现货交易型碳排放权证券化、权益型碳排放权证券化这三大类碳资产支持证券化的运作模式有相同与不同之处。

（6）碳股票

本书认为碳股票属于概念股，而非业绩股，也就是说它是依靠某一热点题材形成的股票。依据所代表的碳减排手段和策略的不同，碳股票分为碳排放权股票、清洁能源股票、能效改进股票、碳金融股票四大类。碳股票的运行模式与日常股票相似，唯一的区别就是碳股票与"碳达峰"和"碳中和"等市场热点密切相关，其运行模式一般分为首次上市发行和增发股票。

最后，本章各节分别介绍了六大类碳金融产品的国内发展概况、实践中的困境进行，并进行了展望，同时提出了建议。我们相信通过对碳融资产品的不断丰富创新、不断完善相关政策制度和优化我国的碳金融市场，通过政府大力支持以及企业、金融机构甚至个人的积极参与，我国的"双碳"目标一定可以实现。

思政专栏

九鼎投资及其子公司九泰基金的实控人均为吴刚。九泰基金作为基金管理人，于2016年成立了九泰久利灵活配置混合型证券投资基金（下称"九泰久利"）。同年12月，时为"三维丝"实际控制人的罗某波经与吴某商谈后，向吴某出具其本人签字的"承诺函"，具体内容为希望九鼎投资买入"三维丝"股票不超过3 000万股，并承诺九鼎投资本次购买的股票未来卖出变现后实现的投资年化收益率（复利）不低于12%，否则承诺人以现金方式补偿其不足部分。此后，九泰久利于2017年2月至4月期间，陆续买入厦门某环保股份有限公司股票3 970 694股。但截至证监会调查时，九泰基金投资"三维丝"出现亏损，未收到补偿款。

2018年10月，吴某称九州证券曾向其汇报急需补充流动性资金，所以决定让九州证券尽快收回对九泰久利的投资，并启动了对九泰久利的清算程序。2019年9

月对九泰久利的清算事宜完成，所涉及保底事项的补偿款全部汇入九州证券银行账户。除此之外，2017年，九泰基金与九泰基金拟投资企业签署收益保证协议，但协议受益人并非九泰久利基金份额持有人。

2021年9月吴某收到证监会的《立案告知书》，经证监会查明，吴某因违规干预九泰基金经营活动，被责令整改，处100万元罚款，同时被采取证券市场5年禁入措施。

本案例中各方的主要过错有：

①吴某违规干预九泰基金经营活动，授意九泰久利买入"三维丝"公司股票。

②九泰基金作为九泰久利基金的管理人，利用基金财产为基金份额持有人以外的人牟取利益。九泰基金与九泰基金拟投资企业签署收益保证协议，但协议受益人并非九泰久利基金份额持有人。

防范措施：

① 基金管理人应遵循持有人利益优先原则。基金管理人应当以持有人利益优先为原则，在面对关联交易时审慎评估，秉持诚实守信的原则，建立从业人员投资申报、登记、审查、处置等管理制度，防范利益输送和利益冲突。

② 健全风险管理机制建设，加强内部控制制度建设。基金管理人应当依照相关法规要求，在充分考虑内外部环境的基础上，加强对经营过程中风险的识别、评价和管理，建立健全内部审批与评估的管理制度和组织体系建设，加强有关基金管理的控制制度建设与实施，防止基金管理人滥用职权，强化相关信息披露。

③ 提升投资者的风险防范意识，对于一些管理不善的基金要慎重投资。

资料来源：佚名."实力"演绎"基金赚钱基民不赚钱"这家基金公司实控人被市场禁入［EB/OL］.［2024-08-10］. https://baijiahao. baidu. com/s? id= 1751630206515

788597&wfr=spider&for=pc.

思考题

（1）碳贷款的运用有什么条件？

（2）解释碳贷款与传统贷款有何异同？

（3）不同类型碳贷款的子产品各有什么特点？

（4）碳国债的运行模式是怎样的？

（5）碳企业债券的运行模式是怎样的？

（6）简述我国碳债券的发展情况，遇到何种困境？

（7）2021年7月16日上午，全国碳排放权交易市场上线交易启动仪式举行，在北京设主会场，在上海和湖北设分会场，碳排放权交易制度的推出会对碳基金产生怎样的影响？

（8）碳基金产品种类多样化的发展趋势是什么？

（9）碳排放、碳金融产品、碳交易等受到社会各界人士的提及和关注，而碳基金作为碳金融产品中的重要组成部分，其主要作用是什么？

（10）碳信托与传统信托的区别有哪些？

（11）碳信托与绿色信托有什么关系？碳信托的作用有哪些？

（12）碳资产支持证券的作用是什么？

（13）碳资产支持证券的种类有哪些？

（14）碳资产支持证券的功能是什么？

（15）谈谈你对碳股票的理解。

（16）碳股票实践中的困境包括哪些？针对这些困境的建议是什么？

（17）碳股票的发展对我国"双碳"目标的实现有哪些影响？

第6章　碳资产管理产品

碳资产是指在强制碳排放权交易机制或者自愿碳排放权交易机制下，产生的可直接或间接影响组织温室气体排放的配额排放权、减排信用额及相关活动，主要包括碳配额（CEA）、节能技改排放额（CCS/CCUS节省配额）和国家核证自愿减排量（CCER）。碳资产管理是以碳资产的取得为基础，围绕碳资产进行开发、规划、交易和创新的一系列管理行为，是依靠碳资产实现企业增值的完整过程。本章主要阐述碳资产管理的主要产品，包括碳保险、碳托管、碳回购、碳储蓄、碳保理和碳拆借。

6.1　碳保险

"双碳"目标的提出推动了低碳经济战略的实施，加快了产业结构向低能耗、低污染方向转型。在这一转型过程中，保险业可以通过风险管理和资金运用的功能，开发与碳交易相关的保险产品，支持企业转型升级，促进低碳经济发展。

6.1.1　碳保险的内涵、实施流程及作用机制

（1）碳保险的内涵

碳保险被界定为与碳信用、碳配额交易直接相关的金融产品。从国际市场来看，碳保险主要用于保障《联合国气候变化框架公约》和《京都议定书》框架下产生的碳金融活动风险，或者保障非京都规则下模拟京都规则而产生的碳金融活动风险。根据2022年4月中国证券监督管理委员会发布的金融行业标准《碳金融产品》（JR/T 0244-2022），碳保险指为了规避减排项目开发过程中的风险，确保项目减排

量按期足额交付的担保工具。

（2）碳保险的实施流程

第一步，提出参保申请。碳保险业务参与人向符合相关规定要求的保险公司提出参保申请。碳保险业务参与人应为纳入碳配额管理的企业、拥有碳配额的企业或其他经济组织。

第二步，项目审查、核保及碳资产评估。保险公司进行项目审查、核保，具备资质的独立第三方评估机构对碳资产进行评估。

第三步，签订保险合同。碳保险业务参与人与保险公司签订碳保险合同。

第四步，缴纳保险费。碳保险业务参与人向承保的保险公司支付保险费。

第五步，保险承保。在保险期内，碳保险业务参与人的参保项目产生风险，由保险公司核实后，对保险受益人进行赔付。保险期结束后，若碳保险业务参与人未发生损失触发保险赔偿条款，则保险自动失效。

（3）碳保险的作用机制

碳保险是一种特殊的风险管理方式，可以有效规避各相关行业在推动绿色低碳经济过程中所面临的风险。根据《碳排放权交易管理办法（试行）》，当企业被列入温室气体重点排放单位目录后，就应当"控制温室气体排放，报告碳排放数据，清缴碳排放配额，公开交易及相关活动信息，并接受生态环境主管部门的监督管理"。在这一系列活动中，企业及相关主体可能面临多种风险，如企业在应用新型生产技术时，可能因生产设备的意外损害而无法按时通过监管部门的认证；在参与碳排放权市场交易时，可能因交易对手违约无法按时向监管部门交付配额而增加财务支出；在面临经济形势变动和外部性冲击时，可能因碳排放权价格波动增加而承担更高的交易成本。在以碳排放权作为抵押物向银行融资时，不仅企业需要面临上述风险，银行也将承担相应的后果。正是由于风险的客观存在，温室气体排放单位有必要通过购买碳保险产品分散风险。

碳保险的作用机制如图6-1所示，可以归纳为以下四项：

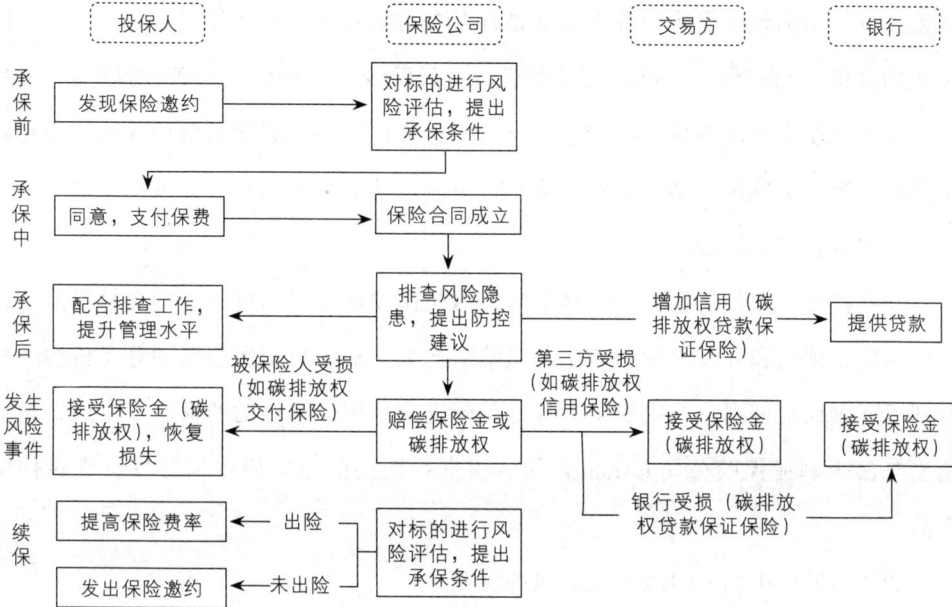

图6-1 碳保险的作用机制

①预防机制。保险公司联动专业的第三方公司为客户提供风险防控服务，实时监控投保企业的温室气体排放水平，以预防和减少风险事故发生。

②赔偿机制。风险事故发生后，保险公司会向受益人赔偿保险金或者等价的碳排放权，帮助投保人控制减排成本、增强财务稳定性。

③激励机制。在续保时，保险公司根据上一保险期间内企业的风险状况，采取差异化的承保策略，如向未出险客户提供费率优惠或附件权益，以提升企业的履约积极性，激励企业加快向低碳经济发展模式转型。

④增信机制。保险公司从经济制度上为碳排放权的交易、融资等活动提供风险保障，实质上起到了增强排放单位信用等级的作用。

6.1.2 碳保险产品

（1）碳保险产品分类

根据针对的不同风险，碳保险产品可以分为两类。第一类碳保险主要针对交付风险。目前国内外碳保险服务大多都是针对交付风险，对碳排放权交易过程中可能发生的价格波动、信用危机、交易危机进行风险规避和担保，如碳减排交易担保、清洁发展机制支付风险保险、碳损失风险、碳信用风险、碳交易信用保险和森林碳汇保险。第二类碳保险则主要针对除交付风险以外的其他风险，如碳捕获保险。

①碳减排交易担保

碳减排交易担保主要用于缓释清洁发展机制和联合履约机制下的交易风险，以及低碳项目评估和开发过程中产生的风险。例如，瑞士再担保公司的分支机构——欧洲国际碳保险公司——提供了一种专门管理碳信用价格波动的保险。之后，该机构又与澳大利亚保险公司 Garant 合作，根据待购买的减排协议来开发碳交付保险产品。

②清洁发展机制（CDM）支付风险保险

CDM 支付风险保险主要管理碳信用在审批、认证和发售过程中产生的风险。当 CDM 项目投资人因 CER 的核证或发放问题而受损时，保险公司会对 CDM 项目投资人给予期望的 CER 或者等值赔偿。例如，瑞士再保险公司与总部位于纽约的私人投资公司 RNK Capital LLC 合作，开发了用于管理碳信用交易中与《京都议定书》项目相关的风险的碳保险产品。

③碳损失保险

投保人通过购买碳损失保险可获得一定额度的减排额，当条款事件触发后，保险公司向被保人提供同等数量的 CER。例如，澳大利亚承保机构 STEEVES AGNEW 推出了碳损失保险，缓释因森林大火、雷击、冰雹、飞机坠毁或暴风雨等造成森林不能达到经核证的减排量而带来的风险。

④碳信用保险

碳信用保险主要用于缓释碳配额购买者面临的交易对手方风险和交付风险，以确保碳交易在一定成本范围内完成。碳信用保险可以帮助企业转移风险，也可以使减排或新能源企业更容易获得事前的项目融资，在客观上起到为企业信用增级的作用。例如，英国 Kiln 保险集团签发的碳信用保险产品，将碳信用与传统的金融衍生工具相结合，保障商业银行在一定成本范围内有效获得碳信用。在该项合同中，银行作为碳信用的买方购买"碳期权"，即在约定期限内以提前约定的合同价格购买碳信用的权利。在期权可行权期限内，若碳信用价格高于行权价格，则银行将行使期权买权，再以市场价出售碳信用。

⑤碳交易信用保险

碳交易信用保险是指以碳排放权交易过程中合同约定的排放权数量为保险标的，对买方或卖方因故不能完成交易时权利人受到的损失提供经济赔偿的一种担保性质的保险。该保险为买卖双方提供了一个良好的信誉平台，有助于激发碳市场的活跃性。例如，联合国环境署、全球可持续发展项目（GSDP）和瑞士再保险公司推出了碳交易信用保险。由保险或再保险机构担任CER的交付担保人，当根据商定的条款和条件当事方不能履行CER时，担保人承担担保责任。该保险主要针对合同签订后，由于政治风险、营业中断等各方无法控制的情况而使合同丧失了订立时的基础，进而导致各方得以免除合同义务的"合同落空"情形。

⑥森林碳汇保险

森林碳汇保险是指以天然林、用材林、防护林、经济林以及其他可以吸收二氧化碳的林木为保险标的，对林木的整个成长过程中可能遭受的自然灾害和意外事故导致吸碳量的减少所造成的损失提供经济赔偿的一种保险。例如，中国人寿财险福建省分公司创新开发的林业碳汇指数保险产品，将因火灾、冻灾、泥石流、山体滑坡等合同约定灾因造成的森林固碳量损失指数化，当损失达到保险合同约定的标准时，视为保险事故发生，保险公司按照约定标准进行赔偿。保险赔款可用于灾后林业碳汇资源救助和碳源清除、森林资源培育、加强生态保护修复等。

⑦碳捕获保险

在碳捕获过程中，可能会面临碳泄漏问题，导致碳信用额度损失、财产损失和人身伤害等，同时还可能使碳排放由严格限制排放区域向气候相关法规相对宽松的区域转移，并由此引发风险转嫁。碳捕获保险可用于缓释利用碳捕获技术进行碳封存而带来的各类风险，通常其受益人为受到碳泄漏影响的自然人。但该类险种目前还不是很成熟，投保方、保险方以及双方的权利和义务都尚待明确。

（2）碳保险产品创新

①碳资产质押融资+配套保证保险

我国碳市场的保障机制尚在不断完善中，碳资产质押融资面临资产法律属性难认定的问题。2022年5月，中国银行上海市分行探索创新合作模式，与太平洋财险上海分公司、上海环境能源交易所紧密协作，创新性地通过全线上化业务处理模式，为上海华峰超纤科技股份有限公司提供碳配额质押配套保证保险服务。该业务模式是以碳排放配额质押贷款合同为基础合同，由碳配额所有人投保的保障质权人实现质权差额补偿的保险产品，通过提供"碳配额+质押+保险"服务，为碳资产持有人增信，提高了碳资产的流动性。在该模式下，银行与保险公司合作，针对碳市场发展的难点提供协同方案，利用保险产品的特点，在帮助企业盘活碳资产、高效获得融资支持的同时，提升企业的抗风险能力，同时也为后续银保服务碳配额交易市场提供了全新思路。图6-2为"碳资产质押融资+配套保证保险"示意图。

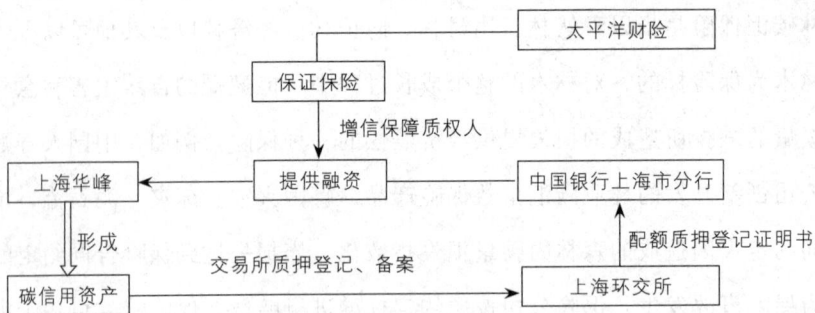

图6-2 "碳资产质押融资+配套保证保险"示意图

②碳抵消保险

意外事件会导致发电企业设备受损，造成企业的超额排放，进而需要进行额外的碳交易来完成履约目标，导致企业履约成本上升。开发碳抵消保险，一是有利于保障由于自然灾害和意外原因造成被保险人处于减排量监测期的温室气体自愿减排项目受到干扰或中断，而产生的在赔偿期间内的减排量损失；二是有利于保障由于自然灾害和意外等原因造成保险单载明的发电设施或相关节能减排设备遭受损失，导致被保险人节碳减排能力下降，而产生的在赔偿期间内被保险人为达到既定生产经营目标发生的额外碳排放配额交易费用。2022 年 9 月，人保财险和华信保险经纪合作，为中国华电集团下属某清洁能源发电企业提供碳资产风险保障，落地全国首单碳抵消保险业务，化解企业利用 CCER 抵消碳配额清缴所面临的不确定性，助力企业控制碳市场履约成本。图 6-3 为"碳抵消保险"示意图。

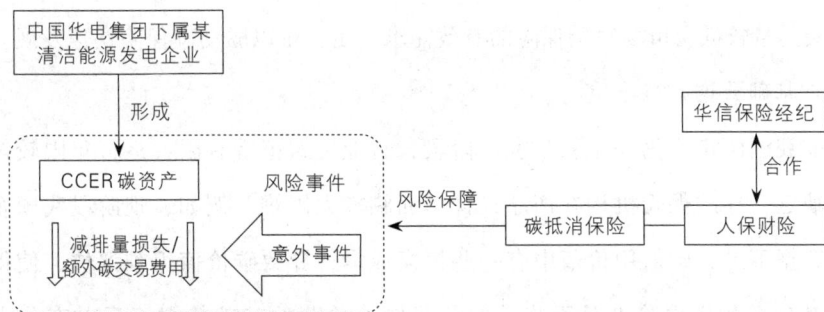

图6-3 "碳抵消保险"示意图

6.1.3 碳保险业务面临的挑战

近年来，保险公司、银行等金融机构不断探索，创新碳保险业务模式，我国碳保险领域取得了重要发展。但目前碳保险产品的推出仍面临许多挑战，主要体现在以下几方面：

（1）法律政策支持力度有待提升

法律、政策等制度对创新型保险产品的发展有极大的推动作用。目前，从我国碳保险的立法现状来看，仅《环境保护法》将"鼓励投保环境污染责任保险"列入立法内容，其他碳保险产品缺乏国家层面的法律支撑，同时对于相关企业是否投保尚未形成制度约束，这也在一定程度上导致地方部门出台相关的试点推行办法或规章时缺少法律依据。此外，虽然目前有部分省市出台了指导意见或发展规划支持碳保险发展，但大多处于探索试点层面，主要针对投保企业给予保费补贴，缺乏税收优惠、建立专项基金等深层次的支持措施。

（2）交易市场有效需求不足

现阶段我国碳排放权交易以现值交易为主，较少涉及远期交易，市场缺少相关的风险保障需求。现值交易集中发生在履约期内，在短期内市场交易量和交易价格迅速提升，而在非履约期内交易量较低，总体来看碳排放权交易市场规模较小。保险遵循大数法则，是集合多数风险单位提供风险保障的金融工具，而当前碳排放权交易形式单一、交易量较低，市场对碳保险的有效需求不足，难以驱动碳保险快速发展。

（3）基础数据有待丰富

目前我国碳市场仍处于初步发展阶段，行业覆盖范围有限，运行年限较短，相关数据缺乏，导致保险机构在产品设计中面临较大困难。例如，现阶段我国企业的碳信用数据不足，碳信用价值中有一些模糊成本，导致碳价值很难评估，使得建立在精算基础上的碳保险产品面临着定价难题。单薄的基础数据不足以充分支持研究，难以开展碳保险的设计开发与创新升级。

（4）保险产品供给不足

与传统的保险产品相比，碳保险发展时间较短，损失风险难以管控，进而导致碳保险在产品开发、费率厘定等方面存在不足，需要进一步完善。此外，许多保险机构尚未认识到碳保险的潜在商业价值，相关排放企业未认识到生产活动中隐藏的巨大风险，环境保护部门、保险监管部门等对碳保险的宣传推广不足，社会各界对碳保险的认识均需要进一步提升。

6.1.4 碳保险业务的发展建议

（1）加强碳保险制度安排

碳保险是保险业发展的新领域之一，新的保险标的、风险种类和诸多利益相关方都对监管部门提出了更高的要求，亟须构建配套的法律制度来支撑其发展。在顶层设计方面，我国现行的以《保险法》为核心的保险法律制度框架无法很好地减少碳融资、碳交付等风险，缺乏全面的碳保险体系建设和与之配套的政策制度。因此，必须加快完善碳保险法律制度，为碳保险的良性发展打下坚实基础，更好地助力经济的转型升级与"双碳"目标的实现。此外，在框架设计和制度规范方面，需要结合我国的实际情况，继续完善碳保险市场机制、补贴政策、产品设计及法规建设。

（2）完善碳保险风险管理体系，加强产品创新

为更好地支持碳市场风险管理，满足投保人的切实需求，形成完善的碳保险产品和服务体系，需要加强对碳市场各环节的风险识别，构建碳保险的风险管理体系。例如，在市场需求调查分析的基础上，可参照国外研究，运用相关计量模型，将定量与定性分析相结合，针对各保险对象差异化的需求及其面临的不同风险种类、风险程度以及地区条件等设计有差异的碳保险费率和碳保险产品，满足多方位、多层次的碳保险需求。此外，可以积极探索金融产品的不同组合模式，如"碳汇+保险""期货+保险"等，从而在一定程度上降低保险公司的风险。

（3）发展蓝色碳汇保险，推动碳保险产品创新

海洋作为全球最大的二氧化碳吸收汇，是碳循环的重要组成部分。2009年，联合国发布相关报告，确认了海洋在全球气候变化和碳循环过程中的重要作用，自此，海洋碳汇开始被逐步认可并得到重视。2021年7月，自然资源部提出要"推动构建海洋碳汇交易机制"，进一步明确了蓝色碳市场的重要性。目前，受限于技术问题，蓝色碳汇交易的发展仍处于起步阶段，配套的法律制度也尚未建立。保险产品是重要的风险管理金融支持工具，将蓝色碳汇保险纳入碳交易市场有助于健全和完善海洋碳交易市场机制。因此，保险机构应积极探索实施蓝色碳汇保险的可能性，开发蓝色碳汇保险，提升蓝色碳汇领域的风险管理能力，进而助力保险产品创新。

（4）加快培养碳保险专业人才

目前，我国的碳金融交易市场尚处于探索与实践阶段，而碳保险市场还未被人们所熟知，大部分企业甚至是保险行业的从业人员并不了解这一新兴险种。鉴于此，亟须提升保险行业从业人员关于碳保险的相关理论知识水平，并开发相应的

软、硬件系统，加强保险机构对碳风险的管理能力。

6.2 碳托管

在碳市场中，除了少数因碳资产规模巨大成立碳资产管理专业部门的"碳排放大户"外，大部分控排企业都缺乏碳资产的管理经验。在这样的背景下，控排企业采取将碳资产委托给金融机构或专业的碳资产管理机构进行管理并按约定获取相应收益的方式，对于实现企业碳资产的保值增值意义重大。

6.2.1 碳托管的内涵及实施流程

（1）碳托管的内涵

碳托管是资产管理业务在碳市场的创新应用，狭义的碳托管主要指碳配额托管，即控排企业委托托管机构代为持有碳配额，由托管机构对碳配额进行集中管理和交易，以实现碳配额的保值增值。广义的碳托管则是指将控排企业所有与碳排放相关的管理工作委托给专业机构进行策划和实施，如CCER开发、碳资产账户管理、碳交易委托与执行、低碳项目投融资、碳金融咨询服务等。当前，我国开展的碳托管业务主要为狭义的碳托管，即碳配额托管。图6-4为碳托管业务模式示意图。

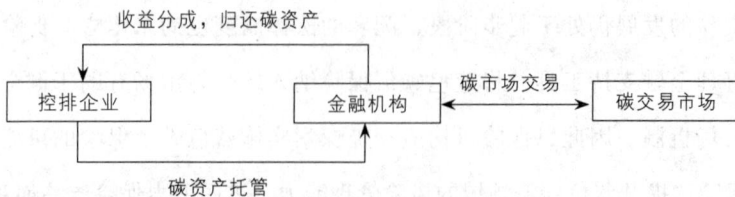

图6-4　碳托管业务模式

（2）碳托管的实施流程

第一步，申请托管资格。开展碳资产托管业务的托管方需要向符合相关规定要求的交易所申请备案，由交易所认证资质。

第二步，开设托管账户。托管方在交易所开设专用的托管账户，并独立已有的自营账户。

第三步，签订托管协议及备案。委托方签署由交易所提供的风险揭示书，与托管方协商签订托管协议，并提交至交易所进行备案。

第四步，缴纳保证金。托管协议经交易所备案后，托管方在交易所规定的交易日内向交易所缴纳初始业务保证金。

第五步，开展托管交易。委托方通过交易系统将托管资产转入托管方的托管账户。在托管期内，交易所冻结托管账户的资金和碳资产转出功能。

第六步，解冻托管账户。托管业务到期后，由托管方和委托方共同向交易所申请解冻托管账户的资金和碳资产转出功能。需提前解冻的，由托管方和委托方共同向交易所提出申请，交易所审核通过后执行解冻操作。经交易所审核后，托管方按照协议约定通过交易系统将托管碳资产和资金转入相应的账户。

第七步，托管资产分配。托管账户解冻后，交易所根据交易双方的约定对账户内的所有资产进行分配。

第八步，托管账户处置。账户资产分配结束后，交易所对托管账户予以冻结或注销。

6.2.2 碳托管的优势及风险

（1）碳托管的优势

作为活跃碳市场的一种创新型机制，碳托管的核心是由交易所认可的托管机构接受控排企业的碳资产管理委托，与其约定收益分享机制，并在托管期内代为交易，至托管期结束再将一定数额的碳资产返还给控排企业以实现履约。托管机构参与碳资产管理有较为突出的优势。

对控排企业而言，将碳资产托管给专业机构，一方面有利于提高自身的碳资产管理能力、降低履约成本和风险，并获得碳资产的投资收益；另一方面有利于专注自身的主营业务，提升经营效率。

对托管机构而言，接受企业的委托能够以低成本融入大量碳资产，并利用碳资产在市场上开展套利交易等碳金融活动，获取收益。

对碳交易所而言，企业将闲置碳资产委托给托管机构进行管理和交易，有利于释放大量碳资产的流动性，碳交易所可以享受由此带来的佣金。

对碳市场而言，托管机构将控排企业的碳资产集中起来，借助碳市场进行交易，对于提高碳市场的活跃性具有重要意义。

（2）碳托管的风险

在碳托管业务中，控排企业主要面临着市场风险和信用风险。市场风险是因托管机构缺乏管理和交易碳资产的经验所导致的操作风险。信用风险是指在履约前托管机构无法按照协议承诺按期返还碳资产，或者托管机构在变卖托管资产后抽逃资金的风险。

托管机构主要面临对冲风险、政策风险和市场流动性风险。对冲风险是在碳金融衍生品交易市场不发达的情形下，由于缺乏合适的金融工具，托管机构所面临的无法有效对冲自身风险的挑战。政策风险是指虽然全国碳排放权交易市场已经建立，但尚未出台全国统一法规，从而由各试点市场推行相关政策所导致的不确定风险。市场流动性风险，即在碳市场建设初期，由于缺乏流动性，较大的买单或卖单很可能找不到交易对手，或者交易实施会对市场价格造成较大冲击，使交易主体支付较大的成本。流动性风险是碳资产交易过程中的主要风险，托管机构需要结合市场总规模、流动性情况，以及自身的资金实力，谨慎决定碳资产的托管规模。

6.2.3 碳托管的业务模式及实践

（1）碳托管的业务模式

①双方协议托管

控排企业和托管机构通过签订托管协议建立碳资产托管合作，碳资产划转及托管担保方式可根据双方的商业谈判和信用基础灵活安排。例如，控排企业可以将碳资产交易账户委托给托管机构全权管理，托管机构支付一定保证金或开具银行保函承担托管期间的交易风险。但由于缺乏有效监管，双方协议托管存在较大风险。

②交易所监管下的托管

目前国内试点市场的碳交易普遍开发了标准化的碳托管服务，由碳交易所全程监管碳资产托管业务。交易所介入碳托管，一是能够帮助控排企业降低托管风险；二是可以实现托管机构资金的高效利用，并为托管机构提供一个具有杠杆作用的碳资产托管模式；三是可以减少托管合作中的信用障碍，有助于碳托管业务的推广。

（2）碳托管实践

在制度建设方面，湖北省和广东省出台了相关的配额托管业务实施细则或指引，对托管机构的资质、保证金、托管配额数量等作出了具体规定，严格管控托管过程中的潜在风险，具体内容见表6-1。

表6-1　　　　　　　湖北省、广东省碳配额托管业务风险控制措施

制度	托管机构资质	保证金	托管配额数量	交易所对托管机构账户的监管
《广东省碳排放配额托管业务指引(2019年修订)》	净资产不得低于500万元人民币	初始保证金金额为托管配额总市值的20%。托管方为每个委托方所缴纳的保证金达到500万元人民币后，经托管方与委托方协商一致后可不再继续缴纳	控排企业当年度发放的免费配额可用于托管的数量比例应限制在50%以内，其他年度履约后剩余的配额不受此限制	托管期限内，广碳所冻结托管账户的出金和出碳功能。托管协议到期后，托管方和委托方共同申请解冻该功能
《湖北碳排放权交易中心配额托管业务实施细则（试行）》	注册资本不低于1 000万元人民币，经营管理团队中至少有1人(含)以上有碳交易员从业资格证	初始保证金金额为托管配额总市值的20%。托管执行期间，当该托管账户与保证金账户总市值不足托管配额市值的110%时，托管账户将被冻结。交易中心将以书面形式要求托管机构在两个工作日内追加保证金。追加保证金后应满足托管账户与保证金账户总市值为托管配额市值的120%	托管机构每年度受托托管碳资产上限为1 000万吨；交易机构对托管机构实行年检登记制度	托管配额所在账户受交易中心监管，将被设置为无法出金状态。托管机构在托管协议到期后，应将相应碳资产交由委托方。经委托方书面确认，交易中心将托管账户解冻，恢复出金功能

在实践方面，2014年，我国首单碳资产托管业务落地湖北。此后，深圳碳排放权交易所、福建海峡股权交易中心、全国碳交易市场等均开发了碳托管业务，见表6-2。

表6-2 碳托管业务实践

交易所	案例
湖北碳排放权交易所	2014年12月，湖北兴发化工集团股份有限公司向武汉钢实中新碳资源管理有限公司和武汉中新绿碳投资管理有限公司托管100万吨碳排放权，约定在2015年6月湖北碳交易试点履约期前返还配额，同时湖北兴发化工集团股份有限公司获得固定收益。这是全国首单碳资产托管业务
深圳碳排放权交易所	2015年1月，深圳芭田生态工程公司（简称"芭田生态"）与超越东创碳资产管理（深圳）有限公司（简称"超越东创"）签署碳资产托管协议。芭田生态将70%的配额委托给超越东创进行管理，并分享20%以上的托管收益
广州碳排放权交易所	2016年5月，广州微碳投资有限公司与深圳市广深沙角B电力有限公司、深能合和电力（河源）有限公司达成碳配额托管合作，托管规模达350万吨碳排放权。截止到2023年12月，广州碳排放权交易所实现碳托管业务55笔，涉及1 904万吨碳配额
福建海峡股权交易中心	2017年5月，福建省三钢（集团）有限责任公司与广州微碳投资有限公司签订碳排放配额托管协议，并在海峡股权交易中心成功备案，落地福建省首笔碳排放配额托管业务
全国碳交易市场	2021年7月，新加坡金鹰集团与交通银行江苏省分行签署《碳排放权交易资金托管合作协议》。根据协议，新加坡金鹰集团将在交通银行成立碳排放权交易结算资金专用账户，用于集团在中国所有与碳交易相关的交易结算业务，并将该账户委托给交通银行进行监督及保管。这是全国首单金融机构和跨国企业开展的碳资产托管业务

6.3 碳回购

碳回购是一种通过交易为企业提供短期资金的碳市场创新安排。开展碳回购业务，不仅可以拓展控排企业的融资渠道，降低融资成本，减轻实体企业的运营负担，提升节能减碳的积极性和主动性；而且有助于提升社会对碳资产价值的认可，更好地发挥金融创新服务实体经济发展和促进经济低碳转型的功能。

6.3.1　碳回购的内涵及实施流程

（1）碳回购的内涵

碳回购是指碳资产的持有者（正回购方）向资金提供机构（逆回购方）出售碳资产，并约定在一定期限后按照约定价格购回所售碳资产以获得短期资金融通的合约。该业务具有风险可控、期限灵活、流程便捷等特点，是控排企业盘活存量碳资产的重要方式。

对拥有碳资产的企业（正回购方）而言，碳回购业务能够有效盘活碳资产，帮助企业拓宽低碳融资渠道，获得短期资金融通；对金融机构和碳资产管理机构（逆回购方）而言，碳回购业务则满足了其获取碳资产参与碳市场交易的需求。图6-5为碳回购业务模式示意图。

图6-5　碳回购业务模式

（2）碳回购的实施流程

第一步，协议签订。碳资产回购交易的参与人应符合交易所设定的条件。回购交易参与人通过签订具有法律效力的书面协议、互联网协议或符合国家监管机构规定的其他方式进行申报和回购交易。回购交易参与人进行回购交易应遵守交易所关于碳资产持有量的有关规定。

第二步，协议备案。回购交易参与人将已签订的回购协议提交至交易所进行备案。

第三步，交易结算。回购交易参与人提交回购交易申报信息后，由交易所完成碳资产划转和资金结算。

第四步，回购。在回购交易日，正回购方以约定价格从逆回购方购回总量相等的碳资产。回购日价格的浮动范围应按照交易所的规定执行。

6.3.2 碳回购业务实践

自2014年北京环境交易所完成国内首笔碳排放配额回购交易以来，各试点碳市场积极探索、创新碳回购业务，不断推动我国碳金融市场蓬勃发展，实践案例见表6-3。

表6-3 碳回购业务实践

交易所	案例
北京环境交易所	2014年12月，中信证券股份有限公司与北京华远意通热力科技股份有限公司在北京环境交易所正式签署协议，落地国内首笔碳配额回购业务，业务总规模达1 330万元
深圳碳排放权交易所	2016年3月，深圳能源集团妈湾电力有限公司与英国石油公司签署我国第一单跨境碳资产回购交易协议，交易标的为400吨碳配额 2023年6月，中信证券股份有限公司基于深圳拓邦股份有限公司持有的碳排放配额、国家核证自愿减排量开展全国首笔组合式碳资产回购交易
上海环境能源交易所	2016年4月，兴业银行上海分行与春秋航空股份有限公司（简称"春秋航空"）、上海置信碳资产管理有限公司（简称"置信碳资产"）签署碳配额回购协议，落地国内航空业首单碳金融创新业务。根据合同约定，春秋航空向置信碳资产出售50万吨碳配额，在获得相应配额转让资金收入后，再将资金委托给兴业银行上海分行进行财富管理，约定期限结束后，春秋航空购回同样数量的碳配额，并与置信碳资产、兴业银行上海分行分享该笔资金进行财富管理所获得的收益
广州碳排放权交易所	2022年4月，国泰君安证券股份有限公司与鞍山钢铁集团有限公司开展碳资产买断式回购交易，为鞍钢集团融入资金2 630万元
海峡资源环境交易中心	2023年4月，中信证券股份有限公司与福建龙麟集团有限公司签订碳配额回购协议，落地福建碳市场首笔与重点排放企业开展的约定购回交易。通过该笔交易，龙麟集团将预发的碳配额盘活，获得融资金额上千万元
湖北碳排放权交易所	2023年6月，中信证券股份有限公司与广水华鑫冶金工业有限公司签订碳配额回购交易协议，交易金额为1 000万元

6.4 碳储蓄、碳保理与碳拆借

6.4.1 碳储蓄

碳配额储蓄是指控排企业可以将某一时期剩余的碳排放配额储存起来，以备跨期使用，实际上是一种跨期交易。允许控排企业进行碳配额存储意味着一个履约期内节余下的碳配额不仅可以用于其他履约期抵消额外配额，还可以在当期获得额外的经济利润。

在碳市场交易初期，采取免费分配和拍卖分配的方式都容易产生配额过剩的问题，影响碳市场价格的平稳性。允许碳配额的跨期储存是平滑各期配额价格和激活碳市场的有效手段。首先，跨期交易能够增强主体持有配额的意愿并稳定市场主体预期；其次，跨期交易有助于减轻碳市场的初始分配依赖程度，缓解碳排放权初次分配可能导致的市场低效；再次，跨期交易为碳金融提供基础，促使市场主体确立多元化的交易目标，进而增加市场流动性；最后，跨期交易使市场主体能够应对单一履约期的政策变动，并增加市场主体进行价格操纵和合谋交易的难度。

碳配额储蓄作为一种创新的碳资产管理工具，可分为两种具体的形式：一是活期存储，即碳配额存储方可以随时取出存储的碳配额；二是定期存储，即需要事先约定存储年限，并且存储年限通常不能超过碳市场规定的配额履约期限。不论是活期存储还是定期存储都可以获得一定的利息，其中，定期存储的利息要高于活期存储。

6.4.2 碳保理

（1）碳保理的内涵

碳保理，也称碳交易托收保付，是指控排企业与商业银行或保理公司签署合同，将其采用赊销碳资产方式进行碳交易所形成的应收账款转让给银行或保理公司，银行和保理公司为企业提供一系列综合性金融服务，如融资、销售账户管理、应收账款催收、信用风险担保等。保理业务的核心在于应收账款的转让。

以清洁发展机制（CDM）为例，对于获得 CER 核准的 CDM 项目开发企业来说，可以把未来获得的 CER 产生的收益看作应收账款，商业银行为 CDM 项目开发企业提供一笔有追索权的保理融资，帮助其顺利开发 CDM 项目。待项目产生 CER 后，CDM 项目开发企业再用出售 CER 所获得的收益来偿还银行贷款。开展碳保理业务不仅解决了 CDM 项目开发企业对开发资金的需求，为它们提供充足的资金进行项目开发并获得 CER 收益，而且拓宽了商业银行保理业务的范围，增加了银行利润。

现阶段，二级碳市场主要为线上交易、即时交易，并要求购买账户内金额充足。但随着二级交易市场的发展，可能因买方资金不足而出现非即时的"信贷碳交易"。此时，二级交易市场可能产生延时给付或分期给付的应收账款和稳定现金流。以应收账款债权为基础，碳排放权公司可将应收账款转让给保理公司，由商业保理公司根据应收账款的收取风险、收取难度等因素，给付转让碳排放权的主体一定金额（一般小于应收账款本息数额）的贷款。保理公司在应收账款到期时，可向购买碳排放权的公司收取该笔应收账款。

（2）碳保理业务实践

浦发银行作为碳金融领域的"先行军"，在 2011 年 10 月推出了全国首单"回购型国际碳保理"业务，浦发银行昆明分行为云南滇能泗南江水电开发有限公司 CDM 碳减排项目提供保理贷款，贷款金额 338 万欧元。该笔创新业务填补了我国"国际碳保理"领域的空白，创造了良好的经济效益和社会效益。随后，浦发银行济南分行为山东十方环保能源股份有限公司垃圾填埋气发电 CDM 项目提供"国际碳保理"业务，项目融资 500 万元人民币。

2021 年 4 月，英大汇通商业保理有限公司（简称"英大保理"）、国网英大碳资产管理（上海）有限公司（简称"英大碳资产"）及北京太铭基业投资咨询有限公司（简称"太铭咨询"）在北京举行碳资产保理签约仪式，标志着国内首单以碳资产为质押的保理业务正式落地。英大碳资产与太铭咨询共同完善保理公司对碳资产的融资定价机制，联合确认CCER的资产折扣率，攻克了保理行业碳资产融资定价难题，为碳保理业务发展提供了成功案例。

2021年8月，国网雄安商业保理有限公司通过受让风力发电项目应收电费等权益为晋控电力山西新能源有限公司提供保理融资。该笔保理业务经专业绿色金融第三方评估认证机构绿融（北京）投资服务有限公司评估认定，成为我国首支贴标"碳中和保理"的产品。该笔保理业务共涉及5座风力发电厂，总装机容量近350MW，可支持每年近50万吨的二氧化碳减排。

6.4.3　碳拆借

（1）碳拆借的内涵

碳拆借，也称借碳，是指符合条件的碳资产借入方在碳交易所存入一定比例的初始保证金后，向符合条件的碳资产借出方借入碳资产并在交易所进行交易，待双方约定的借碳期限届满后，由借入方向借出方返还碳资产并支付约定收益的行为。在借碳业务中，碳交易所主要发挥交易权限管理和风险控制的功能，包括保证金监控、限制出金、最大持仓量限制、市场监控等手段。

（2）碳拆借的功能

借碳业务在不同场景下，可以发挥不同作用：

在非履约期，控排企业或其他机构持有的碳资产无须用于履约，可以向金融机构或碳资产管理机构出借碳资产，并获得收益（正拆借）。对企业而言，可以通过正拆借盘活存量碳资产；对于提供服务的机构而言，则可以获得碳资产头寸，借助专业化管理实现收益。将原本在非履约期闲置的碳资产引入碳市场进行交易，提高了碳市场的流动性和交易的活跃度。

在履约期，配额短缺的控排企业可以向中介机构借入配额用于履约，并用下一年度发放的配额偿还，从而缓解企业的履约压力、降低履约成本、实现跨期平滑（逆拆借）。

（3）碳拆借业务实践

由于碳拆借合约内容较为灵活，拆借期限、费用等尚未形成标准化的格式，因而交易撮合难度较高，妨碍了拆借业务的发展，目前仅有上海环境能源交易所开展了此项业务，借碳业务流程如图6-6所示。

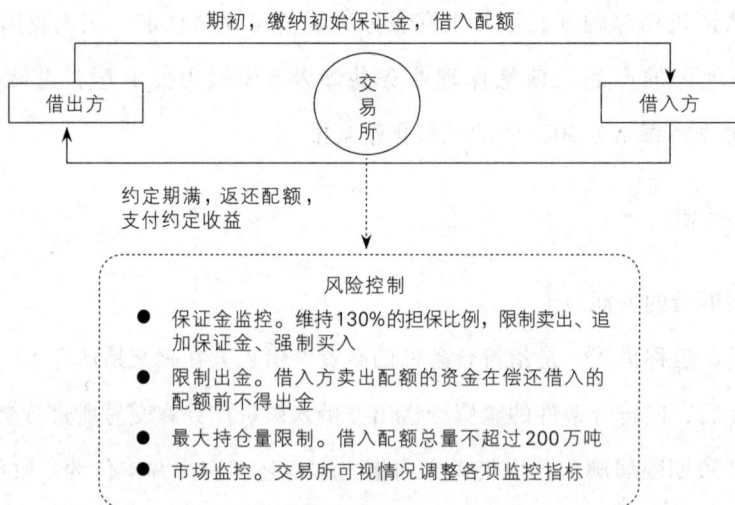

图6-6 借碳业务流程

2015年8月，申能集团财务有限公司与上海外高桥第三发电有限责任公司、上海外高桥第二发电有限责任公司、上海吴泾第二发电有限责任公司、上海申能临港燃机发电有限公司四家电厂签订首单借碳交易业务。2021年1月，上海吴泾发电有限责任公司与中碳未来（北京）资产管理有限公司举行借碳交易签约仪式，完成了总量200万吨的上海市碳配额的借碳交易。

6.5 本章小结

碳资产管理是通过对碳资产进行规划和交易管理，从而实现碳资产保值增值的过程，是提高控排企业碳资产使用效率、增加碳资产管理机构收益的重要手段。本章主要介绍了碳保险、碳托管、碳回购、碳储蓄、碳保理与碳拆借等碳资产管理产品。其中,碳保险发展较快,目前已经推出了碳减排交易担保、碳损失保险、碳交易信用保险等多种产品。各交易所也积极参与碳托管和碳回购业务的实践,在为控排企业拓宽融资渠道的同时,提升碳市场的流动性和活跃性。除此之外,碳储蓄、碳保理和碳拆借业务领域也取得了一定进展,但相对较为缓慢,只有极少数企业开发了这些业务。未来,需进一步加强碳资产管理理论研究,加大产品创新力度,为控排企业、商业银行和碳资产管理机构等参与主体提供更多可选择的业务类型,推动我国碳金融产品市场蓬勃发展。

思考题

(1) 碳金融作为一种新型风险管理方式,是如何发挥作用的?

(2) 如何应对当前碳保险业务发展过程中所面临的诸多挑战?

(3) 什么是碳托管?碳托管业务的优势体现在哪些方面?

(4) 什么是碳回购?

(5) 什么是碳储蓄?

(6) 什么是碳保理?

(7) 碳拆借有何内涵和功能?

第7章 碳金融产品设计与推广

碳金融产品设计需要围绕生态文明建设的要求，以创新为驱动，完善市场机制，强化制度保障，构建多层次的碳金融产品服务体系。在碳金融产品设计的过程中，需要坚持市场导向与政府引导相结合、风险可控与创新驱动相平衡、服务实体经济与绿色发展相协调，以及国际合作与自主发展相结合四大原则。在碳金融领域，大数据和 AI 技术为产品创新提供了强大的技术支持和动力。

7.1 碳金融产品设计的指导思想

碳金融产品不仅是实现经济社会可持续发展的重要工具，更是生态文明理念在金融领域的具体体现。从创新驱动到市场机制培育，再到制度保障和产品服务体系构建，碳金融产品设计的每一个环节都紧密相扣，共同构成了推动经济绿色转型的强大动力。

（1）以生态文明理念为引领

碳金融产品设计的首要指导思想是以生态文明理念为引领。生态文明理念强调人与自然和谐共生，追求经济社会可持续发展。在碳金融产品设计过程中，应充分考虑生态环境保护的要求，确保产品具有明确的环保属性和减排效益。同时，产品设计应与国家的生态文明建设战略相衔接，支持绿色产业发展，推动经济结构优化升级。

（2）坚持创新驱动

创新是碳金融产品设计的核心驱动力。在传统的碳金融市场中，产品同质化现象严重，缺乏差异化竞争优势。因此，碳金融产品设计必须注重创新，包括产品创新、技术创新和市场创新。在产品创新方面，可以开发具有独特环保属性和减排效益的新型碳金融产品；在技术创新方面，可以运用大数据、区块链等现代科技手段提升产品的交易效率和风险管理能力；在市场创新方面，可以探索建立多层次的碳金融市场体系，满足不同投资者的多样化需求。

（3）培育碳金融市场机制

碳金融产品设计的焦点应从培育碳金融市场形式转移到培育碳金融市场机制。市场机制是碳金融市场有效运行的基础，包括价格发现机制、风险分散机制和资源配置机制等。在碳金融产品设计的过程中，应注重完善市场机制，确保产品价格能够真实反映市场供求关系和风险状况，实现资源的优化配置。同时，还应加强市场监管，防范市场风险，保障市场稳健运行。

（4）建立碳金融产品发展框架

为推动碳金融产品的规范化、系统化发展，需要建立碳金融产品发展框架。该框架应包括产品分类、产品标准、产品评估和产品监管等方面。在产品分类方面，可以根据产品的环保属性、减排效益和投资期限等因素进行分类；在产品标准方面，可以制定统一的产品设计和交易标准，提升市场的规范化水平；在产品评估方面，可以建立科学的产品评估体系，对产品的环保效益和市场表现进行全面评估；在产品监管方面，可以加大市场监管力度，确保产品合规运行。

（5）强化制度保障

碳金融产品设计需要强化制度保障，确保产品的稳健运行和市场的健康发展。在制度保障方面，应加强法律法规建设，完善碳金融市场的法律体系；加强政策引导，推动碳金融市场的规范化发展；加强国际合作，学习借鉴国际先进经验和技术成果；同时，加强人才培养和科技创新支持，为碳金融市场的持续发展提供有力保障。

（6）构建多层次的碳金融产品服务体系

为满足不同投资者的多样化需求，需要构建多层次的碳金融产品服务体系。该体系应包括基础碳金融产品、衍生碳金融产品和结构化碳金融产品等。基础碳金融产品主要满足投资者的基本投资需求，如碳排放权交易、绿色债券等；衍生碳金融产品主要满足投资者的风险管理需求，如碳期货、碳期权等；结构化碳金融产品主要满足投资者的个性化投资需求，如碳资产证券化、碳基金等。通过构建多层次的碳金融产品服务体系，可以丰富市场的产品种类，提升市场的活跃度。

7.2 碳金融产品设计的基本原则

在碳金融产品设计的过程中，需要坚持市场导向与政府引导相结合、风险可控与创新驱动相平衡、服务实体经济与绿色发展相协调，以及国际合作与自主发展相结合四大原则。这些原则相互补充，共同构成了碳金融产品设计的核心理念。通过发挥市场在资源配置中的决定性作用，同时强化政府引导和监管，能够有效平衡创新风险与市场需求。此外，坚持服务实体经济与绿色发展、结合国际合作与自主发展，将进一步推动我国碳金融市场的健康发展，为应对气候变化和促进可持续发展贡献力量。

（1）市场导向与政府引导相结合的原则

市场导向是碳金融产品设计的基础。碳金融市场的发展应充分发挥市场在资源配置中的决定性作用，通过价格机制引导资金流向低碳、环保领域。同时，政府应发挥引导作用，通过制定政策、提供公共服务等方式，营造有利于碳金融产品设计的市场环境。政府引导不仅体现在宏观政策的制定上，还包括对市场的微观监管。政府应建立健全监管体系，加强对碳金融市场的监督和管理，防止市场失灵和系统性风险的发生。同时，政府还应通过财税政策、产业政策等手段，引导企业和社会资本投向低碳领域，推动经济结构调整和产业升级。

（2）风险可控与创新驱动相平衡的原则

碳金融产品设计在创新过程中，必须始终坚持风险可控原则，建立健全风险管理体系和内部控制机制，确保创新活动在可控的风险范围内进行。同时，要处理好风险与创新的关系，不能因为追求创新而忽视风险，也不能因为害怕风险而抑制创新。创新驱动是碳金融产品发展的核心动力。在风险可控的前提下，要鼓励金融机构和企业积极探索碳金融新产品、新模式和新服务，不断满足市场需求和推动行业进步。创新驱动不仅要求产品创新，还要求制度创新、管理创新和技术创新等多方面协同推进。

（3）服务实体经济与绿色发展相协调的原则

碳金融产品设计的根本目的是服务实体经济。在创新过程中，必须紧紧围绕实体经济的发展需求和转型升级方向，设计开发出符合实体经济需要的碳金融产品。同时，碳金融产品设计还要与绿色发展理念相协调，推动实体经济向低碳、环保、可持续的方向发展。服务实体经济要求碳金融产品设计要紧密结合国家发展战略和产业政策，支持重点领域和薄弱环节的发展。绿色发展则要求碳金融产品设计要有利于节能减排、资源节约和环境保护，推动形成绿色的生产方式和消费模式。

（4）国际合作与自主发展相结合的原则

碳金融产品设计具有全球性特征，需要加强国际合作与交流。在创新过程中，要积极引进国际先进理念和技术，参与国际碳交易市场的建设和管理，提升我国在全球碳金融市场中的地位和影响力。同时，要坚持自主发展原则，根据我国国情和市场需求，自主设计开发符合我国实际的碳金融产品。国际合作不仅有助于引进外资和先进技术，还可以提高我国碳金融市场的国际化水平。自主发展则有助于培育本土碳金融市场和金融机构的竞争力，形成具有中国特色的碳金融产品体系。

7.3 碳金融产品设计的模式构建

7.3.1 金融产品设计模式分类

金融产品设计模式主要包括市场需求驱动、技术创新驱动、法规政策驱动以及竞争驱动等。

（1）市场需求驱动模式

在金融产品设计的过程中，市场需求是最直接、最根本的驱动力。随着经济的发展和社会的进步，投资者的金融需求日益多样化和个性化。金融机构通过深入的市场调研，可以识别出不同投资者群体的需求和偏好，进而设计出符合这些需求的金融产品。市场需求驱动模式的核心在于"以客户为中心"。这意味着金融机构在设计产品时，必须首先了解客户的真实需求，包括他们的投资目标、风险承受能力、投资期限、资金规模等。通过对这些需求进行深入分析，金融机构可以细分市场，确定目标客户群体，并为他们提供量身定制的金融产品和服务。

例如，针对高净值客户，金融机构可以设计个性化的财富管理服务。这类服务通常包括资产配置、投资咨询、税务规划、遗产规划等多个方面，旨在帮助客户实现资产保值增值和财富传承的目标。为了满足这些高净值客户的特殊需求，金融机构需要组建专业的团队，提供全方位、一站式的服务。

市场需求驱动模式的优点在于能够紧密贴合市场需求，提高产品的市场接受度和客户满意度。然而，这种模式也要求金融机构具备敏锐的市场洞察力和快速响应能力，以便及时捕捉市场变化并调整产品策略。

（2）技术创新驱动模式

近年来，随着金融科技的飞速发展，技术创新在金融产品设计中的应用越来越广泛。人工智能、大数据、区块链等先进技术的引入，不仅提高了金融产品的效率和便捷性，还降低了成本、提升了用户体验。技术创新驱动模式的核心在于利用科技手段优化或重塑金融产品。例如，智能投顾服务就是一种典型的技术创新驱动型产品。它利用算法和数据分析技术，为客户提供个性化的投资建议和资产配置方案。

区块链技术在金融产品设计中具有广阔的应用前景。借助区块链技术，金融机构可以构建去中心化、安全可信的金融交易平台，降低交易成本，提高交易效率。同时，区块链技术还可以用于数字货币、智能合约等领域，为金融产品创新提供新的可能性。

技术创新驱动模式的优点在于能够充分利用科技手段提高产品的竞争力、改善用户体验。然而，这种模式也要求金融机构具备强大的技术研发能力和创新能力，以便将最新的科技成果应用于产品设计中。

（3）法规政策驱动模式

金融市场的法规和政策对金融产品设计具有重要影响。一方面，法规政策为金融产品设计提供了基本的框架和规范；另一方面，法规政策的变化往往带来新的市场机遇和挑战。法规政策驱动模式的核心在于紧跟法规政策的步伐，调整或设计新的金融产品以符合政策要求。例如，近年来政府对绿色金融和可持续发展高度重视，出台了一系列相关政策。金融机构可以积极响应政府倡议，设计与环保、清洁能源相关的金融产品，如绿色债券、绿色基金等。这些产品不仅有助于推动环保事业的发展，还能为投资者提供新的投资选择。

此外，税收政策的变化也会对金融产品设计产生影响。例如，当政府推出某项税收优惠政策时，金融机构可以设计相应的金融产品来帮助投资者享受税收优惠。这类产品通常具有较强的市场吸引力和竞争力。

法规政策驱动模式的优点在于能够确保产品的合规性和政策导向性。然而，这种模式也要求金融机构具备敏锐的市场洞察力和政策解读能力，以便及时调整产品策略以应对政策变化。

（4）竞争驱动模式

在竞争激烈的金融市场中，金融机构需要不断创新以保持竞争优势。竞争驱动模式强调对竞争对手的分析和学习，以及通过差异化策略来设计独特的产品。竞争驱动模式的核心在于"差异化"。金融机构需要对竞争对手的产品进行深入分析，了解它们的特点和优势，然后寻找市场空白或潜在需求，设计出具有独特卖点的金融产品。例如，为了吸引年轻投资者，金融机构可以设计具有社交属性的投资平台。这类平台通常提供简洁易用的界面、丰富的社交功能和个性化的投资建议，旨在满足年轻投资者对便捷性、互动性和个性化的需求。除了产品差异化外，竞争驱动模式还要求金融机构具备强大的市场营销能力。通过有效的市场推广和品牌建设，金融机构可以提高产品的知名度和美誉度，吸引更多的潜在客户。

竞争驱动模式的优点在于能够激发金融机构的活力和市场竞争力。然而，这种模式也要求金融机构具备敏锐的市场洞察力和创新能力，以便在激烈的竞争中脱颖而出。同时，过度的竞争也可能导致市场风险增加和金融资源浪费，因此金融机构需要在追求创新的同时保持理性和稳健。

7.3.2　碳金融产品设计的创新方向

碳金融产品作为碳金融市场的核心组成部分，其设计的创新方向对于整个市场的发展至关重要。下面将详细阐述碳金融产品设计的创新方向。

（1）拓展产品种类

随着碳市场的不断发展，投资者对于碳金融产品的需求也日益多样化。因此，拓展产品种类成为碳金融产品设计的重要创新方向之一。

①开发新型碳金融产品

除了传统的碳期货、碳期权、碳基金和碳债券等产品外，还可以开发新型碳金融产品，如碳保险、碳租赁等。碳保险可以为企业提供因碳排放超标而面临罚款或赔偿的风险保障；碳租赁则允许企业通过租赁碳排放权来满足其短期内的碳排放需求，降低企业的资金压力。

②定制化产品

针对不同行业和企业的实际需求，设计定制化的碳金融产品。例如，针对高排放行业的企业，可以设计具有更高减排目标和更严格监管要求的碳金融产品，以推动这些企业加大减排力度；对于低碳技术创新的企业，可以提供与技术创新成果挂钩的碳金融产品，以激励其持续进行技术创新。

（2）优化交易机制

交易机制是影响碳金融产品流动性的关键因素之一。优化交易机制可以提高产品的市场活跃度，吸引更多的投资者参与交易。

① 引入做市商制度

做市商制度可以提高碳金融产品的报价效率和流动性，缩小买卖价差，降低交易成本。引入做市商制度可以吸引更多的机构投资者参与碳金融产品的交易，提高市场的深度和广度。

②建立碳金融产品交易平台

建立专门的碳金融产品交易平台，为投资者提供便捷、高效的交易服务。交易平台可以实现碳金融产品的在线报价、交易撮合、资金结算等功能，提高交易效率，降低交易成本。同时，交易平台还可以提供市场动态、政策解读等信息服务，帮助投资者更好地把握市场机会。

（3）加强国际合作

随着全球碳市场的逐步建立和发展，加强国际合作成为碳金融产品设计的又一重要创新方向。

①借鉴国际先进经验和技术成果

积极学习借鉴国际碳金融市场的先进经验和技术成果，如欧盟碳排放权交易市场的成功实践、国际碳金融产品的创新设计等，通过引进国际先进的理念和技术手段提升本国碳金融产品设计的水平和竞争力。

②参与国际碳金融市场建设

积极参与国际碳金融市场的建设和发展，加强与其他国家和地区的合作与交流。通过参与国际碳金融市场的规则制定、标准设立等活动，推动本国碳金融市场的国际化进程，提高本国碳金融产品在国际市场上的影响力和竞争力。

（4）引入金融科技

金融科技的发展为碳金融产品设计的创新提供了新的契机和手段。

①大数据和人工智能的应用

利用大数据和人工智能技术，可以对碳金融市场的海量数据进行深度挖掘和分析，为产品设计提供更精准的数据支持。例如，通过对历史交易数据的分析，可以发现投资者的交易偏好和风险承受能力，为设计符合投资者需求的碳金融产品提供依据。同时，人工智能技术还可以应用于智能投顾等领域，为投资者提供个性化的投资建议和资产配置方案。

②区块链技术的应用

区块链技术具有去中心化、安全可信等特点，可以应用于碳金融产品的交易、结算等环节。凭借区块链技术，碳金融产品可以实现去中心化交易和智能合约执行，降低交易成本，提高交易效率。同时，区块链技术还可以确保交易数据的真实性和不可篡改性，提高市场的透明度和公·信力。

（5）注重ESG因素

随着社会对可持续发展和环境保护的日益关注，ESG因素在碳金融产品设计中的重要性也日益凸显。

①融入ESG理念

在碳金融产品设计中融入ESG理念，关注产品的环境效益、社会效益和治理效益。例如，在设计碳基金时，可以优先考虑投资于具有低碳创新技术、环保效益显著的企业或项目；在设计碳债券时，可以要求发行企业符合一定的环保标准和社会责任要求。

②建立ESG评价体系

建立针对碳金融产品的ESG评价体系，对产品的ESG表现进行定量评估和排名。通过ESG评价体系，可以引导投资者更加关注产品的ESG表现，推动资本向具有可持续发展潜力的企业和项目流动。

以上创新方向不仅有助于提升碳金融产品的市场竞争力和吸引力，还能推动整个碳金融市场朝着更加成熟、多元化的方向发展。同时，这些创新方向也需要政府、企业、投资者等各方共同努力和支持才能实现。

7.3.3 案例：商业银行碳金融业务模式

商业银行作为我国金融领域的重要组成部分，积极探索开展碳金融相关业务，一方面有助于聚焦创新驱动和高质量供给，推动信贷资源向先进制造业及战略性新兴产业转移，进一步激发企业的绿色创新活力；另一方面能够通过碳金融产品的研发改善金融产品结构，提高商业银行信贷经营质效，实现高质量转型发展。

（1）碳金融基础业务

碳市场按照交易阶段可分为一级市场和二级市场。一级市场中碳排放权的供给主体是政府，通过免费分配或拍卖的方式将碳配额分配给参与主体。此外，也可以通过备案 CCER 的方式，将碳市场中未覆盖主体的减排活动纳入配额交易，增加履约主体的交易渠道，达到降低履约成本、激励行业绿色转型的目的。在该模式下，商业银行主要通过开户代理、交易结算、拍卖模式下的资金归集等现金管理业务模式提供碳金融服务。

（2）基于碳资产融资的碳金融业务

在二级市场中，一级市场赋予参与主体的碳配额以及 CCER 可以通过金融工具开展相关交易和流通活动，为参与主体的碳资产成为变现能力较强的流动资产创造了条件。碳资产具有财产价值、经济效益并可作为交易标的，在税务和会计处理上可被确认为一种无形资产。商业银行可以将碳资产作为融资工具为碳市场参与主体提供融资服务，盘活碳资产价值，解决碳市场履约周期与低碳减排投资周期的期限错配问题。根据中国证监会发布的《碳金融产品》的标准，商业银行可开展的碳金融产品主要包含碳资产抵质押融资、碳资产回购、碳配额托管、碳债券等。其中，碳资产抵质押融资和碳资产回购业务较其他碳金融融资工具更为成熟。

碳资产抵质押业务，是指将未来可能产生收益的碳排放配额作为抵质押品进行银行融资的业务。该业务在我国实践较早，2014 年 9 月，湖北宜化集团以碳配额作为质押担保，获得兴业银行 4 000 万元的贷款，成为国内首笔碳配额质押贷款业务。目前，我国碳配额抵质押业务均以所在地碳排放权交易中心注册登记的方式开展，不涉及任何资产或资产凭证的转移。这是因为目前在我国物权体系下，作为抵质押标的碳资产物权属性尚未明确，无法实现资产或资产凭证转移。未来随着地方碳市场的规则逐步与全国碳市场趋同，各地的碳资产抵质押规则将以全国碳市场为基准逐步完成统一，但此类业务的开展仍需在法律层面予以明确。

碳资产回购融资，是指碳配额持有者为了获得短期资金融通，向商业银行出售所拥有的碳配额，并约定在一定期限内按照合同价格对碳配额进行回购的业务。该业务包含碳资产卖出交易以及碳资产购回交易两项子交易。对于商业银行而言，在碳资产回购融资业务中，如何在碳配额卖出日和购回日之间提升所拥有的碳资产价值，仍有待进一步探索和实践。

（3）基于供应链的碳金融业务

我国碳排放市场的上线不仅会对市场覆盖的参与主体造成影响，也会通过供应链推动上下游企业的低碳减排行为。因此，商业银行可探索基于供应链的碳金融业务。一是开展碳保理融资，碳保理融资是指以未来可实现的减排量作为应收账款的保理融资。例如，从事可再生能源、甲烷回收利用和二氧化碳捕获等节能减排项目的企业，以未来 CCER 作为融资标的开展碳保理融资。碳保理融资突破了传统信贷模式，通过供应链思维为开展低碳减排的上游客户提供碳金融服务，并借助碳配额未来的收益权提前实现报表收入，提升财务管理效率，推动我国绿色供应链发展。二是为碳市场产业链上有融资需求的企业提供金融服务。碳市场运行效率的提升不仅要求完善碳市场本身的机制建设，同时需要碳资产管理公司、碳排放监测公司等第三方机构为碳市场履约主体提供相关的碳资产服务。商业银行可为此类客户提供以碳市场服务作为抵押担保的信贷产品，助力我国碳市场的生态建设。

（4）基于个人创新的碳金融业务

商业银行在推动碳金融对公业务发展的同时，也可推出基于个人客户的碳金融产品，拓展零售端的碳金融业务。一是推出碳金融概念理财产品，对碳市场中表现优秀的参与主体进行投资，商业银行在帮助客户获取投资收益的同时，也可获得中间业务收入。二是推出个人碳普惠业务，即商业银行利用"互联网+大数据+碳金融"的方式，对社区家庭和个人的节能减碳行为进行量化并赋予一定价值，建立起商业激励和政策鼓励相结合的低碳环保引导机制。2022年以来，多家银行布局个人碳普惠业务，中信银行联合国内多家排放权交易机构推出首个由国内银行主导的

"个人碳账户"，通过用户授权自动采集个人在不同生活场景下的低碳行为数据，并采用科学计量方法累计个人碳减排量，以鼓励用户践行绿色低碳生活理念。个人碳普惠业务能够帮助商业银行更好地将绿色金融与生活场景连接在一起，打造绿色银行以吸引零售客户。

7.4 碳金融产品设计的步骤

基于埃迪特（Scott J. Edgett）的研究成果，并结合碳金融产品的独特性，可以将碳金融产品的设计过程归纳为以下八个关键步骤：

（1）构思

碳金融产品的构思不仅来源于研发部门的专业知识，还融合了与客户的直接交流、市场数据分析以及客户反馈等多种渠道的信息。由于碳市场涉及复杂的政策环境、技术条件和市场需求，构思阶段需要广泛吸纳企业内外部的智慧。企业应建立激励机制，鼓励员工对现有的产品和流程提出改进建议，形成全员参与的创新氛围。

（2）筛选构思

在碳金融领域，筛选构思尤为重要。企业需建立一套综合评价体系，对构思进行全面的比较分析。评价内容包括构思与企业的经营范围、目标市场的一致性，是否符合企业的战略规划，是否遵守碳交易相关的法律法规，以及能否结合未来的技术发展方向等。此外，企业还需评估自身承担产品开发风险的能力。

（3）产品概念的形成

经过筛选后，开发者需要对构思进行细化，形成具体的产品概念。这包括：明确产品的功能特性，如碳减排量、交易机制等；描述产品的运作过程，如碳配额的分配、交易和注销等；界定目标市场，如工业企业、金融机构等；阐述盈利模式，如通过碳交易差价获利等；分析进入市场的壁垒，如政策限制、技术门槛等；明确新产品与市场现有产品的差异化优势。

（4）制定营销战略规划

碳金融产品的营销战略规划需紧密结合目标市场的特点。企业应对目标市场的规模、结构、需求特点等进行深入分析，进而确定产品的市场定位、定价策略和分销渠道。在碳金融领域，由于市场参与者的多样性和交易机制的复杂性，营销战略需要更注重客户的关系管理和市场教育。

（5）可行性分析

可行性分析是确保产品开发成功的关键步骤。在财务可行性方面，企业需对产品的开发成本、预期收入、现金流状况等进行全面分析，以评估产品的盈利能力。在技术可行性方面，企业需分析现有的技术支持和市场上的技术能力是否能够满足新产品的开发和运营需求。对于碳金融产品而言，由于涉及复杂的碳计量、监测和交易系统，技术可行性分析尤为重要。

（6）市场测试

市场测试是验证产品概念和市场接受度的重要环节。企业可以通过小规模试销或顾客调查等方式收集市场反馈。在此过程中，企业需要关注成本控制、品牌影响以及顾客对产品价格、技术支持等方面的接受度。市场测试还可以帮助企业发现潜在的市场风险和政策风险，为碳金融产品的正式推出做好准备。

（7）正式推出

经过前期充分的准备和测试后，企业可以正式推出碳金融产品。在推出过程中，企业应确保技术设备的稳定运行、员工的培训到位以及市场推广活动的有序开展。同时，企业还应考虑新产品上市的时间和地点选择，以最大程度地吸引市场关注和客户参与。

（8）产品的维护和监测

产品推出后，企业需要建立完善的客户反馈系统，及时解决客户在购买和使用碳金融产品过程中遇到的问题。此外，企业还需要对市场动态和竞争对手进行持续监测，以便及时调整产品策略和市场策略。在碳金融领域，由于政策环境和市场需求不断变化，产品的维护和监测显得尤为重要。

7.5 碳金融产品的定价机制

7.5.1 碳金融产品定价的特点

碳金融产品定价作为碳金融市场中的核心环节，其特点显著且多样，这些特点不仅反映了碳金融市场的独特性，也揭示了定价机制在应对市场变化、保障交易公平、促进节能减排等方面的重要作用。以下是对碳金融产品定价特点的详细阐述。

（1）定价的市场导向性

碳金融产品的定价首先表现出强烈的市场导向性。这意味着产品价格的形成不是随意的，而是基于市场的供需关系、交易双方的议价能力以及市场竞争状况等多种因素。在碳金融市场中，买方通常是那些有减排需求的企业或机构，而卖方则是拥有碳排放权或碳减排项目的所有者。双方通过交易平台进行撮合，形成市场价格。市场导向性的定价机制有助于确保碳金融产品的价格反映其真实价值，从而促进资源的优化配置。同时，这种定价方式也有助于激励企业加大减排力度，因为减排成本较低的企业可以通过出售多余的碳排放权获得经济收益，进而形成减排的良性循环。

（2）定价的层次性与内在规律性

碳金融产品市场具有多层次性，不同市场层次中的碳金融产品存在着内在的定价规律。这种层次性体现在碳金融产品种类的多样性上，如碳现货、碳期货、碳期权等。这些产品之间的价格相互影响，形成了复杂的价格传导机制。以碳期货和碳现货为例，二者之间的价格变动存在明显的领先–滞后关系。通常，碳期货价格的变动会先于碳现货价格的变动，且对碳现货价格产生显著影响。这种价格发现功能使得碳期货成为预测未来碳价格走势的重要工具，也为投资者提供了套利和风险管理的机会。

（3）定价的影响因素多样性

碳金融产品价格的影响因素极为多样，这使得定价过程变得复杂且充满不确定性。这些影响因素包括能源价格、能源结构、政策法规、自然条件等。例如，能源价格的上涨可能会推高碳排放成本，进而使碳金融产品的价格上涨；而政府推出的节能减排政策则可能通过限制碳排放量来影响碳金融产品的供需关系，从而影响其价格。此外，投资者的交易目的也会对碳金融产品的价格产生影响。一些投资者可能出于投机目的进行交易，试图通过买卖碳金融产品来获取价差收益；而另一些投资者则可能出于风险管理目的进行交易，如通过购买碳期货来对冲未来碳排放成本可能上升的风险。

（4）定价的时间价值性

碳金融产品的价格还表现出明显的时间价值性。这是因为碳排放权的交易往往需要在未来某个时间点进行，而未来的交易价格与当前价格之间可能存在差异。这种差异反映了市场对未来碳排放权供需状况的预期以及资金的时间价值。在定价过程中考虑时间价值的影响有助于更准确地评估碳金融产品的真实价值，也有助于投资者制定更合理的投资策略和风险管理方案。

（5）定价的区域性与行业性

碳金融产品的定价还受到区域和行业的影响。不同地区和不同行业的碳排放特点、减排成本以及政策环境等因素都存在差异，这些差异导致了碳金融产品价格的区域性和行业性差异。例如，在一些重工业集中的地区或高碳排放行业，由于减排压力大、减排成本高，碳金融产品的价格可能会相对较高；而在一些清洁能源发达的地区或低碳排放行业，碳金融产品的价格则可能会相对较低。因此，在制定碳金融产品定价策略时，需要充分考虑不同地区和不同行业的实际情况，以确保定价的公平性和合理性。

（6）定价的风险性与不确定性

碳金融产品定价过程中还面临着风险性和不确定性。由于碳金融市场的发展尚处于初级阶段，在市场机制、政策法规以及交易规则等方面还存在不完善之处，这使得碳金融产品的价格容易受到各种外部冲击的影响。同时，由于碳金融产品涉及的减排项目通常具有长期性和复杂性，其未来收益和成本都存在较大的不确定性。这种不确定性增加了定价的难度和风险，需要投资者在交易过程中进行充分的风险评估和管理。

7.5.2 碳金融产品定价的影响因素

碳金融产品定价受到多种因素的影响。这些因素包括国际碳价条件的变化、经济环境的变化、能源价格的波动以及汇率变动等。以下是对这些影响因素的详细阐述。

（1）国际碳价条件的变化

国际碳价条件的变化对国内碳金融产品定价会产生重要影响。随着全球气候变化问题的日益严重，国际社会对减少温室气体排放、推动低碳经济发展的共识不断增强。各国纷纷签署国际气候合作框架公约，如《京都议定书》和《巴黎协定》，承诺在一定时期内实现减排目标。在国际碳排放权交易市场中，各国所拥有的排放权配额是有限的。企业在进行碳排放权交易时，可以根据核证减排量和排放许可配额的价格高低选择购入种类和调整购入量。国际碳市场的价格波动会直接影响国内碳金融产品的定价。例如，当欧盟碳市场中的碳金融产品配额数量充裕时，相关国家和企业的减排压力相对较小，对配额的需求减少，导致碳配额价格下降，进而影响国内碳金融产品的价格。此外，国际碳市场的政策变化也会对国内的碳金融产品定价产生影响。例如，一些国家可能会出台更严格的减排政策，导致对碳排放权的需求增加，碳价上涨；反之，如果政策放宽或执行不力，则可能导致碳排放权供过于求，价格下跌。

（2）经济环境的影响

经济环境是碳金融产品定价不可忽视的重要因素。碳金融市场作为国内经济市场的一部分，与全球经济市场体系紧密相连。在进行市场交易活动时，碳金融产品的价格会受到市场经济条件变化的影响。当经济发展形势较好时，市场需求旺盛，企业往往会扩大生产规模，开发新的生产活动，导致生产活动产生的温室气体增加，企业对碳排放权的需求增加。在这种情况下，碳金融产品的价格往往会上涨。反之，当经济发展速度放缓时，市场需求减少，企业对碳排放权的需求减少，碳金融产品的价格可能会下降。此外，经济周期的变化也会对碳金融产品定价产生影响。在经济繁荣时期，投资者信心增强，市场流动性充裕，可能会推动碳金融产品价格上涨；而在经济衰退时期，投资者信心不足，市场流动性紧张，可能会导致碳金融产品价格下跌。

（3）能源价格的波动

能源价格的波动对碳金融产品定价具有直接影响。许多领域的发展都与能源息息相关，能源价格的高低会直接影响相关产业发展过程中消耗成本总量的多少。能源的消耗是导致温室气体产生的主要原因之一，这使得能源价格的变动与碳金融产品价格之间的关系更加紧密。当能源价格上涨时，企业生产成本增加，对碳排放权的需求可能增加，以弥补能源价格上涨带来的成本压力，进而导致碳金融产品价格上涨；反之，当能源价格下跌时，企业生产成本降低，对碳排放权的需求可能减少，碳金融产品价格可能会下跌。此外，不同能源的价格波动对碳金融产品定价的影响程度也不同。例如，煤炭、石油等不可再生能源的价格波动对碳金融产品定价的影响较大，因为这些能源的消耗是导致温室气体排放增加的主要原因之一。可再生能源的价格波动对碳金融产品定价的影响则相对较小，因为这些能源的消耗不会产生温室气体或产生的温室气体较少。

（4）汇率变动带来的干扰

汇率变动是国内外商品交易过程中需要充分考虑的问题，会对国内碳金融产品的价格产生潜移默化的影响。汇率条件的变化会直接影响成本效应和市场投资。当汇率发生变动时，生产成本会明显增加或减少，投资收益也会相应地增加或减少。这会影响外国减排企业的投资决策和成本支出，最终对碳金融产品的价格产生影响。例如，当本国货币升值时，外国减排企业在本国的投资成本会降低，可能会吸引更多的外国减排企业进入本国市场。这些外国减排企业的进入会挤占本国企业的碳排放配额，导致碳金融产品价格上涨；反之，当本国货币贬值时，外国减排企业在本国的投资成本会增加，外国减排企业的进入数量可能减少，碳金融产品价格可能会下跌。此外，汇率的变动还会影响国际资本的输出和输入。当本国货币升值时，国际资本可能会涌入本国碳市场寻求更高的投资收益，这会增加碳市场的波动性并可能推动碳金融产品价格上涨；反之亦然。

7.5.3 碳金融产品定价的设计方向

随着全球气候治理体系的日益完善，碳金融作为连接金融资本与绿色低碳经济的桥梁，其定价机制已成为影响碳市场效率和全球气候治理成效的关键因素。因此，设计科学、合理且符合我国国情的碳金融产品定价体系至关重要。

（1）构建综合且高效的碳金融交易平台

要实现碳金融产品的精准定价，首先需要搭建一个综合、高效且透明的交易平台。该平台应能整合分散的碳交易资源，强化信息交流机制，从而提升市场整体的运作效率和管理水平。建设一体化平台可以优化资源配置，降低交易成本，并为形成公正、合理的市场价格信号奠定坚实基础。

在构建碳金融交易平台的过程中，需注重市场层次结构的设计。一级市场应以政府主导的碳排放权初始分配为核心，确保分配过程的公平性和效率性；二级市场则应以企业间的碳排放权交易为主，通过市场机制实现资源的有效配置和价格的动态平衡。

同时，推动碳金融市场的国际化进程也是提升定价水平的重要途径。通过与国际市场的对接和融合，可以引入更多国际资本和先进理念，提升我国碳金融市场的国际竞争力和影响力。这不仅有助于形成更具全球视野的定价机制，还能为我国企业在国际碳市场中争取更多的话语权和利益。

（2）丰富交易主体与提供制度保障双管齐下

要提升碳金融产品的定价效率，还需要从丰富交易主体和提供制度保障两方面入手。一方面，通过加强宣传推广和教育引导，提升社会公众和企业对碳金融的认知度和参与度，从而扩大市场的交易规模和活跃度；另一方面，政府应给予碳金融市场充分的政策支持和制度保障，包括税收优惠、财政补贴、法律保障等，以激发金融机构和企业参与碳金融交易的积极性。此外，深入开展碳金融理论研究也是提升定价水平的关键环节。通过借鉴国际先进经验和做法，结合我国实际情况进行创新和发展，可以探索出更符合我国国情的碳金融产品定价模式和机制。

（3）运用科学先进的定价方法与技术

在碳金融产品的定价过程中，选择科学、适宜的定价方法与技术是至关重要的。这不仅关乎碳市场的健康发展，更直接影响到我国应对气候变化的成效和全球环境治理的进程。因此，必须以高度的责任感和使命感，深入探讨和研究碳金融产品的定价方法与技术。

①借鉴其他成熟市场的先进定价方法和模型

借鉴其他成熟市场的先进定价方法和模型是提升定价水平的重要途径。目前，国际上已经形成多种较为成熟的碳金融产品定价方法，如基于边际减排成本的定价机制、基于发电企业点火价差的定价机制，以及基于无风险套利的定价机制等。这些方法在各自的市场环境中得到了广泛应用和验证，具有一定的科学性和准确性。

基于边际减排成本的定价机制是一种以市场供需关系为基础的定价方法。它通过计算企业减少一单位碳排放所需支付的成本来确定碳金融产品的价格。这种方法能够反映不同行业、不同企业的实际减排成本差异，从而实现资源的优化配置和市场价格的均衡。然而，由于我国碳排放权交易市场尚处于发展初期，市场供需关系并不稳定，因此在实际应用中需要结合我国国情进行适当调整。

基于发电企业点火价差的定价机制则是一种以电力行业为切入点的定价方法。它通过比较不同发电企业的成本差异来确定碳排放权的价格。这种方法充分考虑了电力行业的特殊性和减排成本等因素，对于推动我国电力行业的绿色低碳转型具有重要意义。但是，由于电力行业涉及众多复杂的利益关系和技术问题，因此在实际操作中需要政府、企业和社会的共同努力和配合。

基于无风险套利的定价机制则是一种利用市场套利机会进行定价的方法。它通过寻找市场中存在的价格差异并进行套利交易来确定碳金融产品的价格。这种方法能够有效地消除市场中的价格不合理现象，提高市场的定价效率和流动性。但是，由于套利交易需要较高的技术水平和市场敏锐度，因此在实际应用中需要具备一定的专业能力和风险意识。

除了以上几种常见的定价方法外，还有许多其他先进的定价技术和模型值得借鉴和学习，如基于期权理论的定价模型、基于随机过程的定价方法以及基于人工智能和大数据技术的定价系统等。这些技术和方法在各自的领域中都取得了显著的成果和突破，对于提升我国碳金融产品的定价水平和市场竞争力具有重要意义。

②将我国特有的制度因素和实际情况纳入定价机制的研究中

然而，仅仅借鉴其他市场的定价方法是不够的，还必须注重将我国特有的制度因素和实际情况纳入定价机制的研究中。例如，在进行电力行业碳排放定价时，应充分考虑其行业特性、减排成本以及市场需求等因素。由于电力行业是碳排放的主要来源之一，其减排成本和市场需求直接影响到碳金融产品的价格。因此，在制定定价机制时，需要综合考虑电力行业的减排潜力、技术进步、政策扶持等因素，以确保定价的合理性和公平性。

③持续更新和优化定价方法

随着市场环境的不断变化和发展，还需对定价方法进行持续更新和优化。这包括引入更加灵活、动态的调整机制来适应市场的变化。例如，可以建立定期评估机制对定价方法进行评估和调整，确保其始终在合理区间内波动。此外，还应加强与国际市场的交流和合作，学习借鉴国际先进经验和技术成果，推动我国碳金融产品定价体系的不断完善和发展。

总之，运用科学先进的定价方法与技术是提升我国碳金融产品定价水平的关键所在。通过借鉴其他成熟市场的先进定价方法和模型、注重将我国特有的制度因素和实际情况纳入定价机制的研究中以及持续更新和优化定价方法等措施，可以推动我国碳金融产品定价体系不断完善和发展，为实现绿色低碳发展和应对全球气候挑战提供有力支持。

7.6 碳金融产品的应用推广

应用推广是指将研发出的碳金融产品推向市场，通过有效的营销和宣传策略，扩大其市场份额和影响力。

7.6.1 市场定位

明确碳金融产品的目标市场和客户群体，进行精准的市场定位，不仅有助于提升产品的市场竞争力，还能为产品的创新和发展提供有力支撑。

（1）碳金融产品的市场概述

碳金融产品市场是一个涵盖多个领域、多个层次的复杂体系。从全球范围来看，碳金融产品市场主要包括碳排放权交易市场、碳债券市场、碳基金市场等。这些市场相互联系、相互影响，共同构成了碳金融产品的市场整体。

在中国，随着国家对碳达峰、碳中和的重视，碳金融产品市场也得到了快速发展。政府通过政策引导和市场机制建设，推动了碳金融产品市场的规范化和成熟化。同时，金融机构和企业也积极参与其中，通过创新金融产品和服务模式满足市场多样化的需求。

（2）碳金融产品的目标市场

①碳排放权交易市场

这是碳金融产品的核心市场之一。随着全球气候变化问题的日益严峻，各国政府对碳排放的限制和管理也越来越严格。碳排放权交易市场通过为碳排放权设定价格，引导企业减少碳排放，推动绿色低碳发展。因此，碳排放权交易市场的目标客户群体主要是高碳排放行业的企业，如电力、钢铁、化工企业等。

②碳债券市场

碳债券市场是为绿色项目提供资金支持的重要渠道。随着全球可持续发展理念逐渐深入人心，碳债券市场的规模不断扩大、产品品种不断丰富。碳债券市场的目标客户群体主要是那些致力于绿色低碳发展的企业和机构，如清洁能源、节能环保、绿色交通等领域的企业。

③碳基金市场

碳基金是一种专门投资于低碳项目的投资基金。它聚集社会资金为低碳项目提供资金支持，推动绿色低碳技术的研发和应用。碳基金市场的目标客户群体主要是那些具有低碳发展潜力的企业和项目，以及关注环保、社会责任的投资者。

（3）客户群体的精准定位

①企业客户

对于高碳排放行业的企业来说，碳金融产品可以帮助它们降低碳排放成本、提高市场竞争力。因此，这类企业对碳金融产品的需求较为强烈。针对这类企业客户，可以开发符合其行业特点和碳排放需求的定制化碳金融产品，如碳排放权配额管理、碳排放权交易策略咨询等。

②金融机构客户

金融机构作为碳金融产品市场的主要参与者之一，对碳金融产品的需求也日益增长。它们不仅需要碳金融产品来完善自身的产品线和服务体系，还需要通过碳金融产品来拓展新的业务领域和市场空间。针对金融机构客户，可以开发符合其风险偏好和投资需求的碳金融产品，如绿色债券承销、碳基金投资管理等。

③个人投资者

随着公众对环保和可持续发展的关注度不断提高，越来越多的个人投资者开始关注碳金融产品市场。他们希望通过投资碳金融产品来实现资产增值，同时也为环保事业作出贡献。针对个人投资者，可以开发简单易懂的碳金融产品，如绿色债券认购、碳基金投资等。

（4）市场定位的策略建议

①差异化定位

根据目标市场和客户群体的不同需求，开发差异化的碳金融产品。通过定制化、个性化的产品和服务，满足客户的多样化需求，提升产品的市场竞争力。

②创新驱动

加强碳金融产品的创新研发，推动产品升级换代。通过引入新的技术、新的业务模式、新的服务理念等，不断提升产品的技术含量和附加值，增强产品的吸引力。

③品牌建设

加强碳金融产品的品牌建设和宣传推广。通过树立良好的品牌形象、提升品牌知名度和美誉度，增强客户对产品的信任和认可，提高产品的市场占有率。

7.6.2　营销策略

一个切实可行的营销策略不仅能够吸引潜在客户，还能有效提升碳金融产品的市场份额，进而推动碳金融市场的健康发展。

（1）产品定价策略

碳金融产品的定价直接关系到其市场接受度和竞争力。在制定定价策略时，需要综合考虑成本、市场需求、竞争态势以及政策环境等因素。

①成本导向定价

根据产品的开发成本、运营成本及预期收益来确定价格。这种方式能够确保覆盖产品成本并实现盈利，但可能会忽略市场需求和竞争状况。

② 市场需求定价

根据市场需求和客户的支付意愿来确定价格。这需要进行深入的市场调研来了解客户的价格敏感度和需求弹性。

③竞争导向定价

根据竞争对手的产品定价来调整自身产品价格。这种方式有助于在激烈的市场竞争中保持价格竞争力，但可能陷入价格战。

对于碳金融产品而言，由于其具有环保和社会责任属性，因此在定价时还需要考虑这些因素对消费者支付意愿的影响。例如，可以通过市场调研了解消费者愿意对绿色产品支付的溢价，从而在产品定价中体现这一溢价。

（2）渠道选择策略

渠道是产品从生产者流向消费者的途径。对于碳金融产品而言，选择合适的渠道对于扩大市场份额至关重要。

① 直接渠道

直接渠道即通过自身的销售团队或在线平台直接向最终用户销售产品。这种方式能够减少中间环节、降低成本，同时便于与客户建立直接联系、了解市场需求。

② 间接渠道

间接渠道即通过与金融机构、环保组织、政府机构等合作，利用其渠道资源推广产品。这种方式能够快速扩大市场覆盖面，但需要与合作方建立良好的合作关系和利益分配机制。

在选择渠道时，需要综合考虑产品的特点、目标市场的分布、渠道成本以及合作方的实力等因素。例如，对于标准化、易于理解的碳金融产品，可以通过线上平台进行广泛销售；而对于复杂的、需要专业解释的碳金融产品，则可以通过与金融机构合作，利用其专业的销售团队和客户资源进行推广。

（3）促销活动策略

促销活动是吸引潜在客户、提升市场份额的重要手段。针对碳金融产品的特点，可以设计以下促销活动：

① 绿色环保主题宣传

通过宣传碳金融产品的环保属性和社会责任，提升公众对产品的认知度和接受度。例如，可以组织环保主题活动、发布环保公益广告等。

② 优惠政策推广

针对特定客户群体或特定时期提供价格优惠、手续费减免等优惠政策，以吸引客户选择碳金融产品。例如，可以对首次购买绿色债券的客户提供额外的利息收益。

③创新服务模式体验

通过提供创新的服务模式或增值服务，改善客户对碳金融产品的体验感，提升客户的黏性。例如，可以为客户提供碳排放权交易策略咨询、绿色项目评估等增值服务。

在制定促销活动策略时，需要注重活动的针对性和实效性；同时，还需要关注活动的成本控制和风险防范，确保在扩大市场份额的同时保持良好的盈利水平。

（4）客户关系管理策略

客户关系管理是保持和提升客户满意度、忠诚度的重要手段。对于碳金融产品而言，建立良好的客户关系对于稳定市场份额和推动产品创新具有重要意义。

①客户细分与定制化服务

根据客户的行业、规模、需求等特点对其进行细分，提供定制化的产品和服务方案。例如，可以针对大型企业提供复杂的碳排放权交易解决方案，而针对个人投资者提供简单易懂的绿色投资产品。

②客户沟通与互动

通过建立多种沟通渠道和互动平台与客户保持密切联系，及时了解客户需求和反馈，如定期举办客户交流会、在线问答等活动。

③客户教育与培训

针对客户对碳金融产品的认知不足和技能欠缺等问题，提供相关的教育和培训服务，如开展碳排放权交易知识讲座、绿色投资理念宣传等活动，提升客户的专业素养和投资能力。

7.6.3 品牌建设

在激烈的市场竞争中，如何提升碳金融产品的知名度和美誉度，增强其市场竞争力是一个重要课题。本小节将围绕品牌构建和形象塑造两个方面进行详细阐述。

（1）品牌构建

品牌构建是提升碳金融产品市场竞争力的基础。一个强大的品牌不仅能够吸引更多的投资者和客户，还能为企业带来更高的溢价和市场份额。在碳金融产品品牌建设过程中，需要关注以下几个方面：

①品牌定位

需要明确碳金融产品的品牌定位。品牌定位应该与企业的战略目标、市场需求和竞争环境相契合。例如，可以将碳金融产品定位为"绿色、低碳、可持续"的产品，强调其在应对气候变化、推动绿色发展方面的独特作用。

②品牌名称与标识

品牌名称和标识是品牌建设的重要组成部分。一个简洁、易记、富有内涵的品牌名称能够让人产生深刻的印象。同时，标识的设计也应该体现品牌的核心价值和理念，具有强烈的视觉冲击力。

③品牌传播

品牌传播是提升品牌知名度和美誉度的关键环节。可以通过多种渠道进行品牌传播，如广告宣传、公关活动、社交媒体营销等。在传播过程中，需要注重传播内容的策划和设计，确保其与品牌定位相一致，能够引发受众的共鸣和认同。

（2）形象塑造

形象塑造是提升碳金融产品市场竞争力的另一重要手段。一个良好的形象不仅能够提升产品的吸引力，还能提升强企业的信誉和口碑。在碳金融产品形象塑造过程中，需要关注以下几个方面：

①产品形象

产品形象是碳金融产品形象塑造的核心。需要注重产品的设计、包装、功能等方面，确保其能够满足客户的需求和期望。同时，还需要关注产品的环保性、可持续性等方面，体现其在应对气候变化、推动绿色发展方面的积极作用。

②企业形象

企业形象是碳金融产品形象塑造的重要组成部分。需要注重企业的文化建设、社会责任履行等方面，塑造一个积极、健康、可信赖的企业形象。同时，还需要关注企业的创新能力、服务质量等方面，提升其在市场中的竞争力。

③人员形象

人员形象是碳金融产品形象塑造的另一个重要方面。需要注重员工的培训和教育，提升其专业素质和服务意识。同时，还需要关注员工的言谈举止、仪表仪态等方面，确保其能够为客户提供优质的服务和体验。

在品牌建设和形象塑造的过程中，还需要注重以下几个方面：

①持续性与一致性

品牌建设和形象塑造是一个长期过程，需要持之以恒地进行。同时，还需要保持品牌传播和形象塑造的一致性，确保其在不同渠道和场合下都能传递统一的信息和价值观。

②创新性与差异化

在激烈的市场竞争中，创新性和差异化是提升碳金融产品市场竞争力的关键。需要注重产品创新、服务创新等方面，为客户提供更加优质、便捷的服务和体验。同时，还需要关注市场需求和竞争态势的变化，及时调整和完善品牌建设和形象塑造策略。

③ 客户参与和互动

客户参与和互动是提升碳金融产品市场竞争力的另一个重要手段。需要注重与客户的沟通和交流，了解其需求和反馈，并鼓励客户参与品牌建设和形象塑造的过程，增强其归属感和认同感。

7.7 碳金融产品设计的风险管理

风险管理是碳金融产品设计过程中不可或缺的一环，它涉及对潜在风险的识别、评估、监控和应对。

7.7.1　风险识别

为了确保碳金融市场的稳定运行和健康发展，必须全面识别并分类管理这些风险。本部分将详细阐述碳金融产品设计过程中可能面临的市场风险、信用风险、操作风险等，并提出相应的分类管理策略。

（1）市场风险

市场风险是指由于市场价格波动导致碳金融产品价值损失的风险。碳金融产品的价格受到多种因素的影响，如碳排放权的供需关系、政策变化、能源价格等。在碳金融产品的设计过程中，市场风险主要体现在以下几个方面：

①价格波动风险

碳排放权交易市场价格波动较大，受政策、经济、能源等多重因素影响。价格波动可能导致碳金融产品价值不稳定，增加投资风险。

②流动性风险

部分碳金融产品可能存在流动性不足的问题，导致投资者在需要时难以快速买卖，从而影响产品的市场价值。

对于市场风险的管理，可以采取以下策略：第一，建立完善的市场监测机制，及时掌握市场价格动态，为投资决策提供准确的依据；第二，通过提供多元化投资组合降低单一资产的风险敞口，提高整体投资组合的稳健性；第三，加强市场信息披露制度的建设，提高企业透明度，减少信息不对称现象，降低市场操纵风险。

（2）信用风险

信用风险是指交易对手方无法履行合约义务而导致损失的风险。在碳金融产品的设计过程中，信用风险主要体现在以下几个方面：

① 交易对手方违约风险

由于碳排放权交易涉及多方参与，如排放企业、金融机构、投资者等，任何一方违约都可能导致交易失败和损失。

② 信息披露不准确风险

部分交易对手方可能存在信息披露不准确、误导性陈述等行为，导致投资者作出错误的决策。

对于信用风险的管理，可以采取以下策略：第一，建立严格的交易对手方筛选机制，选择信用评级高、履约能力强的对手方进行交易；第二，完善合约条款设计，明确各方的权利义务和违约责任，提高合约的法律约束力；第三，加大信息披露监管和核查力度，确保交易信息的真实、准确、完整。

（3）操作风险

操作风险是指由于内部流程、人员、系统等因素导致的风险。在碳金融产品设计过程中，操作风险主要体现在以下几个方面：

①内部管理漏洞风险

部分机构可能存在内部管理漏洞，如审批流程不规范、风险控制不到位等，导致发生操作失误和违规行为。

②人员素质不足风险

碳金融产品设计涉及复杂的专业知识和技能，人员素质不足可能导致操作不当和决策失误。

③系统故障风险

碳金融产品交易依赖于先进的交易系统和信息技术，系统故障可能导致交易中断和数据丢失等风险。

对于操作风险的管理，可以采取以下策略：第一，完善内部管理制度和流程设计，确保各项操作符合法律法规和内部规定；第二，加强对人员培训和教育的投入，提高员工的专业素质和风险防范意识；第三，建立健全的信息技术安全保障体系，确保交易系统的稳定运行和数据安全。

7.7.2　风险评估

为了更加精准地管理风险，需要对其进行量化评估，确定其发生的可能性和潜在影响程度。

（1）市场风险评估

市场风险主要源于市场价格波动，这种波动可能由多种因素引起，如政策调整、经济周期、能源价格变动等。在量化评估市场风险时，需要考虑以下几个方面：

① 价格波动幅度

通过分析历史数据，可以计算出碳排放权价格的最大波动幅度，从而预测未来可能的价格变动范围，了解在极端情况下可能的损失程度。

② 价格波动频率

除了波动幅度外，价格波动频率也是评估市场风险的重要指标。频繁的价格波动可能交易成本增加、投资收益降低。

③相关性分析

通过分析碳排放权价格与其他市场因素（如能源价格、股票指数等）之间的相关性，可以预测这些因素变动对碳排放权价格的影响，从而更全面地评估市场风险。

在量化评估市场风险时，常用的方法包括历史模拟法、方差-协方差法、蒙特卡罗模拟法等。这些方法可以帮助人们更准确地预测市场风险的发生可能性和潜在影响程度。

（2）信用风险评估

信用风险是指交易对手方无法履行合约义务而引发的风险。在量化评估信用风险时，需要关注以下几个方面：

① 信用评级

通过对交易对手方进行信用评级，可以了解其履约能力和信用状况。一般来说，信用评级较高的对手方违约风险较低。

②违约概率

通过分析历史数据和市场信息，可以计算出交易对手方的违约概率。这种分析可以帮助人们了解在特定情况下对手方违约的可能性。

③ 违约损失率

一旦对手方违约，需要评估由此造成的损失程度。通过分析历史违约案例和市场数据，可以计算出违约损失率，从而预测可能的损失金额。

在量化评估信用风险时，常用的方法包括信用评级法、违约概率模型（如KMV模型）等。这些方法可以帮助人们更准确地预测信用风险的发生可能性和潜在影响程度。

（3）操作风险评估

操作风险是指由于内部流程、人员、系统等因素导致的风险。在量化评估操作风险时，需要考虑以下几个方面：

①操作失误频率

通过分析历史数据，可以计算出操作失误的频率，帮助人们了解在特定情况下发生操作失误的可能性。

② 失误损失程度

一旦发生操作失误，需要评估由此造成的损失程度。通过分析历史失误案例和内部数据，可以预测可能的损失金额。

③系统稳定性

系统稳定性是影响操作风险的重要因素。通过分析系统运行数据和维护记录，可以了解系统的稳定性和可靠性，从而预测系统故障导致的风险程度。

在量化评估操作风险时，常用的方法包括风险矩阵法、情景分析法等。这些方法可以帮助人们更准确地预测操作风险的发生可能性和潜在影响程度。

7.7.3 风险监控

为了确保碳金融市场的稳定运行和健康发展，必须建立实时风险监控机制，对碳金融产品的运行状态进行持续跟踪和监测，及时发现并应对风险事件。本部分将详细阐述碳金融产品风险监控的重要性、监控内容、方法以及应对措施。

（1）风险监控的重要性

风险监控是碳金融产品风险管理的核心环节。通过建立实时风险监控机制，可以及时发现潜在风险，避免风险事件的发生或减少其影响。风险监控的重要性主要体现在以下几个方面：

① 保障市场稳定

碳金融产品市场涉及多方参与，价格波动、政策变化等因素都可能引发市场风险。进行实时风险监控有助于及时发现市场异常波动，维护市场秩序，保障市场稳定运行。

② 保护投资者利益

投资者是碳金融市场的主体，保护投资者利益是市场健康发展的基础。通过风险监控，可以及时发现并打击市场操纵、内幕交易等违法违规行为，维护市场的公平交易，保护投资者的合法权益。

③ 促进产品创新

在风险可控的前提下，碳金融产品设计有助于推动绿色低碳发展。实时风险监控可以为产品创新提供安全保障，确保新产品在风险可控的范围内推广和应用。

（2）风险监控的内容

碳金融产品风险监控的内容主要包括市场风险、信用风险、操作风险等。具体监控内容如下：

① 市场风险监控

实时监测碳排放权交易市场的价格波动情况，关注市场动态和政策变化，评估市场风险水平；分析价格波动与能源价格、经济状况等因素的关联性，预测市场走势。

② 信用风险监控

定期对交易对手方进行信用评级和履约能力评估，关注其经营状况、财务状况和信用记录；监测市场信用风险水平和违约事件的发生情况，及时发出预警信号。

③ 操作风险监控

实时监测内部操作流程、人员行为和系统运行情况，关注操作失误、系统故障等风险事件；分析操作风险的成因和损失程度，提出相应的改进建议和风险控制措施。

（3）风险监控的方法

为了实现实时风险监控，需要采用多种方法和技术手段。具体方法如下：

①数据采集与分析

通过收集和整理碳金融产品的交易数据、市场信息、政策文件等，建立全面的数据仓库。运用数据分析技术，挖掘数据中的潜在风险信号，为风险监控提供数据支持。

②风险指标监测

根据市场风险、信用风险、操作风险等类型，建立相应的风险指标体系。通过实时监测风险指标的变化情况，评估风险水平并发出预警信号。

③模型预测与压力测试

运用风险预测模型对碳金融产品的未来风险进行预测。同时，定期进行压力测试，模拟极端情况下产品的风险承受能力，为制定风险应对措施提供依据。

（4）风险应对措施

在风险监控过程中，一旦发现潜在风险或风险事件，需要立即采取应对措施。具体应对措施如下：

①风险控制措施

针对不同类型的风险，制定相应的风险控制措施。例如，对于市场风险，可以采取套期保值、分散投资等策略降低风险敞口；对于信用风险，可以要求交易对手方提供担保或提高保证金比例；对于操作风险，可以优化内部流程、加强人员培训和提高系统稳定性等。

②风险报告与沟通

建立风险报告制度，定期向上级管理机构和监管部门报告风险监控情况和应对措施。同时，加强与市场参与者、投资者和其他利益相关方的沟通与协调，共同应对风险挑战。

③ 风险应急预案

制定完善的风险应急预案，明确应对风险事件的组织架构、职责分工、处置流程等资源保障。一旦发生风险事件，立即启动应急预案，迅速响应并妥善处理，减少风险的影响。

7.7.4　风险应对

为了确保碳金融市场的稳定运行，必须制定有针对性的风险应对策略和措施，包括风险规避、风险转移、风险分散等。

（1）风险规避

风险规避是指通过主动放弃或拒绝承担风险来避免潜在损失的策略。在碳金融产品的设计过程中，风险规避主要体现在以下几个方面：

①严格的市场准入机制

通过设置严格的市场准入条件，如信用评级、资本充足率等，限制信用状况不佳或风险承受能力较弱的机构参与碳金融产品交易，从而降低市场风险。

②审慎的产品设计

在产品设计阶段，充分考虑市场需求、政策导向、技术可行性等因素，避免设计过于复杂或风险过高的产品，降低操作风险和合规风险。

③ 避免高风险交易对手方

在选择交易对手方时，进行充分的尽职调查，了解其信用状况、经营状况和历史交易记录，避免与高风险对手方进行交易，降低信用风险。

（2）风险转移

风险转移是指通过某种方式将风险转移给其他实体承担的策略。在碳金融产品的设计过程中，风险转移主要体现在以下几个方面：

① 保险机制

通过购买保险产品，如碳排放权交易保险、碳金融产品违约保险等，将部分风险转移给保险公司承担。这种机制可以在风险事件发生时为投资者提供一定的经济补偿，降低损失程度。

② 担保机制

要求交易对手方提供担保品或第三方担保，以确保其履约能力。一旦交易对手方违约，担保方将承担相应的责任，从而降低信用风险。

③ 衍生品交易

通过交易碳金融衍生品，如碳排放权期货、期权等，将价格波动风险转移给其他市场参与者。这种机制可以帮助投资者锁定未来价格，规避市场波动风险。

（3）风险分散

风险分散是指通过多元化投资组合来降低单一资产风险敞口的策略。在碳金融产品的设计过程中，风险分散主要体现在以下几个方面：

① 多元化投资组合

投资者可以通过构建包含多种碳金融产品的投资组合来分散风险。不同产品之间的价格波动和风险因素可能存在差异，因此多元化投资组合可以降低整体风险水平。

② 地域分散

投资者可以将资金投向不同地域的碳金融产品市场，利用地域差异来分散风险。不同地域的市场可能受到不同的政策、经济和环境因素影响，因此地域分散可以降低单一市场的风险敞口。

③ 时间分散

投资者可以通过在不同时间点进行投资来分散风险。由于碳金融产品的价格可能受到季节性、周期性因素的影响，因此时间分散可以帮助投资者在不同的市场阶段捕捉投资机会并降低风险。

在制定和措施风险应对策略时，需要充分考虑碳金融产品的特点和市场需求，确保策略的有效性和可行性。同时，还需要关注市场动态和政策变化，及时调整和完善风险应对策略和措施，以适应不断变化的市场环境。

7.8 碳金融产品与金融科技的结合

7.8.1 基于大数据与AI技术的碳金融产品设计

随着大数据和人工智能（AI）技术的快速发展，其在金融领域的应用日益广泛。在碳金融领域，大数据和AI技术为产品创新提供了强大的技术支持和动力。基于大数据与AI技术的碳金融产品设计，旨在通过运用先进的数据分析和智能算法，提高碳金融产品的定价效率、风险管理能力和市场透明度，推动碳市场健康发展和绿色经济转型。

（1）大数据技术在碳金融产品设计中的应用

大数据技术的应用为碳金融产品设计带来了丰富的数据资源和精准的分析能力。通过收集、整合和处理海量的碳排放数据、交易数据、企业信息等，大数据可以为碳金融产品提供全面、准确的市场分析和风险评估。

① 碳排放数据监测与分析

基于大数据技术，可以构建碳排放数据监测与分析平台，实时监测企业的碳排放情况，包括排放量、排放强度、排放来源等。这些数据可以为碳排放权交易提供准确的排放配额分配依据，同时也可以为绿色债券、碳基金等投融资工具的发行和投资决策提供参考。

② 碳市场价格发现与预测

大数据技术可以对历史碳交易数据进行深度挖掘和分析，发现价格波动的规律和趋势，为碳市场价格预测提供有力支持。基于价格预测结果，金融机构可以开发出更具针对性的碳金融产品，如碳排放权期货、碳排放权期权等金融衍生品，为投资者提供更多的投资选择和风险管理工具。

③ 碳金融风险管理与评估

大数据技术可以对碳市场的风险进行全面评估和管理，通过对交易数据、企业信息、政策环境等多维度数据的分析，可以识别出潜在的市场风险、信用风险和操作风险等，为金融机构的风险管理提供有力支持。同时，基于风险评估结果，金融机构可以开发出更加稳健的碳金融产品，降低投资风险。

（2）AI技术在碳金融产品设计中的应用

AI技术的应用为碳金融产品设计带来了智能化的决策支持和服务体验。通过运用机器学习、深度学习等智能算法，AI技术可以对碳市场进行智能分析、智能定价和智能风险管理等。

① 智能分析与投资决策支持

基于AI技术的智能分析系统可以对碳市场进行全面、深入的分析，为投资决策提供有力支持。通过对碳排放数据、交易数据、企业信息等多维度数据的综合分析，智能分析系统可以识别出市场的投资机会和风险点，为投资者提供更加精准的投资建议。同时，智能分析系统还可以根据投资者的风险偏好和投资目标为其推荐合适的碳金融产品组合。

②智能定价与交易策略优化

AI技术可以对碳金融产品进行智能定价和交易策略优化。通过对历史交易数据的深度学习和模式识别，智能定价系统可以预测未来的价格波动趋势和交易机会，为交易者提供更加精准的价格参考和交易策略建议。同时，基于智能算法的交易策略优化系统可以根据市场的实时变化调整交易策略，提高交易效率和盈利能力。

③ 智能风险管理与监控预警

基于AI技术的智能风险管理系统可以对碳市场的风险进行实时监控和预警。通过对交易数据、企业信息、政策环境等多维度数据的实时监测和分析，智能风险管理系统可以及时发现潜在的市场风险、信用风险和操作风险等，为金融机构提供及时的风险预警和应对措施建议。同时，基于智能算法的风险评估模型可以对碳金融产品的风险进行量化评估和管理，提高风险管理的准确性和有效性。

（3）基于大数据与AI技术的碳金融产品设计价值

基于大数据与AI技术的碳金融产品设计对于推动碳市场健康发展和绿色经济

转型具有重要意义。

①提高碳市场的定价效率和透明度

大数据和 AI 技术的应用可以提高碳市场的定价效率和透明度。基于准确的数据分析和智能算法支持，可以形成更加合理、准确的碳排放权价格发现机制，减少市场交易成本和信息不对称现象。同时，基于大数据和 AI 技术的碳金融产品设计可以为投资者提供更加多样化、个性化的投资选择和服务体验。

②加强对碳市场的风险管理和监管能力

基于大数据和 AI 技术的碳金融产品设计可以加强对碳市场的风险管理和监管能力，通过对市场风险的全面评估和管理以及实时监控和预警机制的建设，降低市场风险的发生概率和影响程度。同时，基于大数据和 AI 技术的监管手段可以更加精准地打击市场操纵、内幕交易等违法违规行为，维护市场秩序和投资者权益。

③ 促进绿色经济发展和低碳转型

基于大数据和 AI 技术的碳金融产品设计可以促进绿色经济发展和低碳转型，通过为环保、节能、清洁能源等领域提供创新性的金融产品和服务支持，引导更多的社会资金流向绿色产业和低碳技术领域。同时，基于大数据和 AI 技术的碳金融产品设计还可以推动高碳产业向低碳产业转型，促进经济结构的优化和升级。

7.8.2　碳金融与区块链技术的结合

区块链技术作为一种新兴的分布式账本技术，以其去中心化、透明性和不可篡改等特点，为碳金融领域带来了新的发展机遇。本小节将详细阐述碳金融与区块链技术的结合，分析其在应对气候变化、推动绿色发展方面的潜力与价值。

（1）碳金融面临的挑战

传统的碳金融市场面临着一些挑战，如信息不对称、交易成本高、监管难度大等问题。这些问题限制了碳金融市场的发展潜力，影响了其应对气候变化的有效性。

（2）区块链技术及其优势

区块链技术是一种基于去中心化、去信任化的集体维护数据库技术，它允许网络中的参与者在不需要中心化信任机构的情况下进行安全、可追溯、不可篡改的数据交换和传输。区块链技术的核心优势包括：

① 去中心化

区块链采用分布式账本技术，不依赖任何中心化机构或第三方信任机构，实现了去中心化的数据交换和传输。

② 透明性

区块链上的所有交易记录都是公开、透明的，任何参与者都可以查看和验证交易信息的真实性和完整性。

③不可篡改

区块链采用加密技术和链式结构，保证了交易数据的不可篡改性和安全性。

这些优势使得区块链技术在金融领域具有广泛的应用前景，特别是在解决信息不对称、降低交易成本、提高监管效率等方面具有显著优势。

（3）碳金融与区块链技术的结合点

① 碳排放权交易

碳排放权交易是碳金融市场的核心组成部分，其通过市场化手段推动企业减少温室气体排放。区块链技术可以为碳排放权交易提供去中心化、透明、高效的交易平台。利用区块链的智能合约功能，可以实现自动化的交易执行和结算，降低交易成本和操作风险。同时，区块链的不可篡改性可以确保交易数据的真实性和完整性，提高市场的公信力和监管效率。

②碳债券发行与监管

碳债券是一种为环保、节能、清洁能源等绿色项目提供资金支持的金融工具。区块链技术可以为碳债券的发行、交易和监管提供便捷、高效的解决方案。通过区块链的分布式账本技术，可以实现碳债券的透明化发行和交易，降低信息不对称风险。同时，利用区块链的智能合约功能，可以实现自动化的资金归集和分配，提高资金使用效率。此外，监管机构可以利用区块链技术对碳债券的发行和交易进行实时监控和审计，确保资金的真实用途和合规性。

③ 碳基金管理与投资

碳基金是一种专门投资低碳技术、清洁能源等领域的基金。区块链技术可以为碳基金的管理和投资提供安全、透明、高效的解决方案。通过区块链的分布式账本技术，可以实现碳基金的投资组合、收益分配等信息的实时记录和更新，提高管理效率和透明度。同时，利用区块链的智能合约功能，可以实现自动化的投资策略执行和结算，降低操作风险和成本。此外，投资者可以利用区块链技术对碳基金的投资组合进行实时监控和审计，确保其投资的真实性和合规性。

（4）碳金融与区块链技术结合的价值

① 提高市场效率与透明度

碳金融与区块链技术的结合可以提高碳市场的效率和透明度。区块链的去中心化、透明性等特点可以降低交易成本和信息不对称风险，提高市场的交易效率和价格发现能力。同时，区块链的不可篡改性可以确保交易数据的真实性和完整性，提高市场的公信力和监管效率。

② 促进绿色经济发展与低碳转型

碳金融与区块链技术的结合可以促进绿色经济发展和低碳转型，通过为环保、节能、清洁能源等绿色项目提供便捷、高效的投融资支持，引导更多的社会资金流向绿色产业和低碳技术领域。同时，利用区块链技术的智能合约功能，可以实现自动化的资金归集和分配，提高资金使用效率，推动绿色项目的快速发展和实施。

③ 加强对碳市场的风险管理与监管能力

碳金融与区块链技术的结合可以加强风险管理和监管能力。区块链的分布式账本技术和不可篡改性可以实现对碳金融市场的实时监控和审计，提高监管机构的监管效率和精确度。同时，利用区块链技术的智能合约功能，可以实现自动化的风险预警和应对措施执行，降低市场风险的发生概率和影响程度。

7.9 跨国碳金融产品设计

跨国碳金融产品作为碳金融市场的重要组成部分，具有促进全球减排、推动绿色经济发展的重要作用。本部分详细阐述跨国碳金融产品的背景、类型、特点，以及跨国碳金融产品设计面临的挑战和未来的发展前景。

（1）跨国碳金融产品的背景

跨国碳金融产品的发展主要源于全球气候治理的需要。为应对气候变化，各国政府纷纷制定减排目标，并通过市场机制推动经济低碳发展。碳交易市场作为市场机制的核心，通过将温室气体排放权转化为可交易的商品，鼓励企业减少排放，推动技术创新和产业升级。跨国碳金融产品在这一过程中应运而生，成为连接不同国家碳市场、促进全球减排的重要桥梁。

（2）跨国碳金融产品的类型

跨国碳金融产品主要包括以下几种类型：

①跨国碳排放权交易

碳排放权是跨国碳金融产品的核心类型，通过跨国碳排放权交易，各国可以根据自身减排需求和成本效益，在全球范围内优化资源配置、降低减排成本。

②跨国碳债券

碳债券是指为环保、节能、清洁能源等绿色项目提供资金支持的债券。跨国碳债券则是指发行人和投资者来自不同国家的碳债券。通过发行跨国碳债券，可以吸引全球范围内的绿色投资者，为绿色项目提供稳定的资金来源。

③跨国碳基金

碳基金是一种专门投资低碳技术、清洁能源等领域的基金。跨国碳基金则是指投资范围跨越不同国家的碳基金。通过投资跨国碳基金，可以引导全球资本流向低碳产业和技术创新领域，推动全球经济低碳发展。

（3）跨国碳金融产品的特点

①全球性

跨国碳金融产品涉及全球范围内的碳市场和投资者，具有全球性的特点，因此能够在全球范围内优化资源配置，降低减排成本，推动全球减排进程。

②多样性

跨国碳金融产品类型多样，包括碳排放权交易、绿色债券、碳基金等。这些不同类型的跨国碳金融产品可以满足不同投资者的需求和风险偏好，提高市场的流动性和活跃度。

③风险性

跨国碳金融产品具有一定的风险性。由于跨国碳金融市场涉及不同国家的法律法规、政策环境、市场条件等因素，投资者需要面临政策风险、市场风险、信用风险等多种风险。因此，在投资跨国碳金融产品时，需要进行充分的风险评估和管理。

（4）跨国碳金融产品设计面临的挑战

①法律法规差异

不同国家在碳金融领域的法律法规存在差异，这给跨国碳金融产品的设计和运作带来了一定的挑战。投资者需要了解并遵守各国的法律法规，确保合规运营。

②政策环境不稳定

全球气候政策环境的不稳定性对跨国碳金融产品的发展产生了一定的影响。各国政府在减排目标、政策措施等方面的调整可能导致跨国碳金融产品的价格波动和市场风险增加。

③市场发展不均衡

全球碳市场发展不均衡，一些国家的碳市场相对成熟，而另一些国家的碳市场刚刚起步。这使得跨国碳金融产品在市场深度、流动性等方面存在一定的局限性。

（5）跨国碳金融产品的未来发展前景

尽管跨国碳金融产品面临诸多挑战，但其在全球减排和绿色发展方面的潜力依然巨大。随着全球气候治理的深入推进和碳市场的不断完善，跨国碳金融产品有望在未来实现更加广阔的发展。

①市场规模扩大

随着全球减排需求的增加和碳市场的逐步成熟，跨国碳金融产品的市场规模有望不断扩大，为投资者提供更多的投资机会。

②产品创新加速

为满足市场需求和应对挑战，跨国碳金融产品有望在未来实现更多的创新。例如，基于区块链技术的跨国碳金融产品将进一步提高市场的透明度和效率；与可持续发展目标相结合的跨国碳金融产品将推动全球绿色发展进程。

③国际合作加强

在全球气候治理的背景下，各国政府和企业将加强在碳金融领域的国际合作。通过政策对话、市场联通、信息共享等方式，推动跨国碳金融产品的健康发展。

7.10 碳金融产品设计案例：碳期权

本部分通过梳理总结国外 EUA 期权、CCA 期权、RGGI 期权合约的设计经验，结合我国碳金融市场的实际情况，设计出符合我国本土需要的合约要素，如标的要素、基本要素、风险要素、交割要素等，最终形成适用于我国市场并与国际接轨的碳排放配额期权产品的合约架构。

7.10.1 标的资产设计

根据国外经验以及我国的碳市场实情，选择碳排放配额（GCEA）作为我国本土碳期权产品的合约标的要素。首先，碳排放配额是一种特殊的商品现货，无须考虑保质期的问题，其性质可以在长时间内保持相对稳定。其次，碳排放配额具有统一的计量单位，可以为标的资产的等级划分提供统一标准。再次，碳排放配额具有良好的市场流动性，且价格波动可控。因此，碳排放配额符合成为碳期权标的资产的条件。

7.10.2　基本要素设计

（1）交易场所

本部分聚焦于场内期权，选择广州期货交易所作为碳期权产品的交易场所。2016年，国家发改委和中国证监会达成共识，计划成立广州期货交易所，拟定以碳排放权作为首个交易品种。2021年4月19日，广州期货交易所正式挂牌成立。虽然我国的碳金融衍生产品尚未推出，但碳金融市场初具规模。因此，本部分将碳期权的交易场所设定为广州期货交易所，符合我国碳金融市场的发展规划。

（2）交易代码

期权合约代码通常用以下形式表示：品种+月份+看涨/看跌期权+执行价格。期权分为两类，看涨期权和看跌期权，由字母表示为C、P。因此，本部分将碳期权交易代码设定为"GCEA+月份+C+执行价格""GCEA+月份+P+执行价格"。

（3）交易单位与报价单位

交易单位即投资者的最低交易单位，直接影响期权合约的资金规模，同时也将间接影响期权合约的市场流动性以及参与者结构。交易单位设定的主要原则是：一方面，与国际市场保持一致，以便于日后能广泛地参与国际交易、与国际碳市场接轨；另一方面，以碳排放配额价格计算的碳期权合约价值应与我国现有期权的合约价值水平保持一致。因此，碳期权产品的合约规模可以相对较高。根据我国当前情况，碳市场尚处于初创阶段，参与者主要是国内大型企业和机构投资者，有较大规模和体量，在产品推行初期可以选择相对较大的交易单位。当碳市场逐步成熟，其他类型的投资者也可以参与其中，可考虑推出份额较小的合约。交易所一般以"手"作为交易单位，每手代表一定的碳排放配额。本部分将碳期权交易单位设定为"1 000个二氧化碳排放配额/手"，即"1 000吨二氧化碳/手"。碳期权报价单位设定为"元（人民币）/吨"。

（4）最小变动单位

最小变动单位是最小的价格变动值，影响期权合约交易的效率以及期权合约的流动性。目前国际碳市场中碳期权常见的最小变动价位为0.005欧元（折合人民币约0.035元）、0.01美元（折合人民币约0.064元）两种。我国碳市场还在起步发展阶段，为满足市场稳定的需要可以先压缩最小变动单位，所以选择0.005欧元与0.01美元中的较小值作为参照。因此，本部分将碳期权最小变动单位设定为0.03元/吨，即一份碳期权产品的合约价格最小变动值为30元。

7.10.3　风险控制要素设计

（1）涨跌停板幅度

涨跌停板幅度是指在期权合约交易日中价格涨跌的最大幅度，是控制市场风险的要素之一。欧美发达国家和地区由于金融市场发展较为成熟，在碳期权交易中并未设置涨跌停板幅度，印度则对碳交易设置了阶梯式涨跌停板幅度，分别是4%、5%、9%。由于我国碳金融市场的发展还处于初级阶段，有必要对其设立涨跌停板制度。本部分参照标的资产价格数据的波动情况进行涨跌停板幅度设置。选取碳排放配额每日收盘价为样本，截取2016年1月1日到2020年12月31日的所有数据进行分析，样本数总计1 126个。从GCEA的每日价格波动特征来看，其价格波动幅度的最大值为10.05%，最小值为-10.04%。基于期权涨跌停板幅度的设置应当保持在合理范围内且不宜过大的原则，并参考我国衍生品市场其他期权产品的涨跌停板幅度在3%~5%的区间，本部分将我国碳期权产品的涨跌停板幅度设定为5%。从统计数据来看，5%的涨跌幅度涵盖近75%的累计样本数据，能够在满足产品成交的同时实现风险控制。当然，交易所经过一段时间的发展后，可以根据实际价格波动情况对幅度进行适度调整。

（2）保证金制度

保证金制度的设计是在期权交易过程中进行风险管控的必要措施。尤其对于期权的卖方来说，其在买方选择执行合约时有按照约定履行期权合约的义务，因此需要缴纳保证金提供交易保障。

根据国际惯例，本部分对碳期权产品买卖双方设置的保证金为：

认购期权义务仓开仓保证金=［合约前结算价+Max（12%×合约标的前收盘价-认购期权虚值，7%×合约标的前收盘价）］×合约单位

认沽期权义务仓开仓保证金=Min［合约前结算价+Max（12%×合约标的前收盘价-认沽期权虚值，7%×行权价格），行权价格］×合约单位

7.10.4　交割要素设计

（1）合约交割月份

在设计以现货为标的资产的期权合约交割月份时，须保证这一标的资产在供给上的连续性，因此要考虑现货产品在生产、储存等方面的特征。根据标的资产属性，企业无偿取得的碳排放配额可以在交易市场上流通，同时结余的碳配额也可留存至下一年度来抵扣下一年度的温室气体排放量。可见，碳排放配额不同于普通的实物商品，其供应本身就具备连续性。又考虑到与国际市场接轨的重要性，本部分参照国际上已有碳期货、碳期权合约的交割月份，将我国碳期权产品的合约交割月份设定为3月、6月、9月、12月，以便给投资者提供更丰富的套利选择。

（2）最后交易日和到期日

最后交易日表示该期权合约能够被交易的最后一个交易日，由于标的资产交割通常需要时间，最后交易日的设定能够保证期权在最后交易日之前顺利实现行权履约。但是，碳排放配额交割不同于传统实物期权，因此，参考股票期权的设定，本部分将我国碳排放配额期权产品的到期日、最后交易日、行权日均设定为到期月份的第四个星期三（遇法定节假日顺延），以方便实体企业和投资者行权交割。

（3）行权方式

根据投资者是否能够选择在到期日前随时行权，可以将期权的行权方式分为两种：欧式期权和美式期权。美式期权能够在到期日前的任意时间行权，而欧式期权只能在合约到期日当天选择行权。虽然美式期权的行权时间较为灵活，投资者可随时根据市场价格的波动情况选择行权，但是美式期权赋予买方的权利更大，导致期权费更高、合约交割复杂，同时期权卖方所面临的风险也更大，可能会影响碳期权

的市场流动性，进而影响有控排需求企业的套期保值效果。欧式期权虽然在行权时间上不灵活，但考虑到我国尚处于碳交易的发展初期阶段，欧式期权更加适合有实际控排需求的企业实现套期保值。此外，国际上常见的碳期权也均为欧式期权。因此，本部分设计的碳期权产品合约为欧式期权。

综上，对我国本土碳排放配额期权产品的合约要素设计内容进行梳理并汇总，形成合约框架表，见表7-1。

表7-1　　　　　　　　　　　　　　　合约框架表

构成要素	内容描述
合约标的物	碳排放配额
合约类型	看涨期权、看跌期权
交易单位	1 000 吨二氧化碳
报价单位	元（人民币）/吨
最小变动价位	0.03 元/吨
涨跌停板幅度	5%
合约月份	3月、6月、9月、12月
交易时间	每周一至周五上午 9：00-11：30，下午 13：30-15：00，以及交易所规定的其他时间
最后交易日	到期月份的第四个星期三（遇法定节假日顺延）
到期日	同最后交易日
行权方式	欧式
交易代码	看涨期权：GCEA+月份+C+执行价格
	看跌期权：GCEA+月份+P+执行价格
上市交易所	广州期货交易所

7.10.5　定价设计

以交易时间最具连续性、交易最活跃、价格发现程度最高的广州碳交易市场为标的资产选样地点，以碳排放配额的收盘价作为研究样本，并结合实物期权特征，本部分采取"GARCH 类模型+B-S 模型"的方法，对我国的碳排放配额期权进行定价。

7.10.6 应用推广

（1）我国碳期权产品的应用效果

由于我国实体经济对碳排放权需求旺盛，因而碳期权能够被应用于各个相关领域，并且，碳期权具有套期保值功能，只需付出少量期权费就可获得巨大的利益空间，将吸引广大碳市场投资者的关注。

①在高碳排放企业中的应用效果

依据我国的《碳排放权交易管理办法（试行）》，电力、钢铁、造纸、水泥、石化、有色金属、航空、电解铝等几大重点行业已被纳入碳交易市场中。被碳监管的行业企业会获得一定的碳排放配额，但是，如果在一定时间内企业的碳排放量超出配额，超出部分必须在碳排放交易平台上买入，否则将被监管部门责令承担减排责任并处以一定的罚款，更为严重的会核减次年碳排放配额，对企业造成严重后果。于是，对于碳排放配额的短缺方——高碳排放企业——来说，碳期权交易可令其规避价格风险（配额价高）和需求风险（配额短缺），为高碳排放企业提供风控保障。

我国能源消耗领域的温室气体排放是碳排放的主要来源，在全国碳排放总量中占比高达 85%。从具体行业来看，钢铁、水泥、石化、电解铝这四大行业在碳排放总量中占比最高，分别达到 18%、16%、6%、5%。这些高碳排放的行业企业将会是碳期权产品的主要购买者，享受未来买入碳排放配额的权利，既可以平抑现货市场的价格波动和供应不足、避免高额碳排放的监管处罚，又可以与现货做成产品组合，进行套期保值，稳定企业收入。并且，高碳排放企业可以在碳期权产品的收入保障下推进技术革新，早日实现绿色低碳发展。

②在低碳排放企业中的应用效果

低碳排放企业一般是碳排放配额的盈余方，包括光伏、风电以及林业等节能减排类企业。这类企业在实现节能减排目标的同时，还可以通过卖出额外的碳排放配额获取期权费收益，是碳期权产品的出售者。新能源企业可以在交通、发电等领域替代传统能源，减少碳排放，并且可以在碳交易市场中获利。

早在 2013 年，国外已有企业通过碳交易获得了巨大收益，特斯拉就是首批获得红利的企业之一。近五年，特斯拉售卖碳排放配额的累计收入超过 33 亿美元，2020 年度特斯拉更是凭借来自碳交易的 15.8 亿美元收入首次实现盈利。可见，对于低碳排放企业而言，碳排放配额期权产品交易将是其赚取高额收入的重要来源之一。

以我国碳交易的价格计算，1 兆瓦的光伏电站每年能够通过碳市场交易获取的高达 3.5 万元的收益。2020 年上海电力利用光伏发电实现的发电量为 34.71 亿千瓦时，经过粗略估算，企业通过碳市场交易可获得约 1 亿元的年利润增量。因此，低碳排放企业可通过卖出期权产品收取期权费，使盈利能力进一步提升，形成正向循环，在创收的同时保障碳期权产品顺利交易。

（2）我国碳期权产品的推广设想

①通过碳交易试点推广

我国的碳控排企业参与碳交易的主要平台为碳交易试点市场，因而碳交易试点在投资者基础方面具备很大优势。相较于其他金融工具，期权交易的难度要大一些，参与碳期权交易的控排企业必须拥有专业的金融知识、了解相关交易规则并掌握一定的交易方式，才能实现套期保值的目标。碳交易试点可以拟定指导性文件，加大碳期权产品的宣传力度；在定期举办的会员大会上，就碳期权产品为相关控排企业和投资个人、机构进行介绍与培训，并针对碳期权产品的详细交易信息进行指导。

②通过广州期货交易所推广

首先，广州期货交易所应进行内部学习，提高自身专业性。其次，要加大对碳期权的宣传力度，宣传手段主要包括印发相关宣传手册、对投资者进行专业培训、举办投资者座谈会、开展模拟交易等；借助各大线下教育平台与机会针对碳期权的相关知识对广大投资者进行培训，详细介绍碳期权产品合约的条款及交易费用，进而使广大投资者对碳期权产品的认知逐渐加强，起到鼓励和吸引其参与碳期权交易的作用。最后，应开展模拟交易，一方面让投资者更加了解、熟悉交易规则；另一方面，也可发现碳期权合约内容的不足之处，以便完善，为碳期权产品成功挂牌上市积累经验，形成良好的市场互动。

③通过线上平台推广

首先，各交易所和期货公司可以在官网设置碳期权专栏，对碳排放配额期权产品的合约条款、交易规则以及交易过程中的相关注意事项进行详细说明，也可以通过微信公众号、微博等社交平台进行线上推广，推送相关信息，吸引广大投资者的关注。其次，与金融专业人员合作，共同打造碳金融衍生品相关网络教学平台，尤其针对控排企业的相关人员进行培训，定期请专业人员以直播或录播的形式进行线上授课。最后，可以建立线上咨询服务系统为投资者答疑解惑。

7.10.7　风险管理

（1）碳期权设计中的风险识别

在碳期权的设计过程中，首先要识别出潜在的风险因素。这些风险因素包括但不限于：碳排放权价格的波动性、政策变化的不确定性、市场参与者的信用风险以及操作风险等。

①碳排放权价格波动性

碳排放权价格受到多种因素的影响，如供求关系、能源价格、技术进步等。这种波动性可能导致碳期权价值的发生大幅变动，从而给碳期权持有者带来损失。

②政策变化的不确定性

政府对碳排放的监管政策直接影响着碳排放权的价格和交易量。政策的不确定性，如政策调整、法规变动等，都可能对碳期权市场造成冲击。

③市场参与者的信用风险

在碳期权交易中，如果一方违约，会给另一方造成损失。这种信用风险在缺乏完善监管和惩罚机制的市场中尤为突出。

④操作风险

由于人为错误、系统故障或不当操作等原因导致的风险也不容忽视。这些操作风险可能导致交易失误、资金损失或信息泄露等后果。

（2）碳期权设计中的风险管理策略

针对上述风险，在碳期权设计中应采取相应的风险管理策略。

①定价模型的优化

通过引入先进的定价模型，如随机波动率模型、跳跃扩散模型等，更准确地反映碳排放权价格的波动性。这些模型可以更精确地定价碳期权，从而降低因价格波动带来的风险。

②政策敏感性分析

在碳期权设计过程中，应对政策变化进行敏感性分析，通过模拟不同政策场景下的碳期权价值变动，评估政策变化对碳期权的影响，并据此调整设计策略。

③信用风险管理

建立严格的信用评估体系，对参与碳期权交易的市场主体进行信用评级，同时通过引入第三方担保机构或采用保证金制度等手段来降低信用风险。

④操作风险管理

加强内部控制和监管，确保交易流程的透明度和规范性，通过定期审计、培训和技术更新等措施来降低操作风险的发生概率。

随着碳市场的不断发展和变化，新的风险和挑战也将不断涌现。因此，需要持续关注市场动态，不断创新和完善风险管理策略，以确保碳期权市场的健康稳定发展。

7.11　本章小结

碳金融产品设计必须紧密围绕党中央和国务院的生态文明建设和环境保护精神，以创新为驱动，完善市场机制，强化制度保障，构建多层次的碳金融产品服务体系。

在碳金融产品设计的过程中，需要坚持市场导向与政府引导相结合、风险可控与创新驱动相平衡、服务实体经济与绿色发展相协调，以及国际合作与自主发展相结合四大原则。这些原则相互补充，共同构成了碳金融产品设计的核心理念。通过发挥市场在资源配置中的决定性作用，同时强化政府引导和监管，能够有效平衡创新风险与市场需求。

随着碳市场的不断发展和技术的不断进步，碳金融产品设计的创新方向主要包括拓展产品种类、优化交易机制、加强国际合作、引入金融科技。

碳金融产品设计是一个复杂而系统的过程。企业需要紧密结合碳金融市场的特点和需求，遵循科学的开发流程和方法论，才能成功推出符合市场需求的创新产品，做好产品的应用推广和风险管理，并在竞争激烈的碳金融市场中脱颖而出。

在未来的发展中，应该继续加强品牌建设和形象塑造工作，提升碳金融产品的知名度和美誉度，增强其市场竞争力。同时，还应该关注市场动态和政策变化，及时调整和完善相关策略，以适应不断变化的市场环境和社会需求。

为了确保碳金融产品的稳健运行和持续发展，需要制定有针对性的风险应对策略和措施，包括风险规避、风险转移、风险分散等。这些策略和措施有助于有效地管理市场风险、信用风险、操作风险等，为碳金融市场的稳定运行和健康发展提供有力保障。

思政专栏

DG 资本零碳科技投资基金——大学生创新精神培育

在碳金融领域，创新精神尤为重要。因为只有不断创新，才能突破传统能源技术的束缚，推动绿色低碳技术的快速发展。DG 资本零碳科技投资基金是 DG 资本联合香港中华煤气有限公司共同成立的国内首只零碳科技投资基金，该基金以"技术投资 + 场景赋能"为主题，旨在通过实际场景应用推动优秀被投企业实现能源创新技术和产品的快速迭代。这种将技术投资与实际应用场景相结合的模式不仅提高了投资的针对性和实效性，更为推动绿色低碳技术的创新和应用提供了有力的支持。

在国家需要发展新质生产力的历史阶段，创新精神是大学生必备的核心素养之一。首先，大学生要勇于尝试新事物。在学习和生活中，大学生应积极关注碳金融领域的新动态、新技术、新模式，敢于尝试新的投资理念和方法。同时，大学生要学会独立思考，不盲目跟风，不被传统观念所束缚。其次，大学生要有良好的团队合作精神。在碳金融领域，创新往往需要跨学科、跨领域的合作。因此，大学生要学会与他人沟通、协作，共同解决问题。通过团队合作，不仅可以集思广益、取长补短，还可以培养组织协调能力和团队协作精神。同时，大学生应多参与碳金融相关的课题研究、项目实践、创新创业等活动，在实践中锻炼创新能力、积累创新经验，深入了解碳金融市场的运作规律和创新需求。

资料来源：佚名.中华煤气与 IDG 资本成立"技术投资+场景赋能"科技基金 [EB/OL].[2024-05-06].https://m.thepaper.cn/baijiahao_16443384.

思考题

(1) 在我国大力发展绿色经济的背景下，碳金融产品设计的指导思想是什么？

(2) 在我国大力发展绿色经济的背景下，碳金融产品设计的基本原则是什么？

(3) 在我国大力发展绿色经济的背景下，我国碳金融产品设计有哪些模式？

(4) 如何进行碳金融产品的应用推广？

(5) 如何进行碳金融产品的风险管理？

(6) 金融科技在碳金融产品设计中有哪些应用？

第 8 章　碳金融产品监管

　　本章重点从国外碳金融产品的政府监管、中国碳金融产品的政府监管、国外碳金融产品的行业监管、中国碳金融产品的行业监管四个维度展开分析碳金融产品的监管。

8.1　国外碳金融产品的政府监管

8.1.1　国际组织的碳金融产品监管规则

　　近年来，国际组织有关碳金融产品的监管体系不断完善，达成了一系列促进碳减排、规范碳交易的监管规则，旨在引导金融机构和市场参与者在碳金融产品领域开展业务时遵循可持续发展原则，并符合透明度和信息披露的要求。

　　1992 年 6 月，首届联合国环境与发展大会在巴西里约热内卢召开，世界上第一个控制温室气体排放、应对全球变暖的国际公约《联合国气候变化框架公约》在会议期间提交各国签署。该条约通过国际合作和协商，形成"减缓""适应""资金"和"技术"四大规则体系以及共同但有区别原则、预防原则等专属性原则，共同组成了"自给自足"的"次级国际法体系"，实现全球气候系统的稳定，并确保人类的可持续发展。

　　1997 年，《京都议定书》在日本京都召开的联合国气候变化大会上通过，其签署国承诺在 2020 年之前实现减排目标，这是全球气候变化治理的重要里程碑，为国际社会应对气候变化提供了一个重要的法律框架。该协定自 2005 年 2 月 16 日起确立了"自上而下"的全球减排机制。这种模式具有较强的国际法律约束力，在实施机制上设定有严格的遵约机制，但由于过分强调既定的数据标准，缺乏灵活性，难以应对瞬息万变的国际局势以及阴晴难测的市场情绪中不断涌现的问题。

国际上另一个重要的规则体系是2002年发起的赤道原则，其主要目的是为尽职调查和监测提供最低标准，以支持负责任的风险决策，既有管理流程规范也有管理标准规范，既有内部行为准则也有外部约束机制，是一套标准化和规范化的碳信贷体系。赤道原则官网显示，来自37个国家的116家金融机构已采用了赤道原则，在项目融资中采纳了赤道原则的银行即称为赤道银行。

《巴黎协定》于2016年正式生效，并得到了几乎全球所有国家的支持和参与，以缔约方的主观意愿为主，明确了"自主承诺＋年度评审"的减排模式，即全体缔约方自主提出各自的减排贡献，进而通过2023年之后开始的每五年一次的全球评审盘点，评估实现长期目标的集体进展。该协定的通过标志着国际社会在应对气候变化方面取得了重大进展，为全球气候治理提供了新的方向和机制。但其对主观贡献的依赖度过高，一旦缔约方不按照既定目标履行合约，很有可能会阻碍监管工作。

国际货币基金组织（IMF）在2019年发布了一份名为《可持续金融指导性框架》的报告，其中提出了一些碳金融产品监管的原则和指南。该框架提倡通过透明度和信息披露来减少碳金融产品的风险，并鼓励金融机构采取可持续投资策略。2020年，国际证券委员会组织（International Organization of Securities Commissions，IOSCO）发布《可持续金融和证券市场：IOSCO报告》，旨在探讨可持续金融对证券市场的影响，并提供指导和建议，以帮助证券监管机构在可持续金融领域发挥积极作用。报告对可持续金融的概念进行了界定，并介绍了与环境、社会和治理相关的问题。报告指出证券监管机构在促进可持续金融发展中的重要作用，并提供了一些建议和指导，包括监管框架、政策制定和合作机制等，呼吁各国证券监管机构采取相应的措施，推动可持续金融的发展和实施。

8.1.2 欧盟的碳金融产品监管规则

碳市场中最常见的违规行为是交易商、中介服务商对投资者的欺诈、内幕交易以及市场垄断者长期的恶意价格操纵等，这些行为损害了碳金融市场各交易主体的经济利益，干扰了碳金融市场的正常秩序，不利于碳金融市场功能的发挥和长期稳定有效的运行。因此，有必要对碳金融市场加以约束和监管。欧盟对碳金融市场的监管采取了欧盟委员会统一监管、证券和市场管理局（European Securities and Markets Authority，ESMA）协同监管的模式，避免监管真空并防范金融风险。其监管体系涉及政府职能的发挥、法律制度的保障以及监管机构的具体规定等内容，此外，各成员国也有一定程度的自主决策权。

（1）政府职能的发挥

碳市场不同于一般的商品市场，很大程度上受到政策因素的影响，因此政府在碳市场的组织、运行以及监管方面发挥着重要的作用。一方面，政府需维护碳金融市场的稳定，保证市场的健康发展。2022年初，受俄乌冲突及欧盟能源局势的影响，市场情绪悲观，碳价一度出现"腰斩"。欧盟重申碳市场为其气候政策的基石，宣布"REPower EU"计划，通过节能、生产清洁能源以及欧洲能源供应多样化等方面，提高欧洲的能源独立性，重新稳定市场信心，碳价开始回升。另一方面，政府应避免进行过多的干预，碳金融市场应该鼓励私人部门参与，提升市场活力，从而促进碳金融发展。

（2）法律制度的保障

欧盟从立法层面对碳金融交易进行了约束，建立了以法律法规制度为保障的碳金融监管体制。

总体来看，一级市场的监管者主要对碳排放权取得交易许可、排放登记以及碳抵消信息的创造和核证进行监管，减排信用的有效性由严格的管理机构和第三方核证机构具体负责。《排放交易指令》（ETS Directive 2003/87/EC）对上述内容进行了严格的规定，并于2018年进行了修订，引入了市场稳定储备机制（Market Stability

Reserve）等机制，旨在加强具有成本效益的减排和低碳投资，并为2021年至2030年的第四个交易期设定了框架。

在二级市场上，为了防止现货市场上的欺诈行为，欧盟采取措施严格执行EUA登记制度和开立账户交易EUA的条件。二级市场对衍生品市场的监管则被纳入金融监管的范畴。《金融工具市场指令 II》（MIFID II）（2014/65/EU）和《市场滥用行为监管规定》（Market Abuse Regulation，MAR）（2014/596/EU）、《市场滥用刑事制裁指令》（Directive on Criminal Sanctions for Market Abuse，CSMAD）（2014/57/EU）补充了《排放交易指令》的有关规定，对碳金融市场监管作出了具体的规定。

欧盟在2019年通过了《可持续金融披露条例》（EU Sustainable Finance Disclosure Regulation，SFDR），旨在推动金融机构和资产管理公司更全面、透明地披露与可持续发展相关的信息。SFDR要求金融机构在提供金融产品或金融建议时，向投资者披露与环境、社会和治理相关的信息。这些信息包括金融产品的可持续性目标、ESG风险管理措施和ESG指标的使用情况等。金融机构还需要在自己的网站上公布关于可持续金融披露的政策，并定期更新。2021年上半年，欧盟发布了更新的可持续金融战略，以明确到2024年的政策议程。《企业可持续发展报告指令》（CSRD）提案也得以提交，并得到了投资者的大力支持。同时，欧洲财务报告咨询组（EFRAG）开始起草关于气候的《欧洲可持续发展报告标准》（ESRS）。

8.1.3　美国政府的碳金融产品监管规则

19世纪中后期，格兰特总统发表了《设立黄石国家公园法案》，这标志着美国联邦生态法制开始建立，但实际上美国的环保金融体系最早建立于20世纪。20世纪30年代后期，美国颁布了《公共汽车尾气控制法》，这是美国环保金融体系的最早形式。1969年，美国制定了《国家环境政策法》，它是美国整合性生态法制的先河，体现了美国的环保金融体系观念。面对日益严重的生态污染状况，美国于20世纪70年代颁布《清洁空气法》《清洁水法》，详细地介绍了针对公共废物、石油污染物等对于空气与水质的破坏，明文规定了相关的惩治手段与解决方法。

20世纪80年代，《超级基金法案》成为美国环保金融体系建立的起点。《超级基金法案》采用规范资金流向、排放污染物的职责分区、赔付、整理等措施，把政府中的绿色单位、污染物排放源、个体都放到生态保护之中，规范了环保金融的执行原则。其中最主要的就是针对金融机构环境保护的行为原则，主要表现为三个部分：一是联邦政府在治理污染方面利用了政府的宏观调控与财政支持，采取构建"反应基金"的手段，力图达到帮助受害人获得应有补助的目的；二是采用金融惩治的手段明确规范排放污染物的责任人范畴以及各自必须担负的职责；三是突出表现金融机构的环境职能，提供借贷的金融机构为了确保自身在公司的投入，积极加入公司运营的监督与裁决。

2008年全球金融危机爆发，直接造成2009年全球人均工资水平降低、全球贸易额减少、世界范围内的失业人员剧增的局面。针对该状况，联合国表示必须执行全世界范围内的绿色新政。美国是这次重大金融危机的初始地，美国国内受到了严重的影响。为了帮助美国经济走出低潮期，当时的总统奥巴马颁布"绿色新政"，通过规范环保资源来帮助美国恢复经济。

2009年3月，美国国会通过了《2009年美国清洁能源与安全法》，这部法律涵盖了环保资源、资源利用率、全球变暖破坏率、低碳经济四个方面。其目标在于通过提供更多的职位来促进就业，从而进一步促进美国金融复苏，降低对国外石油资源的依赖程度，并且减缓全球变暖的速度。

虽然奥巴马时期的环保政策并未发挥出预想的成效，但赋予了美国环保金融发展新的定义。2017年，美国特朗普政府拟终止参与《巴黎协定》，推翻前任总统奥巴马关于气候问题的核心政策"气候行动计划"，并推行了"美国优先能源计划"作为替代政策。"可承受性"成为经济发展与减排的主要原则。2021年，拜登政府决定让美国重新加入《巴黎协定》，并且提出到2030年将碳排放量减少50%至52%的减排目标。拜登政府提出了一项规模庞大的清洁能源投资计划——"美国就业创造计划"，旨在通过投资可再生能源、电动汽车、能源效率等领域，推动经济增长和碳排放的削减。拜登总统通过行政命令呼吁联邦政府在设置预算、采购和签约时充分考虑气候金融风险。由美国的主要金融监管机构领导人组成的金融稳定监督委员会（FSOC）发布了一份报告，称气候变化是一项日益增长的对金融稳定的威胁。2022年，虽然美国国会在负责任投资和气候变化方面的行动有限，但监管机构正准备加强发行人的信息披露，允许在投资决策中进一步整合ESG因素，并开始围绕金融市场对ESG的应用制定规则。

8.1.4 日本政府的碳金融产品监管规则

为了保证环保经济活动的有效开展，日本主要采用下面两类手段完成绿色行业与经济市场的沟通：首先是把资金用于环保产业的发展，包括开发新资源、保护环境等；其次，对企业绿色环保认知进行评估，给予低碳公司良好的集资环境，促进绿色产业的发展与进步。

日本政府倡导生产者们生产绿色环保物品，推动产销之间的平衡，力争为经济参与绿色环保事业提供优质便利的条件。日本环境省在2003年颁布了《环境报告书指导方针》，特别提到了公司的绿色环保职责，要求营业者公开自己企业的环保状况。2007年，环境省建立了包括经济单位在内的生态类集资借贷贴息机构，从国家的角度开展环保信用贷款服务。为了有效解决日本环境机构与金融机构之间的连接问题，环境省在2010年颁布了《环境与金融：金融部门在建设低碳社会中的新作用》，规定了生态经济行为准则，倡导环保经济的大范围、大面积使用。2010年10月，日本颁布了《21世纪金融行动原则》，明确指出经济产业要帮助日本向可持续社会转变，并规定了七条主要的实施做法。

2013年6月，公益财团法人日本环境协会建立了生态化集资利息补助资金体系，目标是帮助推动经济组织对生态化公司的集资。日本政府向积极应对全球变暖的企业提供有效的补贴，但借贷公司一定要保证能够在三年内降低3%的二氧化碳排放量，针对那些没有完成规定的企业实施收回利息补贴的政策。同时，经济组织设置了绿色生态化集资体系来规范基金法人的应用领域。日本政府还执行环保汽车减免税收体制、太阳能发电剩余电力收购体系、环保建筑发电体系、环保汽车消费补贴体系等。

2022年，日本政府推出了碳定额交易制度（Cap and Trade System）作为应对气候变化和减少温室气体排放的一项重要政策举措。日本经济产业省表示，作为到2050年实现碳中和目标的一部分，计划在2022年4月至2023年3月期间，启动全国示范性碳信用额度交易市场，以大力推动碳减排货币化，鼓励更多本土企业自主减排。日本政府设定每个行业的总排放限额，这些限额根据国家的减排目标和政策进行调整，通过经济激励机制，鼓励企业采取减排措施，推动低碳经济的发展。这种制度可以帮助国家实现减排目标，并促进企业在减少温室气体排放方面的创新和投资。

8.2 中国碳金融产品的政府监管

8.2.1 中国碳金融产品的政府监管政策梳理

我国在碳金融监管规则方面的探索起步较晚，银保监会、证监会、央行及相关机构从各自职能出发，从2009年起对国内碳金融市场的监管规则进行规划尝试，银保监会利用自身银保合作的特点为碳交易提供便利和保障，证监会积极培育低碳概念证券发展，央行从更加宏观的角度鼓励金融机构为碳减排碳交易提供支持。

在碳交易市场的规范制定方面，自2013年以来，七个省市的碳金融交易试点工作成效显著，我国已经于2017年12月统一了全国碳排放权交易市场。2021年3月18日，为丰富碳金融融资工具产品序列，在中国人民银行的指导下，中国银行间市场交易商协会发布《关于明确碳中和债相关机制的通知》，进一步明确碳中和债券机制，助力实现"30·60目标"。

2015年，碳金融首次被纳入生态文明建设的纲领性文件，也是首次被纳入国民经济和社会发展规划纲要，这标志着发展碳金融已经成为一项重要的国家战略，同时为发展碳金融提供了方向性指引，对推进碳金融具有重要的意义。《中共中央国务院关于加快推进生态文明建设的意见》对生态文明建设作出了重要部署，并从市场化机制角度出发，积极推进碳金融相关领域的发展，要求建立节能、碳排放权交易制度，深化交易试点，推动建立全国碳排放权交易市场；加快水权交易试点，培育规范水权市场；扩大排污权有偿使用和交易范围，发展排污权交易市场。

党的十八届五中全会审议通过的《中共中央关于制定国民经济和社会发展第十三个五年规划的建议》在理论上突破性地提出创新、协调、绿色、开放、共享的新发展理念，将"低碳发展"作为"十三五"时期社会经济发展的重要内容，明确提出建立绿色金融体系，发展绿色信贷、绿色债券，设立绿色发展基金。碳金融已经成为"十三五"时期深化金融体制改革的重要方向。

《生态文明体制改革总体方案》（以下简称《方案》）是生态文明领域改革的顶层设计和部署，也是生态文明建设的基础性制度框架。《方案》明确提出了"建立绿色金融体系"，同时细化了环境权益交易的相关内容，在用能权和排污权交易制度、水权交易制度等方面作了相关规定。

党的二十大报告提出，要积极稳妥推进"碳达峰""碳中和"，这是以习近平同志为核心的党中央统筹国内国际两个大局作出的重大决策部署。发展绿色金融，是推动绿色发展的必然要求。绿色金融主要为促进环境改善、应对气候变化和资源节约高效利用的经济活动提供金融服务，是促进绿色低碳发展的催化剂和加速器。推动绿色金融健康发展对于促进绿色经济发展、切实把绿水青山转化为金山银山具有积极意义。

我国的绿色金融监管发展历程曲折，在针对绿色金融监管的分阶段部署中，目前已初步构建了"三大功能""五大支柱"的绿色金融发展政策思路，有关中国绿色金融产品监管政策的发展见表8-1。

表8-1 中国绿色金融产品监管政策发展

发展阶段	时间	具体政策
与时俱进，初见成效	1995年	《关于贯彻信贷政策与加强环境保护工作有关问题的通知》开始要求金融机构在信贷工作中重视自然资源和环境保护，在发放银行贷款时考虑是否支持保护生态和防止污染
	2007年	《节能减排授信工作指导意见》要求银行针对高耗能、高污染行业制定授信操作规则
	2012—2014年	形成以《绿色信贷指引》为核心，以《绿色信贷统计制度》和《绿色信贷实施情况关键评价指标》为基石的相对完备的碳信贷政策体系
顶层设计，升级完善	2015年	《关于加快推进生态文明建设的意见》《生态文明体制改革总体方案》作为生态文明体制改革的顶层设计首次明确提出构建绿色金融体系战略
	2016年	"十三五"规划指出"建立碳金融发展体系，发展绿色信贷、绿色债券，设立绿色发展基金"
		《关于构建绿色金融体系的指导意见》首次明确了绿色金融的官方定义，提出了大力发展绿色信贷、推动证券市场支持绿色投资、设立绿色发展基金等八大举措
	2017年	党的十九大报告提出"构建市场导向的绿色技术创新体系，发展绿色金融，壮大节能环保产业、清洁生产产业、清洁能源产业"
推波助澜，快速发展	2018年	《关于开展银行业存款类金融机构绿色信贷业绩评价的通知》明确每季度开展绿色信贷业绩评价。绿色信贷业绩评价指标设置定量和定性两类，其中，定量指标权重占80%，定性指标权重占20%。碳信贷业绩评价结果纳入银行业存款类金融机构宏观审慎考核
	2019年	《绿色产业指导目录（2019年版）》成为识别绿色产业、绿色企业和绿色项目最全面、最详细的指引，有助于各地各部门推出更精准的碳产业支持政策，引导社会资金投向真正的绿色产业
	2020年	《关于促进应对气候变化投融资的指导意见》促进气候投融资和标准体系逐步完善，引领构建具有国际影响力的气候投融资合作平台
	2021年	《关于加快建立健全绿色低碳循环发展经济体系的指导意见》致力于健全绿色低碳循环发展的生产体系、绿色低碳循环发展的流通体系、绿色低碳循环发展的消费体系，加快基础设施绿色升级，构建市场导向的绿色技术创新体系，完善法律法规政策体系
	2021年	《关于完整准确全面贯彻新发展理念做好碳达峰碳中和工作的意见》致力于推进经济社会发展全面绿色转型、深度调整产业结构、加快构建清洁低碳安全高效能源体系、加快推进低碳交通运输体系建设、提升城乡建设绿色低碳发展质量、加强绿色低碳重大科技攻关和推广应用、持续巩固提升碳汇能力、提高对外开放绿色低碳发展水平、健全法律法规标准和统计监测体系、完善政策机制、切实加强组织实施

资料来源：作者根据国家发改委、生态环境部发布的政策文件整理。

目前，我国已经形成较为完备的绿色金融监管规则体系，但在碳金融监管规则方面，当前碳中和目标与碳交易管理办法的匹配度仍不够理想，尚未形成有力的政策约束和激励机制，还存在许多有待完善的地方。我国目前的碳金融监管规则见表8-2。

表8-2 我国碳金融监管规则

时间	监管规则	主要内容
2020年	《碳排放权交易管理办法（试行）》	规定了全国碳排放权交易市场的主要交易产品为碳排放配额；碳排放交易系统为全国碳排放权交易系统；交易方式为协议转让、单向竞价或者其他符合规定的方式
2017年	《全国碳排放交易权市场建设方案（发电行业）》	国务院发展改革部门与相关部门共同制定配额分配方案和核查技术规范，并对第三方核查机构、交易机构等实施监管；省级、计划单列市应对气候变化主管部门监管本辖区内的数据核查等工作
2018年	《关于进一步强化碳市场建设的提案》	提出碳排放交易权市场法律支撑不足、违约成本低、监督成本高的问题
2021年	《关于明确碳中和债相关机制的通知》	明确碳中和债募集资金应全部专项用于清洁能源等碳项目的建设、运营；应设立专门的监管账户，做好募集资金管理并进行定期排查
2022年	《中国绿色债券原则》	明确表示我国绿色债券与国际接轨，给出了绿色债券的定义并提出四项核心要素；银行间债券市场和交易所债券市场的绿色债券品种都将同步使用该原则

8.2.2 中国碳金融产品监管体制建设现状

我国碳金融立法始于20世纪90年代，以1995年中国人民银行颁布的《关于贯彻信贷政策与加强环境保护工作有关问题的通知》为起始标志，后续颁布了多部法律和规章，构建起我国的碳金融法律体系，详见表8-3。

表8-3   关于碳金融的法律和规章

法律和规章	作用
《关于贯彻信贷政策与加强环境保护工作有关问题的通知》	加强银行的管理环境，规避环境风险，促使商业银行投资环保产品
《关于加快发展节能环保产业的意见》	加快发展环保产业是我国的国家产业政策之一，中国人民银行和商业银行应有相关的法律对策，通过各种金融手段大力扶持和优先发展科技含量高、附加值高、耗能低、污染小的产业和产品，促进产业结构合理化，实现经济效益、社会效益和环境效益的有机统一
《关于落实环保政策法规防范信贷风险的意见》	把强化环境监管与规范信贷管理紧密结合，把企业履行环保政策法规情况作为信贷管理的重要内容，把企业的环境守法情况作为对企业贷款的前提条件
《生态文明体制改革总体方案》	作为生态文明体制改革的顶层设计首次明确提出构建碳金融体系战略
《关于切实做好全国碳排放权交易市场启动重点工作的通知》	要求确保2017年启动全国碳市场
《"十三五"生态环境保护规划》	首次从落实的层面对我国生态文明体制机制建设作出规划和部署，细化了《生态文明体制改革总体方案》和"十三五"规划中的相关规定
《中国碳金融市场发展报告（2018）》	深入研究碳金融基础理论，不断完善碳金融标准体系，研究储备更多的碳金融政策工具，继续鼓励碳金融产品服务创新，广泛深入参与全球碳金融治理，推动中国碳金融高质量、可持续发展
《关于促进应对气候变化投融资的指导意见（2020）》	全面贯彻落实党中央、国务院关于积极应对气候变化的一系列重大决策部署，更好地发挥投融资对应对气候变化的支撑作用、对落实国家自主贡献目标的促进作用、对绿色低碳发展的助推作用
《碳金融产品》（JR/T 0244—2022）	在碳金融产品分类的基础上，制定了具体的碳金融产品实施要求。该标准的制定有利于促进建立全国统一的碳排放交易权市场和有国际影响力的碳定价中心，有利于有序发展各类碳金融产品，促进世界加深对碳金融的认识

资料来源：作者根据中国人民银行网站公开资料整理。

我国尚处于碳金融的初始发展阶段，碳金融监管表现为对碳排放权交易的监管。根据 2021 年 2 月 1 日起施行的《碳排放权交易管理办法（试行）》以及各试点的地方性立法，我国碳排放权交易采取主管与分管相结合的管理体制，由生态环境主管部门负责碳排放权交易的组织实施和统一协调。生态环境主管部门的主要职责如下：

①制定碳排放权交易相关规划、政策、管理制度并组织实施

碳排放权交易是一个非常复杂的体系，从覆盖范围看，其涉及工业、商业、公用事业、交通等社会经济生活的多个领域；从碳排放权交易管理活动看，其涉及总量控制、配额分配、碳排放监测、报告和核查、登记、抵消、信息披露、金融监管等多个方面。因此，主管部门需要统筹全局、协调各方之间的关系，并通过立法明确监管部门的职责和权力以及被监管单位的权利和义务。

②配额管理

碳排放权交易市场实际上是碳排放配额及其衍生品交易市场。政府通过设定配额总量、配额初始分配、配额供给和需求调整、配额价格干预、配额跨期存储和借贷规则等措施干预碳排放权交易市场，进而利用市场机制管理温室气体排放主体的减排活动，以实现温室气体排放控制目标。因此，配额管理是碳排放权交易制度成败的关键所在。2021 年 7 月 16 日，全国碳排放权交易市场正式启动上线交易。根据生态环境部印发的《2019—2020 年全国碳排放权交易配额总量设定与分配实施方案（发电行业）》，省级生态环境主管部门负责确定省级行政区域配额总量，各省级行政区域配额总量加总后形成全国配额总量。

③履约管理

开展碳排放权交易的目的就是让受控单位向主管部门提交与其实际碳排放量相等的配额或者自愿核证减排量，从而有效控制受控企业的温室气体排放。因此，履约管理对于温室气体减排目标的实现至关重要。履约管理主要涉及抵消机制、配额清缴，以及未履行清缴义务的责任机制。

④温室气体排放监测、报告和核查管理

温室气体排放监测、报告和核查是碳排放权交易管理部门获取真实、可靠的温

室气体排放信息的重要手段，也是制定碳排放总量控制目标、分配碳排放配额、评价受控主体履约情况的前提。为了保证温室气体排放信息的真实性和可靠性，碳排放权交易管理部门要制定监测、报告和核查的标准和办法，并对承担监测、报告和核查工作的机构加以监督。

对于碳排放权交易的分管部门，《碳排放权交易管理办法（试行）》尚未作出相关规定，各试点立法基本采取了概括式规定，即规定由财政、金融、城乡建设、国有资产、质量监督、物价、统计、经济和信息化、交通、商务等部门按照各自职责做好碳排放权交易的相关管理工作。

我国碳排放权交易的政府监管在实践中采取的是专门机构统一监管与相关部门协同监管的模式。其中，负责统一监管的专门机构为国务院和地方生态环境主管部门。各碳排放权交易试点对于协同监管机构的规定则不尽一致，主要包括能源、金融、财政，以及经济和信息化等部门。一套碳排放权交易体系涉及多个规制主体且职能配置不合理，极易造成"过度规制"或者"规制不足"等政府失灵现象，也往往会导致企业负担增加，从而对碳排放权交易产生抵触情绪。从碳排放权交易试点的情况看，由于静态权力结构配置不合理导致的体制性障碍普遍存在，尤其是信息收集、监管执法、技术标准、第三方核查等问题亟待解决。此外，当前对于碳排放权交易的监管主要集中于碳排放配额的分配、交易和履约管理方面，仍然局限于碳排放权交易体系建设本身，并没有上升到金融层面，这种点对点的分散规制难以适应防范系统性金融风险和矫正碳金融市场失灵的制度需求。

8.2.3　中国碳金融产品的政府监管体制前景展望

我国目前涉及碳金融监管的法律文件主要包括《碳排放权交易管理办法（试行）》以及北京、上海等八个试点省（市）印发的碳排放权交易细则等规范性文件，缺乏《碳排放权交易管理暂行条例》以及《碳排放权交易法》等更高位阶的法律规范。缺乏可预期性和稳定性的碳市场难以吸引优质投资者，我国应提高碳排放配额分配立法的法律层级，完善碳金融法律制度的顶层设计，加快推进《碳金融法》等高位阶实体法律制度的建设，明确监管机构的法律地位、职责以及责任承担等问题。

（1）完善碳金融市场横向监管的基本框架

生态环境部于2021年3月30日发布的《碳排放权交易管理暂行条例（草案修改稿）》表明，国务院生态环境主管部门与国务院市场监督管理、证券监督管理、银行业监督管理等部门和机构建立监管信息共享和执法协作机制。由于碳金融市场极具专业性，且有其自身特点，亟须引进一个由专业人员组成的监管机构。此外，传统的监管模式是以金融机构的行业性质为标准的分业监管模式，随着金融混业经营的不断深化以及碳金融市场的复杂多变性，这种模式很容易出现监管真空以及监管套利等问题。如果继续实行分业监管的模式，原本的"一行两会"监管部门必须转型为"全能型"的监管部门，明显违背监管效率原则。因此，可以沿袭我国传统的金融监管模式，在"一行两会"分业监管模式的基础之上，新设立一个碳金融监督管理委员会（以下简称"碳监会"），形成"1+1+2"的新监管模式。

具体来说，人民银行作为国家正式部委，负责对碳金融市场进行宏观审慎监管，加强对系统性风险的识别和监管；在微观审慎监管上，则由碳监会独立行使对碳金融市场的监管职权，并且抽调银保监会和证监会中的部分人员组成单独的碳金融联合监管小组，对其予以辅助。也就是说，当涉及碳金融本身的风险、市场准入及第三方核证机构等限制问题时，由碳监会发挥其监管职责；当涉及传统金融风险及对应金融机构从业人员资格等问题时，由碳金融联合监管小组予以应对。

（2）纳入碳金融市场横向监管的具体制度安排

碳金融法律关系的几类主体从性质上可以分为带有一定行政或者服务职能的市场辅助者和纯粹的利益性金融活动主体两大类。

①行政或者服务职能的市场参与者

有行政或者服务职能的碳金融市场辅助者主要包括政府主管部门（生态环境主管部门和注册登记系统监管机构）以及第三方服务机构（碳排放核查机构、清算机构、信息技术服务机构和金融服务机构）。

首先，政府主管部门参与碳金融活动基本上都带有行政管理色彩，对其进行监管的重点应该在于预防政府监管失灵以及权力寻租。一般来说，可以通过内部监督及社会监督达到以上两种监管效果。内部监督即由上述碳监会承担，其主要职能在于评估以及预测碳排放权交易市场的供需关系，防止配额的过度发放，同时对权力寻租行为予以警告、调查等。社会监督即建立碳金融行业自律组织，并对其赋予一定的监督职权，重点关注并审核政府部门在一级市场的配额发放行为。

其次，对第三方服务机构的监管则采用以市场监管为主、政府监管为辅的机制。政府机关对于这些服务机构的监管主要体现在市场准入上，由碳监会严格审核其行业资质及从业人员资格，同时设置严厉的惩罚机制，加大违法成本，保证行业的良性发展。市场监管体现在行业的良性竞争上，这就需要政府部门引导建立有效竞争的市场结构，一方面要扩大服务机构的规模，提高其自身竞争力；另一方面要在服务市场引入一定数量的竞争者，且着重限制服务市场的垄断或者不正当竞争行为。

②纯粹的利益性金融活动主体

对于纯粹的利益性金融活动主体，我国应该建立市场地位报告制度，以此严厉打击市场过度投机行为。碳监会可以利用自己的信息优势，获取市场参与者短期的配额或者信用存储情况，对于明显不符合市场供需关系的配额或者信用存储主体进行相关调查。如果碳监会认定某一存储主体达到了一定的市场影响地位，则对其进行定期的限制市场交易和罚款的惩罚，并将存储主体的惩治情况予以记录并公示。

③碳金融法律关系客体

对于碳金融法律关系客体的监管主要有以下几个方面：首先，应加强对碳金融创新产品的信用评级机构的监管，落实信用评级机构的法律责任。其次，碳监会应成立专业的团队对碳金融衍生品的内在结构实行动态监管与研究，防止市场参与主体推出形式合法而实质不合法的碳金融创新产品，产生碳金融资产泡沫。最后，我国应实行一定的配额战略储备制度，避免配额价格出现过大的波动，即应该根据市场的供需关系，适时吸收或者发放一定的碳配额（碳存款和碳贷款），对碳金融市场予以宏观调控。

（3）完善碳金融监管制度

碳金融监管是指金融监管当局依据国家法律法规对整个碳金融业（包括碳金融机构和碳金融业务）实施的全面性、经常性的检查与监督，以此促进金融机构依法稳健地经营和发展，使之符合碳金融发展的要求。经过多年的发展和改革，当前中国金融市场的监管体系形成了"一行两会"的分业监管模式，可以说是基本完善。碳金融作为金融界的一个新名词，其发展壮大势必对中国现有的金融监管体制提出了新的任务和挑战，尤其是在监管机构设置、监管制度及国际监管等方面需要重新考虑和完善。

完善现有的碳金融监管机制、建立一套与碳金融发展相适应的碳金融监管机制对我国银行业推行碳金融政策以及中国碳金融政策体系的建立有着重要的意义。具体来讲，首先，可以在现有的金融监管经验基础上，借鉴国外发达国家的碳金融监管体制，再建立符合我国国情的碳金融监管机制。其次，可以根据碳金融特有的产品创新、具体运作模式以及风险防范等问题，分门别类、有针对性地制定监管制度，创新监管理念。例如，由于碳金融的开展涉及的领域较新，业务界限可能需要重新整合，如何协调部门的整合以及如何对新业务进行监管将会成为未来监管的关键。最后，中国要发展碳金融势必要面临国际合作，所以国际协调监管也可能变得十分重要。除了内部监管之外，还可以考虑引入外部监管机制、成立碳金融监督管理委员会等机构、对公众大力宣传和倡导碳金融理念、建立市场化征信制度等，使中国的碳金融监管制度更加全面和有效。

8.3　国外碳金融产品的行业监管

8.3.1　世界银行组织制定的碳金融产品相关政策

世界银行的环境保护政策体现在其业务操作的各个程序规范之中，即业务政策

（Operational Policy，OP）、业务指令（Operational Directives，OD）、业务程序（Bank Policy，BP）和良好操作（Good Practices，GP），主要涉及了十项核心环境保护政策（程序）：环境评估（OD4.01）、病虫害防治（OP/ BP4.09）、林业（OP/ GP4.36）、自然栖息地（OP/BP4.04）、国际水道项目（OP/BP7.50）、水坝安全（OP/ BP7.60）、文化财产（OP/BP11.03）、争端地区的项目（OP/BP7.60）、当地民族（OD4.20）及非自愿移民（OD4.30）。这些政策的共同目标就是把对环境相关问题的关注直接融入世界银行的各项业务活动中，预防其业务活动对人类生存环境造成破坏，从而推动可持续发展。自 1989 年以来，世界银行把实施和完成环境影响评价作为其批准贷款的先决条件，为此，世界银行制定了有关环境评价的政策以及项目环境审查程序和步骤。环境评价一般包括具体项目的环境评价、行业开发计划的环境评价、区域开发的环境评价等形式。

赤道原则（Equator Principles，EPs）是根据世界银行下属的私营部门投资机构国际金融公司（IFC）的政策和指南制定的，旨在发展与项目融资有关的社会和环境问题的自愿性原则。宣布实行赤道原则的银行必须制定与该原则相一致的内部政策和程序，并对项目融资中的环境和社会问题尽到审慎性审核调查的义务。银行只有在项目发起人能够证明其项目在执行中会对社会和环境负责并遵守赤道原则的情况下，才能对项目提供融资。赤道原则已经成为国际项目融资的新标准。

2003 年 6 月 4 日，在荷兰银行、花旗银行、巴克莱银行等几家国际银行的倡议下，赤道原则正式形成，这些银行被称为"赤道银行"。赤道原则官网显示，截至 2018 年 11 月底，全球已经有 37 个国家和地区的 93 家银行和金融机构表示接受赤道原则，这套原则确立了国际项目融资中的环境与社会的最低行业标准。经过 2007 年 7 月赤道原则成员的共同修改，适用赤道原则的融资项目由原来的 5 000 万美元降低为 1 000 万美元；在项目分类上更加明确区分了社会和环境影响评价，从而更加强调项目的社会风险和影响。这从总体上提升了赤道原则执行的标准，更加有利于碳金融的发展。

8.3.2 碳金融行业监管的模式：传统理论与欧美实践

纵观国内外有关金融监管的理论和实践，传统的金融监管模式有分业监管、功能监管、双峰监管等模式。

分业监管是以金融机构的行业性质为标准进行分类监管，也称为机构监管。在分业监管模式下，政府根据监管对象的法律性质不同，分别设立银行业监管机构、证券业监管机构、保险业监管机构等专门监管机构。分业监管具有专业化水平和监管效率较高、风险防御能力较强的优势，但随着金融混业经营的不断深化，监管真空、信息不对称、监管成本过高等问题愈加明显。如果坚持分业监管模式，必然使原先的银行、保险、证券等监管部门都扩张为"全能型"监管部门，明显违背监管效率原则。

功能监管是以金融活动的基本功能为标准设置监管机构。在功能监管模式下，监管主体关注的是金融机构的业务活动及其所能发挥的功能，而非金融机构本身。功能监管有利于避免过度监管、监管真空以及监管套利等问题，确保了同种功能的金融服务或产品受到同质监管，营造了公平的市场竞争环境，但也存在一定的不足，如增加了金融机构的守法成本、监管不能覆盖系统性金融风险生成的整个链条，等等。

双峰监管根据审慎性监管和保护消费者利益这两个目标分别设立两类监管机构，一类负责对所有金融机构进行审慎监管，控制金融业的系统性风险；另一类则负责对不同金融业务的经营进行监管，以提高金融服务质量，保护消费者利益。澳大利亚和荷兰是采用双峰监管模式的典型国家。

从欧美的实践来看，其碳金融监管基本采取了功能监管的模式，即成立专门机构进行统一监管，其中，监管主体之间的权力配置关系包括中央与地方之间的纵向关系以及不同部门间的横向关系。

从纵向来看，单一碳排放权交易体系管理主体往往由一个专门机构监管，如美国加州的碳排放权交易市场由加州空气资源委员会（Air Resource Board，ARB）统一监管。多个碳排放权交易体系的监管往往较为复杂，涉及多层面监管。例如，美国区域温室气体减排行动（RGGI）在区域层面设立区域组织（Regional Organization，RO）和执行委员会（Executive Board），每个州派出两名代表作为执行委员会成员。在州层面，RGGI在各州设立专门的主管机构，按照RGGI备忘录和示范规则实施碳排放权交易管理。再如，欧盟碳排放权交易体系不仅有欧盟委员会进行监管，还有各成员国内设的专门监管机构进行监管。

在横向层面，碳金融涉及气候、证券、保险、银行等多个领域，因此，除接受专门监管机构的监管外，还受到相关领域监管机构的监管，其监管模式为统一监管和协同监管相结合。例如，欧盟委员会依据《碳排放权交易指令》（2003/87/EC）对碳排放权交易市场的运行情况进行监管，防止各类市场违规行为发生；同时，欧盟证券和市场管理局（European Securities and Markets Authority，ESMA）依据《金融工具市场指令 II》（Markets in Financial Instruments Directive II）和《市场滥用指令》（Market Abuse Directive）对符合条件的碳金融活动进行监管。欧盟碳排放权交易市场采取欧盟委员会统一监管、证券和市场管理局协同监管的模式，在实现碳金融维护气候公益目的的同时有助于避免监管真空和系统性金融风险。为了保证安全和高效的交易环境以及提升市场信心，欧盟委员会和欧洲议会于2017年修改了《金融工具市场指令》和《市场滥用指令》，修订后的指令自2018年1月起实施。《金融工具市场指令 II》强化了市场统一监管，将有组织交易设施（Organized Trading facility，OTF）纳入监管范围。OTF的交易产品包括债券、结构化金融产品、排放配额及其衍生品。《金融工具市场指令 II》正式将排放配额及其衍生品纳入证券和市场管理局的监管范围。此外，新修订的《市场滥用指令》在以下几方面保障碳市场秩序：高诚信标准适用于所有市场参与者以禁止通过散布虚假信息或谣言等方法垄断市场；纳入欧盟碳排放权交易体系的排放企业将不能通过内幕消息损害其他市场参与者而获利；所有市场参与者将能够获得更加便捷和透明的信息；反洗钱措施将适用于所有碳市场活动。

8.3.3　碳金融监管机构的具体规定（欧盟）

（1）《金融工具市场指令 II》

欧盟委员会跟 ESMA 以及两家咨询公司共同制定了《金融工具市场指令 II》（MiFID II），并于 2018 年 1 月正式实施。MiFID II 扩大了碳排放权交易市场的监管范围。在监管对象方面，受监管的市场组织者和参与者涵盖了在排放配额方面进行交易的银行、贸易商和经纪人。在覆盖产品方面，为了加强对交易活动的全面监管、适当地补充《排放交易指令》的内容，欧盟将碳排放配额现货完全纳入 MiFID II，并将其分类为金融工具。

MiFID II 规定了监管豁免的情况。排放企业须确保碳排放配额衍生品仅用于对冲其实际排放需求。如果要避开监管，需要以其他方式申请适用"辅助豁免"（Ancillary Exemption）。辅助豁免适用于两种类型的企业：一是自主交易排放配额及其衍生品的公司，包括做市商；二是除了自主业务外，向其主营业务的客户或供应商提供排放配额及其衍生品投资服务的公司。监管当局应与主管现货和监督拍卖市场的公共机构、主管当局、登记管理机构和其他负责监督《排放交易指令》遵守情况的公共机构合作，以确保其能够获得排放配额市场的综合情况。

值得注意的是，MiFID II 对金融衍生品的一般规定同样适用于碳排放配额衍生品，如高频交易、头寸报告、OTF 等。成员国应允许经营 OTF 的投资公司或市场运营商仅在客户同意的情况下从事排放配额及其衍生品的交易。其中，OTF 是指监管市场或多边交易设施（Multilateral Trading Facility，MTF）之外的多边系统，债券、结构性融资产品、排放配额或衍生品等多个第三方买卖权益能够在该系统中相互作用。MTF 是指由投资公司或市场运营商运营的多边系统，该系统汇集了金融工具的多个第三方买卖权益。

（2）《市场滥用行为监管规定》和《市场滥用刑事制裁指令》

MAR 和 CSMAD 则从防止内幕交易和市场操作等方面保障碳市场的秩序：纳入欧盟碳排放权交易体系的排放企业不能通过内幕消息损害其他市场参与者而获利；

所有市场参与者将能够获得更加便捷和透明的信息；反洗钱检查已经到位；违反该指令的有关条款将构成犯罪，相关自然人将被判处监禁。

（3）证券和市场管理局的市场监控报告

除了欧盟委员会及金融市场管理机构对金融衍生品进行监管外，欧盟委员会要求证券和市场管理局分析碳排放配额的交易运行情况。2021年，欧盟碳价屡创新高，在12月超过了90欧元/吨。在碳价保持高位的同时，更多非控排企业在进行碳配额交易，尤其是对冲基金等金融机构。ESMA关于欧盟碳市场的初步报告证实，它以有序的方式运作，可与其他金融市场相媲美，并且相关市场当局尚未发现任何具体的市场操纵案例。尽管这份报告打消了这些市场参与主体对操纵市场的疑虑，但一些欧盟成员国仍然呼吁遏制非控排企业进入市场。2022年3月28日，证券和市场管理局发布了关于欧盟碳市场交易的最终报告，总体认为，从金融监管的角度来看，数据分析并未发现欧盟碳市场运作的任何异常。

8.4 中国碳金融产品的行业监管

2017年，中国人民银行等五部门联合发布了《金融业标准化体系建设发展规划（2016—2020年）》，提出的绿色金融标准体系主要包括产品标准、信息披露标准以及绿色信用评级标准。

8.4.1 绿色信贷标准

中国人民银行在2018年建立了《绿色贷款专项统计制度》，对绿色贷款专项统计实行管理引导。中国原银监会（现归入国家金融监督管理总局）等在《绿色信贷指引》的基础上，先后出台了《绿色信贷统计制度》《绿色信贷实施情况关键评价指标》《能效信贷指引》等绿色信贷政策，明确提出了绿色信贷范围，见表8-4。

表8-4	我国绿色信贷标准
分类	要求
中国人民银行《绿色贷款专项统计制度》	（1）对绿色贷款的统计，包括对节能环保项目及服务贷款的统计，具体有12类：绿色农业开发项目贷款；绿色林业开发项目贷款；工业节能节水环保项目贷款；自然保护、生态修复及灾害防控项目贷款；资源循环利用项目贷款；垃圾处理及污染防治项目贷款；可再生能源及清洁能源项目贷款；农村及城市水项目贷款；建筑节能及绿色建筑项目贷款；绿色交通运输项目贷款；节能环保服务贷款；采用国际惯例或国际标准的境外项目贷款 （2）对存在环境、安全等重大风险的企业贷款的统计口径包括4类贷款：涉及环境保护违法违规且尚未完成整改的企业贷款；涉及安全生产违法违规且尚未完成整改的企业贷款；涉及落后产能且尚未完成淘汰的企业贷款；涉及职业病预防控制措施不达标且尚未完成整改的企业贷款
中国银保监会《绿色信贷统计制度》	节能环保项目及服务贷款统计口径包含12类贷款：工业节能节水环保项目贷款；可再生能源及清洁能源项目贷款；建筑节能及绿色建筑项目贷款；垃圾处理及污染防治项目贷款；自然保护、生态修复及灾害防控项目贷款；资源循环利用项目贷款；绿色交通运输项目贷款；农村及城市水项目贷款；节能环保服务贷款；绿色农业项目贷款；绿色林业项目贷款

8.4.2 绿色债券标准

国内现有的绿色债券标准主要包括《关于在银行间债券市场发行绿色金融债券有关事宜公告》、《绿色债券支持项目目录》（以下简称《目录》），以及国家发改委发布的《绿色债券发行指引》（以下简称《指引》）。2016年上交所发布的《关于开展绿色公司债券试点的通知》对《目录》和《指引》进行了补充，见表8-5。

表8-5	我国绿色债券标准
分类	要求
《绿色债券支持项目目录》	项目范围包括6大类和31小类，包括节能、污染防治、资源节约与循环利用、清洁交通、清洁能源、生态保护和适应气候变化等类别项目
《绿色债券指引》	项目范围包括12大类，分别为节能减排技术改造、绿色城镇化、能源清洁高效利用、新能源开发利用、循环经济发展、水资源节约和非常规水资源开发利用、污染防治、生态农林业、节能环保产业、低碳产业、生态文明先行示范实验、低碳试点示范

资料来源：作者根据中国碳金融信息网、碳交易网资料整理。

8.4.3 信息披露标准

中国人民银行、沪深交易所及交易商协会公布了关于绿色债券信息披露的标准（见表8-6），要求发行人按年度或半年度披露募集资金的使用、项目进展以及环境效益等情况。另外，国内银行按照《绿色信贷指引》定期披露绿色信贷投放情况及实现的节能减排环境绩效。基金业协会也在积极推进研究，探索上市公司的ESG评估体系。

表8-6　　　　　　　　　　　我国绿色金融信息披露标准

绿色金融产品	信息披露标准依据	信息披露标准
绿色项目环境影响及资金用途信息披露	中国人民银行《中国人民银行公告〔2015〕第39号》	发行人应当按季度向市场披露募集资金的使用情况，应当于每年4月30日前披露上一年度募集资金使用情况的年度报告和专项审计报告以及本年度第一季度募集资金的使用情况，并将上一年度绿色金融债券募集资金的使用情况报告给中国人民银行
	中国证监会《关于支持绿色债券发展的指导意见》	按公司债一般规定披露常规信息，同时披露资金使用情况、绿色项目进展和环境效益等
	中国银行间市场交易商协会《非金融企业绿色债务融资工具业务指引》	按一般规定披露信息，按半年度披露资金使用情况和绿色项目进展情况
	中国银监会《绿色信贷指引》	公开绿色信贷战略和政策；披露绿色信贷发展情况；依据法律法规披露涉及重大环境与社会风险影响的授信情况等相关信息
上市公司强制性环境	中国证监会《公开发行证券的公司信息披露内容与格式准则第2号——年度报告的内容与格式（2015年修订）》	要求部分重点排污单位自2017年起强制披露污染排放情况
	港交所《ESG报告指引》	对在港交所挂牌的上市公司提出ESG信息披露要求，明确了需要披露的"关键绩效指标（KPI）"

资料来源：作者根据中国人民银行、中国证监会、中国银保监会、港交所等官方网站资料整理。

8.4.4 认证评级标准

绿色金融认证评级标准援引各具体行业的相关技术标准、排放标准等，主要包括金融机构绿色信用评级、绿色债券评级、企业主体绿色评级和ESG评估四个方面，见表8-7。

表8-7 我国绿色金融认证评级标准

评级对象	评级部门	评级标准
金融机构绿色信用评级	中国人民银行	宏观审慎评估体系（MPA）
绿色债券评级	中国人民银行、中国证监会	《绿色债券评估认证行为指引（暂行）》
	东方金诚	《自然环境信用分析框架暨绿色债券信用评级方法》
	中诚信国际	《中诚信国际绿色债券评估方法》
企业主体绿色评级	联合赤道环境评价有限公司	《企业主体绿色评级方法体系》
	环境保护部、国家发改委、中国人民银行、中国银保监会	《企业环境信用评价办法（试行）》
	环境保护部、国家发改委	《关于加强企业环境信用体系建设的指导意见》
ESG评估	润灵环球责任评级(RKs) 机制、中国社会科学院经济学部企业社会责任报告评级机制、中证指数有限公司 ECPI-ESG 机制	中国社会科学院经济学部企业社会责任研究中心主要针对企业社会责任报告本身开展评级工作；RKs体系包括ESG评级、企业社会责任报告评级、社会责任投资者服务等；ECPI-ESG评级体系则更关注公司在环境保护、社会责任和公司治理方面的长期表现

资料来源：作者根据相关资料整理。

（1）金融机构绿色信用评级

金融机构是绿色金融市场的另一类重要主体。通过指数量化地评估金融机构落实绿色责任的效果，有利于在金融市场和机构间开展绿色金融业务的合作，见表8-8。

表8-8 我国金融机构绿色业务评价

发布者	报告	基本内容
马塞尔·杰肯	《金融可持续发展与银行业》《金融部门与地球的未来》	将银行对待环境保护的态度分为抗拒、规避、积极和可持续发展四个阶段。通过调研，对全球34家知名银行进行了绿色金融发展评价
世界自然基金会、中国银保监会、普华永道	《中外银行绿色绩效比较》	采用抽查问卷的形式，对国家开发银行、中国工商银行等12家国内银行与花旗银行等10家赤道银行开展绿色金融的行为进行比较评价
世界可持续发展工商理事会、联合国环境规划署	《金融业的环境绩效评价体系》	定性衡量了四种类型的金融机构在环境保护、可持续发展领域的表现
环境保护部环境与经济政策研究中心（现生态环境部环境与经济政策研究中心）	《绿色信贷报告》	采用专家打分法，从绿色信贷战略、绿色信贷管理、绿色金融服务、组织能力建设、沟通与合作五个维度对我国50家中资银行的绿色信贷实施成效和信息披露水平进行评价
绿色家园等9家民间组织	《中国银行业环境记录》	利用社会责任报告等公共信息，对我国14家中资上市银行和3家在华外资赤道银行（花旗、汇丰、渣打）的绿色金融情况进行定性分析
碳信息披露组织（CDP）	《CDP年度报告》	对全国包括金融机构在内的5 000多家公司的碳披露情况进行评价
英国国家可持续发展中心	《关于银行绿色服务渠道的评价分析》	构建了评价银行渠道与绿色金融关系的指标

资料来源：曾学文，刘永强，满明俊，等.中国绿色金融发展程度的测度分析［J］中国延安干部学院学报，2014（6）：11.

（2）绿色债券认证评级

开展绿色债券第三方认证业务的第三方认证机构包括安永、普华永道、德勤、商道融绿等国外知名认证机构，也有中节能咨询、中债咨信等国内认证机构，以及中央财经大学气候与能源金融研究中心、北京中财科创绿色投资有限公司等国内研究机构。我国不少评级机构也开始了绿色债券评级工作，并发布了评级方法及认证体系，如东方金诚的《自然环境信用分析框架暨绿色债券信用评级方法》、中诚信国际的《中诚信国际绿色债券评估方法》等。

（3）企业主体绿色评级

2013年，环境保护部、国家发改委、中国人民银行、中国银保监会印发了《企业环境信用评价办法（试行）》，将企业按环境信用分为环保诚信企业、环保良好企业、环保警示企业、环保不良企业四个等级，并以绿牌、蓝牌、黄牌、红牌表示。2015年，环境保护部会同国家发改委发布了《关于加强企业环境信用体系建设的指导意见》，要求建立和完善企业环境信用记录。

（4）ESG在我国的发展

我国ESG发展起步较晚，却得到了政府、监管机构和市场主体的高度重视。2008年，兴业全球基金管理有限公司成为国内第一家引入社会责任投资理念的公募基金公司，发布国内首只社会责任主题的基金——兴全社会责任证券投资基金。早在2012年，香港联合交易所就出台了《环境、社会及管治报告指引》，并于2015年将披露准则从自愿遵守提升至"不遵守就解释"。2015年，中国金融学会成立绿色金融专业委员会，系统性地提出构建中国绿色金融政策体系的建议。2016年G20杭州峰会首次将"绿色金融"纳入议题并写进峰会公报。"十三五"规划明确提出"建立绿色金融体系，发展绿色信贷、绿色债券，设立绿色发展基金"。2016年8月七部委联合发布《关于构建绿色金融体系的指导意见》，全面部署了绿色金融的改革方向。

责任投资在我国的发展尚处于起步阶段，尽管有中证ESG指数、上证180公司治理指数等涉及ESG的指数，但总体来看ESG在我国还没有形成有影响力的体系。企业环境表现的监测和信息披露机制的缺位是ESG体系发展阻滞、应用受限的重要原因，这也限制了市场在ESG框架基础上进一步开发绿色金融产品指数等。

8.5　本章小结

本节首先从政府监管视角出发，深入分析了碳金融产品的境外监管规则、境内监管规则，为政府监管政策的完善提出对策建议。然后，梳理碳金融产品的行业监管现状。从传统理论与欧美实践的行业监管模式入手，分析欧盟碳金融监管机构的具体规定，再分析中国碳金融行业的监管标准。梳理国内外碳金融产品监管政策有助于更好地理解和评估碳金融产品在各国监管环境下的发展情况，为未来的监管政策制定提供参考依据。

思政专栏

A 企业是新能源行业中的一家初创企业。20×3 年，A 企业发行了碳债券，承诺用于引进清洁能源设备和优化生产工艺以实现碳减排目标。然而，由于管理不善和技术问题，且资金使用并未受到监管，减排项目进展缓慢，无法达到预期的减排效果。同时，公司财务状况也开始出现困难，多项长期借款无法按时偿还。20×4 年，由于 A 企业未能按时履行合约义务，导致债券出现逾期和违约情况，造成了投资人的损失，同时也损害了企业的信用和声誉。

绿色项目相比一般的项目环保要求更高，这对于发行人的技术水平、环保水平都有更高的要求，对于缺乏技术实力和管理能力的企业，发行碳债券进行融资容易因项目完工困难、减排不达标等原因而造成违约。A 企业是一家初创企业，其技术研发能力、管理能力较弱是导致其项目不能顺利完成的关键。另外，A 公司财务制度不够健全，项目的资金流向没有得到有效的监管，其很可能出于资金融通的目的申请发行绿色债券，而在获得资金后挪作他用，从而实现企业的低成本融资，最终导致了投资者的利益受到损害。

因此，对于碳债券融资需要加强监管力度、健全监管机制，引入社会独立审计机构进行审计，确保资金使用符合合约规定，防止资金挪用，确保项目建设得到有效监管，保证项目如期完成并实现碳减排目标。

思考题

（1）介绍碳金融监管与金融监管的异同。

（2）结合我国当前国情，谈一谈如何借鉴国外碳金融产品的监管制度？

（3）请谈一谈中国的碳金融产品监管还可以从哪些方面提升？

第9章　国外碳金融产品现状

碳金融市场作为新兴的金融市场，被认为是应对全球气候变化、保护生态环境以及提高环境资源配置效率的最佳经济手段。碳金融创新是推进碳交易市场发展的重要手段，也是优化碳资产配置的有效途径。面对日益严峻的全球气候变化、环境挑战等问题，旨在减少碳排放的碳金融与碳金融市场得到了迅速发展。国外主要交易所交易的碳金融产品见表9-1，本章将着重介绍国外典型的碳金融产品。

表9-1　　　　　　　　　　国外主要的碳排放交易所及其碳金融产品

区域	交易所名称	碳金融产品
欧洲	欧洲气候交易所（ECX）	EUA、EUR和CER类期货、期权类产品
	欧洲能源交易所（EEX）	电力现货、EUA
	北欧电交易所（NP）	电力、EUA、CER
	BlueNext交易所	EUA和CER的现货和衍生品
	Climex碳交易所	EUA、CER、VER、ERU和AAU
美洲	芝加哥气候交易所（CCX）	北美及巴西的六种温室气体的补偿项目信用交易
	芝加哥气候期货交易所（CCFE）	规范、结算的废气排放量配额和其他环保产品方面的期货合约
大洋洲	澳大利亚气候交易所（Australian Climate Exchange，ACX）	CER、VER、REC
	澳大利亚证券交易所（ASX）	REC
	FEX Global期货交易所	环境相关的交易产品的场外交易（OTC）服务
亚洲	新加坡商品交易所（SMX）	碳信用期货及期权
	新加坡碳交易所（AirCarbon Exchange，ACX）	远期合约、已签发的CER或VER的拍卖
	印度多种商品交易所（MCX）	两款碳信用产品合约——CER和CFI
	印度国家商品及衍生品交易所（NCDEX）	CER

资料来源：王瑶，刘倩．2012中国气候融资报告：气候资金流研究［M］北京：经济科学出版社，2013.

9.1 净零银行业联盟

9.1.1 净零银行业联盟成立的主要基础

净零银行业联盟（Net-Zero Banking Alliance，NZBA）于2021年4月21日成立，是一个由全球领先银行组成的团体，是格拉斯哥净零金融联盟（The Glasgow Financial Alliance for Net Zero，GFANZ）的创始成员之一。其致力于资助雄心勃勃的气候行动，以便在2050年使实体经济实现净零温室气体排放。

（1）格拉斯哥净零金融联盟

格拉斯哥净零金融联盟是世界上最大的金融机构联盟，致力于将全球经济过渡到净零温室气体排放。该联盟于2021年4月21日宣布成立，旨在扩大净零承诺金融机构的数量，并建立一个论坛，以应对与净零过渡相关的全行业挑战，确保以可信的行动实现高水平的雄心。GFANZ汇集了独立的、针对具体部门的联盟，并将金融界与"向零赛跑"运动、气候专家以及民间团体联系起来。

截至2024年1月，GFANZ由8个独立的净零金融联盟组成，其成员承诺支持到2050年向净零过渡，并帮助实现《巴黎协定》的目标。联盟成员包括银行、保险公司、资产所有者、资产管理者、金融服务提供商和投资顾问。每个联盟成员在发达国家、新兴国家和发展中国家的不同经济体和金融体系中运作。该联盟已经覆盖50多个国家超过670家成员企业。

GFANZ所拥有的8个独立的净零金融联盟包括4个创始成员行动计划，分别是"净零碳排放资产所有者联盟"（Net-Zero Asset Owner Alliance）、"净零碳排放资产管理人倡议"（Net Zero Asset Managers Initiative）、"遵守巴黎协定的投资倡议"（Paris Aligned Investor Initiative）和"净零银行业联盟"（Net-Zero Banking Alliance）；以及后续新增的4个联盟，即"净零保险业联盟"（Net-Zero Insurance Alliance）、"净零金融服务提供商联盟"（Net Zero Financial Service Providers Alliance）、

"净零投资顾问倡议"（Net Zero Investment Consultants Initiative）和"风险气候联盟"（The Venture Climate Alliance）。

（2）联合国环境规划署金融倡议《负责任银行原则》

《负责任银行原则》（PRB）为可持续银行体系提供了一致的框架，鼓励银行在最重要、最具实质性的领域设定目标，在战略、投资组合和交易层面以及所有业务领域融入可持续发展元素，确保签署银行的战略和实践符合联合国可持续发展目标（SDGs）和《巴黎气候协定》。目前已有两百余家银行签署了该原则。《负责任银行原则》一共有6条内容：

①一致性。承诺确保业务战略与联合国可持续发展目标、《巴黎气候协定》以及国家和地区相关框架所述的个人需求和社会目标保持一致，并为之作出贡献。

②影响与目标设定。承诺不断提升正面影响，同时减少因银行的业务活动、产品和服务对人类和环境造成的负面影响并管理相关风险。为此，银行将针对其影响最大的领域设定并公开目标。

③客户与顾客。承诺本着负责任的原则与客户合作，鼓励可持续实践，促进经济活动发展，为当代和后代创造共同繁荣。

④利益相关方。承诺将主动且负责任地与利益相关方进行磋商、互动和合作，从而实现社会目标。

⑤公司治理与银行文化。承诺将通过有效的公司治理和负责任的银行文化来履行银行对这些原则的承诺。

⑥透明与责任。承诺将定期评估签署的每一家银行和所有签署行对这些原则的履行情况，公开披露银行的正面和负面影响及其对社会目标的贡献，并对相关影响负责。

《负责任银行原则》的签署银行承诺采取三个关键步骤，不断改善其对社会的影响和贡献，包括：分析银行目前对社会、环境和经济的重大影响；在分析的基础上，针对影响最重大的领域设定目标并落实；公开披露进展情况等。

9.1.2 净零银行业联盟概述与案例

（1）概述

净零银行业联盟在2021年4月成立时，共吸引全球43家大型银行机构参与其中。截至2024年1月，全球已有45个国家的141家银行加入，共管理74万亿美元的资产，占全球银行业资产的41%。NZBA成员的目标为：

①实现贷款和投资组合运营与温室气体排放转型，确保在2050年前实现净零排放。

②在加入NZBA的18个月内，设定2030年（或更早）和2050年环保目标，并从2030年开始每5年设立一个中间目标。所有目标都将受到定期审查，确保其与最新科学意见的一致性。

③银行的第一个2030年目标将专注于可以产生最大影响的优先部门，如其投资组合中温室气体排放量最大的部门。

④在加入NZBA的36个月内，为所有或大多数碳排放密集型行业设定另一轮部门级目标，涉及的领域包括农业、铝、水泥、煤炭、商业和住宅房地产、钢铁、油气、发电和运输。

⑤参与客户机构的转型和脱碳计划，促进实体经济转型。

⑥每年公布绝对排放和排放强度情况，并在设定目标的一年内披露过渡战略进展，确立拟议行动和与气候相关的部门政策。

（2）案例

2023年12月，在第二十八届联合国气候变化大会的融资日，NZBA发布了《Net-Zero Banking Alliance 2023 Progress Update（净零银行业联盟2023年进展更新）》。该报告盘点了联盟成员设定的新目标，并重点介绍了8个NZBA绿色融资案例，展示了不同部门和资产类别中巨大且不断增长的机会，并总结了与气候相关的自愿框架和强制性监管的相关进展。本部分选择了两个案例以展示碳信贷在支持碳减排和低碳绿色转型方面的巨大作用。

2022年，第一阿布扎比银行（First Abu Dhabi Bank，FAB）在500兆瓦 Zarafshan 风力项目融资中发挥了关键作用。该项目是乌兹别克斯坦的第一个风力发电项目，也是迄今为止中亚最大的可再生能源项目。FAB 担任1.02亿美元绿色贷款的协调员、结构化银行、账簿管理人和授权牵头安排人。该贷款由阿联酋出口信贷机构阿提哈德信用保险公司（Etihad Credit Insurance，ECI）提供支持。该项目还从4个发展金融机构获得了超过1.75亿美元的长期贷款。Zarafshan 风力项目预计每年可减少110万吨二氧化碳排放，为50万个家庭供电，并有助于乌兹别克斯坦实现到2030年25%的电力来自可再生能源的目标。Zarafshan 是 FAB 资助的第一个风力项目，世界银行对 ECI 支持的贷款中的一半进行了承保。这将有助于 FAB 实现其到2030年为环境和社会责任活动提供750亿美元贷款、投资和便利业务的目标。

法国兴业银行为印度最大的可再生能源开发商之一 ReNew Power 提供了一笔12亿美元的绿色贷款，并担任了牵头安排人和对冲提供商。ReNew Power 将利用这笔贷款的收益（已于2023年年初完成财务结算）建设有900兆瓦风力发电能力、400兆瓦太阳能发电能力，并能储存100兆瓦时电力的电池。该项目将横跨印度的马哈拉施特拉邦、卡纳塔克邦和拉贾斯坦邦。这是印度第一个将风能、太阳能和电池技术相结合的公用事业规模的"全天候"项目。该交易将支持法国兴业银行到2025年实现促进3 000亿欧元可持续融资的目标。

9.2 欧盟碳债券

碳债券是由政府、企业为了筹集低碳经济项目（如碳减排、碳捕获与封存等）的资金而向社会公众发放的，表示在未来期间还本付息的一种债券，是解决低碳绿色融资问题的重要手段，也是绿色债券的一种。其主流模式包括碳零息债券、碳指数关联债券和碳常规抵押债券等。在实践中，研究者和机构都很少使用"碳债券（Carbon Bonds）"这一名称，而更多地使用"绿色债券（Green Bonds）""气候债券（Climate Bonds）""可持续债券（Sustainability-linked Bonds）""碳中和债券

（Carbon Neutral Bonds）"等名称，实际上这些概念为从属关系或者内涵重叠的关系，难以进行明确的区别，广义上可以认为它们是同一类别产品的不同名称。

欧盟在该领域起步较早，在实践中有三个重要的创新产品，下面进行具体介绍。

9.2.1 欧洲投资银行气候意识债券

2007年7月，欧洲投资银行（European Investment Bank，EIB）发行了世界上第一只气候意识债券（Climate Awareness Bond，CAB），该债券也是全球首只气候债券，募集的资金用于欧洲投资银行为可再生能源或能源效率类项目提供贷款。该气候意识债券的主要信息见表9-2。

表9-2 气候意识债券的主要内容

项目	内容
债券名称	气候意识债券
债券类型	绿色债券
发行日期	2007年6月28日
债券到期日	2012年6月28日
发行范围	欧盟27个成员国内
发行币种及金额	6亿欧元
利息	无
债券面值	100欧元
发行价格	100欧元
到期日赎回比例	100%（本金将按债券面值到期偿还）
到期日额外收益	债券持有者在债券到期日有权收到与良好环保领袖欧洲40指数（FTSE4Good Environmental Leaders Europe 40 Index）在债券发行五年期间的涨跌幅挂钩的额外收益。额外收益最低不少于债券票面金额的5%
发行场所	卢森堡交易所

有关在债券持有到期日可获得的额外收益的约定（见表9-2）保证了债券至少有5%的回报率。良好环保领袖欧洲40指数是一个衡量欧洲40家最为环境友好型企业的市场价值表现的指数，通过这样的设计，气候意识债券被构建为一个股票挂钩型债券。除此之外，若到期日的额外收益超过债券面值的25%，债券持有者将有权将超过部分的金额用于在欧盟碳市场中购买或废除相应金额的碳配额，以强化碳市场的减排效益。首单气候意识债券的创新收益机制实现了绿色债券投资价值和环境友好型企业价值的捆绑，即该债券的投资者可通过对气候友好型项目提供资金支持，享受环境友好型企业潜在价值增长带来的红利，同时可以保障最低5%的固定收益，具有较高的风险回报率。在债券募集资金支持气候项目的过程中，也可能间接提高环境友好型企业的市场表现，从而增加投资者的回报率，继而刺激更多的投资者参与气候意识债券的投资，形成循环正向激励。截至2020年年末，欧洲投资银行发行的气候意识债券规模累计超过337亿欧元，覆盖欧元、美元、英镑、瑞典克朗、加元、澳元等17个币种。2020年，欧洲投资银行将约合85亿欧元的气候意识债券募集资金投向了30个国家的121个气候项目，其中近40%为交通和仓储类项目，38%为电、气、汽和空调供应类项目，另外12%为房屋建设等其他项目，对全球应对气候变化作出了重大的贡献。

9.2.2　气候韧性债券

2019年9月，欧洲复兴开发银行（EBRD）发行了全球首只气候韧性债券（Climate Resilience Bonds），为适应性项目的债务融资作出了创新实践。该债券期限为5年，募集资金7亿美元，以支持符合CBI《气候韧性原则》（Climate Resilience Principles）的适应类项目。首只气候韧性债券由法国巴黎银行、高盛集团、瑞典北欧斯安银行联合承销，吸引了来自15个国家的约40位投资者参与认购。债券发行前，EBRD储备了超过7亿美元的气候韧性项目作为投资标的。该气候韧性债券将募集的资金投向摩洛哥、阿尔巴尼亚等欠发达国家，通过建设气候韧性基础设施、农业水利工程、发电站现代化改造等项目帮助这些地区提升整体气候适应能力。其中，基础设施是募集资金投入最为集中的领域，约90%的资金被投入该领域。

根据EBRD的统计数据，EBRD气候韧性投资组合中的项目加权平均期限为13.6年，债券发行初期的平均剩余期限为10.3年，具有较长的建设周期。相较于银行贷款等偏向中短期的融资工具，债券普遍融资规模更大、期限更长，更便于精准匹配基础设施建设周期长的特点。同时，通过债券融资的方式支持基础设施建设，可促进这些欠发达地区产业的发展，在满足地区人民生存发展需要的同时也可分配更多的资金用于应对气候变化活动，实现地区可持续发展。

例如，阿尔巴尼亚的KESH项目通过对当地最大发电企业的重组和改革提供资金支持，助力阿尔巴尼亚能源基础设施的优化，以增强其长期的可持续发展能力。KESH是阿尔巴尼亚的一家国有发电企业，提供了该国发电总量70%的电力。EBRD通过发行气候韧性债券为该企业提供了价值2.18亿欧元的长期主权担保贷款，以支持该企业的重组和改革，并减少了企业的融资成本，增加了流动性。获得资金支持的公司能够专注于现有设备的维护和长期投资的执行，并重点关注加强企业管理以及提高经营效率两方面，探索更为有效的企业管理、市场运营以及区域交易的模式，以加强阿尔巴尼亚电力系统未来对环境的适应能力。

针对债券存续期管理，EBRD也制定了完整的监管机制，对存续期内资金流向的监督、报告和审查进行规范。EBRD根据《气候韧性原则》等监管规则对资金流进行一季度一次的审查，保证募投项目在实际操作中符合相关规则标准。另外，EBRD每季度会对资金使用情况进行报告，将可公开的部分内容按照产业和国家（地区）进行分类报告，气候适应性项目总数、项目平均剩余期限以及气候韧性债券偿付情况等内容都会在报告中进行详细说明。

9.2.3　"下一代欧盟"绿色债券

2021年9月7日，欧盟委员会宣布将发行2 500亿欧元的"下一代欧盟"绿色债券（NextGenerationEU Green Bond）[①]，为"下一代欧盟"复苏基金的绿色项目融资。"下一代欧盟"绿色债券框架依据国际资本市场协会（ICMA）绿色债券原则，在可行范围内与欧盟委员会 2021 年 7 月提交的《欧盟绿色债券标准》保持一致。该框架有 4 个主要支柱：

①资金使用：框架下的资金将用于能源效率、清洁能源及气候变化适应等九大类支出。

②支出评估及选择程序：成员国按照至少将 37% 的欧盟复苏基金用于气候支出的要求制定路线图，债券资金将依此确定。

③资金管理：欧盟委员会将对资金支出情况进行跟踪。

④报告：欧盟委员会将使用分配报告和影响报告分别展示资金使用方式及成果。

欧盟委员会表示，绿色债券为欧盟及整个资本市场带来益处，主要体现在：

①确认欧盟对可持续金融的承诺；

②为市场带来新的高评级绿色资产，为广大投资者提供绿色投资机会；

③帮助欧盟委员会接触更广泛的投资者；

④允许投资者通过高评级资产组建多元化的绿色投资组合，加速可持续投资的良性循环，进一步推动绿色债券市场发展，并增强欧盟及欧元在可持续金融市场中的作用。

2021 年 10 月，欧盟委员会开始发行首批"下一代欧盟"绿色债券，规模为 120 亿欧元，所筹资金将用于支持 27 个欧盟成员国的绿色和可持续投资。这批 15 年期的绿色债券将在 2037 年 2 月到期。2023 年 4 月 10 日，欧盟委员会再次发行了 60 亿欧元的"下一代欧盟"绿色债券，计划为其"下一代欧盟"复苏计划提供 30% 的资金，该交易使欧盟委员会发行的"下一代欧盟"绿色债券总量累计至 425 亿欧元。

---

① European Commission. NextGenerationEU Green Bonds [EB/OL]. [2024-10-10]. https://commission. europa. eu/strategy-and-policy/eu-budget/eu-borrower-investor-relations/nextgenerationeu-green-bonds_en.

9.3 世界银行的碳基金

9.3.1 世界银行的碳基金概述

国际组织，特别是世界银行，是碳金融产品开发最为积极且富有经验的组织，其开发的碳金融产品除了发挥产品本身的功能外，还希望通过实践成为各国学习的范例。世界银行开发的主要减排金融工具为碳基金，以资助具有减排潜力的国家和企业采取相应的技术手段尽量减少碳排放，缓解全球气候变暖的趋势。世界银行的碳基金业务始于 1999 年建立、2000 年开始运作的原型碳基金（Prototype Carbon Fund，PCF）。此后，世界银行相继设立了多只碳基金，也管理着多国的政府碳基金，见表 9-3。

表9-3 世界银行的碳基金

基金归属	碳基金名称	成立时间	资金规模	组织管理	成立宗旨
世界银行碳基金	原型碳基金	1999年	2.198亿美元	由6个国家和17个私营机构共同发起设立并委托世界银行管理	促进《京都议定书》下减排机制的发展和碳信用的交易，为全球减排项目参与者提供经验和知识
	社区发展碳基金	2003年	1.159亿美元	由多个国家政府和私营企业实体共同设立并委托世界银行管理	主要针对贫困地区的碳融资，以小型项目为主
	生物碳基金	2004年	919万美元	由多个国家政府和私营企业实体共同设立并委托世界银行管理	为农业和生态系统相关的减排项目调动资源，促进农业和林业在碳市场和清洁发展机制中发挥作用，从而将碳市场的运用和好处扩展到农村和贫困地区
	伞形碳基金	2006年	9.116亿欧元	公私合作组成，私营资本占75%，由世界银行管理	将世界银行主要碳基金和其他外部资金集中起来以从大型减排项目中购买碳信用

续表

基金归属	碳基金名称	成立时间	资金规模	组织管理	成立宗旨
政府碳基金	丹麦碳基金	2005 年	9 000 万欧元	由丹麦政府和西班牙私营企业发起设立，由世界银行管理	分别从发展中国家和转型经济体的清洁发展机制项目和联合履约项目中购买碳减排量，项目投资主要集中于发电、生物质能、垃圾填埋和能源效率等项目
	西班牙碳基金	2005 年	2.786 亿美元	由西班牙政府和西班牙私营企业发起设立，由世界银行管理	针对发展中国家和转型经济体，从再生能源、能源效率以及其他对可续发展有重要意义的项目中购买减排量
	欧洲碳基金	2007 年	5 000 万欧元	主要由多国政府和企业发起设立，由世界银行和欧洲投资银行共同管理	旨在帮助欧洲国家和经济实体完成《京都议定书》下的强制减排目标
	荷兰清洁发展机制碳基金	2002 年	4 400 万欧元	由世界银行和国际货币基金组织发起设立，由世界银行管理	旨在通过支持发展中国家的减排项目获取碳信用，集中于可再生能源项目、能源效率、废弃物管理和燃料转换活动，不涉及植树造林和重新造林
	荷兰欧洲碳基金	2004 年	1.8 亿美元	由世界银行和国际货币基金组织发起设立，由世界银行管理	代表荷兰购买温室气体减排量以完成自身的强制减排目标
	意大利碳基金	2004 年	1.556 亿美元	由意大利政府和意大利私营企业发起设立，由世界银行管理	主要从有利于全球环境的项目中购买温室气体减排量以完成自身的强制减排目标
	森林碳伙伴基金	2008 年	4.57 亿美元	由政府、企业、民间社会和当地居民共同建立的伙伴关系，由世界银行管理	专注于减少森林砍伐和森林退化造成的排放、森林碳储量保护、森林持续管理以及增加发展中国家的森林碳储量
	碳伙伴基金	2010 年	1.3 亿美元	由碳信用买方和卖方以及捐助者和东道国共同建立的伙伴关系，并委托世界银行管理	专注于对具有长期减排潜力的能源和基础设施项目的投资

资料来源：蓝虹.碳金融概论 [M]. 北京：中国金融出版社，2023.

9.3.2 世界银行的典型碳基金

鉴于世界银行管理着大量的碳基金，本部分选择规模最大的两只碳基金，即伞形碳基金和森林碳伙伴基金进行案例分析。

（1）伞形碳基金

伞形碳基金（Umbrella Carbon Facility，UCF）成立于 2006 年 8 月。第一批参与者包括世界银行管理的若干碳基金，如丹麦碳基金、意大利碳基金、荷兰清洁发展机制碳基金、原型碳基金、西班牙碳基金等公共和私营实体，以及来自全球多个国家的 12 家私营企业，包括加拿大收购有限公司（Canadenis Acquisition Limited）、气候变化资本（Climate Change Capital）、德意志银行（Deutsche Bank）、Energi E2、Endesa、三井物产株式会社、公共电力公司（Public Power Corp. S.A.）、RWE 电力股份公司（RWE Power AG）、挪威公用事业厂商 Statkraft 碳投资公司（Statkraft Carbon Invest AS）、Tamarisk 收购公司（Tamarisk Acquisition Corporation）、东京电力公司（TEPCO）和贸易排放有限公司（Trading Emissions PLC）。

2006 年 8 月 30 日，UCF 完成 10.2 亿美元的第一期参与分配，旨在从我国的两个工业气体项目——江苏梅兰化工有限公司和常熟三爱富中昊化工新材料有限公司的 HFC-23（三氟甲烷）项目——中购买核证减排量。这两家公司均是我国知名的化学品制造商，并拥有 ISO9000 认证。HFC-23 是 HCFC-22 生产过程中产生的废气，HCFC-22 是一种用作制冷剂和原料的气体，是其他产品的原料。氢氟碳化合物是《京都议定书》涵盖的六种温室气体之一。HFC-23 是导致全球变暖的最强温室气体之一，其全球变暖潜力是二氧化碳的 11 700 倍。两家公司于 2005 年 12 月 19 日与世界银行签订了碳减排购买协议，出售每年预计 1 900 万吨的二氧化碳排放量，合同期为 7 年，这也是当时世界上最大的碳减排交易项目。协议签署后，两家公司将从法国进口焚化设备，该设备能够对 HFC-23 进行 99.9999% 的分解。因此，通过实施本项目，两家公司的工厂中几乎所有的 HFC-23 都可以被销毁。

（2）森林碳伙伴基金

世界银行森林碳伙伴基金（Forest Carbon Partnership Facility，FCPF）和联合国减少发展中国家因毁林和森林退化所导致的温室气体排放方案（简称"联合国森林减排方案"，UN-REDD）是通过多边努力达成的两个重要成果，旨在支持发展中国家做好准备，减少因砍伐森林和森林退化导致的温室气体排放，并提高其固碳量。

FCPF 是一个由政府、企业、民间社会和原住民组织的全球性合作机制，专注于减少森林砍伐和森林退化造成的碳排放、森林碳储量保护、森林可持续管理和增加发展中国家的森林碳储量，这些活动通常称为"REDD+"。FCPF 于 2008 年启动，已与非洲、亚洲、拉丁美洲和加勒比地区的 47 个发展中国家以及 17 个捐助方合作，捐款和承诺资金总额达到 13 亿美元。

森林碳伙伴基金包括两个专项基金，一个是"准备就绪基金（Readiness-Fund）"，第一阶段计划筹集 1.85 亿美元，用于 2008 年至 2012 年项目的前期准备和能力建设，包括建立项目运行框架和监管体系。另一个是"碳基金（Carbon-Fund）"，第一阶段筹集 2 亿美元，用于 2011 年至 2015 年推动前期准备充分的国家特别是第一批参加 FCPF 项目的国家，通过碳基金向发达国家"出售"碳信用指标，形成国际化的碳交易市场。

截至 2023 年 9 月，FCPF 已与 15 个国家签署减排购买协议（ERPA），合同总金额逾 7.2 亿美元，承诺到 2025 年通过重新造林计划实现碳减排超过 1.45 亿吨。

以越南为例，2020 年 10 月，越南农业与农村发展部与受 FCPF 委托的世界银行签署了中部以北地区减排量购买协议。根据该协议，在 2018—2024 年阶段，越南将把中部以北地区 6 个省份的森林碳排放量减少 1 030 万吨，FCPF 将向越南支付 5 150 万美元。越南中部以北地区减排量计划实施的目的是援助森林保护和发展工作，解决森林减少的原因，从而减少温室气体排放、森林衰退。中部以北地区被选择的原因是其生物多样性和经济社会情况的特别重要性，该地区的自然面积约为

510万公顷，其中80%为丘陵；森林面积约为310万公顷，2019年森林覆盖率达57.76%。[①]2023年8月上旬，世界银行向越南农业与农村发展部支付了ERPA第一期款项，价值4 120万美元，达ERPA的80%；剩余的1 030万美元将在完成1 030万吨二氧化碳的转让后支付。2023年，越南首次以5美元/吨的价格向世界银行出售1 030万吨碳信用，总价值5 150万美元（折合人民币3.6亿元），这是越南在森林碳排放负增长方面获得的第一笔国际资金。截至2024年1月，越南森林保护与发展基金会已收到世界银行的第一笔付款，并完成到位工作，让中部以北地区的6个省份可以紧急制订支付计划。除了已购买的碳信用额外，世界银行还确认了越南中部以北地区第一期（2018年1月1日至2019年12月31日）的减排成果达1 621万吨二氧化碳，远高于当时承诺购买的额度，因此同意以每单位5美元的价格，额外购入100万个碳权，总计为1 130万个碳权。越南农业与农村发展部已继续与世界银行协调确认第二期（2020—2022年）的碳信用额，在第三期（2023—2024年），将寻找有需求购买碳信用的伙伴，以进行转让谈判，调动更多资源用于北中部地区的森林保护和发展工作。[②]

9.4 两类主要碳保险产品

碳保险作为企业低碳转型路径中的风险管理工具之一，可以有效地降低碳市场的风险，促进碳金融的发展。尽管全球碳金融发展时间较短，目前国内外的碳保险在产品与类别、内容与形式、效益与效果等方面仍取得了一定的进展。

国际主要碳保险产品见表9-4。

---

① 越通社.越南与世行签署中部以北地区减排量购买协议 [EB/OL]. [2024-09-10]. https://zh.vietnamplus.vn.

② 越通社.5150万美元已到账！越南出售1 030万吨碳信用 [EB/OL]. [2024-09-10]. http://www.lianmenhu.com/blockchain-40061-1.

表9-4 国际主要碳保险产品

碳保险产品	简介	发行地
碳减排交易担保保险	专门管理碳信用价格波动的保险	欧洲
碳减排信用保险	重点是让私营公司参与减排项目和排放交易	美国
清洁发展机制(CDM)支付风险保险	承保CDM、JI及低碳项目评估及开发活动中有关京都议定书列出的风险，覆盖CDM项目注册及CER失败或延误等风险	欧洲
碳损失保险	承保因森林大火、雷击、冰雹、飞机坠毁或暴风雨导致的森林无法实现已核证减排量的风险，并提供等量已核证的减排量	澳大利亚
碳信用保险	使减排或新能源企业更容易获得融资、信用增级	英国
碳信用交付担保保险	承保碳信用交付风险，为项目业主或融资方提供担保	撒哈拉沙漠以南非洲地区和南亚
碳交易信用保险	以排放权为保险标的，赔偿不能完成交易的损失	欧洲

资料来源：作者根据相关资料整理。

　　根据被保险对象，中央财经大学绿色金融国际研究院（IIGF）将碳保险产品划分为三类，即保障碳金融活动中交易买方所承担风险的产品、保障碳金融活动中交易卖方所承担风险的产品以及其他产品。前两类产品的发展相对成熟，已有一些成功的案例。

9.4.1 保障碳金融交易买方所承担风险的产品

　　保障碳金融活动中买方所承担风险的产品主要涵盖《京都议定书》相关项目的

风险和碳信用价格波动风险。

（1）清洁发展机制（CDM）支付风险保险

CDM 支付风险保险主要管理碳信用在审批、认证和发售过程中产生的风险。当 CDM 项目的投资人因 CER 的核证或发放问题遭受损失时，保险公司会对 CDM 项目投资人给予期望的 CER 或者等值补偿。例如，瑞士再保险公司与总部位于纽约的私人投资公司 RNK Capital LLC 合作，开发了用于管理碳信用交易中与《京都议定书》项目相关的风险的碳保险产品。

（2）碳减排交易担保

碳减排交易担保主要用于保障清洁发展机制和联合履约下的交易风险，以及低碳项目评估和开发过程中产生的风险。2006 年，瑞士再保险公司的分支机构——欧洲国际保险公司——提供了一种专门管理碳信用价格波动风险的保险，之后，其又与澳大利亚保险公司 Garant 开展合作，根据待购买的减排协议，开发碳交付保险产品。

（3）碳信用保险

碳信用保险主要用于保障碳配额购买者面临的交易对手方风险和交付风险，以确保碳交易在一定成本范围内完成。碳信用保险可以帮助企业转移风险，也可助力减排或新能源企业获得事前的项目融资，为企业信用增级。例如，英国 Kiln 保险集团于 2012 年发行了碳信用保险产品，将碳信用与传统的金融衍生工具相结合，保障商业银行在一定成本范围内有效获得碳信用。在保险产品合同中，银行作为碳信用的买方先买入碳期权，在期权可行权的期限内，如果碳信用价格高于行权价格，银行会行使期权买权。

9.4.2 保障碳金融交易卖方所承担风险的产品

保障碳金融交易卖方所承担风险的产品主要提供减排项目风险保障和企业信用担保。

（1）碳交易信用保险

碳交易信用保险以合同规定的排放权数量作为保险标的，向买卖双方就权利人因某种原因而无法履行交易时所遭受的损失给予经济赔偿，具有担保性质。该保险为买卖双方提供了一个良好的信誉平台，有助于激发碳市场的活跃性。例如，2004年联合国环境署、全球可持续发展项目和瑞士再保险公司推出了碳交易信用保险。由保险或再保险机构担任未来 CER 的交付担保人，当根据商定的条款和条件当事方不履行核证减排量时，担保人负有担保责任。该保险主要针对合同签订后出现各方无法控制的情况而使合同丧失了订立时的依据，进而各方得以豁免合同义务的"合同落空"情景进行投保，如突发事件、营业中断等。

（2）碳排放信用担保

碳排放信用担保重点保障企业新能源项目运营中的风险，提供项目信用担保，促进私营公司参与减排项目和碳排放交易。例如，美国国际集团与达信保险经纪公司于 2006 年合作推出碳排放信贷担保与其他新的与可再生能源相关的保险产品等，通过降低企业投融资成本，促使企业积极参与碳抵消和减排活动。

（3）碳损失保险

投保人通过购买碳损失保险可获得一定额度的减排额，当条款事件触发后，保险公司向被保人提供同等数量的 CER。例如，2009 年 9 月，澳大利亚斯蒂伍斯·艾格纽（Steeves Agnew）保险公司推出了碳损失保险，保障因雷击、森林大火、飞机失事、冰雹或者暴风雨等造成森林不能达到经核证的减排量而带来的风险。安联保险（Allianz）在 2018 年也推出了类似的碳损失保险，覆盖澳大利亚人工林面临的由自然现象引发的火灾、冰雹和风暴以及由人类引发的火灾造成的损失，林业管理人员可以通过将碳汇价值计入人工林每公顷的价值的方式来对碳损失风险提供保障。[1]

---

[1] 杨勇，汪玥，汪丽.碳保险的发展、实践及启示 [J]. 金融纵横，2022 (03): 71-77.

（4）森林碳汇保险

森林碳汇保险以天然林、用材林、防护林、经济林等可以吸收二氧化碳的林木作为投保对象，针对林木在其生长全过程中因自然灾害、意外事故等可能引起吸碳量下降而造成的损失给予经济赔偿。例如，中国人寿财险福建省分公司2021年开发了林业碳汇指数保险产品，将因火灾、冻灾、泥石流、山体滑坡等合同约定灾因造成的森林固碳量损失指数化，当损失达到保险合同约定的标准时，视为保险事故发生，保险公司按照约定标准进行赔偿。保险赔款可用于灾后林业碳汇资源救助和碳源清除、森林资源培育、加强生态保护修复等。

此外，除了以上已被开发出来的碳保险产品，还有一些正在摸索中的碳保险产品，如碳捕获保险。在碳捕获过程中，可能会面临碳泄漏的问题并由此导致碳信用额度损失、财产损失等，同时还有可能使碳排放由严格限制排放区域向气候相关法规相对宽松的区域转移，并由此引发风险转嫁。因此，碳捕获保险可用于保障利用碳捕获技术进行碳封存而带来的各类风险，通常其受益人为受到碳泄露影响的自然人。但该类险种目前仍有待成熟，投保方、保险方以及双方的权利和义务仍待进一步明确。

9.5 碳期货：欧盟碳排放配额期货

在诸多碳金融产品中，碳期货的起步最早、发展最为成熟，市场也最为活跃。2004年，芝加哥气候交易所与伦敦国际原油交易所合作，通过伦敦国际原油交易所的电子交易平台挂牌交易二氧化碳期货合约，为温室气体排放交易建立了首个欧洲市场，即欧洲气候交易所。2005年4月，欧洲气候交易所推出第一只欧盟碳排放配额期货（European Carbon Emission Allowance Futures，EUA Futures），成为欧洲范围内第一家设立碳排放权期货品种的交易所。随后，芝加哥气候交易所、欧洲气候交易所、欧洲能源交易所相继推出核证减排量期货合约。其中，洲际交易所是最大的碳期货交易平台。

表9-5显示的是国际上主要的碳期货产品及特点。

表9-5 　　　　　　　　　　国际上主要的碳期货产品及特点

产品	特点说明
欧盟碳排放配额期货（EUA Futures）	由交易所统一制定，实行集中买卖，规定在将来某一时间和地点交割一定质量和数量的碳排放指标期货的标准化合约。其价格是在交易所内以公开竞价的方式达成
经核证的碳减排量期货（CER Futures）	在清洁发展机制下，由发达国家提供资金和技术支持，在发展中国家投资开发CDM项目，实现CER。该产品可规避CER价格大幅波动带来的风险
减排单位期货（ERU Futures）	减排单位可以转让给另一个发达国家缔约方，同时在转让排放的分配数量（AAU）上扣减相应额度，项目双方为了避免EUA价格波动的风险，通常运用减排单位期货进行对冲和套期保值
碳金融期货合约（CFI Futures）	主要在芝加哥气候交易所、芝加哥气候期货交易所、欧洲气候交易所上市交易，是基于配额下的碳信用，每单位CFI代表100吨二氧化碳当量，现货可在芝加哥气候交易所交易
区域温室气体排放配额期货（RGGI Futures）	在芝加哥气候期货交易所、美国绿色交易所、洲际交易所等上市交易，为多家碳排放管制下的电厂和投资商提供套期保值的工具
加利福尼亚限额期货（CCA Futures）	以加州政府限定碳配额CCA为标的，对未来出售或买入的配额进行保值的金融产品

资料来源：作者根据相关信息整理。

　　欧盟碳排放配额期货是欧盟基准碳配额主力期货合约。截至2022年，洲际交易所进行的碳期货交易量占全球市场碳期货交易量的95%以上。如表9-1所示，欧盟碳排放配额期货在多个欧盟交易所交易。本部分以洲际交易所交易的欧盟碳排放配额期货产品为例，洲际交易所官网上提供了该产品的详细信息。

表9-6　　　　　　　　　洲际交易所交易的EUA Futures合约的主要信息

内容	EUA Futures合约信息
简介	合约的交易名称：EUA Futures；交易中心显示的名称：EUA；合约符号：C
合约对象	根据规则，在指令 2003/87/EC 第 2 章和第 3 章的含义范围内，出于交易和交割许可目的的 EUA 期货合约
合约系列	截至 2023 年 12 月 7 日，有 9 份季度合约、8 月 3 日合约和 2 个月份合约，或 ICE Endex 不定时宣布的其他合约。2030 年 12 月之后的合约将不会上市
到期日期	交易将在合约月份的最后一个星期一的交易结束时停止。但是，如果最后一个星期一是英国银行假日，或者之后的 4 天内有英国银行假日，则交易的最后一天将是交割月份的倒数第二个星期一
合约担保	ICE Clear Europe 充当所有交易的中央对手方，从而保证以其会员名义注册的 ICE Endex 合约的财务绩效，包括交割、执行和/或结算
交易时间	周一至周五 08：00 开放，18：00 关闭（欧洲中部时间）
交易模式	在整个交易时间内持续交易
合约规模	一批为 1 000 个 EUA，每个 EUA 是排放一吨二氧化碳当量气体的许可量 最小交易规模：1 手 最小批量订单：50 手
行情计量	合约价格以每公吨欧元和欧分为单位
价格波动	最低价格波动为每吨 0.01 欧元（即每批 10.00 欧元），最大价格波动没有限制
结算价格	合约最后一个交易日的结算价
初始保证金	根据 ICE Clear Europe 清算规则的定义，初始保证金根据所有未平仓合约计算，是 ICE Clear Europe 持有的保证金，用于支付平仓违约头寸可能产生的成本。它在平仓或到期时连本带利返还
每日保证金	所有未平仓合约都是每日"按市值计价"的，根据 ICE Clear Europe 清算规则的规定，在适当的情况下需要变动保证金
EUA 交货周期	是指从合约最后一个交易日之后的营业日 09：00（LLT）开始到最后一个交易日之后的第三个营业日 15：00（LLT）结束的期间。当 EUA 交割延迟适用于合约时，该期限应在清算所指示的更晚时间结束，在任何情况下，该时间不得超过最后一个交易日后第四个营业日的 15：00
其他	做市商：TAS；市场识别码：NDEX；清算所：ICEU

资料来源：ICE.EUA Futures [EB/OL]. [2024-08-10]. https://www.ice.com/products/197/EUA-Futures.

9.6 碳期权：CER期权合约

2006年10月，欧洲气候交易所（ECX）推出第一只EUA期权，作为公认的工业基准合约在ICE欧洲期货交易所（原伦敦国际石油交易所）上市。碳期权目前交易的基础资产类别包括碳排放配额期权合约（EUA Options）、经核证减排量期权（CER Options）、美国区域温室气体减排行动排放配额期权（RGGI Options）、碳加利福尼亚限额期权（CCA Options）等，详见表9-7。

表9-7 国际主要的碳期权产品

产品名称	产品说明
碳排放配额期权（EUA Options）	是以欧盟碳排放体系下EUA期货合约为标的，持有者可在到期日或之前履行该权利
经核证减排量期权（CER Options）	通过清洁生产机制产生的CER的看涨期权或看跌期权。由于国际碳减排单位一致且认证标准及配额管理规范相同，市场衍生出了CER和EUA期货的价差期权
减排单位期权（ERU Options）	在联合履约机制下，以发达国家项目开发产生的ERU期货为标的的期权合约
美国区域温室气体排放配额期权（RGGI Options）	在美国区域温室气体减排行动下，以二氧化碳排放配额期货合约为标的的期权合约。RGGI期权合约为美式期权，最小波动值为每排放配额0.01美元。合约自2008年8月开始在纽约商业交易所（NYMEX）场内的CMEGlobex电子平台进行交易
加利福尼亚限额期权（CCA Options）	以加州政府限定碳配额CCA期货为标的的期权合约

资料来源：杨星.碳金融市场［M］.广州：华南理工大学出版社，2015.

表9-8展示的是洲际交易所的CER期权合约的主要信息说明。

表9-8   CER期权合约的主要信息说明

内容	CER Futures合约信息
简介	CER期权合约是CER期货合约的一种期权。到期时，一手CER期权将转换为一手CER期货。CER期权是欧式期权，在到期时自动行权。交易名称为CER期货，交易产品名称为CER
交易单位	洲际交易所CER期权合约
交易规模	最小交易规模为1手
计价单位	每公吨欧元（€）和欧分（c）。
增量履约价格	每个合约月会自动列出109个执行价，价格范围从€1.00到€55.00。如有必要，本交易所可增加一个或多个最接近最后报价的执行价格。执行价格区间为€0.01
价格波动	最低价格波动为每吨0.01欧元，最大价格波动没有限制
基础合约	基础合约是相关年度的12月期货。例如，在2010年3月期权的基础是2010年12月期货
期权费	期权费在交易时支付
持仓限额	没有限制
到期日	相应的3月、6月、9月或12月CER期货合约到期日的前三个交易所的交易日
合同保证	洲际交易所欧洲结算有限公司ICE Clear Europe Limited保证所有以其会员名义注册的ICE期货合约的财务状况
每日保证金	所有未平仓合约都是每日按市值计价
交易系统	洲际交易所平台，该平台可通过洲际交易所网站或经认可的独立软件供应商访问
交易模式	交易时间内连续交易
结算价格	每日指定结算期间（英国当地时间16：50：00—16：59：59）内执行的交易价格加权平均值
执行和自动执行	CER期权将被转换为CER期货合约，以便在到期时自动执行期权。在到期日，对价内期权自动执行合约（平价期权和价外期权延后）
结算	ICE Clear Europe将作为所有交易的中央对手方

资料来源：ICE.CER Futures Options Contract Specifications [EB/OL]. [2024-08-10]. https://www.ice.com/publicdocs/circulars/15257_attach%201.pdf.

9.7　本章小结

国外碳金融产品呈现产品多样化、市场化程度高、风险管理能力强、碳减排效果明显和国际互联互通程度高的特点。国外碳交易市场发展早，交易机制成熟，孕育出一些典型的碳金融产品。中国在发展碳交易市场时要注重产品创新，迎合本国市场的需求，打造出具有中国特色的碳金融产品。同时，政府在发展过程中也要做好引导者、监督者的角色，为中国碳交易市场的健康稳定发展提供持续有效的内生动力。

思政专栏

人人参与，助力碳中和

2019年9月，随着一款手机应用程序的推广，芬兰南部城市拉赫蒂成为世界首个试行"个人碳交易市场"的城市。拉赫蒂是芬兰首都赫尔辛基以北100公里的一个有12万人口的城市，于2018年提出"勇敢绿色城市"战略；从2019年4月停止使用煤炭，可再生能源使用比例已达到80%，获得欧盟委员会颁发的2021年"欧洲绿色之都"称号。该市代表芬兰参加了第26届联合国气候变化大会城市展，并将在2025年率先实现碳中和这一宏大目标，比芬兰国家目标提前了10年，比欧盟目标提前了25年，可谓可持续发展的先行者。为成为芬兰第一个实现"碳中和"目标的城市，拉赫蒂采取了诸多创新举措，如试行推出世界首个"个人碳交易市场"。这款拥有绿色界面的手机应用程序安装方便，操作起来也非常简单，由当地政府推广，是其"可持续城市交通计划"的一部分。当居民成为用户后，相关部门将根据实际情况为其制定个人出行碳排放预算以配合这款手机应用程序的使用。该程序能够实时监测用户的出行方式，以速度为依据识别用户乘坐何种交通工具，进而结合出行时间、距离等计算出相应的碳排放量；根据碳排放量的多少，步行、骑自行车、乘公交车、乘私家车等各类出行方式会被赋予高低不等的分值。坚持低碳可持续出行方式的用户达到足够的积分后，可以得到巴士车票、电影票、健身卡或免费咖啡等优惠。

类似的碳普惠实践在我国也有许多，如"蚂蚁森林"、京东物流的"清流计划"、美团外卖的"青山计划"、"浙江碳普惠"、北京市的"绿普惠云（碳减排数字账本）"、山西省的"三晋绿色生活"、深圳市的"全民碳路"等。碳普惠作为一种低碳发展机制创新，旨在鼓励个人和中小企业的低碳行为，倡导绿色消费，推动形成绿色低碳的生活方式，进而推动企业的低碳转型，提升全社会的低碳发展水平，是实现"双碳"目标的重要途径，也有助于实现人与自然的和谐共生。

2023年12月27日，"碳普惠"首次出现在中央政策文件《中共中央 国务院关于全面推进美丽中国建设的意见》中，表示我国将从国家政策层面推动碳普惠机制有效落地。

资料来源：李骥志.芬兰拉赫蒂成为世界首个试行"个人碳交易市场"的城市[EB/OL]. [201-11-10]. http://www.xinhuanet.com/world/2019-11/10/c_1125213886.htm.

思考题

（1）你觉得净零银行业联盟的成立有何意义？对中国银行业有何启示？

（2）你认为欧盟的碳债券实践可为我国相关债券的发展提供哪些借鉴？

（3）世界银行的碳基金成立的目的包括哪些？

（4）碳保险创新的意义是什么？

（5）国外碳期货和碳期权产品有什么联系和区别？

第10章　碳金融产品案例之一

本章通过京能电力、北清环能、中广核等公司的案例具体介绍了国内碳贷款、碳债券、碳基金三大类碳金融产品在实践中的运行过程。通过本章的学习，读者可以较清楚地了解到各类碳金融产品在实践中如何运行，同时也可以给其他相关企业开发符合本企业需求的碳金融产品提供指导。

10.1　京能电力碳排放权配额回购贷款案例

10.1.1　案例背景

（1）政策背景

2015年3月，中共中央、国务院发布了《关于进一步深化电力体制改革的若干意见》，指出电力行业改革的紧迫性，提出要坚持清洁、高效、安全、可持续发展的总体目标："推动电力行业发展方式转变和能源结构优化，提高发展质量和效率，提高可再生能源发电和分布式能源系统发电在电力供应中的比例。"

继"双碳"目标提出后，有序推进碳达峰、碳中和工作再次被写进中国2022年《政府工作报告》和党的二十大报告。国际能源署报告显示，2021年全球碳排放总量高达363亿吨，其中，电力行业的碳排放增量最多。相比其他行业，我国电力行业的碳排放处于国内的最高水平。因此，推进发电行业的低碳转型成为中国实现"双碳"目标的重点途径。

绿色信贷通过引导绿色资金高效配置，缓解经济社会转型中的碳减排成本困境，最终倒逼发电行业进行低碳转型。数据显示，2021年年末我国本外币绿色贷款余额达15.9万亿元，同比增长33%，高于各项贷款增速21.7个百分点，全年增加3.86万亿元。其中，投向具有直接和间接碳减排效益项目的贷款分别为7.3万亿元和3.36万亿元，合计占绿色贷款的67%。电力等行业的绿色贷款余额达4.41万亿元，同比增长25.7%，全年增加8 850亿元，表明投向电力等行业的贷款额大幅提高。

（2）行业背景

① 我国发电行业发展现状

我国发电行业规模巨大，多项生产指标居世界首位。据统计，我国2022年全社会用电量达7.5万亿千瓦，全国发电装机达12.3亿千瓦，发电方式多样，电机组结构不断优化，形成了以火电、水电、风电为主，以核电、太阳能、生物质能发电为辅的生产格局。由表10-1可以看出，当前我国的发电方式仍以火力发电为主，火电产量占全部电力产量的70%以上。

表10-1　　　　2018—2020年我国主要发电方式发电量及占比情况　　　　单位：亿千瓦

发电方式	2018年		2019年		2020年	
	发电量	占比	发电量	占比	发电量	占比
火电	50 963	73%	52 202	72%	53 303	71%
水电	12 318	18%	13 044	18%	13 552	18%
风电	3 660	5%	4 060	6%	4 665	6%
核电	2 944	4%	3 484	4%	3 663	5%
总生产量	69 885	100%	72 790	100%	75 183	100%

资料来源：作者根据《中国统计年鉴》数据整理。

② 我国发电行业的碳排放状况

可以预见，由于技术限制，国内以燃煤发电为主的高碳电力结构在短期内仍难以改变。随着我国电力需求的进一步增加，燃煤发电装机容量仍会有所提升，燃煤发电企业 CO_2 排放量仍将呈上升趋势。与此同时，我国所拥有的核电、风电、太阳能发电等清洁发电技术与国际先进水平仍有一定差距，考虑到成本以及区域限制，新能源发电技术短期内仍无法贡献太大的 CO_2 减排效果。同时，国际能源署报告也显示，2021 年全球碳排放总量高达 363 亿吨，其中，电力行业的碳排放增量最多，高达 9 亿吨，占全球增量的 46%。电力是经济发展中的重要资源，也是能源转型的重心和碳减排的焦点。相比其他行业，我国电力行业的碳排放处于最高水平，分别占全国和世界排放总量的 40% 和 15% 以上。因此，推进发电行业的低碳转型，成为中国实现"双碳"目标的重点途径。

2020 年中国能源结构二氧化碳排放比例如图 10-1 所示。

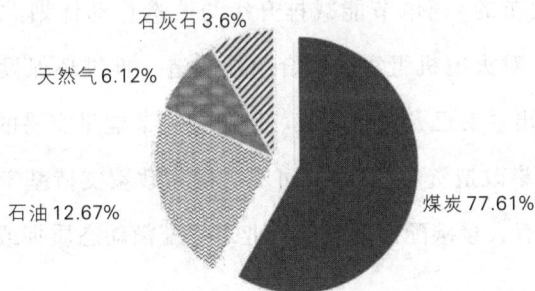

图10-1 2020年中国能源结构二氧化碳排放比例

资料来源：作者根据中国行业研究网数据整理。

③ 我国发电行业融资现状

一是融资环境恶化。发电行业作为夕阳产业，其面临的融资环境正日趋恶化，尤其是以传统煤炭作为主要能源的火力发电行业，受国家节能减排等环保政策影响，银行等金融机构对其放贷规模在日渐收缩，传统的银行贷款模式越来越不能满足发电企业的融资需求。特别是中小型电力企业，由于缺少国家政策庇护、自身资产规模小、担保方式不足等因素，面临着更严峻的融资挑战，因而发电企业需要寻找低碳经济背景下新的融资出路。

二是融资规模巨大，融资渠道单一。发电行业是资金密集型产业，每年的投融资活动频发，资金需求旺盛，由于按照证监会2012年行业分类收集数据时无法剔除电力及热力销售企业，故按此分类标准算得的行业平均值要小于单纯发电行业的资产负债率均值。这是因为电力生产企业较之电力销售企业会有更多的设备投资及生产技术改造，会拥有更高的资产负债率。发电行业的资产负债率均值应在60%~70%间，较其他行业来说负债率更高，由此可见发电行业的融资规模巨大，且融资渠道较单一，以负债融资为主，多采取间接融资方式。

三是融资需求大，政策支持开拓新的融资方式。在电力行业生产方式转型的背景下，传统火力发电企业面临改造生产技术及设备的压力，急需资金投入到设备更新中，而传统的融资渠道已基本饱和，在这种情况下，碳配额的出现给企业融资提供了新思路。国家发布的《煤电节能减排升级与改造行动计划（2014—2020年）》指出要在2020年前，对火电机组实施综合节能改造、推进环保设施改造、强化机组节能减排，明确提出"对已开展排污权、碳排放、节能量交易的地区，积极支持发电企业通过交易筹集改造资金"。由此可见，国家政策支持基于碳交易发展而来的新型融资方式，拥有大量碳配额的发电行业可凭配额动态质押或回购等方式实现资金融通。

10.1.2　企业概况

（1）公司简介

北京京能电力股份有限公司（以下简称京能电力）成立于2000年3月，注册地为北京市石景山区，注册资本为130亿元。京能集团是以原北京国际电力开发投资公司和原北京市综合投资公司这两家公司为基础合并重组的新公司，其经营范围包括生产电力、热力产品，销售电力、热力产品，电力设备运行，发电设备检测、修理等。

京能电力是京能集团旗下唯一的煤电业务投融资平台，前身为北京京能热电股份有限公司，于2002年5月在上海证券交易所上市（股票代码为600578），2013年资产重组后正式更名为京能电力。该公司共拥有21家子公司，是北京地区最大的火力发电企业，拥有独立的采购、生产及辅助系统和相关配套设施，公司主要经营地区在内蒙古、山西、宁夏等地，主要向京津唐电网、蒙西电网、东北电网、山西电网、山东电网供电。公司自成立起，就根据自身地理位置的优势，抓住时机，快速建设，在发展电力能源的同时，还重点发展优质清洁能源。除此之外，在关注企业社会效益和经济效益的基础之上，京能电力进行集团跨越式发展，投资的领域涉及多个具有发展潜力的行业，如电力能源、节能环保、热力供应、地产置业以及金融证券等行业。

（2）发展战略

京能电力作为我国火力发电的龙头企业，首要任务是实现电力业务的可持续发展，进行能源结构优化，大力发展清洁能源，推进高效低碳煤电技术改造，同时发展核电、储能等支持电网的项目。

其次，京能电力积极拓展新能源业务，重点发展风电、光伏发电等可再生能源项目，开发电池储能、电动车充电等新能源应用。

再次，面对智能化浪潮，京能电力深入推进"互联网+"智慧能源，应用大数据、人工智能优化能源结构，构建智慧电网以支持新能源发展；扩大国际布局，在海外发展清洁能源项目，积极参与全球低碳能源合作与交流。

为实现企业可持续发展，做好环境、社会与治理工作，构建低碳发展体系与长效机制，京能电力努力向低碳、智能的可持续方向发展。

（3）财务状况

京能电力偿债能力指标见表10-2。

表10-2　　　　　　　　　　　　　　京能电力偿债能力指标

指标	2014年	2015年	2016年	2017年9月
流动比率	0.563	0.622	0.328	0.503
速动比率	0.508	0.580	0.281	0.459
现金比率	0.323	0.308	0.173	0.276
营运资金（万元）	−454 027.98	−293 066.09	−1059 492.68	−780 459.38
利息保障倍数	4.582	5.043	3.140	1.043
资产负债率	0.552	0.487	0.547	0.559
产权比率	1.231	0.948	1.205	1.270

资料来源：作者根据国泰安CSMAR系列研究数据库资料整理。

　　从表10-2来看，近4年来京能电力的流动比率与速动比率基本维持在0.5的水平，远低于良好财务状况要求的"2"和"1"，尤其在2016年，更是降至0.32和0.28，说明该企业的资产流动性进一步降低。京能电力营运资金一直为负，现金比率大致在0.3上下浮动，说明企业资产变现能力差，流动资产远远不能覆盖流动负债，资产的支付性差，有较大的财务隐患，一旦遇到短期债务集中到期问题，则对该企业的偿债能力产生巨大考验。同时，该企业的利息保障倍数持续下降，也说明其支付利息的能力越来越差，企业急需充实资金以提升支付能力。

　　从表10-3来看，京能电力的盈利能力不断下降，2014—2015年其尚能维持较好的盈利水平，但从2016年起各项指标迅速滑落，基本比上年下降近50%，而截止到2017年第三季度，各指标继续走低，资产报酬率只有1.44%，净资产收益率只有不到0.2%，营业利润率更下降至负值，可见火电行业发展前景之黯淡。该公司需要寻找新的利润增长点，投入大量资金用于加快生产设备的更新改造，以降低营业成本，为企业盈利创造空间，同时需要探索转型发展的路径，逐渐向新能源发电行业迈进。

表10-3 京能电力盈利能力指标

指标	2014年	2015年	2016年	2017年9月
资产报酬率	0.109	0.104	0.054	0.014
总资产净利润率	0.081	0.081	0.035	0.001
净资产收益率	0.185	0.169	0.075	0.002
营业利润率	0.285	0.323	0.172	−0.002
成本费用利润率	0.361	0.422	0.200	0.004

资料来源：作者根据国泰安CSMAR系列研究数据库资料整理。

10.1.3 碳排放权配额回购贷款的动因分析

（1）政策压力

在我国的"双碳政策"背景下，控排企业节能减排的任务异常严峻。尤其是火电行业的企业须减少碳排放，实现低碳转型和绿色发展。作为传统的火力发电企业，京能电力近几年面临着巨大的政策压力。2013年，北京启动碳交易试点工作，京能电力被列为重点排控单位和重点报告单位。2015年12月，国家发改委、环境保护部和国家能源局联合下发《全面实施燃煤电厂超低排放和节能改造工作方案》，明确要求30万千瓦及以上公用燃煤发电机组、10万千瓦及以上自备燃煤发电机组（暂不含W型火焰锅炉和循环流化床锅炉）实施超低排放改造，并提出优先淘汰改造后仍不符合能效、环保等标准的30万千瓦以下机组，特别是运行满20年的纯凝机组和运行满25年的抽凝热电机组，力争在"十三五"期间淘汰落后火电机组规模超过2 000万千瓦。为应对相关环保政策的压力，京能电力积极落实节能减排工作，通过设备升级改造、严格执行节能减排管理制度，有效降低单位产能耗能量和排污量，2017年其控股子公司岱海发电启动节能综合升级改造工作，拟全力打造行业内节能减排的示范工程。

但传统火力发电公司在落实节能减排任务、更新改造生产设备及技术时面临的最大问题就是融资困难，商业银行等金融机构对国家拟逐渐淘汰的落后产能都执行了相应的限贷政策，传统发电企业欲转型升级却缺乏用于升级生产技术的资金，特别是在2018年环境保护税全面开征后，高排污的发电企业面临更大的资金压力。在这种情况下，发电企业需要积极寻求新的融资途径，用好手中的碳配额法宝，运用碳配额为自身找到低成本、高效率的融资突破口。

（2）碳排放压力

京能电力的发电方式还是以煤电为主。2020年京能电力的发电装机容量中，燃煤发电装机占比达88.6%。这是京能电力碳排放的主要来源。同时，根据京能电力2021年发布的可持续发展报告，2020年其二氧化碳总排放量约为4.59亿吨，占全国电力行业总排放量的8%。面对我国到2030年碳达峰的目标，京能电力需要进行大幅减排，如果按照国家的要求，电力行业2030年碳排放峰值要控制在2025年的水平，京能电力每年的减排幅度需要超过2%。

京能集团在2021年发布的《2050年零碳发展路径》中指出，集团到2050年要实现零碳排放，同时需要实现燃煤发电装机零增长，非化石能源占比超过80%等重大任务。然而，京能电力近年来虽在推进清洁能源项目，但到2020年为止，非化石能源发电装机占比仅为11.4%，可见转型任务十分艰巨，其在实现碳中和承诺和减排任务中面临很大压力。

（3）财务压力

① 有较大的融资需求，流动资金缺口大

京能电力作为传统的以煤炭为主要能源的火电企业，固定资产及工程项目体量大，特别是在生产方式转型的调整期，在国家向低碳经济转型的压力下，传统火力发电企业也迫切需要进行节能减排的升级转型来适应国家政策。然而，不论是制造设备的创新还是节能环保技术的开发，都离不开资金的投入，而企业主营业务又存在急剧恶化的问题，新项目与新行业的形成和发展也需要持续不断的资金支持。对于京能电力来说，必须提高自身的融资水平，灵活运用不同资源来开辟投资途径。此时，碳金融产品便成为企业重要的融资手段之一。

② 融资途径单一，必须寻找新途径

京能电力近年来融资活动频频，并多次采用定向增发方案筹措资金，但由于中国股票市场的融资成本较高并存在着市场下跌风险，且近年来京能电力的股票表现并不令人满意，考虑到目前发电产业盈利不佳的情况，京能电力已很难再利用传统的固定资产及设备质押方式取得信贷融资支持。对于公司而言，企业目前迫切需要寻求低成本、高灵活性的融资新途径。碳贷款产品刚好给该公司带来了一种全新的融资选择。和其他融资途径比较，碳贷款融资具备如下优点：

一是融资速度更快。碳贷款运作过程比较简单，在到期日设定和资金运用方面比较灵活。从方案设计到批准，再到发行所要的时限更短，可以更快地筹资。

二是投资负担更小。碳贷款融资对资金供应者没有约束，只要投资者有意愿投资即可。

三是融资成本低。碳贷款所需的融资成本通常因情况而异。一般而言，碳贷款资金的成本和商业银行资金的成本相同或稍高，但远低于债券融资和股权融资成本。

基于上述优势，信托可以与碳配额有效结合，为京能电力提供更灵活、更具优势的融资手段。

10.1.4 碳排放权配额回购贷款模式运作流程

（1）京能电力碳排放权配额回购融资方案概述

京能集团综合考虑自身情况、所拥有的碳排放配额与当地银行的相关优惠政策后，决定使用碳排放权配额回购的融资模式，集团与当地银行进行详细沟通后，制定了基于碳排放权配额回购的融资方案流程。

第一，碳配额回购交易双方进入碳交易所注册成为会员，双方签订回购协议，并将协议、碳配额权利凭证连同其他交易材料提交至碳交易所。碳交易所对回购协议进行审核备案，若同意受理本笔业务，则通知融资方缴存一定数量的保证金。

第二，交易双方发起初始交易申请，碳交易所审核通过后委托碳交易主管部门完成配额划转工作，将碳配额由正回购方账户划拨至逆回购方账户，同时委托交易资金存管方完成融资资金划转工作，将资金由逆回购方账户划拨至正回购方账户。

第三，交易双方发起到期交易申请，碳交易所审核通过后委托交易资金存管方完成融资资金划转工作，将资金由正回购方账户划拨至逆回购方账户，同时委托碳交易主管部门完成配额划转工作，将碳配额由逆回购方账户划拨至正回购方账户。

碳排放权配额回购融资流程如图10-2所示。

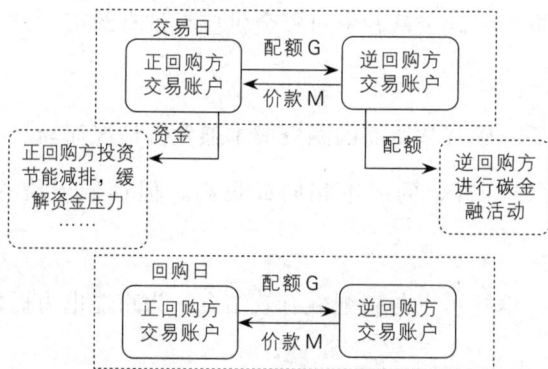

图10-2　碳排放权配额回购融资流程图

（2）京能电力碳配额回购融资过程介绍

第一步，京能电力与相关银行进入上海碳交易所，成为该交易所的会员，再签署《碳配额资产卖出回购合同》，约定3万吨碳配额的回购价格、期限及还款方式等条件，且合同中京能电力参与回购融资的碳排放配额数量需要大于企业通过该项目实现的预计减排量。银行于协议签署日将相关材料交到上海碳交易所，等待上海碳易交所对该回购协议和相关资料进行审核。审核通过后，上海碳交易所将通知京能电力缴存保证金。

第二步，京能集团和相关银行业务发起初始交易，上海碳交易所将对京能电力和银行当日（T日）达成的初始交易进行逐笔全额清算，确定双方交易的碳配额和资金应收应付额，并于T+5日按成交顺序进行碳配额和资金交收，交易正式达成。银行向京能电力一次付清购买款（即贷款额度），京能电力在收到该笔资金后将其用于本企业的可再生能源的生产，优化发电产业结构，构建自己的低碳能源体系。

第三步，京能电力将贷款用于相关节能减排项目后，须按计划实现一定的碳减排量，并由第三方机构进行验证且出具报告。

最后一步，在合同约定的到期日，京能电力和相关银行向上海碳交易所提起到期交易申请，京能电力再按照合同约定价格从银行手中回购该部分碳配额，从而完成此次碳配额回购交易。通过碳配额回购融资交易，京能电力得以加大对节能减排项目的投资，通过项目的实际减排获得配额。

10.1.5 京能电力碳排放权配额回购贷款的成效

（1）提高了偿债能力

京能电力进行碳排放权配额回购所获得的资金部分要用于归还下属子公司的风电绿色低碳产业项目前期银行借款，这有利于调整其负债结构。同时，由表10-4可以看出，2018年到2019年京能电力的流动比率、速动比率均明显下降，到2020年第三季度进行碳排放权配额回购融资后，流动比率、速动比率又都呈上升趋势，说明进行碳排放权配额回购融资有利于提高京能电力的短期偿债能力。2020年第三季度京能电力的流动比率和速动比率分别为0.507%和0.4%，流动比率和速动比率长期处于1以下，短期偿债压力仍然较大，主要原因在于京能电力投资的低碳项目前期投入资金较多，完成期限较长，导致现金流不足。同时，不及时缴纳电费造成了京能电力产生了许多应收账款，增加了公司发生呆账、坏账的风险，2020年上半年京能电力的应收账款为28.43亿元，占总资产的比例高达3.6%。

表10-4 京能电力相关财务比率

指标	2017年	2018年	2019年	2020年第三季度
资产负债率（%）	56.6	59.98	62.06	61.07
行业资产负债率（%）	66.59	69.10	66.09	63
流动负债占比（%）	55.75	41.84	36.54	35.41
非流动负债占比（%）	44.25	58.16	63.56	64.59
流动比率	0.4	0.565	0.482	0.507
速动比率	0.349	0.494	0.397	0.4

资料来源：作者根据Wind数据库资料整理。

电力行业的企业早期投资较大，资产负债率普遍偏高，大多数维持在60%~70%之间，而近几年京能电力的资产负债率都低于电力行业，说明其资产负债率在合理范围内。但总体而言，京能电力的资产负债率在2017—2019年间是不断攀升的，而在2020年第三季度呈现下降趋势，说明通过碳贷款融资后其长期偿债能力较之前有所提升。

（2）有效地协调了碳配额使用与融资的冲突关系

京能电力作为火力发电企业，其自身不可避免地要排放大量温室气体并用到大量碳配额，以往传统的静态质押方式无法盘活碳配额，不能灵活解决碳配额既使用又融资的问题。动态质押和回购融资两种模式的运用就可实现企业在碳配额使用和碳配额融资间的灵活转换，发电行业的碳配额通常一次性发放三年，对企业来说后两年的碳配额暂时用不到，存在手里也无法发挥作用，企业运用碳配额动态质押或回购融资后，就能通过暂时闲置的碳配额募得大量资金，当企业根据实际经营情况需要使用碳配额时，可及时以其他质物置换出碳配额或是通过回购交易购回碳配额，如此既不耽误企业使用碳配额，又能为企业缓解资金压力。

（3）加快生产方式变革，提升自身低碳发展能力

京能电力通过碳配额融资可获得大量用于技术创新和生产方式变革的资金。

该资金用于集团共计 9 家发电公司、22 台机组的超低排放改造，改造后氮氧化物、二氧化碳、烟尘预计年度减排量分别为 11 227.1 吨、11 879.1 吨、2 221.4 吨。完成改造后，三项大气污染物排放浓度为国家超低排放标准限值的一半，即氮氧化物排放浓度为 25 毫克每标方，二氧化硫排放浓度为 17.5 毫克每标方，颗粒物排放浓度为 2.5 毫克每标方。改造完成后的排放指标远远优于国内其他发电公司。截至 2021 年年底，京能电力已经完成了 17 台机组、7 890MW 容量的超低排放改造。

在此基础上，各在京企业自我加压，主动进行改造，进一步降低排放浓度。京能集团所属北京热力、京煤集团、华源热力、源深节能、京丰公司、未来城、京桥公司以及上庄公司等 8 家企业，在 2021 年共完成了 1 620 台、11 486.15 蒸吨的锅炉改造。完成清煤降碳改造后，燃煤锅炉清零，燃气锅炉总计 989 台，污染物均达标排放，超额完成了北京市环保局的总量控制任务要求。完成清煤降碳改造后，与改造前的供热季相比，每年削减燃煤 87.01 万吨、减排氮氧化物 2 547.18 吨、减排二氧化碳 117 吨、减排颗粒物 62.91 吨。

总之，京能电力通过进行碳排放权配额回购贷款融资，提升了企业的偿债能力，有效地协调了碳配额的使用与融资的冲突关系，并利用融得的资金进行生产方式的变革，进一步提升了自身的低碳发展能力。

10.2 北清环能核证自愿减排量质押贷款案例

"核证减排量（CER）质押"模式是企业以核证减排量质押直接向银行申请贷款的融资方式。目前，我国的 CER 以 CCER（国家核证自愿减排量）形式为主。CCER 质押融资指以 CCER 作为质押物的碳市场创新融资手段。CCER 质押融资的操作模式与碳配额质押融资类似。

10.2.1 案例背景

(1) 政策背景

近年来，我国政府不断出台绿色环保政策，为碳金融提供优良的发展环境。2020年9月，习近平总书记提出我国力争在2030年前完成碳达峰、在2060年前完成碳中和的目标。2021年，政府不断完善促进减少碳排放的具体政策，涉及产业结构升级、新旧能源转换等各种具体实施细节方案。例如，根据2021年2月国务院发布的《关于加快建立健全绿色低碳循环发展经济体系的指导意见》，政府将更加明确、具体地指导社会经济体系绿色转型升级，增加对工业、农业、服务业绿色发展的支持，不断扩大绿色环保产业。

除此之外，针对碳金融方面的政策也趋于完善。2016年8月，中国人民银行、财政部等国家七部委联合发布了《关于构建绿色金融体系的指导意见》，为全国的金融机构支持绿色产业发展制定了具体目标，给出了明确举措。2020年10月，生态环境部、银保监会等国家五部委联合印发了《关于促进应对气候变化投融资的指导意见》，要求金融机构在风险可把控的前提条件下，积极开发与碳排放权有关的金融产品和服务。

碳排放导致的严峻气候问题迫使各国纷纷出台政策控制本国的碳排放量，我国作为碳排放大国，积极探索适合本国的碳减排方案。建立碳交易市场、发挥市场机制的调节作用，有利于中国碳市场的发展。CCER交易作为碳交易市场的补充，发展前景十分广阔。

(2) 环保行业背景

中国是世界上环保行业发展较为快速的国家之一。中国政府高度关注环境保护和可持续发展，相继出台了一系列环境保护政策和法规，如《中华人民共和国大气污染防治法》、《中华人民共和国水污染防治法》和《中华人民共和国固体废物污染环境防治法》等，为环保行业的发展提供了政策支持和市场机遇。

在现在的大环境下，国内的环境问题日益突出，公众对环保的关注和需求不断增加。由于城市化进程的加速、工业转型升级和能源结构调整的需要，我国市场对环保和可持续发展领域的产品和服务的需求不断增长，涉及废物处理、水环境管理、大气污染治理、节能减排等多个领域。中国通过技术创新和研发，加快了环保技术的发展和应用，在太阳能、风能等新能源领域取得了重要进展，在环境监测、污染治理等方面的技术也在逐步提升。政府和企业的大规模投资和支持促进了环保技术的创新和应用。总体而言，中国环保行业在政策支持、市场需求、技术创新和国际合作等方面都取得了积极进展。随着中国对环境保护和可持续发展的重视程度越来越高，环保行业有望继续保持快速发展的态势，并为经济转型和高质量发展提供支持。

环保行业的企业通常从事有助于减少碳排放和提供环保解决方案的业务，致力于环境保护、节能减排，其自身碳排放压力相对较低。但同时，环保行业的企业也面临一些与碳排放相关的压力和挑战：

首先，环保类企业在生产和提供环保产品和服务的过程中，通常需要依赖供应链提供必要的材料和设备，这些供应链可能涉及跨国运输、能源消耗等环节，导致碳排放增加。因此，环保企业需要关注产品供应链的碳排放情况，并积极合作以减少供应链的碳足迹。

其次，一些环保类企业的项目和服务可能需要大量的资源和能源，在生产和运营过程中会产生一定的碳排放。例如，太阳能和风能的制造过程需要大量能源和材料，涉及采矿、加工、运输等环节，因而一些环保类企业需要在产品生命周期中降低资源消耗和能源消耗，以减少碳排放。

再次，环保类企业的一些设备和服务需要大量的电力供应，如果该电力来自于传统的高碳能源，如煤炭和石油，那么碳排放将会增加。并且，环保类企业需要不断推动技术开发和创新，以提供更加环保和低碳的解决方案，而技术开发和创新的过程本身也会产生一定的碳排放。因此，环保类企业需要在技术开发和创新的过程中考虑减排因素。

为了应对这些碳排放压力，环保类企业需要积极采取与其使命相符的行动，减少自身碳排放，提高能源效率，并在供应链和技术创新方面努力减少碳排放。这些减排的压力都需要企业投入一定的资金去解决，于是环保类企业利用碳金融融资成为其解决资金压力的可靠路径之一。

10.2.2 企业概况

（1）企业基本情况

北清环能全称为"北清环能集团股份有限公司"，注册资本为1.91亿元，成立于1988年，由四川省南充绸厂划出部分资产改制成立，并于1998年3月在深交所挂牌上市。公司成立初期名为"四川金宇汽车城（集团）股份有限公司"，主营能源电气设备制造和销售、房地产开发经营、汽车销售等业务。2020年其通过收购十方环能股份进入城乡有机废物的无害化处理行业，更名为"北清环能集团股份有限公司"，开始进行公司组织结构重组，转变业务发展方向，并将业务领域拓展至城市清洁供暖业务、电锅炉成套系统集成设备与D-POWER工业物联网平台软件的销售。

北清环能潜心深耕技术研发，拥有多项核心技术，包括厌氧反应器、沼气提纯、餐厨垃圾处理等各类专利62项。从北清环能的CCER发展情况来看，公司始终以碳中和为发展理念，重视节能环保和可持续性发展，努力将自身打造成有机废弃物资源化利用行业和城乡供暖行业的龙头企业。公司特别注重碳资产的管理和发展，可利用现有的垃圾填埋气发电、生物质利用、餐厨垃圾处理等项目申请CCER。因为政府有关部门在2017年暂停了CCER的备案审批，公司现存的CCER备案项目为垃圾填埋气和餐厨垃圾资源化利用项目，但公司待开发的存量碳减排指标达数百万吨，且随着公司餐厨垃圾处理业务的完善与扩大，此后年度的碳减排指标将持续增加。北清环能CCER的两个来源途径是：一是通过厌氧发酵处理餐厨垃圾从而提取沼气；二是将垃圾填埋获得的沼气提纯后得到天然气，再进行发电。这两项业务都可以减少碳排放量，并申请CCER。

（2）公司业务情况

北清环能主要从事两项业务：一是城乡有机废物的无害化处理及资源化高值利用；二是城市清洁供暖。北清环能旗下有数十家公司，以餐厨垃圾处理和城市清洁供暖公司为主，从规模和行业影响力来看，十方环能和新城热力是北清环能旗下的主要子公司。

十方环能是环境保护、绿色能源领域的龙头企业，业务覆盖全国，拥有多项餐厨垃圾处理等方面的发明专利，拥有的全资子公司烟台十方、青岛十方等，以及控股子公司北控十方（湖南）、厦门十方等也主要开展有机废物的无害化处理业务。北清环能已实现在烟台、青岛、湘潭等国内十余个城市投资经营有机废弃物无害化处理和垃圾填埋气利用项目。

新城热力也在城市清洁供暖行业内名列前茅，是一家专业化城市能源服务企业，专注于研发以用户便利为导向的多功能智慧热力供热平台，为居民提供智能化清洁供暖。

（3）企业的基本财务状况

2020 年北清环能实现重大资产重组后，经营范围以及营业收入有了巨大的转变。2020 年北清环能实现营业收入 34 688.16 万元，较上年同期增加了 1 374.26%。营业收入来源于公司的供暖、环保以及合同能源管理三个板块，在并购之前公司的营业收入主要来源于房地产行业，占 2019 年营业收入的 75%。2020 年，北清环能供暖、环保、合同能源管理三个板块的营业收入占营业总收入的比例分别为29.91%、26.24% 和 43.84%。公司已重新规划发展路径，建立"环保+能源"的战略布局。分地区来看，公司营业收入主要集中在东北地区、华北地区和华东地区，其占营业总收入的比例分别为 42.99%、33.71% 和 14.51%。

10.2.3　北清环能 CCER 融资项目进行的动因

（1）碳减排政策的压力

我国已将应对全球气候变化、节能减排全面纳入国家经济社会发展的总战略当中，根据《巴黎协定》积极承担大国责任，探索适合中国的碳减排方案，明确提出在 2030 年和 2060 年分别实现碳达峰和碳中和的"双碳"目标。在全球减碳背景下，作为环保类企业，北清环能有责任管理和减少自身的碳排放。

（2）资金需求的压力

2021 年北清环能处于拓展业务、扩大影响力的发展阶段，通过母公司为子公司担保股权质押等融资形式新增长期借款 938.4 万元，新增租赁负债 822 万元，公司对外借款数值较高，资产负债率达到 52%，且流动比率、速动比率在 2017—2020 年间一直低于 1（见表 10-5），表明公司的短期偿债能力较弱，有一定的资金压力。

表10-5　　　　　　　　　2017—2021年北清环能偿债能力指标

指标	2017年	2018年	2019年	2020年	2021年
流动比率	0.54	0.76	0.39	0.36	1.02
速冻比率	0.37	0.64	0.36	0.34	0.97
利息保障倍数	3.16	3.50	−12.15	7.93	2.86
资产负债率	0.88	0.87	1.24	0.65	0.52

资料来源：作者根据国泰安CSMAR数据库资料整理。

同时，由于 2020 年第二季度以来，原油价格持续上涨，石化柴油的价格提升，对生物柴油的需求量不断增加。在保障利润的情况下，预期生物柴油价格涨幅有限，未来生物柴油和石化柴油的价差有望持续收窄，而餐厨废油（UCO）是生物柴油的最优来源。北清环能近年来不断规模化，并排他性地布局优质餐厨垃圾处理项目，控制生物柴油原料资源，通过高效的收运管理和技术工艺改进，不断提升餐厨垃圾提油率，UCO 产能持续扩张。餐厨垃圾的提油率提升使公司能够在有限的资源下提高产出，而提油率的关键在于前端的收运管理和提油的工艺水平，这就需要公司不断投入研发资金以支持厌氧发酵、热解碳化、能源高值利用等全流程的核心技术系统的工艺水平提升和效率提升。

（3）盘活 CCER 资产，提升企业形象的需要

2021 年 6 月，北清环能与常州荣碳新能源签署《碳资产转让协议》，出让 36 万吨 CCER。2021 年 9 月，公司分别与两家 CCER 领域的专业咨询公司签订自愿减排项目技术咨询服务协议，将现有的 13 个项目开发成为自愿减排项目，产生的相关减排量参与国内温室气体自愿减排交易。参与 CCER 交易可以提升北清环能的品牌形象。对企业来说，积极参与碳交易和碳市场活动可以体现企业的环保责任、创新能力和可持续发展的价值观。

同时，据公司推算，截至目前公司拥有餐厨垃圾处理规模 4 030 吨。对应的待开发存量 CCER 约为 600 万吨。随着餐厨业务的拓展，公司后续每年碳减排指标的增量也将非常可观，待公司餐厨垃圾处理规模提升至 8 000 吨，对应待开发的存量 CCER 将达 1 191 万吨。结合 2021 年年末我国 CCER 的价格约 40 元/吨，1 191 万吨 CCER 对应的价值量近 4.76 亿元，约占公司总资产的 12.27%，未来与 CCER 相关的碳金融融资有望成为公司重要的利润补充，进一步推动了公司 CCER 资产的使用效率和价值实现。

10.2.4　北清环能 CCER 质押贷款进行情况

2021 年 6 月 11 日，北清环能进行 CCER 质押贷款交易，交易标的为北清环能旗下潍坊润通拥有的 CCER 及其相关之全部权利，双方约定在 2022 年 12 月 31 日之前完成全部 CCER 的交割。本次进行质押的 CCER 来自首批减排量通过备案的项目，项目类型为垃圾填埋气发电及精制。上海银行以目前七个碳交易市场碳配额价格的加权平均价作为基准价，再按照一定质押率折算质押价为 20 元/吨，在无其他抵押担保的条件下，为北清环能的 36 万吨 CCER 提供了 720 万元的质押贷款。上海环境能源交易所为本次质押提供第三方服务，将按照需要对相应的 CCER 进行冻结和解冻等操作。该项目的具体业务流程如图 10-3 所示。

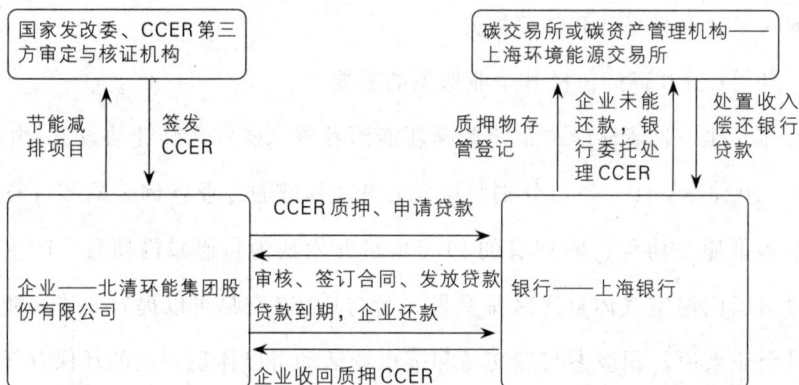

图10-3　北清环能集团股份有限公司CCER质押贷款运作流程

北清环能的CCER质押贷款操作流程如下：

①北清环能开展节能减排项目，由国家发改委审核后完成项目备案。本项目中由北清环能旗下的潍坊润通做CCER项目申报，潍坊润通就公司拥有的可实现碳减排项目，根据项目设计书的内容指南和格式标准要求编制温室气体减排项目设计文件（Project Design Document，PDD），文件中详细记录了项目地点、目的、类型等信息，事前的预计碳减排量为382 405吨CO_2。随后进行PDD的公示，并向山东省发改委提交CCER申请。

②经过现场审定以及第三方机构的确认，项目成功在国家备案。项目业主负责根据项目设计文件实施监测计划，并由电网公司辅助进行监测，潍坊润通任命的CCER项目经理负责每月收集监测计划要求的信息和数据，执行监测计划。根据项目监测结果绘制并公示监测报告后，国家有关部门对碳减排量进行备案，国家发改委对符合条件的项目注册登记并签发CCER，潍坊润通CCER项目申报的具体流程如图10-4所示。

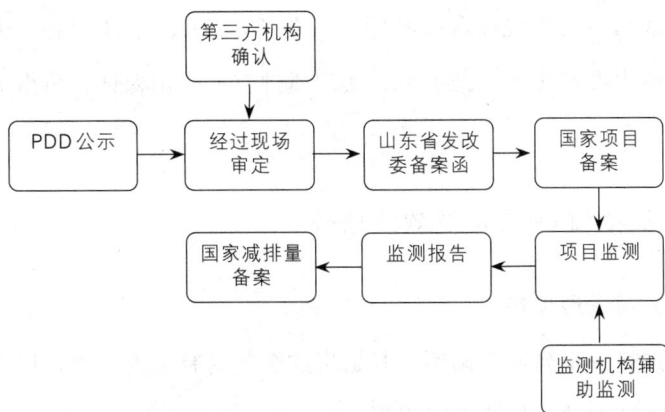

图10-4　潍坊润通CCER项目申报流程

从本质上来说，双方交易的是碳减排项目的核证碳减排量，而核证碳减排量的测算是基于潍坊润通拥有的垃圾填埋气发电及精制项目实现的。该项目的目的是收集、销毁潍坊市生活垃圾填埋场中产生的垃圾填埋气（LFG），再使用其所收集的垃圾填埋气生产电能，并最终输送到华北电网，以实现在供应绿色能源的同时降低温室气体排放量。本项目设在山东省潍坊市，是垃圾填埋气收集及利用项目，垃圾填埋气产生的能量全部用于发电，项目产生的电力升压至接入35KV大圩河变电站，随后并入山东电网，最后接入华北电网。根据选择的方法CM-077-V01，监测过程中需要监测填埋气体量、填埋气体的温度和压强、填埋气中甲烷的含量、项目产生的上网电量以及购电量等多个参数，监测时间为2011年11月3日至2016年6月16日，最终计算得到的碳减排量为36.14万吨，也是本次CCER交易的全部碳减排量。

③北清环能集团股份有限公司将这36.14万吨CCER作为质押物，向上海银行提出贷款申请。

④上海银行进行审核后，与北清环能约定以20元/吨的固定单价质押交易潍坊润通拥有的36万吨CCER，交易总价是720万元，并由双方签订借款合同等法律性文件。

⑤北清环能向上海环境能源交易所申请办理CCER冻结登记后，由上海环境能源交易所在系统内办理相关冻结手续，实现质押双方信用保证，再由上海银行向北清环能发放贷款。

10.2.5 北清环能CCER质押贷款的成效

（1）聚焦公司发展战略

北清环能进行一系列业务调整，开始聚焦于餐厨有机废弃物处理及废弃食用油脂资源化利用业务的整体战略发展规划：

首先，北清环能于2021年12月2日将全资子公司北控十方持有的厦门十方55%的股权、抚顺十方的全部股权、郑州能源的全部股权转让至中水环保，旨在集中资金、资源优势发展餐厨有机废弃物处理业务，帮助企业实现持续、健康、绿色发展。

其次，北清环能在2022年2月8日与银川保绿特公司签署股权转让协议，计划收购该公司餐厨垃圾处理项目95%的股权。保绿特是一家餐厨废弃物处理与资源化利用服务商，集收运、处置、利用于一体，专注于为用户提供餐厨废弃物的资源化和能源化利用、无害化处理和减量化处置等服务。该公司2021年实际每日处理垃圾总量近400吨/天，在收购完成后，北清环能的餐厨垃圾处理与利用运营范围将覆盖到银川市市辖行政区域，这也是北清环能首次将业务拓展至西北地区。收购保绿特的计划促进了公司的跨区域发展，有助于公司进一步提高市场占有率、扩大业务规模、提升盈利能力。

除此之外，北清环能于2021年9月3日发布公告称，为抓住低碳发展机遇，实现碳中和业务战略布局，拟以自有资金1亿元人民币，与博正资本、西藏禹泽和中国水业三家公司共同出资设立碳中和产业投资基金。投资方向主要是具备碳减排效应的有机废弃物资源化项目及相关产业，并致力于积极参与CCER交易。这一碳中和基金的设立，可进一步提高公司在餐厨垃圾处理领域及碳资产开发利用领域的投资与管理水平。上述股权转让、股权购买以及设立碳中和基金的行为都体现了公司聚焦餐厨有机废弃物处理的发展战略。

（2）营运能力及偿债能力有所提升

北清环能的总资产周转率、存货周转率、应收账款周转率三个指标在2017—2019年间有所下降（见表10-6），公司陷入发展困境。2019年其指标数值更是创造新低，原因是公司解除智临电气股转协议、处置房地产公司之后，暂停了新业务拓展，进行经营战略调整。2020年公司收购北控十方和新城热力之后，总资产周转率、存货周转率和应收账款周转率有所回升。

表10-6 2021年北清环能季度营运能力指标与行业均值

指标	2021 年 Q1	2021 年 Q2	2021 年 Q3	2021 年 Q4
总资产周转率	0.11	0.14	0.16	0.36
总资产周转率行业均值	0.09	0.19	0.28	0.41
应收账款周转率	1.2	2.0	2.54	5.83
应收账款周转率行业均值	0.87	1.87	2.63	5.13

资料来源：作者根据北清环能2021年财务报告整理。

北清环能的CCER交易发生在2021年第二季度，公司第二季度总资产周转率和应收账款周转率相较于第一季度有小幅上升，且此后第三季度和第四季度相较于上一个季度有明显的提升，表明此次CCER交易后，北清环能利用资产进行经营的效率有所提高，资金周转状况有所上升，进一步提高了盈利能力。2021年公司总资产周转率与行业均值相比有一定差距，但应收账款周转率一直高于行业平均水平，公司应收账款流动性较强、销售水平良好，一定程度上可以提升企业的短期偿债能力。

（3）促进企业研发创新

本次CCER质押贷款融资不仅使北清环能转变了发展方向，还给公司带来了餐厨垃圾处理等领域的核心技术及研发人员。2021年北清环能的研发人员数量、研发投入金额、研发费用与2020年相比有大幅度提升，见表10-7。2022年公司继续提升自主创新意识，提升核心技术水平，研发投入金额达到 1 234.96 万元，较上年增长 66.09%，且获得了不错的成果，2022 年新增的专利和著作权达到 65 个（见表10-8）。公司为了形成核心技术，提高碳资产竞争力，开始研发污泥碳化处理及资源化利用项目，研发完成后将丰富公司的碳资产。

表10-7　　　　　　　　　　2020—2022年北清环能研发情况

项目	2020 年	2021 年	2022 年
研发人员数量（人）	2	45	52
研发人员数量占比（%）	3.17	10.59	7.39
研发投入金额（万元）	79.11	743.55	1 234.96
研发投入增长率（%）	37.12	839.90	66.09
研发费用（万元）	79.11	220.20	882.17

资料来源：作者根据北清环能财务报告整理。

表10-8　　　　　　　　　　　2022年北清环能研发成果

项目	本年新增		累积数量	
	申请数	获得数	申请数	获得数
发明专利	1	2	13	9
实用新型专利	41	49	121	101
软件著作权	14	14	33	33
合计	56	65	167	143

资料来源：作者根据北清环能财务报告整理。

CCER 交易完成后的 2021 年第三季度，公司的研发费用与研发费率（研发费用/营业收入）都有了一定幅度的增长（见表10-9），表明公司加大了研发的投入、引入和培养优秀的研发人才、重视技术和产品的创新。公司相继完成了"863"国家课题等多个国家级重大科研任务，拥有包括厌氧反应器、沼气提纯、餐厨垃圾处理等在内的各类专利62项，多项科学技术获得国家奖项。此次 CCER 交易试水后，北清环能意识到了 CCER 的盈利性、便利性和环保性，其下属各项目公司于 2021 年

9月30日分别与两家CCER领域的专业咨询公司签订自愿减排项目技术咨询服务合同，拟将下属公司现有的13个项目在我国的温室气体自愿减排体系下设计为自愿减排项目。

表10-9　　　　　　　　　　　　2021年北清环能研发指标情况表

项　目	第一季度	第二季度	第三季度
研发费用（万元）	171.53	247.97	252.45
研发费用率（%）	0.89	3.13	3.80

资料来源：作者根据北清环能2019—2021年财务报告整理。

10.3　W公司碳排放权配额质押贷款案例

10.3.1　背景介绍

（1）政策背景

2015年9月，习近平主席在《中美元首气候变化联合声明》中正式宣布，将于2017年启动全国碳排放交易体系，覆盖钢铁、电力、化工、建材、造纸和有色金属等六个重点工业行业，这明确了化工行业在全国碳交易体系中的重要地位，推动了化工行业碳金融政策的细化和落实。化工行业作为高耗能、高排放的典型行业之一，节能减排任务艰巨。发展碳金融，通过市场机制引导化工企业降低碳排放，对于推动化工行业乃至整个经济的绿色转型具有重要意义。

随后，我国政府于2009年11月向国际社会郑重承诺，到2020年单位GDP碳排放强度比2005年下降40%～45%，并将其作为约束性指标纳入国民经济和社会发展中长期规划。这一承诺进一步促使我国加快建立和完善与我国六大重点工业行业有关的碳金融政策体系，以实现减排目标，推动我国经济绿色转型与高质量发展。

（2）行业背景

W公司主要从事以煤化工、磷化工和精细化工为主的产品生产与销售，根据2011年修订的行业划分标准，W公司属于化学原料及化学制品制造业。

根据生态环境部的统一部署，"十四五"期间石化、化工、建材、钢铁、有色金属、造纸、航空等行业将逐步纳入全国碳市场。化工行业属于资源型和能源型产业，产品生产主要以天然气、煤炭等化石能源为原料，生产过程中二氧化碳等温室气体排放量大，在低碳发展工作中担负着极其重要的任务。据统计，我国化工行业的能源消费量达4.2亿吨标煤，约占到全国消费总量的8.4%。化工行业每年的二氧化碳排放量达到11亿吨左右，占全国排放总量的约10%。氮肥、甲醇行业又是化工行业中的重点排放大户，73.7%的合成氨、77.3%的甲醇产能是以煤炭为原料生产的。每生产1吨合成氨，煤头的二氧化碳排放量约为4.2吨，天然气头的二氧化碳排放量约为2.04吨；每生产1吨甲醇，煤头的二氧化碳排放量约为3.1吨，天然气头的二氧化碳排放量约为0.58吨；2020年，合成氨、甲醇行业的二氧化碳总排放量分别为2.19亿吨和1.96亿吨，占化工行业排放总量的19.9%和17.8%，二者合计二氧化碳排放量占到化工行业排放总量的约38%。因此，氮肥、甲醇行业的减排压力巨大，将迎来新一轮的"供给侧结构性改革"。

随着"双碳"任务的广泛落实，今后氮肥和甲醇等高碳排放行业的产能扩张将极度受限，未来新增项目的审核难度也将大幅增加，部分产能不仅要通过减量置换的方式建设，还需要购买碳排放指标，增加了项目建设成本。在严格的碳排放标准规定下，煤化工行业的成本会出现一定提升，落后产能淘汰或将加速。

10.3.2 企业概况

（1）公司简介

W公司始建于1969年，属于非上市的地方性国有企业。W公司的主要经营板块有煤化工、磷化工及精细化工。其中，煤化工板块营收占比约30%，主要产品为己内酰胺。作为一家化学原料和化学制品的制造企业，在整个化工产业处于转型期的背景下，W公司的融资仍是较为困难的。传统的化工企业要想转型，就要投资研发环境友好型的清洁工艺，因此这类企业面临着技术研发过程中的风险、新产品不符合市场需求或无法获得目标市场份额的市场风险、技术研发的长期投资最终取得的收益无法填补投入的财务风险等，这些风险使得传统的化工企业需要大量的资金投入。商业银行一般倾向于安全性与流动性较高的投资方向，但转型期的化工企业所拥有的资产主要为传统的生产工艺设备，在目前退出"两高一剩"的政策背景下，该类企业也较难找到合适的担保。另外，W公司属于非上市公司，也就意味着其无法在股票市场上获取融资，其所处行业属于化工行业，具有周期性、部分产品产能过剩以及行业竞争激烈的特点，因此W公司需要积极转型，投入大量资金研发新型生产技术工艺，坚持绿色发展道路，提高自身的竞争能力，以免被行业淘汰。

（2）W公司的发展战略

W公司的总体发展战略是专注化工、绿色低碳、智能制造、创新发展，通过高起点、高标准不断丰富产业结构和产品链，坚持以科技创新带动战略创新、管理创新、制度创新、文化创新，走出一条极具竞争优势、他人难以复制的转型发展之路。W公司的经营目标是在做好现有装置安全、环保、高效生产的基础上，全力推进乙二醇等项目建设，全面推动公司从高速度增长向高质量发展的转变目标。总体来看W公司将继续围绕产业链进行延伸发展。

（3）W公司财务状况概述

通过对W公司2017—2020年的资产负债表、利润表、现金流量表等数据进行分析，可以看出W公司的资产流动性差、流动负债占比大、短期内需要偿还的债务多，且企业正处于"转型期"和"扩张期"，需要大量的资金。总的来看，自2017年以来，W公司的资产规模、所有者权益均稳步增长。2017年至2020年，W公司的流动资产自3 921.75万元增长至6 911.95万元，非流动资产由3 808.62万元增长至16 347.26万元，可见W公司的非流动资产占比逐年增大，其资产的流动性变差。在目前国家倡导低碳经济转型的背景下，W公司的一系列设备与技术的更新改造需要投入大量的资金。

目前，W公司的资产大多是在建工程和以生产技术为主的无形资产，该资产具有建设周期长、资金占用量大的特点，会影响W公司的资金周转效率。另外，W公司的非流动资产占比较大，由于企业短期可变现的流动资产决定了企业的短期偿债能力，因此当W公司可变现的流动资产不足以覆盖其流动负债时，W公司会出现支付能力不足的情况。由此可以看出W公司存在一定的资金压力，所以W公司需要充实资金。虽然企业现阶段所处行业属于"两高一剩"范畴，但是近年来W公司正处于大力转型阶段，主营业务利润率高于行业水平，说明其现阶段转型具有一定成效，这类具有发展潜力的企业不应该被清退，反而应该在其融资政策上给予一定的支撑，助力其早日转型成功，为我国的实体经济赋能。

10.3.3 W公司碳排放权质押贷款融资的动因

（1）公司扩张需要资金

通过对W公司的现金流量情况进行分析，我们发现该公司正处于扩张期，管理层采用的是积极的发展战略。因此，这一时期的企业具有较强的资金需求。W公司近年来的现金流量情况见表10-10。

表10-10　　　　　　　　W公司2017—2020年现金流量基本情况　　　　　　　　单位：万元

项目	2017年	2018年	2019年	2020年
经营活动产生的现金流量净额	762.93	1 986.08	1 578.05	699.37
投资活动产生的现金流量净额	−694.49	−496.79	−4 309.67	−1 284.33
筹资活动产生的现金流量净额	175.56	178.49	1 551.26	967.65
期初现金及现金等价物余额	368.28	607.93	2 279.55	1 465.59
期末现金及现金等价物余额	607.93	2 279.55	1 099.19	1 848.28
现金及现金等价物净增加额	239.65	1 671.63	−1 180.36	382.68

资料来源：作者根据Wind数据库资料整理。

W公司现金流量项目组合分析见表10-11。

表10-11   W公司现金流量项目组合分析表

项 目	2017年	2018年	2019年	2020年
经营活动	正	正	正	正
投资活动	负	负	负	负
筹资活动	正	正	正	正

资料来源：作者根据Wind数据库资料整理。

结合表10-10与表10-11的分析可知，W公司在2017—2020年只有投资活动现金流出量大于现金流入量，这说明W公司采用的发展战略经营状况良好，投资活动增多，企业目前处于扩大再生产和高速发展时期。处于该阶段的W公司若是仅仅靠其经营活动产生的现金流量远远不能满足其投资的需求，因此必须通过外部渠道获得资金的支持。综上分析可知，处于扩张期的W公司具有一定的外部融资需求。企业通过投资获取利润的前提是企业拥有足够的现金流，如果没有足够的现金流作为支持，企业只能"望利兴叹"。

（2）大型项目建设需要资金

根据公司发展战略的规划，W公司将继续专注化工实业，不断丰富产业结构和产品链，在做好现有装置安全、环保、高效生产的基础上，全力推进新项目落成，进一步加快转型步伐，推动公司向清洁型、低污染、高质量的发展转变。

W公司的结构调整项目总建设期为3年，计划在原有的生产线上进行改造，在不扩大合成氨生产规模的前提下，循环利用该过程产生的副产品生产乙二醇。项目建设内容如下：在合成氨和尿素项目的改造部分，计划对W公司尿素厂和分公司原有的生产线进行节能改造，采用一系列国际先进的清洁技术，淘汰现有的高能耗、高排放的合成氨装置。改造项目采用的新型清洁技术可循环利用W公司在该生产环节中产生的废水和活性污泥，减少污染物的排放，从而对W公司的整个生产原料结构进行改善。除此以外，该项目还对W公司的产品结构进行了优化，拟淘汰的W公司尿素厂和分公司目前的产品中有甲醇和碳酸氢铵，这二者都不属于W公司的优势产品，通过本项目的实施，其可以升级为W公司的优势产品中颗粒尿素产品。在保护环境、降低能耗方面，W公司所采用的一系列节能减排的环保技术达到了世界先进水平。

鉴于我国煤炭资源相比石油资源来说较为富足，因此W公司以煤炭为基础的煤基乙二醇合成法的市场前景良好。从市场需求来看，未来世界人口继续增长，对纤维制品的需求也会不断增长，而纤维产量的增长取决于聚酯，乙二醇为合成聚酯的主要原材料。有资料显示在我国有近九成的乙二醇用来合成聚酯。按照W公司的投资规划，公司计划对在建项目投资9 816万元，该项目的相关权证均已办理完成，截至2020年12月末已投入5 467万元，未来仍需投入4 349万元。

如图10-5所示，2017—2020年W公司的资本开支为9 348.04万元，而这4年的经营活动产生的现金流量净额共计5 026.43万元。W公司2019年至2020年的资本性支出远大于2019年至2020年的经营活动产生的现金流量净额，因此，只靠近几年经营活动产生的现金流量必然难以支撑W公司的日常开支。

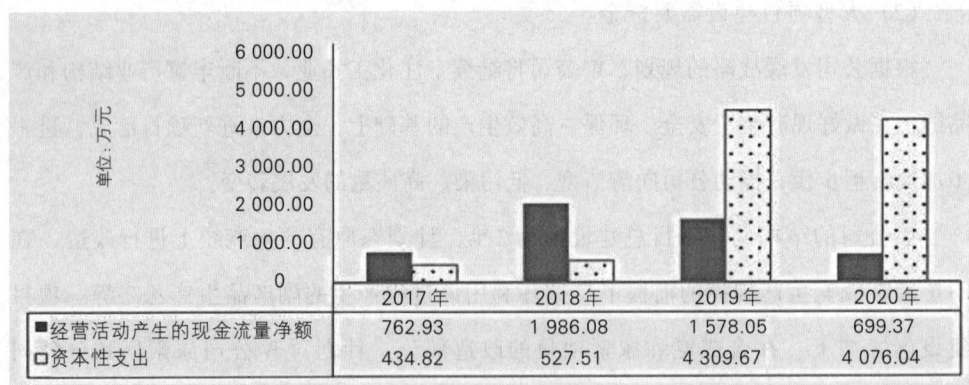

单位：万元	2017年	2018年	2019年	2020年
■ 经营活动产生的现金流量净额	762.93	1 986.08	1 578.05	699.37
□ 资本性支出	434.82	527.51	4 309.67	4 076.04

图10-5　W公司资本开支与经营活动现金流量

资料来源：作者根据Wind数据库资料整理。

造成 2019 年 W 公司资本开支骤增的原因是上文分析中提到的进行合成氨原料结构调整以及对乙二醇项目的投入，根据 W 公司的公示，该项目的具体实施情况见表 10-12。

表10-12　　　　　　　　截至2020年3月末公司在建设情况　　　　　　　金额单位：万元

项目	建设周期	总投资	累计投资	2020年计划投资	2021年计划投资
合成氨原料结构调整及乙二醇项目	2018—2020年	9 816.00	5 467.00	3 367.00	982.00

资料来源：作者据W公司2020年度信用跟踪评级报告数据整理。

（3）碳减排的压力

2019 年以来，国家对"两高一剩"企业的清退力度增强，国内银行普遍降低了对此类企业的信贷支持，W 公司作为化工企业，其在生产过程中需要使用大量的资源和能源，同时产生大量的废物和废气，要实现碳减排，必须通过加大资金投入对生产过程和生产工艺进行全面的优化和控制，对能源利用和废弃物处理进行全面的升级和改进。

经过前面的行业分析，我们发现 W 公司正处于淘汰落后生产线、加大环保减排力度、通过引入新项目减少部分过剩产能的转型关键时期。W 公司若想成功转型需要充足的资金，仅靠其近年来经营活动产生的净现金流量是难以推动整个项目的正常运作的，而在 2020 年该项目建成后，相关配套设备的调试与维护还需要一笔不菲的支出。在这样的背景下，W 公司的融资压力非常大。

然而，随着该省碳排放权交易市场的成功运行，W 公司在融资困难之际看到了曙光，凭借着近年来在环保上的投入，W 公司在完成了年底的清缴工作后，发现其账户仍然有大量的碳排放配额的盈余。了解到相关政策之后，W 公司积极利用了基于碳排放配额的碳排放权质押融资这一新方式来获取资金。

10.3.4 W公司碳排放权质押贷款过程

（1）W公司碳排放权质押贷款融资方案概述

W公司在综合考虑自身情况、所拥有的碳排放配额与当地银行的相关优惠政策后，决定使用基于碳排放配额的碳排放权质押融资模式进行融资。W公司与当地银行进行了详细沟通后，协商制定了基于碳排放配额的碳排放权质押融资方案，具体流程如图10-6所示。

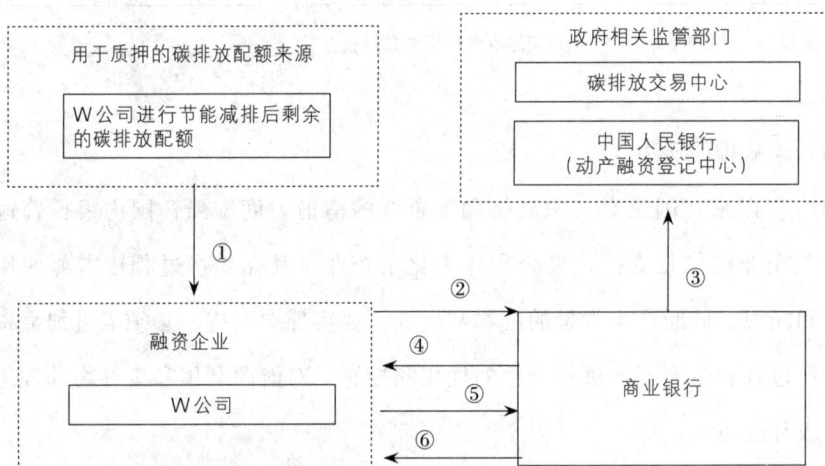

图10-6　质押融资

在基于碳排放配额的碳排放权质押融资模式下，中国人民银行在建立信任机制的过程中扮演了重要角色。具体来说，W公司的融资申请是通过当地银行的融资平台进行的，没有担保机构分担融资风险，当W公司与当地银行在中国人民银行的动产融资登记中心进行该融资业务的登记并向社会公示后，W公司与当地银行之间便构建起一种信任机制，该融资方案具体步骤如下：

①获取质押物。W公司需要获取能够用于质押的碳排放配额。

②申请融资资格并申报审批。在此过程中，W公司首先需要向银行各级的对

公业务营业机构提出基于碳排放配额的碳排放权质押融资业务的申请。银行审查通过后，与 W 公司协商融资方案，然后将该方案与 W 公司的融资申请一同申报审批。最后，双方签订融资合同，经银行上级部门核查完相关文件并审批通过后，银行与 W 公司签订融资合同等法律文件。

③双方共同进行质押登记。W 公司需要在当地政府部门指定的碳排放交易登记机构办理碳排放配额质押登记手续，并在中国人民银行动产登记中心进行登记。

④贷款发放。银行方需落实贷款条件并向 W 公司发放贷款。

⑤还款。W 公司需要按合同约定偿还贷款。

⑥W 公司向银行收回质押凭证。

（2）W 公司碳排放权质押融资具体过程介绍

①环保部门对 W 公司进行年度碳排放配额清缴审核工作

W 公司近年来主动关停了污染较大的工厂并采用全球领先的低污染工艺减少了碳排放，环保部门对 W 公司进行年度碳排放配额清缴工作时发现，公司在完成年度清缴份额后仍持有约 35 万吨碳排放配额。

②W 公司向银行提出申请

W 公司根据当地环保部门以及碳排放交易中心的相关证明材料，向银行提出了基于碳排放配额的碳排放权质押融资业务的申请。

③银行申报审批

银行对 W 公司进行资质审查，结合 W 公司提供的书面材料，对公司进行实地综合考察，考察内容为企业的经营资质、碳排放配额情况、环保状况以及经营成果等方面的细节。在对上述细则作出综合资质审查评价后，银行最终确定 W 公司有资质获得碳排放权质押贷款，接下来与 W 公司一起商定融资方案，将审核结果与该方案一起申报审批。

在这一阶段，由于政策规定，基于碳排放配额的碳排放权质押融资的贷款期限应该在企业的碳排放配额使用期限内，W 公司的碳排放配额到期日不得超过其碳排放权的使用期限，因此 W 公司所使用的基于碳排放配额的碳排放权质押融资项目属于短期贷款。其质押贷款额度按照市场化原则，根据碳排放配额评估价值和抵押率综合确定。

碳排放配额质押率，是以碳排放配额评估价值为基础，按照不超过评估价值的80%设定。在设定质押率的时候考虑了以下两个方面的要求：一是，质押率应根据当地碳排放配额数量和市场交易价格等综合确定；二是，可以参考借款人的资信情况设定差异化质押率，同时考虑借款人的碳减排、节能技术水平等情况；三是，参考中国人民银行公布的同期限同档次LPR利率，结合借款人的信用情况合理确定贷款利率。

由于W公司主动关停高污染厂房，并大力投资清洁型生产项目，以及有良好的资信状况与相关机构对其资信情况的评级，双方商定W公司质押35万吨碳排放配额，获批1 000万元人民币的贷款，贷款期限为1年，年利率约为3.8%，并于一周内发放。

④W公司与银行签订合同

银行审批同意后与W公司一起签订了借款合同等相关法律文件。

⑤质押登记并发放贷款

W公司与银行一起去当地的碳排放权交易中心以及相关主管部门办理碳排放权质押登记手续，在中国人民银行的动产融资登记中心登记并公示该项业务。最终，双方落实合同约定的贷款条件，银行于2021年8月27日如期发放碳排放权质押贷款1 000万元。

10.3.5　W公司碳排放权质押贷款融资的成效

（1）降低企业融资成本

根据W公司的内部统计资料，2019年以来W公司所采用其他方式质押融资的利率均在5.39%，而采用基于碳排放配额的碳排放权质押融资的利率为3.8%，远低于其他质押融资的利率。另外，基于碳排放配额的碳排放权质押融资模式还能够降低企业的部分沉没成本，就W公司的融资经验来看，从银行受理该笔业务到W公司拿到融资资金仅用了不到一周的时间。

综上所述，对于W公司这类依赖于短期借款周转、处于转型期、非流动资产占比大、在建工程周期长、资金占用量大的企业来说，采用基于碳排放配额的碳排放权质押融资模式能够在较短的时间（一周以内）以较低的融资成本获得融资资金。

（2）盘活企业闲置资产

对W公司来说，如果其相关部门能够提前做好本年度的碳排放配额使用预算并严格按照预算执行，便可将暂时闲置的碳排放配额质押以拓宽其融资渠道，当需要扩大生产时再及时地赎回。如此一来，W公司便可以结合自身的生产周期最大程度地盘活碳排放配额，提高公司的资产利用率。通过W公司的融资案例分析可知，拥有碳排放权的企业可通过将企业的碳排放权出质的形式获取资金，用于企业更新设备、革新技术，提高企业闲置资产的流动性，使碳排放配额带来的经济利益最大化。

（3）支持W企业发展低碳技术

W公司通过质押碳排放权配额获得的融资，为其正在建设的合成氨原料结构调整及乙二醇项目提供了资金支持。该项目对原有合成氨原料的设备进行改造升级，将生产己内酰胺产生的废水及其他废水中的有机物综合利用，转化为氢气和一氧化碳合成气体，经过催化加氢反应后制成乙二醇，实现废弃物的回收再利用。W公司最终通过改造项目的实施，利用老旧设备实的副产品循环生产乙二醇产品，实现了煤化工产业的升级。目前，我国是对乙二醇消耗最大的国家，但是我国的乙二醇大量依赖进口，因此对该产品的转型目标主要是减少进口依赖性。可见乙二醇的市场前景很好，W公司的转型很成功。该项目建成后可以为W公司节省更多的碳排放配额，因此W公司具备较强的清洁型工艺生产技术优势，这些技术的使用很好地解决了公司环境治理与经济发展之间的矛盾，实现了环境保护与经济效益的共赢。

10.4 中广核碳中和债券案例

10.4.1 案例背景

（1）政策背景

2011年3月，日本福岛核事故发生后，我国要求对国内已运行及在建核电项目进行全面安全检查，并宣布在《核安全规划》批准前暂停审批新项目和已开展前期工作的项目。

2012年10月24日，国务院常务会议讨论通过《核电安全规划（2011—2020年）》和《核电中长期发展规划（2011—2020年）》。2013年1月，《能源发展"十二五"规划》（以下简称"规划"）正式发布。规划指出，在核电建设方面，坚持热堆、快堆、聚变堆"三步走"技术路线，以百万千瓦级先进压水堆为主，积极发展高温气冷堆、商业快堆和小型堆等新技术，合理把握建设节奏，稳步有序推进核电建设科学布局项目，对新建厂址进行全面复核。"十二五"时期只安排沿海厂址，提高技术准入门槛，新建机组必须符合三代安全标准，同步完善核燃料供应体系，满足核电长远发展需要。

2022年8月发布的《关于印发加快电力装备绿色低碳创新发展行动计划的通知》（工信部联重装〔2022〕105号）、2023年5月发布的《碳中和目标下中国火电上市公司低碳转型绩效评价报告2022》等政策与报告，都从技术转型、企业治理、生产管理、政府监管等多条路径提供了建议与指引。其中，碳债券这一碳金融工具，可通过为电力企业筹集可支持绿色转型发展的低成本资金来促进电力行业的低碳转型。

（2）行业背景

核电是一种清洁能源，技术已经成熟，安全可靠性得到了实践验证，供应能力较强，已成为国家能源电力战略的重要组成部分。截至2022年年底，我国在运营核电机组共 54 台，业主为中国核工业集团公司、中国广核集团有限公司，装机容量为 55 805.74 万千瓦。

发展核电是优化我国以煤为主的能源消费结构的重要措施之一，以核电替代部分火力发电，不仅可以减少煤炭资源的开采、运输和燃烧总量，减少电力工业的污染物排放，还可以减缓地球温室效应。

根据电力发展"十一五"规划，核电发展战略已从"适度发展核电"调整为"积极发展核电"。"十二五"规划中指出，我国要在确保安全的前提下高效发展核电，特别是国家能源局成立后，更是将核电发展列为重中之重。中电联牵头编制的《电力工业"十二五"规划研究报告》中对核电发展提出了规划：2015 年我国核电装机 4 294 万千瓦，2020 年规划核电装机规模达到 9 000 万千瓦，力争达到 1 亿千瓦的目标。考虑到核电的后续发展，2020 年年末在建核电容量应保持在 1 800 万千瓦左右。核电占全部电力装机容量的比重从现在的约 2% 提高到 4%，未来十几年我国核电站建设预计将以平均每年三座百万千瓦级核电机组的速度进入到批量化规模发展阶段。

10.4.2 企业介绍

（1）基本背景

中国广核集团有限公司于 1994 年 9 月 29 日注册成立，由国务院国资委履行出资人职责。2013 年 4 月，公司名称由"中国广东核电集团有限公司"更至现名（以下简称中广核）。同年 12 月，公司股东调整为国务院国资委持股 90%，广东省人民政府持股 10%。

公司在建核电项目的资本金将通过公司自有资金、多家电力集团参股以及产业基金投资等多渠道解决。公司目前已形成了跨地区、多基地、多项目同时建设和发展的格局。整体看，公司在建核电项目进展顺利，截至 2022 年年底，中广核在运清洁电力装机容量超 7 700 万千瓦，其中在运核电装机超 3 056 万千瓦，国内新能源控股在运装机超 3 515 万千瓦，海外新能源控股在运装机近 1 200 万千瓦。其清洁能源项目覆盖全国30个省区，为海外15个国家和地区提供清洁电力。公司的核电装机容量快速提升，带动了公司发电量和盈利能力提升，但目前公司较大规模的在建拟建项目仍将给公司带来一定的资金压力。

2022年，中广核的26台在运核电机组保持安全稳定运行，根据世界核运营者协会（WANO）发布的衡量核电机组运营业绩的WANO指标，其79.2%的机组WANO业绩指标进入世界先进水平，CPR机组平均能力因子为93.6%，连续5年达到WANO先进水平。

中广核始终以高标准、高目标推动核电、风电、太阳能等清洁能源业务的发展，一系列重大项目建设在2022年取得丰硕成果。红沿河核电6号机组高质量投产，中广核第9个核电基地陆丰核电顺利开工，"华龙一号"机组批量化建设稳步推进，我国首个单体百万千瓦级陆上风电基地内蒙古兴安盟一期并网发电，全国最大的平价海上风电汕尾甲子项目顺利投产，东南亚最大的气电项目马来西亚EMPP电厂全面建成。2022年，中广核全年清洁能源上网电量达3 016.63亿千瓦时，等效减少标准煤消耗8 181.50万吨，减排二氧化碳2.23亿吨，相当于种植森林61.06万公顷，为推动能源低碳清洁转型、践行国家"双碳"目标和应对气候变化贡献力量。

（2）企业财务状况

2013年中广核实现营业总收入353.30亿元，同比增长1.20%。从收入结构来看，电力销售为公司的主要收入来源，建筑安装为公司的第二大收入来源，主要为全资子公司中广核工程有限公司提供建筑安装服务的收入。此外，公司还有一定规模的其他商品销售及服务收入，主要包括风电碳减排收入、物业管理和出租收入、对外提供劳务和技术服务收入等。2014年1—3月，公司实现营业总收入82.96亿元。在随后的几年，公司的营业收入规模也有较快提升。2011—2013年公司的营业收入情况见表10-13。

表10-13　　　　　　　　　　　近年来公司营业收入情况　　　　　　　　　　单位：亿元

项目	2011年	2012年	2013年
营业总收入	283.15	349.10	353.30
其中：电力销售	213.57	252.43	271.65
建筑安装	9.64	53.61	40.12
其他商品销售及服务	54.86	33.82	34.62

资料来源：作者根据中广核2011—2013年财务报告数据整理。

在利润方面，2013年公司实现利润总额84.25亿元，同比增长41.26%。从利润构成来看，经营性业务利润为公司的主要利润来源，2013年公司经营性业务利润为51.21亿元，同比增长3.15%，占利润总额的比重为60.78%。此外，2013年公司投资收益为17.87亿元，较2012年的-1.27亿元有大幅提升，主要是由于红沿河核电一期、宁德核电一期部分机组投产以及公司参股的水电、火电项目盈利能力增加所致。未来随着公司整体经营规模的持续扩大，多个在建核电站建成投产，公司总体盈利水平还将不断提升。

总体来看，公司核电业务和非核电业务等多个板块协同发展，收入稳步增长。核电业务的发电量保障程度高，营业收入受市场波动影响不大，营业毛利率保持较高水平，为公司的整体毛利率提供有力支撑。在役核电机组的稳定运行使公司继续保持很强的盈利能力，未来在建机组的陆续投产将推动公司的营业收入和盈利水平进一步提升。

但公司未来依然处于投资建设的高峰期，债务规模的增加或将使公司的财务费用不断上升，一定程度上影响了公司的整体盈利水平。公司较多的在建项目（见表10-14）使得公司的债务规模维持在较高水平，公司仍面临一定的偿债压力。

表10-14			公司在建核电项目情况				金额单位：亿元
工程名称	核准装机容量（万千瓦）	截至2014年5月在建装机容量（万千瓦）	首台机组开工时间	持股比例	计划投资总额	累计投资	累计投资占计划总投资比重
宁德核电站一期	4×108.90	2×108.90	2008年	46%	533.13	472.69	88.66%
红沿河核电站一期	4×111.90	2×111.90	2007年	45%	535.10	526.87	98.46%
阳江核电站	6×108.60	5×108.60	2008年	76%	732.54	474.91	64.83%
台山核电站一期	2×175	2×175	2009年	70%	684.71	553.16	80.79%
防城港核电站一期	2×108	2×108	2010年	61%	281.96	218.03	77.33%
合计	2 100.80	1 550.60	—	—	2 767.44	2 245.66	—

资料来源：作者根据中广核2014年度报告整理。

　　当时公司在建项目处于投资高峰期，债务规模逐年增加，截至2013年年末，公司总债务余额达1 836.84亿元，同比增长21.60%；截至2014年3月末，公司总债务进一步上升至1 932.95亿元。核电项目较长的建设周期使得长期债务所占比重较大，截至2014年3月末，公司的长期债务为1 715.56亿元，占总债务的比重为88.75%。公司的财务杠杆率近年来保持缓慢上升态势，截至2014年3月末，公司资产负债率和总资本化比率分别为72.68%和68.38%。

　　从偿债能力指标来看，2013年公司的EBITDA（税息折旧及摊销前利润）达到179.78亿元，同比增长13.27%，但由于公司的总债务规模上升较快，当年公司的EBITDA对总债务和利息支出的覆盖能力同比有所下降。2014年一季度公司实现经营活动净现金流37.80亿元，同比增长10.92%，同期其对总债务的覆盖能力有所上升。目前公司在建项目较多，较大的投资规模或将使公司继续维持较高的负债水平，见表10-15。2011—2014年，公司的资产负债率水平偏高，尤其是长期负债占比较高，同时经营活动净现金流/总债务以及经营活动净现金流利息倍数都较低，表明公司面临一定的偿债压力。

表10-15 2011—2014年公司主要偿债能力指标

指标	2011年	2012年	2013年	2014年
资产负债率（%）	71.12	72.06	72.7	72.68
总资本化比率（%）	66.91	67.27	68.07	68.38
长期债务（亿元）	1 164.41	1 331.02	1 590.08	1 715.56
总债务（亿元）	1 452.69	1 510.56	1 863.84	1 932.95
经营活动净现金流（亿元）	126.44	134.88	113.89	37.80
EBITDA（亿元）	146.76	158.72	179.78	
总债务/EBITDA	9.90	9.52	10.22	—
经营活动净现金流/总债务	0.09	0.09	0.06	0.08
经营活动净现金流利息倍数	1.98	1.84	1.27	
EBITDA利息倍数	2.30	2.17	2.00	

资料来源：作者根据Wind数据库资料整理。

10.4.3 中广核碳债券发行动因分析

1）内部动因

（1）内部组织保障和人才支持

首先，早在2007年，中广核就已经参与碳相关的业务，并在2009年成立了内部CDM工作小组。2012年，负责管理集团内碳排放权交易的中广核碳资产管理公司正式成立，进入了更为深入的探索和研究阶段，并逐步形成包括碳资产项目开发质量控制、项目申报进度管理、碳资产存货管理、内部制度建设和碳排放权交易市场研究在内的五大核心能力。其次，中广核集团为了开展碳业务相关的研究、将资本市场和碳排放权交易市场有效对接，进行了人才引进——从第三方中介机构引进了经验丰富的碳资产管理相关人才，进一推进了中广核内部对碳排放权交易市场的了解和研究。

（2）企业性质

在集团定位上，中广核集团是以核电为主的清洁能源集团，也是清洁能源行业的领先企业，其需要在行业中发挥研发和探索的示范作用，即成立碳债券相关部门，不断推进和尝试与碳相关的研究。此外，中广核是由国资委控股的央企，在企业性质上需要响应国家"节能减排"、"发展低碳经济"和"建立碳排放权交易市场"的号召，从而体现企业的社会责任。中广核集团作为一家央企，想为国内碳排放权交易市场的发展培育做一些力所能及的事情，引进碳债券业务就是很好的出发点。由此可以看出，企业性质是中广核集团成功发行碳债券的重要推动因素之一。

（3）企业战略需要

中广核推进碳债券发行的原因之一是其企业战略发展的要求。一方面，碳资产相关收益是中广核风电的重要收入来源之一，在2013年的公司调研中，这一部分收益被管理层认为"对盈利能力非常关键"。另一方面，中广核集团要借助碳债券来激活国内的碳排放权交易市场。中广核在2012年参股了深圳碳交所，成为其第二大股东，其计划通过发行碳债券的方式来激活碳排放权交易市场，使市场认同碳排放的价值。中广核的这些推动国内碳排放权交易市场发展、牵头发现碳排放价值从而激活碳排放权交易市场的做法，不仅是基于企业的性质和履行社会责任的目的，也是因为激活碳排放权交易市场之后，深圳碳排放权交易所会有更多的中介收入，这对作为股东的中广核也是有利的。

（4）资金需求

除了要激活碳排放权交易市场，中广核发行碳债券的另一重要目的就是融资。2013—2014年是清洁能源行业高速发展的两年，而中广核风电在这两年间平均每年投入约两百万千瓦的装机量，在建项目较多（见表10-14），位列行业第一，但这时企业的经营活动净现金流下降较快，由2013年的113.89亿元快速下降到2014

年的 37.80 亿元,经营活动净现金流/总债务仅为 0.08(见表 10-15),表明公司资金压力较大,有较强烈的资金需求。

2)外部动因

(1)传统融资方式的压力与碳债券市场的发展

因为传统金融机构对清洁能源项目的收益和风险没有全面认识甚至是没有足够认识,因此投资者和融资方存在很大的信息不对称,这使得清洁能源项目的融资成本高于其他项目,为了降低清洁能源项目的融资成本,政府的引导和激励以及市场化的金融创新是缺一不可的。中广核风电在 2013 年至 2014 年间处于高速发展期,有迫切的资金需求,但融资成本居高不下,又因为政府的财政补贴无法到位,激发了中广核集团推出了酝酿已久的碳债券。

同时,由于碳债券是用"固定利率+浮动利率"的方式进行设计,投资者可以享受债务人分享的碳减排收益,债务人可以在一定程度上降低融资成本,这正好可以解决再生能源行业融资成本高的问题。因为,在碳债券实际发行时,固定利率部分利率仅有 5.65%,较同类型债券估值低 46BP,即使浮动利率达到上限,也低于当时的银行平均贷款利率,可以实现降低融资成本的目的。

(2)国家政策

在 2011—2013 年中广核风电碳债券进行关键研究和准备期间,国家相继出台了控制温室气体排放的节能减排政策和安排,我国碳排放权交易市场的建设工作也在 2013 年开展,中广核认为国家后续可能会推出更多利于碳市场发展的政策,在这个时点推出碳债券可以借助政策的东风取得良好的效果。另外,和碳债券绑定的 5 个风电项目属于"第四类 CCER 项目",因其已经通过联合国的认证,有望更快速、更轻松地通过国家发改委的审核,这给中广核增加了推出碳债券的信心。并且,在碳债券发行工作的推进过程中,中广核集团得到了深圳市政府的大力支持。国家政策的推进和对审核工作的乐观预期以及深圳市的大力支持共同助力了中广核碳债券的成功发行。

10.4.4 中广核碳债券产品设计、发行与成效

1）中广核碳债券设计情况

（1）产品概况

中广核风电附加碳收益中期票据基本信息见表10-16。

表10-16　　　　　　　　中广核风电附加碳收益中期票据基本信息

债券名称	中广核风电有限公司2014年度第一期中期票据	
债券简称	14核风电MTN001	
发行金额	10亿元	
发行日期	2014年5月8日	
发行期限	5年	
发行利率	5.65%固定利率+浮动利率	
浮动利率	根据中期票据发行文件设定的浮动利率定价机制确定的利率水平，浮动利率按年核定，浮动利率的浮动区间为［5BP，20BP］	
碳收益	每期碳收益项目x=（1-所得税率）×［当期CCER交付数量×CCER交付价格-注册咨询费-签发咨询费-审定费-核证费-交易经手费］ 中期票据每期碳收益=$\sum_{X=1}^{5}$每期碳收益项目x	
碳收益率	指发行人按照每期碳收益计算得出的碳收益率。计算公式为： 碳收益率=中期票据每期碳收益÷本期中期票据发行金额×100% 在计算过程中，该收益率采用百分数表示并保留小数点后两位	
浮动利率定价机制	参照碳收益率确定每期浮动利率，即： 碳收益率值　　　　　　　　　　浮动利率值 小于等于0.05%　　　　　　　　5BP 大于0.05%，小于0.2%　　　　　碳收益率值 大于等于0.20%　　　　　　　　20BP	
发行品种	中期票据	
主体评级	AAA	
债券评级	AAA	
资金用途	置换公司本部银行或中广核财务有限责任公司贷款	

资料来源：作者根据深圳排放权交易所、北京绿色交易所的公开资料整理。

（2）利率设定

利率由固定利率和浮动利率两部分构成，其中，浮动利率部分与发行人下属 5 家风电项目公司在债券存续期内实现的碳减排量（CCER）交易收益正向关联，浮动利率的区间设定为 5BP 到 20BP。

"固定 + 浮动"模式的特点是：第一，债券采取跨市场要素的投资人收益共享模式，帮助投资人在实现债权的同时分享发行人部分未来的碳资产收益；第二，债券采取的类期权结构帮助发行人提前锁定成本，有效控制碳交易市场风险。

① 固定利率

固定利率为 5.65%，较同期限 AAA 信用债的估值低 0.46%。这部分由发行日簿记建档确认，主要由发行人评级水平、市场环境和投资者对碳收益的预期来判定。这个固定价格为交易双方约定的保底价格，即无论深圳碳交易市场的 CCER 价格如何波动，购买人均承诺支付的购买价格。通常来说，新债券品种的利率会高于市场估值，中广核发行低利率的债券充分表明银行间市场投资人对碳交易市场和发行人附加碳收益可实现性的信心，也充分体现了资本市场对于中广核积极投身清洁能源产业的肯定。

② 浮动利率

中广核发行的碳债券的浮动利率区间设定为 0.05% ~ 0.2%，浮动利率的高低与中广核下属 5 家风电项目公司在债券存续期内获得碳资产（CCER）的收益正相关。不过，国内 CCER 项目没有实质开展，中广核电为了保护投资者的利益，避免因 CCER 项目无法开展或是价格不理想而给投资者带来损失，设定了在固定利率 5.65% 的基础上的浮动利率区间（5BP ~ 20BP）。这样既保证了投资者的相关收益，也降低了中广核电发行债券的财务成本。

③ 碳收益与碳收益率

碳收益计算公式：本期中期票据碳收益是指将每个协议约定的 CCER 交付价格乘以 CCER 交付数量，再扣除 CCER 核证与备案过程中发生的注册咨询费、签发咨询费、审定费、核证费、交易经手费，最后减去所得税后，公司所获得的 CCER 交易净收入的合计数。

碳收益金额将于每个浮动利率确定日核算，具体公式如下：

每期碳收益=（1-所得税率）×（当期CCER交付数量×CCER交付价格-注册咨询费-签发咨询费-审定费-核证费-交易经手费）

CCER的交付数量是指中广核5个风电项目在一个交易年度内的上网电量乘以相应的排放因子后获得的项目当期减排量，该减排量须经核证机构核证，并在国家发改委备案后才能成为可交易的CCER。CCER的交付价格根据买卖双方约定的计算法则，与碳交易所特定时间内成交并公示的CCER市场参考价格正向挂钩。

碳收益率的计算公式为：

碳收益率=每期碳收益÷本期中期票据发行规模×100%

④ 浮动利率的定价机制

BP被称为基点，是债券和票据利率改变量的度量单位，1BP=0.01%。

浮动利率的定价机制是：

第一，当碳收益率等于或低于0.05%（含募集说明书中约定碳收益率确认为零的情况）时，当期浮动利率为5BP。

第二，当碳收益率等于或高于0.20%时，当期浮动利率为20BP。

第三，当碳收益率介于0.05%至0.20%之间时，按照碳收益率换算为BP的实际数值确认当期浮动利率。

简而言之，如果碳收益率小于或等于5个BP（0.05%），浮动利率就等于5BP，当中的缺口部分由中广核风电自掏腰包保底；如果碳收益率大于0.05%、小于0.20%，则浮动利率就等于实际的碳收益率值；如果碳收益率大于或等于0.20%，则浮动利率值为封顶值20BP，多余的部分收益也将由中广核风电所得。

在定价中加入与企业碳交易收益相关的浮动利息收入，能够使债券投资者通过投资本期碳债券间接地参与发展中的国内碳交易市场。这一定价机制保证了债券投资者对发行人碳交易收益的分享，而市场对这一债券的反应在一定程度上表现出投资人对碳交易市场发展和债券附加碳收益的信心。浮动利率挂钩发行人特定风电项目的碳收益率，也突破了以往浮息债只与定存利率、Shibor（上海银行间同业拆借利率）和回购利率等基准利率挂钩的常规，开创了国内挂钩"非常规标的"并推广低碳概念的先河。

⑤ 发行人和投资者的融资成本和投资收益

发行人和投资者当期的融资成本和投资收益如图 10-7 所示。

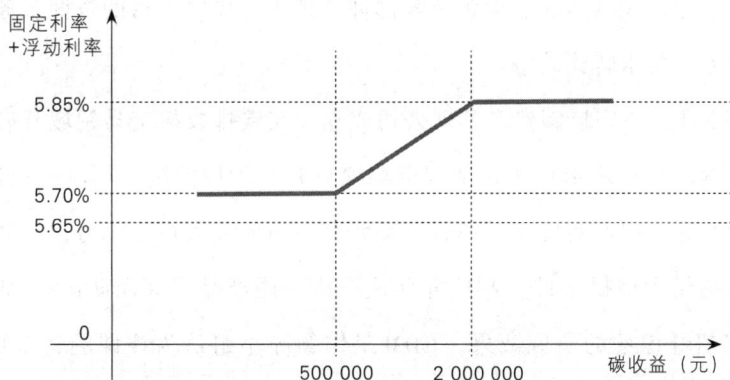

图10-7　中广核风电碳收益中期票据每期利率与每期碳收益关系图

由图 10-7 可知，中广核风电的碳债券通过将债券利率与企业每期 CCER 销售的净收益挂钩，构建了一个相当于对企业碳收益看涨的利率结构，并将利率控制在 [5.7%，5.85%] 的区间，若企业当期碳收益低于 50 万元的底线，投资者可获得 5.7% 的债券利率，若当期碳收益高于 200 万元，企业则可以保留超过的部分收益，仅支付 5.85% 的利息。具体来看，与债券碳收益挂钩的发行人下属 5 个风电项目，分别为内蒙古商都项目、新疆吉木乃一期项目、内蒙古乌力吉二期项目、甘肃民勤一期项目和广东台山汶村项目，合计装机容量约 23 万千瓦。根据评估机构的测算，当 CCER 市场均价区间在 8~20 元/吨时，上述项目每年的碳收益都将超过 50 万元的最低限，最高将超过 300 万元。

中广核风电附加碳收益中期票据的利率机制创新性地绑定了企业碳收益与投资者的投资收益，是我国碳金融市场的创新性突破。

2）中广核碳债券发行过程

2007年，中广核集团成立CDM工作领导小组，着手参与CDM相关的碳排放权交易业务。

2009年，中广核集团成立碳金融产品的研究团队，对碳债券进行跟踪研究。

2010年5月，中广核风电公司成立，经营范围包括风力发电项目的投资、开发、建设、管理，风电产品、设备及零部件的销售，风电项目的咨询服务（技术咨询、技术服务、技术转让）等。

2012年5月，中广核碳资产管理公司成立，在碳排放权交易领域开启了更为深入的探索历程，并逐步形成了包括碳资产项目开发质量控制、项目申报进度管理、碳资产存货管理、内部制度建设和碳市场研究在内的五大核心能力，为公司碳债券的成功发行提供了前提条件。2012年年底，碳金融产品研究团队向CDM工作领导小组汇报碳债券课题的研究成果，CDM工作领导小组认为该课题具备可操作性，批准进入实操阶段。

2013年3月，中广核财务公司成立碳债券项目部，碳债券课题正式进入实操阶段。2013年5月，浦发银行、国家开发银行、深圳排放权交易所及其他中介及咨询机构相继被引入，中广核集团成立碳债券专项小组，历时半年最终形成附加碳收益中期票据的方案。2013年11月，中广核风电公司在银行间交易市场成功注册中期票据，注册金额为10亿元，由浦发银行和国家开发银行联席主承销。根据中国银行间市场交易协会的规定，票据应在注册后的两个月内完成首期发行，但因为市场平均利率过高，中广核风电公司并未在该期限内发行中期票据。

2014年3月，市场平均利率回到预期水平，中广核风电公司在银行间交易市场重新注册，中国银行间市场交易协会为其开通"绿色通道"。2014年5月12日，中广核碳债券成功发行，募集资金10亿元，固定利率部分为5.65%，浮动利率部分为0.05%至0.2%。

3）中广核碳债券发行的意义与成效

（1）中广核碳债券发行的意义

中广核发行碳债券对碳金融发展、碳市场、电力行业、债券投资者和企业都具有重要意义。

①对碳金融发展来说，碳债券创新性的设计方式和金融属性推动了碳金融市场的发展，扩大了虚拟交易市场的规模，促进了金融体系向低碳经济方向转型，推动了可持续金融和绿色产业的发展，同时为更多的组织提供了参与碳市场的机会。

②发行碳债券促进了碳市场的发展，为碳金融产业和清洁能源企业的快速增长提供了动力，并在金融体系中构建了碳排放权的良性循环。

③对电力行业而言，发行碳债券可以激励其他企业的参与和效仿，促进整个行业的碳减排努力。

④对企业而言，发行碳债券提供了融资便利、降低了融资成本，推动了其对低碳技术和创新的投资，增强了企业竞争力。

⑤对债券投资者而言，发行碳债券丰富了投资渠道，建立了收益共享模式，有助于风险控制，并提供了额外的回报机会。

（2）中广核碳债券发行的成效

中广核发行碳债券的总体成效逐渐显现：

① 满足了中广核的融资需求

从融资需求的角度来看，在碳债券发行前，中广核风电公司有较强的资金需求，尤其是在 2013 至 2014 年期间，其业务处于高速发展阶段，需要大量的资金用于投资和扩大产能。碳债券的发行满足了这一资金需求，为企业提供了更丰富的融资途径。

从融资成本的角度来看，这次碳债券的发行降低了企业的融资成本。首先，中广核风电碳债券发行的固定利率部分为 5.65%，较同期贷款基准利率低 75 个基点，较同类型普通债券估值低 46 个基点，有助于降低融资成本。其次，碳债券的浮动利率与碳减排收益相关，使得碳债券具有创新的融资特点，能够提前锁定成本，有效控制碳交易市场的风险，提高了企业的财务稳健性。

②改善了企业的财务状况

首先，从整体偿债能力看，在2014年碳债券发行后，中广核风电的偿债能力指标没有迅速提升，这是由于企业正处于成长期，2014年前后其收购的风电项目部分处于建设期，资金需求急切，碳债券的优势没有在第一时间体现在偿债能力指标上。虽然部分偿债能力指标在2014年后有所下滑，但是其相关指标与行业平均水平相比较仍然处于领先位置。尤其是在2017年，随着相关项目的建成并开始盈利，中广核风电的流动比率、速动比率显著提高，分别由前一年的38.42%和37.73%增加到75.91%和75.06%，并且高于碳债券发行前的水平；利息保障倍数也从前一年的3.25提升至4.33，完全覆盖利息支出，抵御风险能力在加强，能够克服宏观经济和政策面的影响。2012—2017年中广核风电偿债能力指标见表10-17。

表10-17　　　　　　　　　　　　中广核风电偿债能力指标

科目	2012年	2013年	2014年	2015年	2016年	2017年
资产负债率	56.23%	65.93%	72.05%	72.81%	74.88%	74.16%
流动比率	54.80%	64.88%	56.90%	41.41%	38.42%	75.91%
速动比率	54.80%	64.88%	56.64%	40.87%	37.73%	75.06%
EBITDA利息保障倍数	5.13	6.13	3.19	3.28	3.25	4.33

资料来源：作者根据中广核风电财务报表数据整理。

其次，从盈利能力角度来看，由于碳债券成功发行，中广核能够获得更多的资金支持其业务的发展。这对公司的盈利能力产生积极影响，特别是在项目陆续投产的情况下，公司将继续提高整体盈利水平。根据图10-8可以看出，在2014年中广核风电发行碳债券之后，企业的营业收入与营业毛利润依然保持着高速增长，从2013年未发行碳债券前的35亿元增加到2016年的71亿元，这在很大程度上得益于碳债券对项目的资金支持。2015—2016年，中广核风电的主营业务毛利润率出现小幅度下降，这是因为企业受到小风年的影响，但在2017年，企业迅速调整步伐，主营业务毛利润率快速恢复，这也体现了中广核风电的财务韧性。

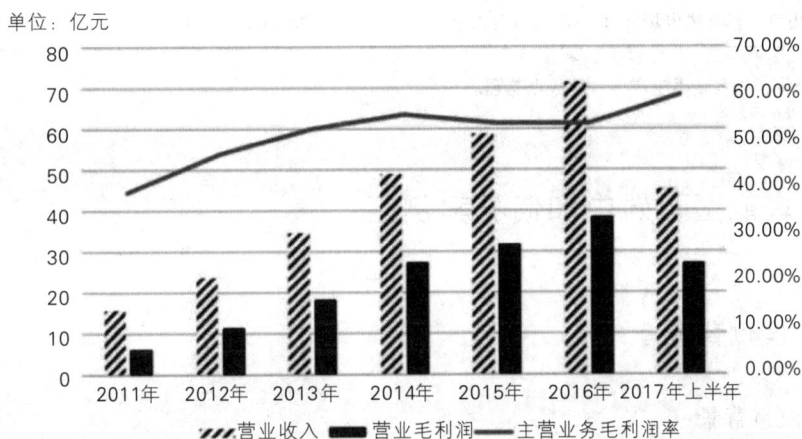

图10-8　中广核风电主营业务变动图

③ 实现了企业的战略目标

中广核的碳债券发行与公司的战略目标紧密相关。公司通过发行碳债券激活了国内的碳排放权交易市场，推动碳交易的发展；碳债券筹集的资金用于建设清洁能源项目，进一步降低了企业的碳排放；这一举措响应了国家的政策号召，体现了中广核作为央企对社会责任的积极承担，为公司塑造了可持续、环保和社会责任感强的品牌形象，有助于企业在国内外市场中获得竞争优势；在清洁能源领域内，帮助公司获得了领导者角色，进而提高了企业的盈利能力。

碳债券支持的清洁能源项目的基本情况见表10-18。

表10-18　　　　　　　　　　中广核风电建设项目成效

项目名称	项目地点	容量	风电机组	年供电量
内蒙古商都长胜梁风电场项目	内蒙古商都县	49.5MW	33 台 1 500kW	131 564MWh
新疆吉木乃一期风电项目	新疆吉木乃县	49.5MW	33 台 1 500kW	122 360MWh
宝日布风电场二期项目	内蒙古自治区巴彦淖尔市乌拉特后旗境内	49.5MW	58 台 850kW	110 751MWh
中广核民勤咸水井风电项目	甘肃省武威市民勤县	49.5MW	33 台 1 500kW	91 575MWh
中广核台山（汶村）风电场项目	广东省台山市	35.7MW	42 台 850kW	61 740MWh

资料来源：作者根据中广核官网数据整理。

10.5　华能国际碳中和债券案例

10.5.1　案例背景

1）政策背景

在"双碳"目标被提出之前，我国就对电力行业的低碳发展提出了要求，表10-19为我国发布的与碳中和有关的文件以及电力行业低碳发展的相关文件。

表10-19　　　　　　　　　　相关政策文件

时间	文件或会议	相关内容
2007年	《中国应对气候变化国家方案》	发展低碳能源，改善能源结构
2017年	《"十三五"国家基础研究专项规划》	关于电力行业煤炭清洁高效利用以及清洁能源使用的基础研究
2018年	《关于积极推进电力市场化交易机制的通知》	支持电力用户与清洁能源发展企业进行合作
2019年	《关于建立健全可再生能源电消纳保障机制的通知》	省级单位需对电力消费中清洁能源占比达到对应要求
2020年	第七十五届联合国大会	2030年达到碳达峰，2060年实现碳中和
2020年	中央经济工作会议	将实现"双碳"目标作为2021年的重点任务之一

续表

时间	文件或会议	相关内容
2021年	《政府工作报告》	制定了2030年前碳排放达峰行动方案
2021年	《中国国民经济和社会发展第十四个五年规划和2035年远景目标纲要》	进行产业布局优化和结构调整，力争实现"双碳"目标
2021年	《关于明确碳中和债相关机制的通知》	明确提出碳中和债的概念

资料来源：作者根据中国政府网公开数据整理。

最早在2007年，国务院公布的《中国应对气候变化国家方案》中便提到电力行业需要对温室气体减排作出贡献，发展低碳能源发电技术。发展至今日，我国对电力行业的清洁能源转型越来越重视，甚至已经提到要在需求端控制清洁能源发展的比重。2020年9月，我国首次提出"双碳"目标。中央经济工作会议也把"双碳"目标作为2021年的重点任务之一。在"双碳"目标背景下，碳中和债作为直接助力碳中和目标的融资工具应运而生，从资金端调整我国经济流向，引导我国盈余资金流入低碳节能领域。随后，上交所和深交所分别发布了碳中和债业务指引，为发行碳中和债提供方便。而且，发行碳中和债的成本更低，国家为了鼓励绿色债券的发行，对发行绿色债券的企业给予补贴。因此，对于电力行业而言，当前更应该抓住政策机遇，响应国家的号召，选择发行碳中和债来进行产业的设备升级，提高企业清洁发电量的占比，才可以筹集到更多的资金并以更低的成本融资。

2）行业背景

近几年来，我国的电网建设一直处于高速发展阶段，投资规模也相对较大。2021年全行业电网投资规模为5 530亿元，增速较前几年有所下降，主要原因在于补贴减少引起抢装潮。由于电力需求上升及电源结构调整，近几年电源投资增速相对稳定，投资规模逐年上升，电源投资中非火电电源投资逐年递增，占比越来越大。

在装机容量方面，如图 10-9 所示，火电装机容量增速放缓，2021 年为 12.9 亿千瓦，同比减少约 0.5 亿千瓦，主要原因为受到双碳和碳排放双控政策的影响，清洁能源装机容量占比在 2019 年达到最大，之后有所下降，但总体趋势处于上升状态，说明清洁能源项目投资完成额及装机容量都有所上升，其替代火力发电的作用日益明显。华能国际所处行业为电力行业，近年来整个电力行业的增速和经济增速接近。

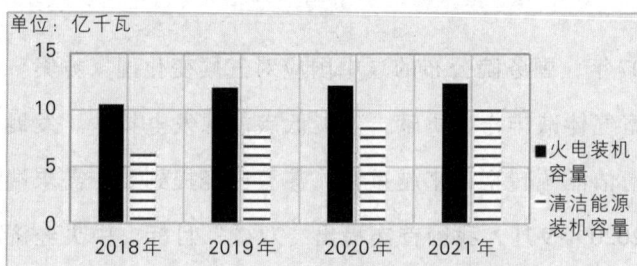

图10-9　装机容量变动情况

在用电方面，如图 10-10 所示，2021 年由于受到社会经济复苏、出口外贸拉动等影响，整体电量需求提升，同比增长 10.67%。近几年全社会用电量处于一个平稳上升的状态。在发电方面，由于用电需求和装机容量的增加，发电机组设备利用小时数有所上升，全国火力发电量和清洁能源发电量都明显增加。随着绿色低碳发展趋势成为主流，火力发电占比逐年下降，清洁能源发电占比逐年提升。2021 年清洁能源发电量达到 24 853 亿千瓦时，相较于 2018 年提升了 15.88%。根据中国电力企业联合会的数据，2021 年火力发电在我国发电结构中占比 67.87%，能源结构以煤炭为主，同年我国二氧化碳等温室气体的排放量为 9 893.51 百万吨，其中电力行业和工业占比最高，分别为 43.83% 和 40.36%。未来，在绿色发展和低碳减排的新格局背景下，电力行业应在保证电量安全稳定供应的同时，利用以风能、光伏、太阳能及核能为导向的发电方式，向清洁低碳能源结构转型。

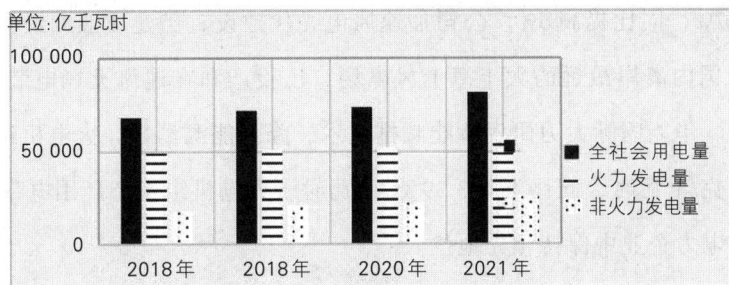

图10-10　全社会用电量和发电量

10.5.2　企业介绍

（1）企业概况

华能国际成立于1994年6月30日，主要在国内开发、建设和经营管理大型发电厂，是中国最大的上市发电公司之一。截至2022年12月31日，华能国际资产总额超过4 300亿元，发电量占全国的5.7%，可控发电装机容量达到127 228兆瓦，公司装机容量和发电量均居上市发电公司之首。同时，公司新增清洁能源装机容量6 564兆瓦，低碳清洁能源装机比重提高至26.07%。

华能国际的主营业务是利用现代化的技术和设备和国内外资金，在全国范围内开发、建设和运营大型发电厂。2001年11月，华能国际在国内成功发行了3.5亿股A股（代码：600011），目前公司总股本约为157亿股，其母公司及控股股东华能国际电力开发公司（华能开发）是于1985年成立的中外合资企业，持有华能国际33.33%的股份。

（2）低碳发展战略

根据华能国际2022年年报及2022年可持续发展报告，公司坚持绿色发展战略，在发展的过程中始终坚持建设"注重科技、保护环境的绿色公司"的使命。公司在2020年制定并实施了"2025碳达峰行动计划"，用于推动公司新能源的发展，加快煤电结构的优化升级。截至2022年12月31日，华能国际低碳清洁能源装机比重达到26.07%，同比提高6%。公司加速风电光伏建设，已建成亚洲最大的如东海上风电场、国内离岸最远的大丰海上风电场，已投产和在建海上风电装机超3 800兆瓦。同时，华能国际大力研发节能减排技术，降低能源消耗，火电机组生产供电煤耗287.69克/千瓦时，同比下降3.39克/千瓦时。火电机组生产厂用电率为4.37%，在国内主要电力企业中保持领先地位。

（3）财务情况

电力行业的建设项目规模往往较大，资金投入量大，建设周期长，且投资回收期也较长，因而电力行业企业的负债率往往较高。从2018年年末到2021年6月末，华能国际重点在建工程预算规模有大幅度增长，尤其是在2019年增长了96.98%。因此，华能国际的负债率较高，从2018年至2020年，各期资产负债率也一直在65%以上，资本化利息不断增长。不过，华能国际的总负债规模处于波动变化的状态，2019年比2018年的负债减少了1.77%，但是在2021年上半年，总负债又增加了2.79%。

从偿债能力指标来看，华能国际的流动比率一直维持在0.40~0.50，速动比率则从0.38提高到0.44，但是两个比率都一直低于1。由此可见从2018年年末到2021年6月末，华能国际的短期偿债能力有所改善，但是仍然较弱。华能国际的资产负债率一直处于65%以上，高于行业总体水平，其长期偿债能力也较弱。综合来看，目前华能国际仍然面临着较大的偿债压力。

华能国际的营业收入也处于波动变化状态。在2020年度，营业收入同比下降了2.33%，但是净利润同比增长了139.86%，主要是源于2020年营业成本下降导致毛利润上升以及利息费用下降所致。

从盈利能力指标来看，华能国际的毛利率一直维持在15%左右，净资产收益率和总资产收益率在2018年至2020年间处于不断上升的状态。综合以上指标来看，从2018年到2020年，华能国际的盈利能力在不断提高，而在2021年上半年略有下滑。

从营运能力指标来看，2018—2020 年，华能国际的存货周转率和总资产周转率变化比较小，总体较为稳定，但是应收账款周转率在不断下降。截至 2021 年年末，华能国际的低碳清洁能源装机占比为 22.39%。为了进一步提高清洁能源比重、推动企业电力改革，华能国际势必要投入更多资金到新能源项目的建设中。这些都意味着华能国际面临着较大的资金需求。

华能国际 2018—2021 年财务情况分析见表 10-20。

表10-20　　　　华能国际2018—2021年财务情况分析

项目	2018年度	2019年度	2020年度	2021年上半年度
总资产（万元）	40 344 145.68	41 359 654.47	43 820 575.24	44 819 674.76
总负债（万元）	30 165 525.76	29 630 770.06	29 673 039.85	30 500 164.49
营业收入（万元）	16 986 116.48	17 348 480.06	16 943 918.75	9 511 558.83
营业成本（万元）	16 844 727.38	16 544 950.09	15 627 407.16	8 248 781.35
净利润（万元）	143 888.14	168 645.95	456 498.99	517 112.82
毛利率（%）	11.30	14.59	17.44	13.28
净资产收益率（%）	2.48	2.17	4.41	6.63
总资产收益率（%）	0.62	0.58	1.34	1.17
流动比率	0.45	0.43	0.43	0.50
速冻比率	0.38	0.37	0.39	0.44
利息保障倍数	1.27	1.45	1.95	2.19
资产负债率（%）	74.77	71.64	67.71	68.05
应收账款周转率	6.14	5.70	4.94	2.48
存货周转率	17.19	15.56	17.62	10.53
总资产周转率	0.43	0.42	0.40	0.21

资料来源：作者根据华能国际各年度年度报告数据整理。

10.5.3 发行动因

（1）响应政策

为实现"碳中和"目标，各部委出台多项纲领性文件，加强环境约束，对传统的火力发电业务产生直接的冲击。《2019—2020年全国碳排放权交易配额总量设定与分配实施方案（发电行业）》（国环规气候〔2020〕3号）直接涉及发电企业，文件提出将发电企业率先纳入全国碳排放权市场的建设当中。同时，各相关政策还通过补息、项目补贴、开设"绿色通道"等多种方式进一步地支持碳债券的发展。华能国际通过发行碳中和债募集资金开发建设风电等清洁能源项目是对国家政策的积极响应。

（2）经营战略需求

从外部看，发行碳债券是华能国际在环境保护和碳减排方面的承诺，表明其对可持续发展的重视，这有助于提升华能国际在利益相关者、投资者和公众中的绿色声誉。绿色声誉又为企业带来投资者的关注、业务机会、供应链合作、品牌价值和人才吸引力等资源。根据资源基础理论，竞争优势来源于各种有形的或无形的资源，绿色声誉给企业带来的资源有助于企业实现可持续发展目标，并在竞争激烈的市场中脱颖而出，从而实现企业战略目标。从企业内部看，华能国际通过发行碳中和债的方式将募集资金用于建设风电项目，推动企业自身的转型升级，契合了企业新时期的发展战略需求。

（3）财务战略需求

①行业总体

电力行业建设项目规模往往较大，资金投入量大，建设周期长，且投资回收期也较长，因而电力行业企业一般需要大量的长期资金。华能国际的发电结构中火力发电占比高达95.68%，在可比的上市公司中火力发电占比是最高的（可比上市公司选取和华能国际发电结构类似的公司）。因此，想要提高企业清洁能源的比重、推动电力改革，华能国际势必要向新能源项目的建设投入更多资金。为了缓解这些项目的资金需求，2020 年华能国际股份有限公司一共发行了 154 亿元的短期票据，但是由于短期票据筹集资金的期限无法与新能源电力项目的回收周期相匹配，仍不能满足华能国际建设新能源项目所需要的大量长期资金需求。

②企业个体

在自有资金上，华能国际 2018 年至 2020 年的年报显示其留存收益总额相对较高，分别为 394.07 亿元、392.68 亿元和 400.34 亿元。尽管金额较高，但由于融资金额受限且容易受经营水平的影响，在项目扩张期间，留存收益并不是公司的首选融资方式。

在股权融资上，公司的主要控股股东是华能国际电力开发公司及华能集团，国务院国资委是其实际控制人。如果采用股权融资将削弱国资委对公司的控制权，可能导致国有资产流失。此外，对于上市公司而言，股权融资的融资成本通常高于债务融资成本，因为它不具备债务融资中的利息抵税优势。因此，对于华能国际来讲，股权融资不是其最优选择。

华能国际内源融资数据见表 10-21。

表10-21　　　　　　　　　　　华能国际内源融资数据

科目	2018 年	2019 年	2020 年
盈余公积（亿元）	81.86	81.86	81.86
未分配利润（亿元）	308.02	305.98	312.48
折旧（亿元）	4.19	4.84	6.00
内源融资合计（亿元）	394.07	392.68	400.34

资料来源：作者根据华能国际财务报表资料整理。

因此，华能国际进行碳债券融资有如下两个方面的重大财务战略意义：

①在债务结构方面，碳债券的债务期限多为中长期，其与新能源项目的建设周期相匹配。并且，"21 华能 GN001" 所募集的资金直接来源于金融市场的投资者，所

募资金用于偿还银行借款，以直接融资替换间接融资，可以进一步优化公司的债务结构。

②在融资成本方面，"21华能GN001"与"21华能GN002"的票面利率较低，分别为3.45%和3.35%，比其他债券的票面利率平均值3.99%低很多。相较于其他中期债券的融资方式，碳中和债券有更低的成本。

③对比碳中和债券与其他债券的发行效率，企业发行碳中和债券有绿色通道的优势，审核速度更快，能够节约华能国际的时间成本。

10.5.4 华能国际碳中和债券发行过程

1）华能国际碳中和债券设计情况

（1）产品概况

华能国际碳中和债券"21华能GN001"的基本信息见表10-22。

表10-22 "21华能GN001"的基本信息

债券简称	21华能GN001	发行主体	华能国际电力股份有限公司
债券代码	132100012	债券发行日期	2021-02-07
发行价格（元）	100.00	到期兑付日	2024-02-09
债券期限	3年	面值（元）	100.00
计划发行量（亿）	10	实际发行量（亿）	10
票面利率	3.45%	息票类型	附息式固定利率
付息频率	年	起息日	2021-02-09
债券类型	绿色债务融资工具	募集资金用途	清洁能源
主承销商	中国银行股份有限公司	承销方式	余额包销
担保方式	无担保	债项/主体评级	AAA/AAA
信用评级机构	联合资信评估股份有限公司	绿色认证机构	联合赤道环境评价有限公司

资料来源：作者根据"21华能GN001"的募集说明书、信用评级报告、发行前独立评估认证报告等资料整理。

华能国际碳中和债券"21华能GN002"的基本信息见表10-23。

表10-23 "21华能GN002"的基本信息

债券简称	21华能GN002	发行主体	华能国际电力股份有限公司
债券代码	132100035	债券发行日期	2021-04-14
发行价格（元）	100.00	到期兑付日	2024-04-16
债券期限	3年	面值（元）	100.00
计划发行量（亿）	25	实际发行量（亿）	25
票面利率	3.35%	息票类型	附息式固定利率
付息频率	年	起息日	2021-04-16
债券类型	绿色债务融资工具	募集资金用途	清洁能源
主承销商	中国银行股份有限公司	承销方式	余额包销
担保方式	无担保	债项/主体评级	AAA/AAA
信用评级机构	联合资信评估股份有限公司	绿色认证机构	联合赤道环境评价有限公司

资料来源：作者根据"21华能GN002"的募集说明书、信用评级报告、发行前独立评估认证报告等资料整理。

（2）产品设计

2021年2月7日，华能国际第一期绿色中期票据"21华能GN001"成功发行。该笔债券是国内最早推出的6只碳中和债之一，也是华能国际发行的第一笔绿色债券。本期票据的所属类别为绿色债务融资工具，期限为3年，计划和实际发行量均为10亿元人民币，每年付息一次。

2021年4月14日，华能国际第二期绿色中期票据"21华能GN002"成功发行。债券的所属类别为绿色债务融资工具，期限为3年，计划和实际发行量均为25亿元人民币，每年付息一次。在绿色评估认证方面，联合赤道环境评价有限公司于

2021年4月7日出具发行前独立评估认证报告，对该期碳中和债的符合性进行分析，募投项目所属类别与"21华能GN001"相同。

2）发行过程

（1）确定发行企业资质

华能国际具备健全且运行良好的组织机构。如前文所述，华能国际在2019年主营业务盈利能力提升，公司收入及利润规模较大。2018—2020年，公司营业总收入逐年增长。

（2）衡量募投项目是否符合碳企业债券的要求

华能国际募集的资金将用于偿还华能国际下属子公司华能如东八仙角海上风力发电有限责任公司和华能辽宁清洁能源有限责任公司的风电项目的前期金融机构借款。碳债券的募集资金用途符合六大领域要求（节能环保产业、清洁生产产业、清洁能源产业、生态环境产业、基础设施绿色升级、绿色服务），且符合《绿色债券支持项目目录》或国际绿色产业分类标准。

（3）对企业和融资工具进行评级

在信用评级方面，联合资信评估股份有限公司评定本期票据的债券和主体信用等级均为AAA级，并且在2021年5月21日披露的跟踪评级报告中，主体和债券均维持原有的信用等级不变。

（4）主承销商负责撰写募集说明书，做信息披露工作安排

披露碳债券的减碳效应基本信息，使项目符合使用绿色债券收益的标准以及环境可持续发展的目标。

（5）第三方专业绿色债券评估认证机构认证评估

在绿色评估认证方面，联合赤道于2021年2月1日出具了发行前独立评估认证报告。在该报告中，联合赤道对华能国际碳中和债募投项目的符合性进行了分析，未发现存在与认证标准不符合的情况，募投项目属于清洁能源产业。

（6）向中国银行间市场交易商协会提交注册发行

注册发行后，第一期绿色中期票据共涉及3个募投项目，截至2022年12月31

日，分别按照每个募投项目使用募集资金金额占项目总投资的比例对其所产生的环境效益进行折算，再累计加和，募投项目2022年实现减排二氧化碳63.79万吨，节约标准煤26.15万吨，减排二氧化硫87.64吨，减排氨氧化物131.90吨，减排烟尘19.09吨。

第二期绿色中期票据共涉及11个募投项目，截至2022年12月31日，分别按照每个募投项目使用募集资金金额占项目总投资的比例对其所产生的环境效益进行折算，再累计加和，募投项目2022年实现减排二氧化碳468.14万吨，节约标准煤192万吨，减排二氧化硫643.20吨，减排氨氧化物967.99吨，减排烟尘140.10吨。

10.5.5 华能国际碳债券发行的成效

（1）促进风电项目建设

根据债券募集说明书公布的信息，本期碳中和债的资金去向为三个风电清洁能源项目，项目的基本情况见表10-24。

表10-24　　　　　　　　　　华能国际风电建设项目成效

项目名称	项目地点	容量	风电机组	升压站/变电站数量	总投资
华能如东海上风电项目	如东县近海烂沙海域	300MW	75台单机容量4MW	2座110KV海上升压站和1座220KV陆上升压站	54.3亿元
华能昌图老城风电项目	铁岭昌图县太平乡、老城镇和头道镇境内	48MW	24台2 000千瓦	太平风电场220千伏升压站，新增35KV开关柜2座	3.64亿元
华能昌图太平风电项目	铁岭昌图县太平乡境内	49.5MW	3台1 500千瓦	新建1座220KW变电站和3回35千伏场内输电线路	4.69亿元

①风电项目经济收益

债券存续期内发电收入总额预计为19.5亿元（不考虑政府补贴）。项目收入可以完全覆盖债券利息，并收回部分投资成本。由此也说明募投项目收益可观，能够产生良好的经济效益。

②风电项目环境效益

结合生态环境部与银保监会公布的测算指引，如东县和昌图县对应的组合边际排放因子（Combined Margin，CM）分别 0.6908t CO_2/MWh 和 0.8719t CO_2/MWh。与同等火力发电上网电量相比，募投项目每年可减排二氧化碳 69.6 万吨。

（2）改善企业财务状况

①降低融资成本

相较于普通中期票据（如"20 华能 MTN004"，期限 3 年，利率 4.40%），碳中和债券（如"21 华能 GN001"，期限 3 年，利率 3.45%）有着更加低廉的发行成本与票面利率（利差：-95bp）。同时，碳中和债券还享受了各级政府以及监管部门陆续出台的优惠政策，包括广州、广西、深圳等地对发行企业以及管理机构给予的税收减免及相应补贴，从而进一步减少了融资成本。

②改善债务融资结构

电力行业属于资产密集型企业，特别是风电项目具有建设周期长、利润回收期长的特点。这要求企业使用长周期、资金量充足的融资工具对项目进行匹配，如果继续保持大量短期负债，可能会引发现金流不足等问题。碳中和债券的融资期限灵活，现在以 3 年和 5 年存续期较为常见，华能国际能够自主确定到期期限，尽量与项目建设周期相匹配，缓解绿色能源项目的期限错配问题。

通过表 10-25 的数据可知，华能国际在 2018 年至 2020 年间流动负债规模不断增加，从 1 382.06 亿元上升到 1 540.48 亿元，同时流动负债在总负债中的比例也逐年上升，2020 年占比达到 51.92%，反映了其不断增加的短期偿债压力。然而，2021 年发行的碳中和债（"21 华能 GN001"和"21 华能 GN002"）缓解了华能国际的资金需求，改善了其负债结构。此外，可以看出，在成功发行碳中和债后，公司的流动比率和速动比率明显高于前一年，这表明长期资金的注入对改善公司的短期偿债能力产生了积极作用。

表10-25 华能国际负债结构状况

科目	2017年	2018年	2019年	2020年	2021年
短期借款（亿元）	802.51	610.39	671.19	663.11	918.97
流动负债合计（亿元）	1 559.50	1 382.06	1 416.20	1 540.48	1 863.98
非流动负债合计（亿元）	1 305.40	1 634.49	1 546.87	1 426.82	1 797.78
负债合计（亿元）	2 864.90	3 016.55	2 963.07	2 967.30	3 661.76
流动负债/负债合计（%）	54.43	45.82	47.80	51.92	50.90
非流动负债/负债合计（%）	45.57	54.18	52.20	48.08	49.10

资料来源：作者根据华能国际财务报表数据整理。

10.5.6 经验启示

（1）防范利率风险

目前华能国际发行的"21华能 GN001"和"21华能 GN002"均为固定利率，这虽然利于帮助企业防范利率发生变化的风险，然而在市场利率上升的情况下，碳中和债价格会下降；反之，碳中和债价格会上升。未来利率的变动会给"21华能 GN001"和"21华能 GN002"投资者的实际收益带来一定的不确定性，产生利率风险。为防范此风险，首先，在发行碳债券之前，企业需进行充分的市场分析以确定最合适的债券定价和利率水平。其次，在市场条件波动较大的情况下，企业应当考虑更加灵活的发行计划。

（2）防范流动性风险

由于"21华能 GN001"和"21华能 GN002"的发行市场是银行间债券市场，导致其有较高的投资门槛和相对较差的流动性，从而增加了债券的流动性风险。企业可以尝试在交易所债券市场发行碳中和债券，这将有助于降低投资门槛、提高流动性，并吸引更多投资者，进一步推广碳债券的应用和可持续发展。

（3）防范信用风险

企业自身的财务危机可能导致债券出现违约风险。尤其是对于大型电力企业而言，由于其有大量的在建项目，导致企业整体杠杆率较高，因此需要谨慎把控财务风险，避免出现实质性违约。首先，企业应在评估自身财务状况的基础上选择适当的融资工具。其次，企业需要维护健康的财务状况，包括减少负债和增加现金流，以提高发行方的信用质量。最后，企业还需要提供准确和详尽的信息，以帮助投资者评估发行方的信用质量。

10.6 易方达碳基金案例

10.6.1 易方达基金发行背景介绍

（1）政策背景

从"十三五"时期开始，中国经济已经转变为以供给侧结构性改革为主线，由高速增长转向高质量发展。此时，"双碳"目标的提出为中国经济社会各方面带来了全新的发展机遇和挑战。在"双碳"目标写进"十四五"规划后，《中共中央 国务院关于完整准确全面贯彻新发展理念做好碳达峰碳中和工作的意见》（以下简称《意见》）提出，研究设立国家低碳转型基金，鼓励社会资本设立绿色低碳产业投资基金。财政部、生态环境部和上海市政府共同发起设立国家绿色发展基金，旨在充分发挥政府对绿色低碳产业投资的引导作用，带动更多的社会资本支持绿色可持续发展。大型能源型央企与金融机构也积极践行绿色发展理念，加快发展绿色基金。央行、证监会等监管机构和相关行业协会不断出台配套的法律法规推动"双碳"目标实现，这彻底点燃了资本市场投资"双碳"目标相关行业的热情。

为了践行"双碳"目标、发展绿色金融，易方达基金管理有限公司也敏锐地察觉到时代的风口，开始进行前瞻性布局，不仅参与了中证上海环交所碳中和指数的研究编制，还成功发行了易方达中证上海环交所碳中和ETF产品，成为首批中证上海环交所碳中和ETF产品之一。除此之外，易方达基金管理有限公司还对投资范围进行了明确界定，其中深度低碳领域投资占比66.47%，高碳减排领域投资占比

33.53%，投资对象主要集中在清洁能源与储能、绿色交通、减碳和固碳技术、火电、钢铁、建材等行业。易方达努力将机遇变成财富，与投资者共享时代红利。

（2）行业背景

随着国内资本市场的不断开放和监管政策的不断优化，我国基金行业不断发展壮大。特别是随着全球资本市场波动加剧，基金行业逐渐进入人们的视线。当前我国基金行业发展迅速，并以发达的市场结构和强大的市场容量树立了良好的基础，在 2023 年已然步入膨胀期。在经济高速发展的背景下，众多优质投资基金集聚在中国市场，并且受益于社会资本及金融创新，基金业务在资本市场中十分盛行。

我国基金行业的规模显著增加，当前设立的基金数量超过了一百多万家，市场容量已超过 30 万亿元人民币。这不仅是因为社会资本的增加，更多的是因为金融技术、互联网和金融创新牵动投资者投资基金，使得我国基金规模正在迅速发展壮大。

以股票型基金为例，截至 2023 年我国基金行业的发展主要呈现以下趋势：一是资产规模扩大，目前股票型基金已经成为基金占比最大的一个投资类别；二是投资组合呈现多样性，种类多样的投资组合可以满足不同的投资者需求；三是 ETF[①]增多，ETF 可以更加精准地反映市场行情，从而为投资者提供更好的调仓方式；四是金融创新不断推进，新兴金融服务形式的迅速发展助力投资者精准地把握投资机会；五是客户服务水平提升，投资者可以享受到更高水平的客户服务；六是费用管理更加合理，投资者可以享受更合理的价格和优惠。

可见，我国基金行业在经济快速发展、全球资本和金融创新的驱动下正在发展壮大，不仅市场结构及其容量在快速发展，投资渠道也日渐多样化。社会资本和金融创新的不断推进让投资者能够享受更高水平的客户服务，基金行业的发展前景非常明朗。

---

① ETF（Exchange Traded Fund），即交易型开放式指数基金，通常又称为交易所交易基金，是一种在交易所上市交易的、基金份额可变的开放式基金。

10.6.2　易方达企业介绍

1）基本概况

易方达基金管理有限公司（以下简称易方达基金或易方达）2001年成立于广东省珠海市，注册资本为13 244.2万元。易方达基金依托于资本市场，通过市场化、专业化的运作，为境内外客户提供资产管理解决方案，实现长期可持续的投资回报。截至2023年6月30日，易方达基金及下属机构资产管理规模近3万亿元，是国内领先的综合型资产管理公司，客户包括个人投资者及社保基金、企业年金和职业年金、银行、保险公司、境外央行及养老金、再保险等机构投资者。

2）发展现状

易方达基金自成立以来始终专注于资产管理业务，在主动权益、指数、债券、另类资产等投资领域全面布局，管理规模不断扩大，如图10-11所示。

单位：亿元人民币

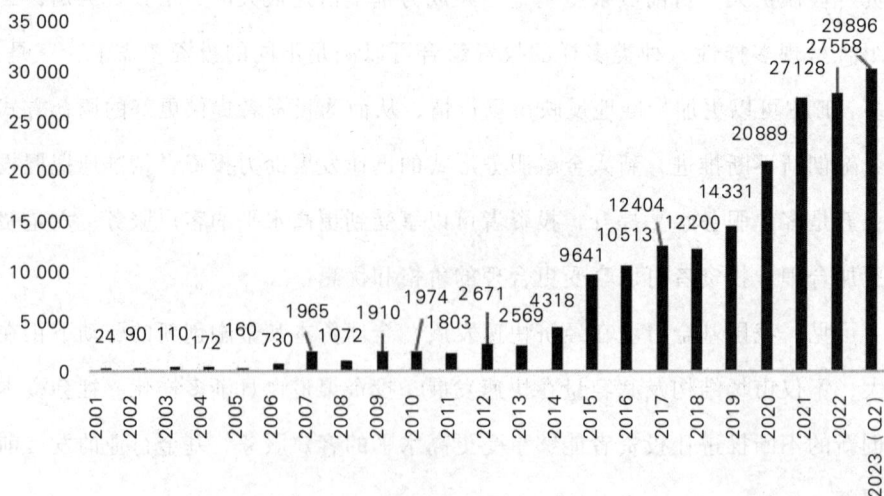

图10-11　易方达基金管理规模

资料来源：作者根据易方达官网数据所制。

易方达基金业务按照业务类型的不同，分为投资条线、市场条线、基础设施条线、投资顾问条线。投资条线包括主动权益板块、固定收益板块、指数投资板块、多资产投资板块、FOF投资板块、量化投资板块、国际投资板块和另类投资板块。市场条线包括零售服务板块（含互联网零售直销业务：e钱包）、一般机构板块、养老金板块和海外机构板块。基础设施条线包括合规与风控板块、金融科技板块、数据治理与服务板块、发展研究板块、产品与发展板块、基金运营板块和公司运营板块。投资顾问条线主要是投资顾问板块。

易方达基金致力于全方位解决客户各类资产的管理需求，拥有诸多业务资格。2004年10月，易方达基金取得全国社会保障基金投资管理人资格；2005年8月，获得企业年金基金投资管理人资格；2007年12月，获得合格境内机构投资者（QDII）资格；2008年2月，获得从事特定客户资产管理业务资格；2018年8月，获证监会首批养老目标基金批文；2021年11月，拿到首批北交所主题基金批文。易方达基金始终恪守客户利益至上的原则，致力于打造"值得长期托付的世界级资产管理公司"。

3）企业文化

易方达基金自成立以来，始终高度重视企业文化建设，坚持合规为先、诚信立足、稳健经营，致力于通过市场化、专业化的运作，为客户、为社会创造价值，在自身企业文化中深深地植入了"合规、诚信、专业、稳健"的行业文化要素，并在实践中不断完善和发展企业文化的内涵，积极打造公司长期稳健发展的软实力。

目前，易方达基金已形成一系列以"发现价值，创造未来"为公司使命，以"客户利益至上，诚信正直，开放自省，实事求是，尊重规律，坚守长期"为核心价值观，以"持信、抱朴、存谐、笃进"为企业精神，以"市场化、专业化，规范、稳健、开放、平等、合作、共赢"为经营理念，以"我们执着于在长跑中胜出"为品牌信念，以"以人为本，扁平化、流程化，自主自律、自我驱动"为管理理念，以"深度研究驱动，时间沉淀价值"为投资理念的企业文化理念体系，并始终严格遵循、积极践行。

10.6.3 易方达碳基金产品开发的动因

1）产品概述

易方达中证上海环交所碳中和ETF产品（562990）于2022年7月11日在上海证券交易所发行，属于股票型基金中的被动股票指数基金，即以特定指数为标的，并以该指数的成分股为投资对象，通过购买该指数的全部或部分成分股构建投资组合，以追踪标的指数表现的基金产品。投资者投资它取得和指数涨幅大致相等的收益。因此，易方达中证上海环交所碳中和ETF产品具有管理过程受人为影响较小、管理费用较低、可以充分分散投资风险等特点。

该基金的业绩比较基准是中证上海环交所碳中和指数收益率，投资范围包括标的指数成分股及备选成分股（含存托凭证）、除标的指数成分股及备选成分股以外的其他股票（包括创业板、科创板及其他依法发行上市的股票、存托凭证）、债券、债券回购、资产支持证券、银行存款、同业存单、货币市场工具、金融衍生工具（包括股指期货、股票期权等）以及法律法规或中国证监会允许基金投资的其他金融工具。如果法律法规或监管机构以后允许基金投资其他品种，基金管理人在履行适当程序后，可以将该品种纳入投资范围。

2）易方达基金开发碳基金产品的具体动因

（1）政策驱动

2020年9月我国明确提出"双碳"目标后，绿色发展备受瞩目，在金融领域，绿色金融作为与绿色发展直接相关的新兴领域同样受到广泛关注。2020年年底，中国人民银行货币政策委员会提出"以促进实现碳达峰、碳中和为目标完善绿色金融体系"，我国央行也提出了完善绿色金融政策框架和激励机制。在此背景下，为解决我国绿色发展资金缺口大、可能长期存在财务压力的问题，也为推动"双碳"目标的有效落地，我国的碳达峰碳中和"1+N"政策体系开始推进。

截至2023年9月8日，我国政府针对碳达峰碳中和"1+N"政策体系中的不同行业目标已出台近200项相关政策措施，都与中国政府大力倡导的新发展理念、追求高质量发展、推进绿色低碳和共同富裕的国家战略紧密相关，且多为方案指导类政策，如图10-12所示。这些政府政策的出台体现了我国的可持续发展理念，同时为基金公司提供了开发碳中和基金的动力。碳达峰碳中和"1+N"政策体系中的政策支持可以通过税收激励、减免手续费等方式降低投资者参与的门槛。基金公司积极开发碳中和ETF产品符合市场需求趋势，同时也符合国家发展需求，有利于吸引更多关心环境和气候问题的投资者。

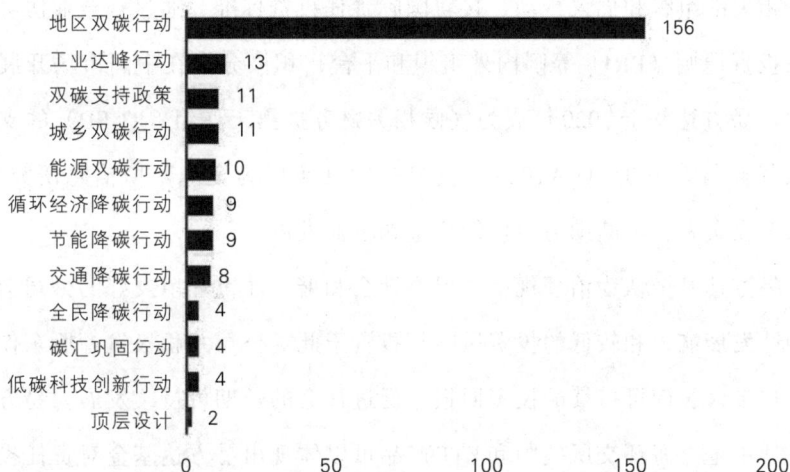

图10-12 2023年我国碳达峰碳中和"1+N"政策体系相关政策措施数量（单位：个）

（2）缓解绿色发展财务压力，满足市场需求

全球气候变化的威胁以及与之相关的温室气体排放引起了公众和政府的广泛关注，人们越来越认识到减少碳排放和过渡到低碳经济的紧迫性，以及与环境和气候相关的风险对于企业的财务表现和长期可持续性至关重要。但我国的绿色发展一直面临较大的资金缺口，据《中国绿色金融发展研究报告（2020）》，2019年我国新增绿色金融需求2.048万亿元，2019年新增绿色资金供给却只有1.43万亿元，缺口为0.618万亿元。据专业机构测算，2021—2060年，我国绿色投资年均缺口为3.84

万亿元，其中，2021—2030 年平均缺口为 2.7 万亿元，2031—2060 年平均缺口为
4.1 万亿元，碳达峰以后资金缺口将明显扩大。可见，我国绿色发展长期存在较大
的财务压力，同时绿色金融市场还有非常大的发展空间。

（3）坚持做责任投资践行者，符合发展理念

易方达基金作为国内较早开展责任投资的资产管理机构，坚持做责任投资的践
行者，促进社会可持续发展。责任投资是将环境、社会和治理（ESG）因素融入投
资决策和积极所有权的一种策略和实践。自 2017 年起，易方达基金参加诸多责任
投资相关的组织和倡议行动，接轨国际责任投资标准，通过基金业协会、联合国负
责任投资原则（PRI）等国内外组织和平台，积极分享在中国市场开展责任投资的
经验。易方达基金 2020 年成为气候相关财务披露工作组（TCFD）的支持单位，并
加入气候行动 100+（CA100+）组织；2021 年成为全球环境信息研究中心（CDP）
的联署投资者，不断助力全球绿色金融事业发展。

易方达基金认为治理规范、促进社会和谐、注重环境友好的公司会具备更好的
可持续发展能力和较低的投资风险，投资于此类公司并积极发挥股东作用，有助于
为客户带来长期可持续的投资回报，促进社会的长期可持续发展。易方达基金开发
易方达中证上海环交所碳中和 ETF 产品可以体现出易方达基金对责任投资的关注符
合企业发展理念。同时，易方达基金自主构建了本土化的 ESG 评价体系，系统性
地将其融入投资研究和决策中，综合考虑公司的长期风险和价值，从而提升投资的
风险收益比；通过股东参与和代理投票机制，主动行使股东权利，对公司产生积极
影响，促进公司的治理改善、社会和环境的可持续发展。

（4）紧抓产业转型红利良机，优化产品结构

在"双碳"目标指导下，随着生态文明建设的推动以及 ESG 理念的不断深入
发展，我国的绿色低碳发展提升到新的高度。2021 年 ESG 公募基金成立数量呈现
井喷式增长。据统计，2021 年新成立的 ESG 公募基金达 162 只，同比增长 205.6%，
增速创历史新高；2022 年新增 ESG 公募基金达 172 只，同比增长 6.17%，表明资管
机构仍持续不断地提高对 ESG 产品的重视程度，如图 10-13 所示。

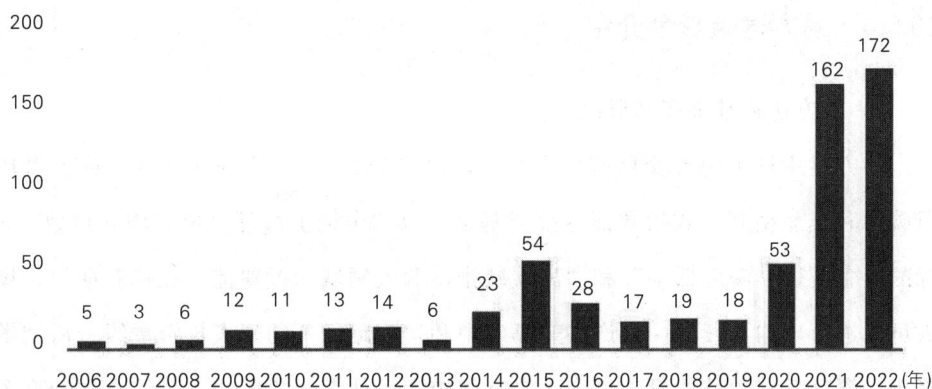

图10-13　我国ESG公募基金各年新成立数量（单位：个）

资料来源：作者根据中央财经大学绿色金融国际研究院的数据整理。

易方达通过开发易方达中证上海环交所碳中和ETF产品等碳中和相关主题基金，有望受益于产业转型红利。易方达基金基于对相关领域的深度研究，与其他机构一起参与到中证上海环交所碳中和指数的研究编制过程中，从而发布了首批中证上海环交所碳中和ETF产品。

作为国内首批开展ETF业务的基金管理人，易方达基金从专业分工的维度组建了专门的指数研究部，不仅研究指数，还研究跟踪国家的产业政策、量化的指数投资策略模型，以及产品和市场，了解投资者需求的变化。易方达基金正在针对国内外指数化投资发展路径与应用开展深入研究，提炼出具有前瞻性的产品布局框架和应用场景；同时对重点拓展的国家和地区的资本市场进行评估覆盖，将其作为未来指数业务发展和决策的参考因素，并针对不同的客户群体需求在指数投资和资产配置方面提供专业化的指数产品和解决方案服务，引导普通投资者更好地认识市场，采用长期理性的方式进行指数化投资。易方达基金还持续推进ETF业务发展，保持产品线的布局优势，同时持续加强精细化管理优势，加大在投资者教育和服务方面的投入。可见，易方达基金在不断谋求丰富基金产品种类、优化产品结构，助力企业抓住产业转型红利。

10.6.4 易方达碳基金介绍

1）易方达碳基金产品概况

易方达中证上海环交所碳中和ETF产品（562990），全称易方达中证上海环交所碳中和交易型开放式指数证券投资基金，以"中证上海环交所碳中和指数[①]"为标的，主要以"深度低碳"和"高碳减排"两大领域为股票池，在持有期间，投资人可以进行申购与赎回。该产品兼具碳中和实现路径下的两大投资主线：从增量角度看，深度低碳领域的投资机会未来空间较大；从存量角度看，传统高碳转型企业通过技术改造逐步向绿色低碳发展转型的投资机会较多。其中，深度低碳领域的行业分布为（目前占比66.47%）：清洁能源与储能、绿色交通、减碳和固碳技术等；高碳减排领域的行业分布为（目前占比33.53%）：火电、钢铁、建材、有色金属、化工、建筑等。

2）易方达碳基金产品发行情况

易方达碳基金产品具体发行情况见表10-26。

表10-26   易方达碳基金发行情况表

发行日期	2022年7月04日
上市日期	2022年7月19日
基金份额面值	1.00元
基金存续期限	不定期
管理费率	0.50%（每年）
托管费率	0.10%（每年）
跟踪标的	中证上海环交所碳中和指数

[①] 简称SEEE碳中和，指数代码：931755，由上海环境能源交易所（以下简称上海环交所）、上海证券交易所（以下简称上交所）和中证指数有限公司（以下简称中证指数公司）共同研究编制开发，基于我国现有的能源结构与碳排放状况，从碳中和的实现路径出发，应用环交所自研开发的碳中和行业减排模型，选取沪深市场中业务涉及清洁能源、储能等低碳领域，以及传统高碳排放行业中减排潜力较大的合计100只上市公司证券作为指数样本，以反映沪深市场中对碳中和贡献较大的上市公司证券的整体表现。

3）易方达碳基金产品的主要投资策略

本基金主要采取完全复制法，即完全按照标的指数的成分股组成及其权重构建基金股票投资组合，并根据标的指数成分股及其权重的变动进行相应调整。

4）易方达碳基金产品的风险收益特征

本基金为被动指数——股票型基金，预期风险与预期收益水平高于混合型基金、债券型基金与货币市场基金，主要采用完全复制法跟踪标的指数的表现，具有与标的指数相似的风险收益特征。

5）易方达碳基金产品的投资组合资产配置

由图 10-14 可知，易方达中证上海环交所碳中和 ETF 产品的资金配置是由股票和现金组成的。股票占比呈现上升趋势，在 2022 年 7 月股票投资占比只有 11.82%，而从 2022 年第三季度开始，股票投资占比基本稳定在 99% 左右。相比之下，现金的投资占比呈现断崖式下降，在 2022 年 7 月占比 88.18%，在 2022 年 9 月末就降至 0.4%。截至 2023 年 6 月 30 日，易方达中证上海环交所碳中和 ETF 的净资产规模为 19.45 亿元，比上一期（2023 年 3 月 31 日）减少了 6.33%。

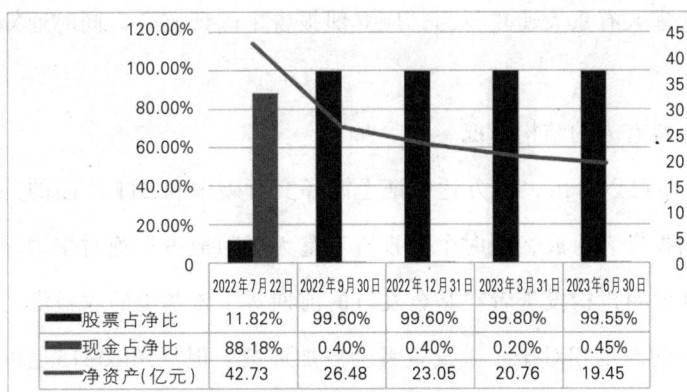

	2022年7月22日	2022年9月30日	2022年12月31日	2023年3月31日	2023年6月30日
股票占净比	11.82%	99.60%	99.60%	99.80%	99.55%
现金占净比	88.18%	0.40%	0.40%	0.20%	0.45%
净资产(亿元)	42.73	26.48	23.05	20.76	19.45

图 10-14　易方达基金资产配置变化表

资料来源：作者根据东方财富网数据整理。

6）易方达碳基金产品的运行状况

（1）基金管理人的责任

基金的管理人为易方达基金管理有限公司，管理人的责任主要包括以下几个方面：

① 依法募集资金，办理基金份额的发售和登记事宜；

② 对所管理的不同基金财产分别管理、分别记账，进行证券投资；

③ 按照基金合同的约定确定基金收益分配方案，及时向基金份额持有人分配收益；

④ 进行基金会计核算并编制基金财务会计报告；

⑤ 计算并公告基金净值信息，确定基金份额申购、赎回对价；

⑥ 办理与基金财产管理业务活动有关的信息披露事项等。

（2）基金托管人的责任

该基金的托管人是中国工商银行股份有限公司，从理论部分我们了解到，基金的托管人的主要职责是对基金管理人进行监督。因此，对于本基金，中国工商银行的主要职责就是对易方达基金管理有限公司运作基金的过程进行监督和管理，一旦发现基金管理人有重大违规行为，应立即报告中国证监会，同时通知基金管理人限期纠正。

（3）基金持有人的结构情况

由图10-15可以看出，易方达中证上海环交所碳中和ETF产品的持有人由个人投资者和机构投资者组成，同时个人投资者毫无疑问地占据绝对主力，基本稳定在90%左右，这说明机构投资者在基金发行的前期对于该基金的收益潜力仍然处于观望状态，投资的态度相对于个人投资者会更加谨慎。但从图10-15也可以看出，机构持有比例处于逐渐上升趋势，从2022年第二季度末的6.51%上升至2023年第二季度末的9.75%。

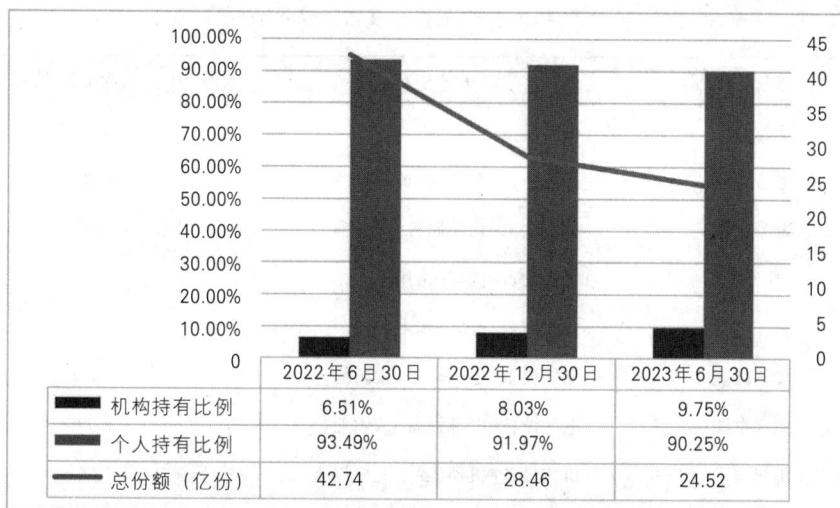

图10-15 易方达碳基金持有人结构变化情况

资料来源：作者根据东方财富网数据整理。

有两个原因可以解释该现象：

其一，这说明专业机构对于该碳基金的未来发展潜力还是持有积极态度，更关注长期收益，因此小比例加大了对该基金的投资，但同时个人投资者由于关注短期收益，而该基金在过去一年处于严重缩水状态，所以个人投资者大比例减持了该基金，进而导致了机构投资者持有比例的增加。

其二，由图10-15可知，该基金的持有总份额在大幅度下降，从2022年6月的42.76亿份降至2023年6月的24.52亿份，这说明不管是机构投资者还是个人投资者对于该基金都持有消极态度，但由于个人投资者的风险承受力相对较弱，其减持的幅度高于机构投资者的减持幅度，因此导致了机构投资者的持有比例上升。

（4）易方达碳基金的持仓情况

截至2023年8月，易方达中证上海环交所碳中和ETF持仓行业及占比见表10-27和图10-16。

表10-27　　　　　　　　　易方达ETF持仓的行业及占比情况表

股票名称	所处行业	占净值比例
宁德时代	电气设备	10.16%
紫金矿业	有色金属-贵金属-黄金	5.95%
万华化学	基础化工-化学原料-聚氨酯	5.26%
比亚迪	交运设备-汽车-乘用车	5.01%
长江电力	公用事业-电力-水电	4.61%
隆基绿能	电气设备-电源设备-太阳能	3.72%
阳光电源	电气设备-电源设备-太阳能	2.59%
汇川技术	机械设备-机器人-工业机器人	2.56%
TCL中环	电气设备-电源设备-太阳能	2.29%
通威股份	电气设备-电源设备-太阳能	1.98%
合计	—	44.13%

资料来源：作者根据易方达ETF招募说明书资料整理。

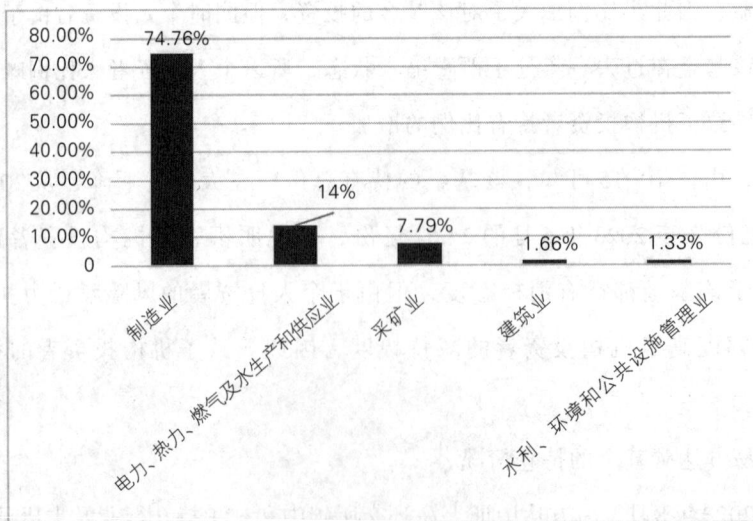

图10-16　易方达基金筹集资金的行业配置情况

由表 10-27 可以看出，至 2023 年 6 月 30 日，该基金的资金流向主要集中在电气设备、机械设备、汽车、有色金属等行业，占基金净值的 44.13%，即资金流通主要集中在深度低碳和高碳减排两大领域。

如图 10-16 所示，该基金的资金运用于制造业、电力、热力、燃气及水生产和供应业、采矿业、建筑业和水利、环境和公共设施管理业，其中 74.76% 的资金用于制造业。

（5）易方达碳基金份额的申购、赎回规定

①总原则

易方达中证上海环交所碳中和 ETF 产品采用份额申购和份额赎回的方式，即申购和赎回均以份额申请；并且该基金的申购对价、赎回对价包括组合证券、现金替代、现金差额及其他对价。

②数量限制

投资者参与该基金的日常申购、赎回，须按最小申购、赎回单位的整数倍提交申请，该基金目前最小申购赎回单位为 100 万份基金份额。

③申购、赎回的对价

该基金可以采用组合证券、现金替代、现金差额及其他对价的方式进行申购和赎回。其中，现金替代是指申购、赎回过程中，投资者按基金合同和招募说明书的规定，用于替代组合证券中部分证券的一定数量的现金。现金替代分为 4 种类型：禁止现金替代（标志为"禁止"）；可以现金替代（标志为"允许"）；必须现金替代（标志为"必须"）；退补现金替代（标志为"退补"）。其中，禁止现金替代和可以现金替代适用于上海证券交易所的成分股，退补现金替代适用于深圳证券交易所的成分股，必须现金替代均可用。

（6）收益与分配规定

① 收益分配方式采用现金分红；

② 基金收益评价日核定的基金累计报酬率超过标的指数同期累计报酬率达到 1% 以上，基金管理人可进行收益分配，即易方达基金管理有限公司对于该基金的

收益分配负主要责任；

③该基金收益分配无须以弥补亏损为前提，收益分配后基金份额净值有可能低于面值。

（7）当前会计与审计机构

易方达基金管理有限公司为该基金的基金会计责任方。易方达基金管理有限公司及中国工商银行各自保留完整的会计账目、凭证并进行日常会计核算，按照有关规定编制基金会计报表，同时中国工商银行每月与易方达基金管理有限公司就基金的会计核算、报表编制等进行核对确认。

由易方达基金管理有限公司聘请与本公司、中国工商银行相互独立的符合《证券法》规定的会计师事务所及其注册会计师对本基金的年度财务报表进行审计。

10.6.5　易方达碳基金的融资效果

易方达中证上海环交所碳中和ETF产品跟踪中证上海环交所碳中和指数，从投资领域来看，该基金主要投资沪深市场中深度低碳以及高碳减排领域潜力较大的上市公司股票。截至2023年6月30日，该基金份额净值为0.7932元，在2023年上半年的报告期内，份额净值增长率为-2.06%，见表10-28。

表10-28　　　　　　　　　2023年易方达ETF收益报告

期末数据和指标	报告期末（2023年6月30日）
期末可供分配利润（元）	−506 913 978.72
期末可供分配基金份额利润（元）	−0.2068
期末基金资产净值（元）	1 944 842 021.28
期末基金份额净值（元）	0.7932
基金份额累计净值增长率	−20.68%

资料来源：作者根据易方达2023年中期报告资料整理。

（1）对市场反应和企业财务的影响

①有效提升了投资者对低绿色低碳领域的关注

基金公司在选择投资对象时，首要考虑的是企业的利好政策以及企业的盈利数据。例如，基金的持股比重与企业的每股收益率、每股现金流量有显著的相关性，同时也会避免投资标准差较大的企业即投资风险较高的企业。对于外界投资者而言，基金公司的投资风向也是一种有利信号，能够传递出企业的经营状况。此外，碳基金还重点关注企业在绿色低碳领域的发展潜力。

易方达ETF产品主要选择了碳减排领域潜力较大的上市公司作为投资对象，如紫金矿业、比亚迪等。易方达ETF产品于2022年7月11日发布，其中，易方达重仓的紫金矿业股票换手率由0.90%增长至2.09%，比亚迪股票换手率由1.64%提升至2.18%，在基金发布到上市期间，比亚迪股票换手率最高达3.82%。换手率在3%以上表明市场投资者对企业股票的购买意愿较强，股票成交比较活跃。易方达对于这些企业的关注以及投资策略表明易方达看好其在低碳领域的发展，同时也会引导市场其他投资者关注这些企业，持续引导中长期资金流向低碳转型企业。

②吸引社会资金，缓解企业融资约束

高碳企业面临产业转型，新能源企业面临技术升级，二者都需要资金支持，同时我国的绿色资金缺口较大。截至2022年3月，中国人民银行通过碳减排支持工具、支持煤炭清洁高效利用专项再贷款等方式，分别支持金融机构发放贷款2 308亿元和134亿元，有效地缓解了企业的融资约束。

但要想推动低碳转型，实现"双碳"目标，仅依靠政府和央行的碳贷款是无法覆盖目前的资金缺口的，同时也并非所有有融资需求的低碳转型企业都符合碳贷款条件。因此，在国家提出低碳发展的目标之后，在社会对于碳交易、低碳发展关注度持续提升的背景下，碳基金的出现就可以满足市场投资者对于低碳领域资产的配置需求，持续引导社会资源向绿色低碳领域聚集。根据易方达2023年中期财务报告，截至2023年6月，易方达碳基金份额总额达到2 451 756 000.00份，净值已达

2 451 756 000.00元，对满足绿色低碳领域融资需求发挥了重要作用。另外，碳基金也能通过提供资金支持产业转型，使绿色低碳产业借助碳金融这一资本市场平台实现自身的快速发展。截至2023年上半年，易方达碳基金投资的新能源车企比亚迪营业收入与净利润同比增长72.72%和204.68%，易方达碳基金的支持极大地提升了比亚迪绿色转型的财务实力。

（2）对低碳企业技术提升、降低碳排放的影响

碳基金相较于普通基金，更加关注被投资企业在减排技术方面的提升，碳基金管理人能够深入挖掘企业披露的信息，减少大部分的信息不对称情况，并通过相关信息判断企业的发展前景，针对企业情况及时作出买入或卖出企业股票的判断，这对于企业来说是一种督促。

发展碳基金是顺应碳金融市场发展趋势、缓解碳交易市场压力的重要举措。碳基金作为碳金融市场融资的重要形式之一，能够在市场中扶持碳排放相关产业。易方达碳基金重点关注绿色低碳先进技术产业化项目，并以成熟期投资为主，通过资本赋能加快绿色低碳转型提速。例如，易方达碳基金关注的车企比亚迪在2021年成立了由集团主要领导负责的碳排放管控委员会，制定一系列碳排放管控制度，加快企业向低碳发展转型，正式开启全公司碳达峰、碳中和目标达成的管理征程。易方达重仓的紫金矿业也在2022年开始实行矿山全生命周期环境管理，以世界级高标准创建绿色矿山，全年生态环保投入达14.7亿元，绿色矿山向花园式矿山升级。在总营收、资产规模进一步壮大的同时，紫金矿业单位GDP能耗指标下降至264MWH/百万元，同比减少20%。

同时，碳基金的蓬勃发展也能给予更多高碳企业向低碳转型的信心。根据清华大学气候变化与可持续发展研究院发布的《中国中长期低碳发展战略与转型路径研究》，目前我国低碳转型资金缺口较大，想要在2030年实现碳达峰，现在每年就需要投入资金3.1万亿~3.6万亿元；要在2060年前实现碳中和，需要在新能源发电、先进储能、绿色零碳建筑等领域新增投资139万亿元，而目前每年资金供给规模仅为5 256亿元，每年缺口超过2.5万亿元。面对高昂的低碳技术开发费用，许多企业

在资金短缺、融资成本较高的情况下不敢尝试低碳技术投资。碳基金的发展让许多企业看到市场投资者对于低碳发展的信心，同时也丰富了融资渠道，让更多的企业敢于尝试向低碳转型，发展低碳技术。

10.7 本章小结

本章介绍了碳贷款、碳债券、碳基金等碳融资产品的案例，每个案例基本上都按政策与行业背景、形成动因、具体运行过程以及成效的顺序进行详细介绍。碳贷款的案例有"京能电力碳排放权配额回购贷款案例""北清环能核证自愿减排量质押贷款案例"；碳债券的案例有"中广核碳中和债券案例""华能国际碳中和债券案例"；碳基金的案例有"易方达碳基金案例"。

本章在进行政策与行业背景介绍时，主要梳理介绍了一些重要的相关政策和企业所在行业的发展概况；在动因方面，着重从政策动因、企业战略、资金压力等方面展开分析；在产品运行过程方面，着重介绍了产品设计内容、发行步骤或交易机制；在成效方面主要从财务、推动低碳发展方面进行了介绍。

思政专栏

据北京市高级人民法院和北京市第一中级人民法院公布的法律文书，原告王某2021年6月用96.3万元在民生银行购买了诺安基金公司旗下的碳基金，该基金是由华能集团与诺安基金在武汉共同发行的全国首只碳基金，首批基金金额为3 000万元，全部投放于湖北碳交易市场。民生银行李女士在销售该基金时宣称其属于低风险基金产品，一年回报率达到10%。王某于2023年3月28日赎回基金，本金亏损57.65万元。2023年王某将民生银行告上法庭，要求赔偿亏损本金，以及本金自购买该产品到赎回之间的利息。从一审、二审再到终审，判决都是维持原判，银行是过错方，须赔偿原告王某损失的576 481.95元及相应利息损失。同时，相关监管机构调查发现，华能集团与诺安基金将筹集到的大部分资金购买了投资回报率较高的某酒类生产企业的股票，并没有像其承诺的那样将资金用于能够带来节能减排效应的新能源或新技术项目。

问题：在本案例中，银行财务经理李女士、华能集团与诺安基金分别存在哪些过错？

分析：在本案例中，民生银行李女士在销售该基金时过分夸大基金的投资回报率，没有对投资者充分提示风险，李女士未能恪守行业职业道德，也没能保护投资者的合法权益；在我国"双碳"目标实现的关键时期，华能集团与诺安基金也未能承担起自身的社会责任，同时华能集团与诺安基金并没有合理利用筹集到的资金，相关监管机构并没有及时发现制止，说明政府对于碳基金的监管存在一定的漏洞。

思考题

（1）京能电力案例中涉及的碳贷款类型有何特点？

（2）在本章的 W 企业碳贷款案例中，W 企业进行碳贷款的动因是什么？

（3）分析北清环能选择碳资产质押融资模式的关键是什么？

（4）结合北清环能核证自愿减排量质押贷款案例，谈谈该企业选择碳资产质押模式进行融资有何优势？

（5）分析绿色债券和碳中和债券之间的关系。结合本章的案例讨论碳中和债券有何独特之处？

（6）查阅有关碳债券理论法人资料，谈谈中广核能成功发行碳债券的原因。

（7）结合华能国际发行碳中和债券的案例，对比分析碳债券的固定利率和浮动利率有何优缺点？

（8）易方达中证上海环交所碳中和 ETF 产品属于股票型基金中的被动股票指数

基金，被动型基金的优缺点分别有哪些？

（9）简述易方达ETF产品的运行过程，以及为确保该基金的运营基金各主体的主要责任。

（10）碳基金所面临的风险有哪些？请结合易方达ETF产品案例进行具体说明。

第11章 碳金融产品案例之二

本章通过海油发展、龙源电力、长源电力三个案例具体介绍了国内碳信托、碳资产证券化、碳股票三大类碳金融产品在实践中的运行过程。通过本章的学习，读者可以较清楚地了解到这三类碳金融产品在实践中的运行过程，同时也可以给其他相关企业开发适合本企业需要的碳金融产品提供指导。

11.1 海油发展碳信托案例

11.1.1 海油发展实施碳信托的背景

1）政策背景

党的二十大报告指出，推动绿色发展，促进人与自然和谐共生，必须牢固树立和践行绿水青山就是金山银山的理念，站在人与自然和谐共生的高度谋发展。实现"双碳"目标是我国走绿色可持续发展道路的重要战略决策，金融体系在其中需承担资源配置和气候风险管理等重要功能，是推动绿色发展的重要支柱。

近年来，我国绿色金融的支持体系不断完善，绿色金融、绿色信托发展的政策环境日益成熟。2016年8月，中国人民银行、银监会等七部委联合发布《关于构建绿色金融体系的指导意见》，明确绿色金融体系构建的基本理念、主要目的、主要途径、核心内容等。2019年3月，国家发改委等七部委联合印发《绿色产业指导目录（2019年版）》，划定了绿色产业的边界。2019年，在央行研究局、银保监会政策研究局和信托部的指导下，中国信托业协会专门组织制定并发布了《绿色信托指引》。2021年7月，全国碳排放权交易市场启动，以我国温室气体排放量居首位的电力行业先试先行。2022 年，银保监会发布了《银行业保险业绿色金融指引》，进一步从战略层面推进绿色金融发展。同年，中国人民银行推出碳减排支持工具和支持煤炭清洁高效利用专项再贷款，《关于完善能源绿色低碳转型体制机制和政策措施的意见》等有利于推进"双碳"目标的文件也相继出台。这些政策措施为碳信贷的实践发展提供了很好的支持。

2）行业背景

（1）油气行业的碳排放情况及压力

作为全球能源供应的主要来源之一，石油和天然气行业的碳排放问题已经成为影响全球气候变化的重要因素。近年来，随着国际社会对环境保护的日益重视以及应对气候变化的压力不断增加，石油和天然气行业的减排压力也日益增大。

联合国环境规划署发布的 2019 年《全球温室气体清单》显示，2018 年全球二氧化碳排放总量达到了 53.7 亿吨，其中，化石燃料燃烧产生的二氧化碳排放量占据了约 76%。在所有化石燃料中，石油和天然气是最大的碳排放源，其碳排放分别占到了总排放量的 34% 和 23%，超过了煤炭碳排放的占比（24%）。具体到石油和天然气行业，上游企业在勘探、开采、加工和运输过程中都会产生大量的温室气体排放。例如，在钻井和生产过程中释放的甲烷是一种非常强大的温室气体，其在短期内的增温效应甚至比二氧化碳还要高。此外，石油精炼过程中的燃烧也会产生大量的二氧化碳排放。根据中国国家统计局的数据，2018 年中国石油和天然气行业的碳排放总量为 12.3 亿吨，占全国碳排放总量的比重为 15.7%。

当前，石油和天然气行业正在面临越来越严格的环保政策和市场压力，需要采取有效的措施来降低碳排放。未来，石油和天然气行业的发展趋势将更加注重清洁化、低碳化和可持续性。

（2）油气行业的碳信托发展情况

我国绿色信托规模自 2018 年开始增长较快，2019 年信托规模增长 1 倍左右，但之后我国绿色信托行业进入平稳发展时期（如图 11-1 所示），各家信托公司都在努力探索新的发展方向和道路。以典型信托公司为例，在"十四五"规划期间，昆仑信托确立了服务集团公司、服务石油石化产业链的"产业金融"定位。2023年，在如何服务油气销售企业方面，昆仑信托的各部门进行了大量探索，推出多个可圈可点的产融业务模式。2023年，在服务油气销售企业方面，昆仑信托成立了22个项目，信托规模达数十亿元。其中，资产管理信托（含股权投资信托）项目12个；资产服务信托项目9个，规模超20亿元；带动相关企业成立信托项目1个。[①]

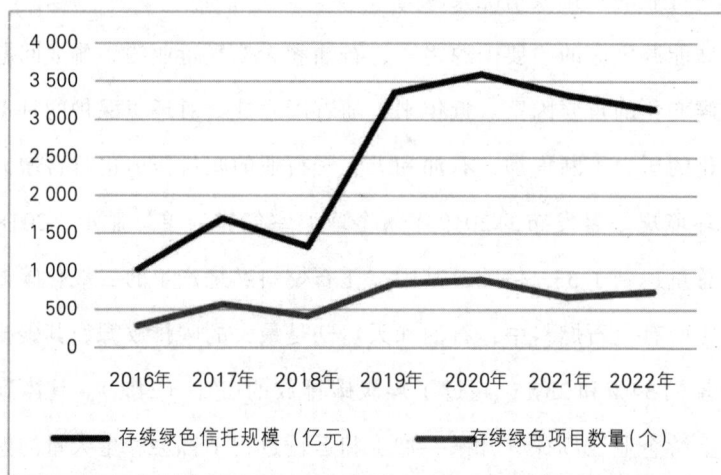

图11-1　2016—2022年中国存续绿色信托规模与数量

资料来源：作者根据中国信托业社会责任报告数据整理。

11.1.2　企业介绍

中海油能源发展股份有限公司，简称"海油发展"，是中国海洋石油集团有限公司控股的上市公司，聚焦海上、陆上油气生产领域。海油发展成立于2008年6月

① 昆仑信托.探寻信托服务油气销售企业的星星之火[EB/OL].[2024-08-10]. https://www.sohu.com/a/751433740_121123913.

20日，注册地址为北京市，注册资金为60亿元人民币，下设11家专业分公司，2019年6月26日在上海证券交易所挂牌上市（股票代码：600968）。

（1）公司发展历程

海油发展的历史可以追溯到2005年2月成立的中海石油基地集团有限公司。彼时，中国海油集团按业务整合及优势互补的原则对其下属五家地区公司进行战略重组并组建中海石油基地集团，注册名称为"中海石油基地有限责任公司"。2008年，中国海油集团投资入股，对基地集团的业务和资产进行了进一步重组，变更设立海油发展。2019年6月，海油发展在上海证券交易所主板上市。自此，中国海油集团专业服务板块内的三家公司（海油工程、中海油服、海油发展）已全部上市。公司的重要发展时间节点见表11-1。

表11-1　　　　　　　　　公司发展历程

时间	事件
2005年2月	中国海洋石油渤海公司、中国海洋石油南海西部公司、中国海洋石油南海东部公司、中国海洋石油东海公司、中海实业公司五家地区公司进行战略重组并组建中海石油基地集团，注册名称为"中海石油基地有限责任公司"
2005年9月	公司名称变更为"中海石油基地集团有限责任公司"
2007—2008年6月	中海石油基地集团增设中国海油全资子公司，中海投资为股东，变更为股份有限公司，并更名为海油发展
2019年6月	海油发展在上海证券交易所主板上市

资料来源：作者根据海油发展招股说明书资料整理。

（2）公司的股权结构

海油发展的实际控制人为国务院国有资产监督管理委员会，截至2023年6月，其以直接和间接方式共计持有公司81.65%的股份。海油发展下属多家全资子公司和控股子公司，业务范围涵盖：海洋石油勘探、开发的后勤服务（油品和化工材料的经销、仓储服务、码头服务和机具租赁），生产和销售石油化工产品、油田化工产品、化工原料等。海油发展股权结构如图11-2所示。

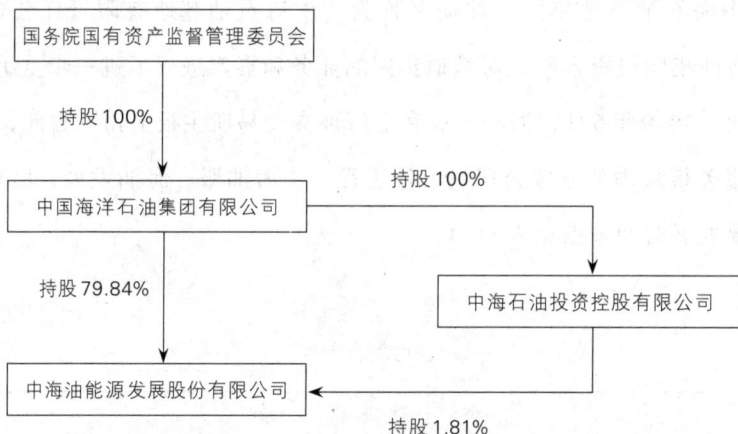

图11-2　海油发展股权结构图

（3）主营业务构成情况

海油发展的业务主要有：能源技术服务、能源物流服务、低碳环保与数字化业务。这些业务板块的营业收入在2022年分别占公司总营业收入的31%、51%和18%，其毛利分别占公司总毛利的39%、32%和29%。公司将以能源技术服务、低碳环保与数字化以及能源物流服务三大产业为支撑，凭借成本优势以及技术领先优势，在油气生产能力转型和数字化转型等领域建设成为具备整体综合竞争力的专业技术服务公司。

2022年海油发展各业务板块的收入构成和各业务板块的毛利构成如图11-3和图11-4所示。

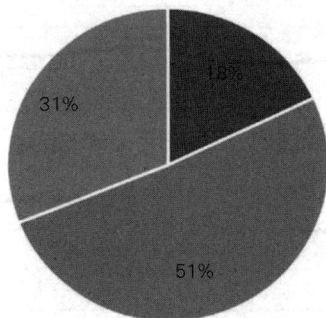

图11-3 2022年海油发展各业务板块收入构成

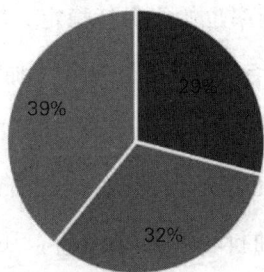

图11-4 2022年海油发展各业务板块毛利构成

（4）财务状况

近年来，海油发展的盈利水平稳步增长，利润率稳定。在盈利水平方面，除了2020年和2021年以外，公司的盈利水平整体提升。在利润率方面，过去五年公司的毛利率维持在12%左右，净利率维持在4%左右，利润率整体保持稳定水平，如图11-5所示。

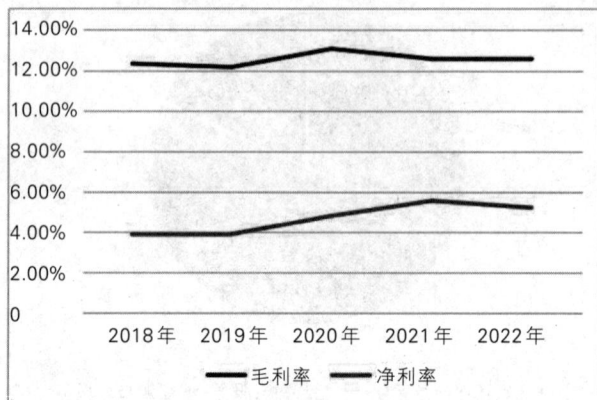

图11-5　海油发展毛利率和净利率情况

　　海油发展各业务板块的毛利率也始终保持稳定，较少受油价等外在因素变化的影响。2022年，低碳环保与数字化产业作为公司加速发展的新兴产业，拥有约20%的高毛利率；能源技术服务作为公司一直聚焦的主营业务，毛利率达16%；公司持续做优的能源物流服务的毛利率保持在8%左右。从2016年到2022年各板块的毛利率表现来看，无论是在油价较高的2022年，还是油价较低的2020年，公司的毛利率都非常稳定，是能源开采行业少有的抗风险标的，如图11-6所示。

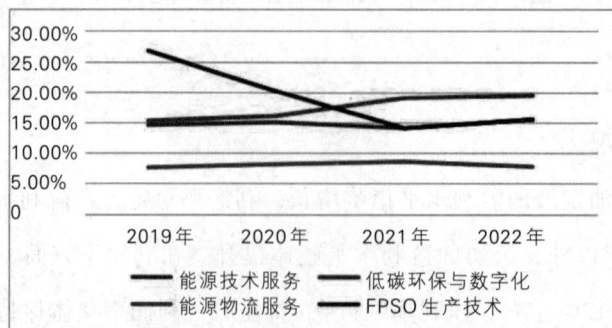

图11-6　海油发展各项业务毛利率

（5）近年来海油发展的碳减排情况

近年来，海油发展坚定不移走生态优先、绿色低碳的高质量发展道路，推动全系统能效综合创新。2021年，中国海油碳达峰碳中和工作领导小组成立，推进碳达峰碳中和行动方案的研究和部署。为有序统筹研究资源，中国海油成立碳中和研究所，强化研究总院、能源经济研究院、集团公司节能减排监测中心等专业技术力量，各所属单位也设置了从公司到基层生产单位的双碳管理三级网络，形成了上下联动、多维互促的绿色低碳组织保障体系。海油发展按照公司的《绿色发展行动计划实施方案》、《低碳发展行动方案》和《绿色低碳产业转型实施方案》，不断优化产业结构，调整公司能源消费结构，多措并举，确保"双碳"工作落地见效。

本案例选取二氧化碳、二氧化硫及氮氧化合物三类减排指标，对海油发展近年来的减排情况进行说明。随着海油发展业务规模的逐渐壮大（见表11-2），其二氧化碳、二氧化硫及氮氧化合物排放量在2017—2021年整体呈上升趋势，说明其近年来减排压力逐渐增大。2022年，海油发展的二氧化碳排放量明显下降，二氧化硫与氮氧化合物的排放量较2021年有所上升，主要原因是中海油节能环保服务（惠州）有限公司新建的焚烧炉项目于2022年投产，增加了SO_2排放量2.32吨、NO_x排放量16.24吨。

表11-2 海油发展近六年的减排情况

减排指标	2017年	2018年	2019年	2020年	2021年	2022年
二氧化碳（吨）	176 612	178 324	184 857	197 974	242 709	231 270
二氧化硫（吨）	0.20	0.08	0.22	1.35	1.07	3.02
氮氧化合物（吨）	1.00	0.40	6.88	3.02	6.98	21.55

资料来源：作者根据海油发展各年《可持续发展报告》整理。

11.1.3　海油发展实施碳信托的动因

（1）拓宽融资渠道，挖掘碳资产价值

海油发展（600968.SH）将其持有的CCER作为信托基础资产交由中海信托设立财产权信托，再将其取得的信托受益权，通过信托公司以转让信托份额的形式募集资金，并将所募资金全部投入绿色环保、节能减排产业。

该信托计划原始权益人曾通过余热利用减排所产生的基础财产CCER于2016年在国家有关部门备案成功，但在过去几年中，由于此类碳资产转移登记困难等原因，其价值未能被合理挖掘。现在，通过该信托计划的设立，金融市场的投资者和碳资产所有者都提升了对碳资产的价值发现，既挖掘了碳资产价值，又拓宽了融资渠道。

（2）技术提升及碳减排压力

作为中国海洋油气勘探开发的主力军，中国海油正在布局一盘事关自身发展与国家能源保障的大棋。作为海油发展最大股东的中海油，2018年提出《关于中国海油强化国内勘探开发未来"七年行动计划"》，表示到2025年的勘探工作量与探明储量要较计划期初翻一倍，并在上产攻坚工程中对国内未来油气产量制定明确目标，保障企业长期工程建设工作量稳定提升。

海油发展在重压之下，一方面要持续提升技术服务能力，持续强化核心能力建设，做好"七年行动计划"技术服务和支持保障工作，努力成为以提高油气田采收率、装备制造与运维、FPSO一体化服务等为主导产业的有中国特色的国际一流能源技术服务公司；另一方面，还需积极把握能源转型大势，落实"碳达峰、碳中和"的目标任务，加快推动低碳环保和数字化转型，成为能源行业发展绿色产业和数字化、智能化建设的生力军和主力军。

如表11-2所示，海油发展的二氧化碳、二氧化硫及氮氧化合物排放在2017—2021年整体呈现上升趋势。可见，在对碳排放进行严格管控的背景下，海油发展的碳减排压力逐渐增大。

11.1.4　海油发展实施碳信托的过程

（1）主要参与主体

中海蔚蓝CCER碳中和服务信托由海油发展作为原始权益人，由中海信托作为受托管理机构，由海油节能担任资产服务机构，由阳光时代律师事务所提供法律服务，由招商银行股份有限公司上海分行提供托管服务，见表11-3。中海蔚蓝CCER碳中和服务信托为碳资产持有人盘活CCER资产的同时，兼顾了碳资产未来升值后的利益共享，做到了参与交易的多方共赢。

表11-3　　　　　　　　　　　　　　产品主要参与主体

2021中海蔚蓝CCER碳中和服务信托	
受托人	中海信托股份有限公司（简称"中海信托"）
融资人	中海油能源发展股份有限公司（简称"海油发展"）
资产服务机构	中海油节能环保服务有限公司（简称"海油节能"）
法律服务机构	阳光时代律师事务所
托管服务机构	招商银行股份有限公司上海分行

（2）交易结构安排

在交易结构方面，原始权益人海油发展将其持有的CCER作为信托基础资产交由中海信托设立信托，再将其取得的信托受益权通过中海信托转让信托份额的形式募集资金，并将所募资金投入绿色环保、节能减排产业。中海信托作为上述信托资产的受托人，在向资产持有人提供资金支持的同时，还负责开展碳资产的管理与交易，利用信托资产管理的优势为碳中和提供全方位金融服务。具体交易结构安排如图11-7所示。

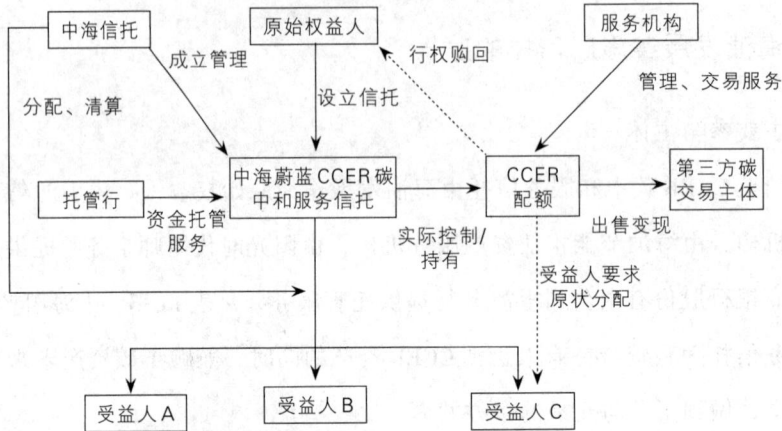

图11-7 中海蔚蓝CCER碳中和服务信托交易结构

资料来源：中国信托业协会.绿色信托案例集［EB/OL］．［2023-04-28］．www.xtxh.net/u/cms/www/202304/28111528lwv6.pdf.

（3）交易流程安排

在交易流程方面，分以下几种情况进行：

① 在信托存续期限内，CCER出售参考价格小于或等于30元/吨，则信托计划继续存续。

② CCER出售参考价格介于［30，35］元/吨之间，受托人有权向资产服务机构发出指令，以不低于30元/吨的市价，在30个交易日内卖出基础资产。如完成交易，信托计划分配清算并提前结束。

③ CCER出售参考价格大于35元/吨，原始权益人有权向受托人发出以35元/吨的价格收购基础资产的基础资产处置函，信托计划分配清算并提前结束。同时，受托人有权向资产服务机构发出指令，以不低于35元/吨的价格卖出基础资产。如完成交易，信托计划享有以35元/吨的价格变现部分的全部收益，超出35元/吨价格部分的收益，30%为受益人的收益，70%为资产服务机构的资产服务费，信托计划分配清算并提前结束。

在上述过程中，原始权益人通过支付每年的行权费用享有CCER的优先购买权。如信托期限届满，原始权益人始终未选择行权且基础资产未变现完毕，受托人将征询受益人是否愿意原状分配。经受益人一致书面同意，受托人将按照受益人持有信托单位的比例分别办理CCER转移登记手续，信托清算并结束。如信托受益人一致表示不同意原状分配或未形成一致意见，则受托人可向资产服务机构发出以市价成交的指令，尽快完成资产的变现和退出。

11.1.5　海油发展碳信托的实践效果

"中海蔚蓝CCER碳中和服务信托"作为全国首单碳中和服务信托，其成功发行具有重要意义。该信托募集的资金全部以BOO方式设立惠州石化三泥处置及余热利用项目，达到以绿生绿、以绿增绿的目的。

从安全角度来看，石油化工生产企业内设危废处理设施自行处理危险废物，可避免大规模转运造成的污染，且不受当前委托外部机构处理对接受物料的限制。

从企业经济效益的角度来看，自行对废物进行无害化、减量化、安全化处理降低了外委处置费用，提升了企业绿色经营形象和环境成本效率内部化水平。

对中国海油来说，该信托计划探索了将各成员单位碳资产集约利用、实现价值的路径，提高了碳资产的使用效率，利用市场手段促进集团公司整体尽早实现碳达峰、碳中和，为集团公司高质量发展提供了更多的金融工具。

对中海信托来说，该信托计划作为全国首单碳中和服务信托产品，在业内开创了碳金融业务的全新模式，使得公司能够在碳金融这一新兴领域处于业内领先水平，对优化公司品牌形象、占领碳金融市场先机、打造碳金融服务人才队伍具有至关重要的意义。

对信托行业来说，该信托计划是信托公司在碳金融领域的一次成功开拓，不仅有利于丰富碳市场的金融服务供给，更为信托公司如何发挥信托制度的资产隔离和账户管理优势、开展碳资产管理业务打开了思路，是信托行业回归本源和深化转型的有益探索。

11.2 龙源电力碳资产支持证券化案例

11.2.1 龙源电力碳资产支持证券化案例背景

（1）政策背景

目前，我国绿色发展理念在政策导向下不断深入社会发展，绿色金融作为其中重要的一环也在不断发展进步。绿色金融产品的种类不断丰富，绿色融资工具不断创新，而绿色资产证券化正好体现了我国积极将生态文明建设与经济转型战略相结合的政策，它既能在承接我国重大战略任务中发挥重要作用，又能创新地拓宽融资渠道，盘活资产流动性，促进企业可持续的生产和经营。

近年来有关绿色资产证券化的政策制度和规范相继出台。2016年证监会发布《资产证券化监管问答（一）》，表示可再生能源发电、节能减排技术改造、能源清洁化利用等项目现金流中来自按照国家统一政策标准发放的中央财政补贴部分可纳入资产证券化的基础资产。上海证券交易所于2018年8月发布的《上海证券交易所资产证券化业务问答（二）——绿色资产支持证券》首次界定了绿色资产证券化的定义、认定条件、认证和披露要求。2022年5月，国务院办公厅印发《关于进一步盘活存量资产扩大有效投资的意见》（以下简称《意见》），积极探索通过资产证券化等市场化方式盘活存量资产。2022年6月，上海证券交易所发布《关于进一步发挥资产证券化市场功能支持企业盘活存量资产的通知》，要求创新拓展资产证券化盘活存量方式，完善资产证券化投资者保护机制，优化强化资产证券化市场支持举措。这些政策制度有力地推动了绿色资产证券化实践的深入进行。

（2）行业背景

环境问题带来的压力让电力行业低碳发展的目标更加清晰，传统能源行业逐渐转向以可再生能源为主的新主力能源阵地。风能是由风的动能产生的，是一种安全清洁并且可持续的新能源。随着风电技术的进步和各国风电机组的大规模修建，风电已成为最成熟的新能源技术，最有利于商业化建设，发展前景最大。但为实现我国"十四五"环境治理目标和2030年前碳排放达峰目标，预计每年需3万亿元到4万亿元的绿色投资，其中仅10%至15%可由政府财政支出覆盖，剩余的巨大缺口需要靠社会资本。例如，风电行业设备供应商和中小型风电场普遍存在融资困难的问题。

2014年兴业银行率先推出了我国第一只绿色信贷资产支持证券，开创了我国绿色资产支持证券的新时代。2016年以来，我国绿色资产支持证券市场加速发展，实现了"质"与"量"的多维度提升。近年来，沪深交易所和中国银行间市场交易商协会分别发布政策文件，引导拓展绿色资产支持证券的基础资产，完善市场机制。2022年，我国发行124单绿色ABS产品，发行规模约为2 142.55亿元。截至2022年年末，我国累计发行296单绿色ABS产品，累计发行规模达4 426.92亿元。

11.2.2 企业介绍

1）基本情况

龙源电力集团（以下简称龙源电力）于1993年1月正式成立。它最初隶属于能源部，现隶属于国家能源投资集团有限责任公司。2009年龙源电力在香港上市，2022年1月在A股上市。龙源电力是我国首家实施风电专业化并且在境外上市的风电企业，公司的主要业务是风力发电，具体包括风电场的设计、开发、施工、管理和运营。此外，龙源电力还开展研发光伏、生物质、潮汐、地热等多方面的发电业务。

龙源电力作为我国第一家开展风电等新能源研发的企业，自2005年以来重点推进风电项目的开发建设。龙源电力在香港上市前已成为中国最大的风电企业。到2012年，龙源电力风电装机规模居亚洲第一、世界第二。根据龙源电力2022年度报告，截至2021年年底，龙源电力各类电源控股装机容量达到2 669.9万千瓦，其中，风电控股装机容量达2 366.8万千瓦，持续在全国风电运营商中保持领先地位，在全球也位居行业前列。

2）财务状况

（1）资产负债情况

龙源电力的资产结构以非流动资产为主，其流动资产所占比重较少。非流动资产中最多的是一些发电设备等固定资产，公司流动资产的构成包括应收账款融资、货币资金和其他应收款等。由表11-4可知，随着龙源电力业务的逐渐扩张，其资产规模在不断攀升，总资产由2017年的1 447.64亿元上涨到2021年的1 893.06亿元。在龙源电力的应收款项融资中，应收账款占据比重最多，意味着公司资金回收较慢。

表11-4 龙源电力2017—2021年资产负债情况 金额单位：亿元

报表项目	2017年	2018年	2019年	2020年	2021年
流动资产	168.14	183.31	236.82	313.56	362.78
非流动资产	1 279.50	1 274.87	1321.65	1 432.72	1 530.28
总资产	1 447.64	1 458.18	1558.47	1 746.28	1 893.06
流动负债	478.70	401.97	450.80	538.62	597.23
非流动负债	434.77	488.52	499.96	538.95	568.64
总负债	913.47	890.49	950.76	1 077.57	1 165.87
资产负债率	0.63	0.61	0.61	0.62	0.62
流动比率	0.35	0.46	0.53	0.58	0.61

资料来源：作者根据龙源电力年度报告编制。

从负债结构来看，随着企业规模的持续扩张，公司需要更多的资金来维持经营，因此负债规模也逐渐上升。自2017年以来，公司的流动比率一直较低，始终小于1，意味着公司的短期偿债能力较弱，资金链较为紧张，存在资金短缺风险。

（2）现金流量情况

由表11-5可知，首先，龙源电力的经营活动现金流量一直为正且呈增长趋势，净流入数值较大，这有利于保障债务偿还以及利息支付。其次，龙源电力

2017—2021年的投资现金流一直是负数，并且投资支出总体上一直上升，意味着公司近几年处于扩张期，需要投入大量资金购置发电设备等固定资产。最后，龙源电力的筹资活动现金流波动较大，公司筹资活动现金流量净额从2017年的-9.16亿元激增到2020年的94.59亿元，这主要是因为融资需求的增加导致融资规模的大幅上涨。

表11-5 　　　　　　　　　　　　龙源电力2017—2021年现金流量情况 　　　　　单位：亿元

现金流量	2017年	2018年	2019年	2020年	2021年
经营活动现金流量净额	126.82	142.55	125.09	122.73	167.55
投资活动现金流量净额	-85.41	-86.27	-104.17	-194.41	-184.67
筹资活动现金流量净额	-9.16	-78.05	-20.57	94.59	0.94

资料来源：作者根据龙源电力年度报告编制。

（3）盈利能力情况

对于一个企业来说，销售净利率和销售毛利率越高，其盈利能力越强。从表11-6可以看出，近几年龙源电力的销售净利率和销售毛利率都比较高且比较平稳，但净资产收益率一直保持在一个稳定但偏低的水平，意味着公司的获利能力有待提升。

表11-6 　　　　　　　　　　　　龙源电力2017—2021年盈利能力指标

指标	2017年	2018年	2019年	2020年	2021年
销售净利率	18.62%	18.95%	19.54%	19.95%	19.52%
销售毛利率	33.91%	36.45%	35.87%	37.22%	34.87%
净资产收益率	8.56%	8.55%	8.67%	8.60%	11.22%

资料来源：作者根据同花顺网站数据整理。

整体而言，龙源电力具有显著的规模优势和适度的盈利能力，经营现金净流量较高，盈利质量较好。然而从其近几年的年报可知，公司应收账款较高，企业信用资金占用较大，流动比率较低，表明企业短期偿债能力较弱，财务风险压力较大。

11.2.3 龙源电力碳资产支持证券发行动因

（1）响应国家政策

环境的恶化给人们的生活质量带来了消极影响，为了改善当前的状况，国家政策开始向绿色产业倾斜。2016年5月，证监会表示将积极帮助绿色环保产业在满足要求的基础上通过绿色资产证券化取得融资。2020年9月22日，我国在联合国大会上提出，二氧化碳排放力争于2030年前达到峰值、努力争取2060年前实现碳中和。随后，2021年我国的《政府工作报告》对碳达峰、碳中和目标进行了重要部署。《中国环保产业发展状况报告（2020）》指出，中国"3060"碳排放目标的实现是我国生态文明建设的主要构成部分，"碳中和"将带来2020—2060年平均每年万亿元以上的绿色经济投资。面对如此巨大的资金需求，需要包括金融体系在内的市场资金充分参与，聚焦碳达峰和碳中和的绿色金融应在"3060"目标的实现过程中发挥重要作用。

当前，国家鼓励可再生能源行业发展，我国的风能等可再生能源发展在全球处于领先地位，为应对全球气候变化及环境污染作出了巨大贡献。龙源电力是一家可再生能源发电公司，具备了绿色资产证券化要求的绿色属性，并且拥有大量满足条件的应收账款作为基础资产，为了响应"碳中和"目标，龙源电力发行了碳资产支持证券产品。

（2）缓解资金短缺

随着世界各国正在大力发展绿色产业，我国也在持续地改变自身的能源结构，逐步将电力市场的重心转移到清洁能源的项目上，从而促进世界风力发电市场的稳定发展。同时，我国政府大力推动绿色经济发展，社会各界不断提高对低碳环保的要求，新能源在能源市场上的需求也不断扩大，在全球风电市场中我国的风电企业占据了重要位置,这也为龙源电力开展相关业务提供了便利的环境。

龙源电力是我国最早开发风电的专业化公司,现已成为一家以新能源为主的大型综合性发电集团,主要从事风力发电项目的开发和运营,同时还运营火电、生物质、潮汐和地热等发电项目。近年来国家出台了增加清洁能源使用、拓宽清洁能源消纳渠道、落实可再生能源发电全额保障性收购等一系列可再生能源产业的发展促进政策,在此推动下,公司风电等清洁能源装机规模持续增加,并持续投入大量的研发费用。

从表11-7以及公司年度报告可以看出,近些年龙源电力的风电装机量不断增加,企业对风电项目的投入越来越多。2021年,公司新增16个风电项目,装机容量为1 451兆瓦。截至2021年年末,风电控股装机容量占可控股装机容量的比重为88.65%,同比略有下降,但仍占主导地位,并在全球风电运营商中保持领先地位。龙源电力每年用于研发的支出也在不断增加,2021年龙源电力共有7项研发项目,企业不断投入资金以期建设清洁低碳、安全高效的能源体系。

虽然我国政府会对一些绿色项目给予一定补贴,龙源电力的财务状况也能得到一定的改善,但近年来,由于补贴力度逐渐减弱,通过财政拨款来弥补资金缺口的效果也越来越弱。此时,龙源电力发行绿色资产支持证券筹集的资金可用于风电项目建设,正好能弥补绿色项目配套资金的不足。

表11-7 龙源电力装机容量与研发费用情况

项目	2017年	2018年	2019年	2020年	2021年
风电控股装机容量(兆瓦)	18 395	18 919	20 032	22 303	23 668
火电控股装机容量(兆瓦)	1 875	1 875	1 875	1 875	1 875
其他可再生能源控股装机容量(兆瓦)	250	250	250	503	1 156
研发费用(万元)	—	849.92	6 391.84	7 697.11	14 013.53

资料来源:作者根据龙源电力年度报告编制。

11.2.4 龙源电力碳资产支持证券介绍

龙源电力分别在 2020 年 1 月 5 日和 2021 年 3 月 30 日发行可再生能源电价附加补助资产支持专项计划（G 龙源 1A）和专项用于碳中和可再生能源电价附加补助资产支持证券（G 龙源 2A）。

表 11-8 为龙源电力绿色资产证券化产品的详细信息。

表 11-8　　　　　　　　　龙源电力绿色资产证券化产品的详细信息

项目名称	G 龙源 1A	G 龙源 2A
发行日期	2020 年 1 月 15 日	2021 年 3 月 30 日
发行规模（亿元）	7.13	10.30
票面利率（%）	4.00%	4.00%
利息种类	固定利息	固定利息
债券期限（年）	2.35 年	2.16 年
计划起息日	2020 年 1 月 15 日	2021 年 3 月 30 日
到期日	2022 年 5 月 20 日	2023 年 5 月 26 日
付息方式	按半年付息	按半年付息
债券评级	AAA	AAA

资料来源：作者根据中国资产证券化分析网数据整理。

1)"G 龙源 1A"介绍

（1）基本情况

"G 龙源 1A"主要参与主体见表 11-9。

表11-9 "G龙源1A"主要参与主体

项目	主要参与方
原始权益人/资产服务机构	龙源电力
资信评级机构	联合信用评级有限公司
托管人	上海浦东发展银行北京分行
法律顾问	北京市嘉源律师事务所
登记结算机构	中国证券登记结算有限责任公司深圳分公司

资料来源：作者根据"G龙源1A"信用评级报告整理。

本期资产支持证券总发行规模为7.13亿元。本专项计划资产支持证券"G龙源1A"兑付频率为按半年付息、按半年过手摊还本金，兑付日为每年4月30日及10月31日后的第15个工作日，最后一个兑付日为证券的本金及预期收益兑付完毕之日。专项计划存续期间，经管理人与原始权益人同意，可增加临时兑付日，具体为每年1月31日及7月31日后的第15个工作日。本次跟踪期内共有两次临时兑付，分别为2020年2月21日及2021年2月26日。

（2）运作流程

龙源电力可再生能源电价附加补助1期绿色资产支持专项计划资产支持证券由华泰资管发行，募集资金用于向原始权益人龙源电力购买基础资产。根据对应的特定电场项目的不同，基础资产区分为储备基础资产和初始基础资产。龙源毕节威宁龙河风电场49.5MW发电工程、威宁县赵家梁子风电场项目对应的基础资产部分为储备基础资产，其余特定电场项目对应的基础资产部分为初始基础资产。管理人华泰资管以基础资产形成的资产和收益，按照约定向债券持有人还本付息。

本专项计划设有赎回及回购机制，若龙源电力或管理人华泰资管发现在基准日、专项计划设立日不符合资产保证的基础资产，龙源电力应按约定向华泰资管赎回不合格基础资产。在专项计划存续期间，如果基础资产项下存在未偿补贴款导致资产支持证券未能于预期到期日到期的，华泰资管有权根据《资产买卖协议》的约定要求原始权益人龙源电力以公允的市场价值回购未偿补贴款对应的基础资产，龙源电力应承担相应的回购义务，且应按照全体资产支持证券持有人认可的回购价款进行回购，并于该回收款归集计算日后的第一个回收款转付日向专项计划账户划付回购款项。

"G龙源1A"交易结构如图11-8所示。

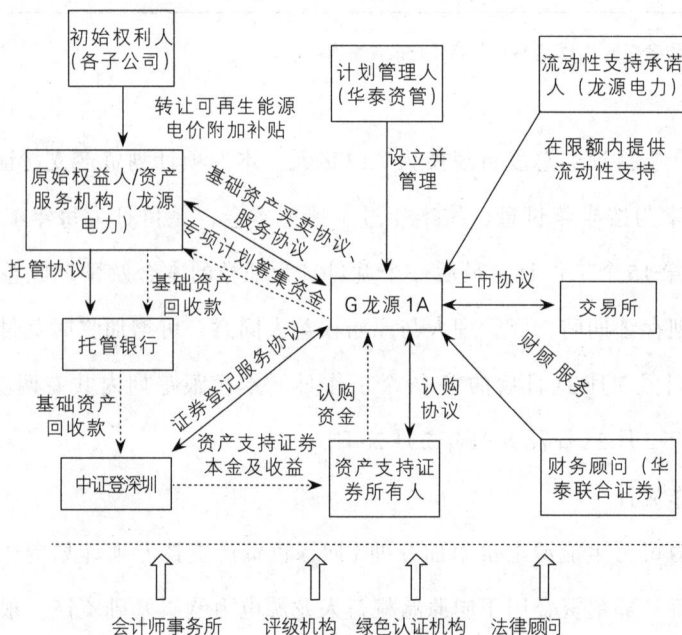

图11-8   "G龙源1A"交易结构图

（3）初始基础资产概况

本次入池的基础资产均为龙源电力与贵州电网有限责任公司和国网辽宁省电力有限公司结算电价中可再生能源电价附加补助资金。从表11-10可知，入池基础资产余额为79 188.41万元，单一项目最大未偿基础资产余额为4 674.85万元，占比5.90%，单一区域最大未偿基础资产余额为48 238.72万元，占比60.92%，平均基础资产余额为3 770.88万元。

表11-10 基础资产池概况

项目	初始基准日情况
基础资产余额（万元）	79 188.41
基础资产分布区域（个）	2
发电项目数（个）	21
单一项目最大未偿基础资产余额（万元）	4 674.85
单一项目最大未偿基础资产余额占比（%）	5.90
单一区域最大未偿基础资产余额（万元）	48 238.72
单一区域最大未偿基础资产余额占比（%）	60.92
平均入池基础资产余额（万元）	3 770.88

资料来源：作者根据"G龙源1A"信用评级报告整理。

入池基础资产回款具有区域集中发放的特征，入池基础资产区域集中度过高可能会存在一定的流动性风险。从表11-11可知，入池的基础资产分布在辽宁省和贵州省，其中贵州省相关的基础资产余额占比60.92%，地域集中度很高，存在一定的流动性风险。

表11-11 初始入池基础资产区域分布情况

区域	发电项目数（个）	应收账款余额（万元）	占比（%）
贵州省	12	48238.72	60.92
辽宁省	9	30949.69	39.08
合计	21	79188.41	100.00

资料来源：作者根据"G龙源1A"信用评级报告整理。

2）"G龙源2A"介绍

（1）基本情况

华泰资管于2021年3月30日设立本资产支持证券，发行规模为10.30亿元。本项目兑付日在每年的4月30日和10月31日后的第15个工作日，首个兑付日为2021年10月31日后的第15个工作日，最后一个兑付日为资产支持证券的本金及预期收益支付完毕之日。经原始权益人与管理人确定，可以增加临时兑付日，临时兑付日为专项计划存续期内每年1月31日及7月31日后的第15个工作日或2021年4月30日后的第15个工作日。"G龙源2A"主要参与主体见表11-12。

表11-12   "G龙源2A"主要参与主体

项目	主要参与方
原始权益人/资产服务机构	龙源电力
管理人/销售机构	华泰证券资产管理有限公司
财务顾问	华泰联合证券
托管人	上海浦东发展银行北京分行
法律顾问	北京市嘉源律师事务所
评级机构	大公国际资信评估有限公司
会计师事务所	安永华明
绿色认证机构	联合赤道环境评价有限公司
登记托管机构	中国证券登记结算有限责任公司深圳分公司

资料来源：作者根据"G龙源2A"募集说明书整理。

（2）运作流程

认购人与管理人华泰资管签订《认购协议》后，华泰资管设立并管理本次专项计划，认购人取得资产支持证券，成为资产支持证券投资者。

管理人华泰资管代表专项计划与原始权益人龙源电力签署《资产买卖协议》，按照协议条款和条件购买相应的基础资产，向龙源电力支付购买基础资产的全部价款。资产服务机构龙源电力根据《服务协议》的约定，负责与基础资产及其回收有关的管理服务及其他服务，并在每个回收款转付日将基础资产现金流回款划付至专项计划账户。华泰资管与托管人浦发银行北京分行签署《托管协议》，委托托管人按照协议约定对专项计划资产进行托管。流动性支持承诺人龙源电力出具《流动性支持承诺函》，并按照相关约定在流动性资金的限额内履行流动性支持义务。

龙源电力根据《计划说明书》及相关文件的约定，向托管人浦发银行北京分行发出分配指令，托管人根据指令将相应资金划拨至登记托管机构中国证券登记结算有限责任公司深圳分公司的指定账户，用于支付资产支持证券的本金和预期收益。

北京嘉源律师事务所、大公国际、安永会计师事务所等为本期绿色资产支持证券提供相关第三方服务，是本次资产证券化顺利发行的外部保障。

本次资产证券化交易结构如图11-9所示。

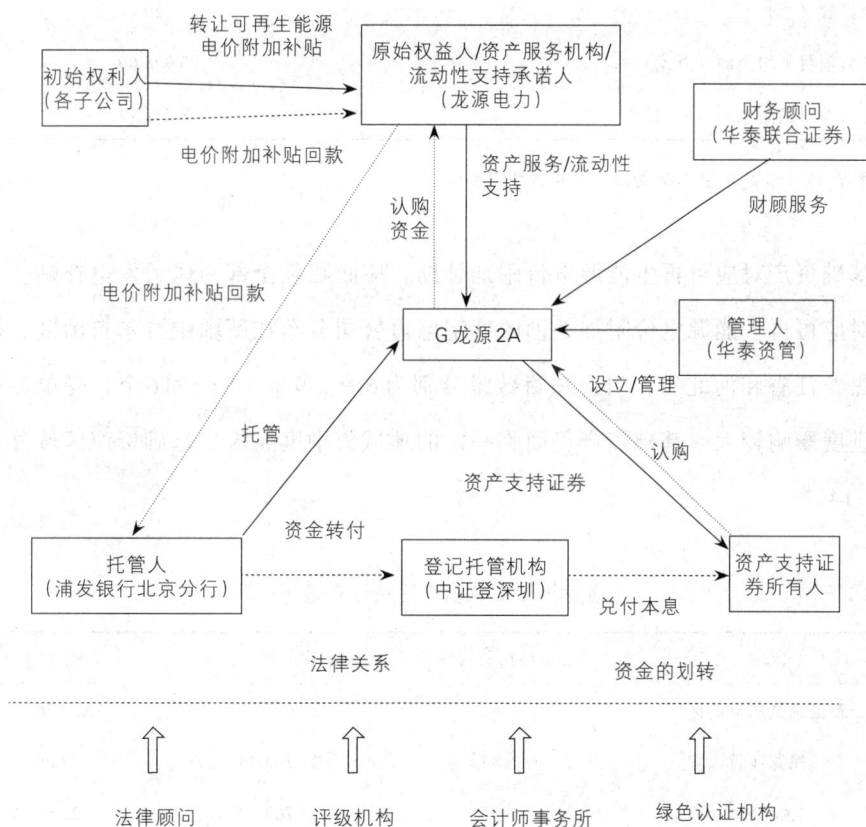

图11-9 "G龙源2A" 交易结构图

（3）初始基础资产概况

截至基准日 2020 年 8 月 1 日，基础资产池余额为 113 914.61 万元，涉及 12 家发电企业旗下 29 个发电项目形成的可再生能源电价附加补助资金。基础资产池概况见表 11-13。

表 11-13 基础资产池概况

项目	初始基准日情况
基础资产余额（万元）	113 914.61
发电项目数（个）	29
单个电力项目平均余额（万元）	3 928.09
单个电力项目最高余额（万元）	8 275.72

资料来源：作者根据"G龙源2A"募集说明书整理。

基础资产对应可再生能源电价附加补助，应收账款全部为风力发电补贴。基础资产对应可再生能源电价附加补助的特定电力公司分布在新疆维吾尔自治区、福建省、黑龙江省和河北省，对应项目数量分别为 6 个、9 个、8 个和 6 个，受单一地区回款进度影响较大，基础资产仍面临一定的地域集中度风险。基础资产区域分布见表 11-14。

表 11-14 初始入池基础资产区域分布情况

区域	发电项目数（个）	应收账款余额（万元）	占比（%）
新疆维吾尔自治区	6	3 1621.70	27.76
黑龙江省	8	26 203.35	23.00
河北省	6	25 763.99	22.62
福建省	9	30 325.88	26.62
合计	29	113 914.92	100.00

资料来源：作者根据"G龙源2A"募集说明书整理。

11.2.5 龙源电力碳资产支持证券实施效果

1）财务方面

（1）提高盈利能力

净资产收益率是企业的净利润与平均股东权益的比值，该指标能够反映龙源电力股东权益获取利润的能力。

由表 11-15 可知，龙源电力在 2017—2022 年营业收入有所上升，且 2020—2021 年营业利润率保持稳定增长，反映龙源电力在绿色资产证券化之后盈利能力得到了一定提升。虽然企业近些年不断扩大规模，有一定的债务压力，但绿色资产证券化的融资方式可减少企业的融资成本，盘活企业的非流动资产，带来利润的增加，提高企业的盈利能力。

表11-15　　　　龙源电力2017—2022年盈利能力相关指标情况

指标	2017 年	2018 年	2019 年	2020 年	2021 年	2022 年
营业收入（亿元）	245.90	264.55	275.79	288.07	372.08	398.67
营业成本（亿元）	196.08	215.73	217.70	219.50	287.36	327.45
利润总额（亿元）	54.33	58.34	65.09	69.81	87.51	76.38
净资产收益率	8.56%	8.55%	8.67%	8.60%	11.22%	7.17%

资料来源：作者根据龙源电力年度报告整理。

（2）缓解偿债压力，提高资金流动性

电力产业具有建设周期长、回款速度慢、资金需求大的特性，经常要向外部借款。因此，龙源电力对自身的偿债能力更为重视，有较强的偿还债务的能力代表企业有较高的运营水平。偿债能力分为短期偿债能力与长期偿债能力，龙源电力发行的绿色资产支持证券属于长期负债，其中，"G龙源1A"募集的资金用来补充流动资金，因此发行绿色资产支持证券会对龙源电力的偿债能力产生影响。在短期偿债能力方面，选用流动比率和速动比率两个指标进行衡量；在长期偿债能力方面，选用资产负债率进行衡量。

由表11-16可知，2017—2022年龙源电力的流动比率与速动比率都在逐渐升高，流动资产对流动负债的保障程度有所增强。龙源电力分别在2020年和2021年发行绿色资产支持证券，在发行后流动比率和速动比率都有显著的提升，说明其对龙源电力的财务状况很快就产生了积极的影响。截至2022年，龙源电力流动比率与速动比率分别由2017年的0.35和0.29提高至0.71和0.66，有大幅度的提升，说明龙源电力的资金流通比较安全，现金流能够得到一定补充，短期偿债压力较小。

表11-16　　　　　　　　龙源电力2017—2022年偿债能力指标情况

指标	2017年	2018年	2019年	2020年	2021年	2022年
流动比率	0.35	0.46	0.53	0.58	0.61	0.71
速动比率	0.29	0.39	0.46	0.54	0.55	0.66
资产负债率	63.10%	61.07%	61.01%	61.71%	61.59%	64.07%

资料来源：作者根据龙源电力年度报告整理。

从长期偿债能力看，龙源电力2017—2022年的资产负债率波动范围很小，且龙源电力的资产负债率比同行业均值低，比行业中值要高，说明龙源电力的资产负债率数值在行业内处于中上游。

从长远发展的角度看，龙源电力发行绿色资产支持证券有利于降低企业的融资成本，缓解企业的长期负债压力。

2）非财务层面

（1）促进企业碳技术创新

绿色资产支持证券的发行能够帮助企业克服在进行碳技术创新时所面临的困难。

首先，如果公司要进行碳技术的研发工作，必须有充足的资本作保证，而绿色资产证券化就是一种有效的融资方式。所以，绿色资产证券化可以提供资金保障，帮助企业实现绿色低碳发展。

其次，由于绿色资产证券化的债务期限较长，且具有更强的灵活性，十分符合我国绿色科技创新活动的长期特征对稳定现金流量的需求。

再次，这种直接融资方式可以大大减少中间商的费用，从而使企业的融资成本得到进一步降低，比传统的银行贷款融资模式更节省成本。

近年来，龙源电力通过科技创新的方式实现绿色低碳发展之路。2018—2021年，龙源电力共取得绿色专利19项。

（2）促进环境保护

龙源电力响应国家政策发行绿色资产支持证券，积极推进生态文明社会建设，将筹集的资金投向了绿色项目，募投项目的建成带来了巨大的环境效益，承担了相应的社会责任。

由企业年报可知，近年来龙源电力的业务收入的70%是由风电项目构成的，而风能发电造成的环境污染微乎其微，这非常有助于减轻社会对于传统化石燃料发电的依赖，减少火电产生的大量温室气体和有毒硫氮气体，降低颗粒物排放，对于减轻雾霾等环境问题有着十分重要的作用。

同时，龙源电力的绿色资产支持证券的成功发行树立了一个良好的榜样，让同行业的其他企业也能够借鉴其绿色资产支持证券的发行经验，共同践行低碳理念。

11.3 长源电力碳股票案例

11.3.1 长源电力碳股票案例背景介绍

（1）政策背景

近年来，各国政府为鼓励电力行业碳减排和发展绿色能源，出台了一系列政策措施，如税收优惠、补贴、绿色金融支持等，为电力行业碳股票的发展提供了有力支持。

在2021年，《关于引导加大金融支持力度 促进风电和光伏发电等行业健康有序发展的通知》（发改运行〔2021〕266号）提出需要进一步加快发展风电、光伏发电、生物质发电等可再生能源，采取措施缓解可再生能源企业的困难，促进可再生能源良性发展。2022年工业和信息化部、财政部、商务部、国务院国有资产监督管理委员会、国家市场监督管理总局联合发布《加快电力装备绿色低碳创新发展行动计划》，提出要推进能源生产清洁化、能源消费电气化，支撑新型电力系统建设，加快电力装备绿色低碳创新发展。2022年1月29日，国家发展改革委和国家能源局下发《"十四五"现代能源体系规划》，其中明确指出未来将推动构建新型电力系统，向适应大规模高比例新能源方向演进，减少碳排放。2022年1月30日，国家发展改革委和国家能源局发布的《关于完善能源绿色低碳转型体制机制和政策措施的意见》明确表示未来需要完善新型电力系统建设和运行机制，鼓励各类企业等主体积极参与新型电力系统建设，对现有电力系统进行绿色低碳发展适应性评估。2022年5月，湖北省人民政府发布的《湖北省能源发展"十四五"规划》提出积极开展电网、油气管网、电厂、终端用能等领域设备设施智能化升级。在多项利好政策频出的背景下，电力行业实现低碳转型属于大势所趋，是未来能源发展的新方向。

（2）行业背景

目前，我国发电行业的企业大多以火力发电为主，对环境影响严重。电力行业是控制碳排放的主要部分，也是推动经济高质量发展、实现"双碳"目标的主力军。根据国际能源署发布的《CO_2 Emissions in 2022》，2022年全球与能源相关的二氧化碳排放量再创新高，达到368亿吨以上，比2021年增加了3.21亿吨。根据中国电力企业联合会发布的《中国电力行业年度发展报告2023》，2022年我国二氧化碳排放总量约为121亿吨，比去年减少了2 300万吨。其中，全国单位发电量二氧化碳排放约为541克/千瓦时，比2005年下降了36.9%。由此可见，中国电力绿色低碳转型成效显著，电源结构优化调整步伐加快。

与此同时，电力行业的股票行情涨势可喜，电力股纷纷震荡走高，关联指数中证全指电力指数、绿色电力指数强势上涨。截止2024年3月11日，电力行业股票市场的企业总市值共29 944.30亿元，上涨家数为59家。电力行业的碳股票上涨与国家对电力基础设施建设的持续投入有关。未来随着电力需求的增长，电力股也将继续保持积极的走势。目前，电力板块的龙头企业有长江电力（600900）、三峡能源（600905）、建投能源（000600）、大唐发电（601911）等，其中，长江电力在2023年进行两次增发，分别发行了9.219亿股以及8.044亿股，共净募集资金321.5亿元，在2024年3月其股价维持在25元以上，相较于2023年的发行价17.46元和20.01元，涨势明显。

11.3.2　长源电力股份有限公司介绍

（1）基本概况

国家能源集团长源电力股份有限公司（以下简称长源电力）于1995年在湖北省武汉市成立，是国家能源投资集团有限责任公司控股的上市公司。2000年3月，公司在深圳证券交易所上市。2003年，公司按照电力体制改革方案划归到中国国电集团公司，成为国有企业。长源电力的主营业务为电力、热力生产和销售，业务板块主要包括火电、水电、新能源发电和售电业务。

　　长源电力一直都以"国家能源、责任动力"为经营理念，自2014年湖北省碳排放权交易市场试点正式启动后，便持续推动能源产业绿色低碳转型。长源电力从2014年开始优化发电结构，不再局限于火力发电，出资6 500万元对广水风电增资，对中华山风电项目开始开发建设。之后，长源电力便持续拓展风力发电和生物质发电，大大减少了二氧化硫、氮氧化物及烟尘的排放。2020年，中华山风电项目成功完成，共有25台风力发电机并网发电，装机容量为4.95万千瓦。目前公司正在运行的风电装机总容量达到19.3万千瓦，成为长源电力第二大发电来源，清洁能源装机比例达到13.55%。

　　此外，长源电力还采取了其他减少排放污染物的措施，如在2016年进行机组超低排放改造并通过了湖北省环保厅验收；在2018年开展13项环境保护治理项目，主要工作包括环保设备维护和现场整治工作、机组超低排放改造、煤场和输煤全线扬尘治理等，确保公司的环保指标达标，提高装置的工作效率及可靠程度，尽量减少排放。2022年，长源电力共投入约1.1亿元用于火电单位环保治理，可减少二氧化碳排放约8万吨/年。

　　长源电力在2021年增发碳股票前的主要持股人为国家能源投资集团有限责任公司、湖北能源集团股份有限公司以及湖北正源电力集团有限公司，其原有股权结构情况见表11-17和表11-18。

表11-17　　　　　　　　　　　长源电力原有股权结构表

项目	数量	比例
一、无限售条件股份	1 108 284 080	100.00%
人民币普通股	1 108 284 080	100.00%
二、股份总数	1 108 284 080	100.00%

资料来源：作者根据长源电力年报整理。

表11-18 长源电力原有持股情况（2020年）

前10名股东持股情况			
股东名称	股东性质	持股比例	报告期末持股数量
国家能源投资集团有限责任公司	国家	37.39%	414 441 332
湖北能源集团股份有限公司	国有法人	12.80%	141 810 725
湖北正源电力集团有限公司	境内非国有法人	1.29%	14 286 242
王梓煜	境内自然人	1.12%	12 411 700
李丽	境内自然人	0.63%	6 932 100
陆玉芝	境内自然人	0.28%	3 146 828
杭兰芳	境内自然人	0.28%	3 106 721
黄锐泉	境内自然人	0.27%	3 040 000
吕宜新	境内自然人	0.27%	3 000 000
何保林	境内自然人	0.25%	2 776 107

资料来源：作者根据长源电力年报整理。

（2）财务状况

2019—2022年，长源电力的盈利能力较弱，不够稳定，总资产报酬率、毛利率等指标从2019年起接连大幅下降，后又在2022年小幅上升。其中，2020年公司盈利能力下降主要有两个原因：一是受到新冠疫情和夏秋两季汛情、省内水电出力较大等因素影响，企业火电机组发电量、利用小时数同比大幅下滑。2020年长源电力完成发电量145.5亿千瓦时，同比减少43.11亿千瓦时。二是电力市场化改革向纵深迈进，全省直接交易规模同比增长，公司火电机组市场化交易电量占比增加，售电均价有所下滑。2021年，受市场及政策的影响，长源电力所属火电入炉综合标煤单价大幅上升，资产负债率也从2020年后持续上升，从53.96%上升到68.04%，高于同行业可比上市公司平均水平。对此长源电力称是受到了经济增速放缓以及煤价持续高位的负面影响，而长源电力正在持续发展新能源业务，需要大量资本支出。现金流量比率的大幅度下降说明了长源电力的偿债能力正在逐渐下降，变现能力不够，这是因为长源电力对光伏发电等新能源业务增加了支出，但营业收入并没有相应增加。未来随着业务的拓展，该比率可能会逐渐上升。不仅如此，长源电力的经营活动现金流量净额从 2020 年到 2021 年经历断崖式下跌，从 15.83 亿元下降至 6.558 亿元，说明其 2021 年的经营状况受到了很大的影响，可能是长源电力的经营重心偏移所致。

长源电力 2019—2022 年的基本财务状况见表 11-19。

表 11-19　　　　　　　长源电力 2019—2022 年主要指标

指标	2019 年	2020 年	2021 年	2022 年
总资产报酬率（%）	6.00	3.65	-0.12	0.45
毛利率（%）	16.15	11.96	1.33	4.84
净利率（%）	7.78	6.19	-0.21	0.84
营业利润率（%）	11.08	8.63	-0.69	1.61
资产负债率（%）	54.65	53.96	59.15	68.04
现金流量比率	0.42	0.224	0.077	0.062
经营活动的现金流量净额（亿元）	16.53	15.83	6.558	6.760

资料来源：作者根据长源电力年报整理。

11.3.3　长源电力碳股票发行动因

（1）政策驱动

自 2016 年始，国家大力推进环保政策，导致煤炭大量减产、价格上涨，进而使长源电力整体盈利能力大幅度下降，公司净利率从 2019 年至 2021 年逐年下降，由 7.78% 下降为 -0.21%。环保政策的变化对长源电力这类重污染企业有着较大的冲击，倒逼企业进行转型与改革。另外，国家发展和改革委员会和国家能源局提出未来需要完善新型电力系统建设和运行机制，鼓励各类企业等主体积极参与新型电力系统建设，对现有电力系统进行绿色低碳发展适应性评估。在多项利好政策频出的背景下，电力行业实现低碳转型是大势所趋，是未来能源发展的新方向。长源电力借此利好政策发行碳股票，有助于积极促进企业转型。

（2）投建光伏发电项目需募集巨额资金

为深入贯彻新发展理念、顺应低碳化发展趋势、优化公司电源结构，增加新能源发电装机比重，长源电力拟以现金方式出资 13 475 万元，在湖北省汉川市设立全资子公司"国能长源汉川新能源有限公司"，并以其为主体投资建设汉川市南河乡渔光互补光伏发电项目。

此项目需要投入大量资金，根据长源电力 2021 年年报可知，公司的资产负债率高达 59.15%，流动负债占比较高，超过总负债额的一半，偿债压力较大；自由现金流量为 -182 290.73 万元，自由现金流无法覆盖预期的资本支出和债务偿还，资金缺口较大，急需募集资金。

（3）践行社会责任，紧抓产业转型

长源电力恪守"国家能源，责任动力"理念，近年来持续推动能源产业绿色低碳转型。2022 年，长源电力共投入约 1.1 亿元用于火电单位环保治理，可减少二氧化碳排放约 8 万吨/年；旗下湖北新能源公司风力发电较火电可减少二氧化碳排放约 42.6 万吨/年。长源电力将持续聚焦国家战略需求和产业转型升级领域，以央企担当落实能源保供责任，并以"双碳"目标为机遇，推动企业高质量转型发展，努力建设成为一流综合能源示范企业。

随着全球可再生能源需求的增加和环境保护意识的提高，光伏产业作为一种清洁、可持续的能源形式具有巨大的发展潜力。光伏发电技术不仅可以减少碳排放、降低对传统化石能源的依赖，还可以为地区经济带来就业机会和经济增长。因此，长源电力将光伏项目作为重点投资领域之一，符合当前能源转型和可持续发展趋势的战略决策。另外，随着环保政策的不断收紧，高污染企业面临着更为严峻的法律、经济和社会压力，政府正在通过设定更严格的排放标准、加强环境审批和执法力度以及提高罚款金额来惩戒高污染企业，迫使企业改善其环境表现，减少对环境的不良影响，遵守环保法规并履行社会责任。

11.3.4 长源电力碳股票（增发）的发行过程

（1）股票基本情况

长源电力是国电长源电力股份有限公司发行的一只股票，属于碳中和概念股。公司主营电力、热力生产，其电力热力产品均在湖北省就地消纳和销售。2017年，公司以增资扩股方式参股湖北碳排放权交易中心有限公司。同时，公司将持续优化能源结构，积极推进水电、风电、光伏等非化石绿色能源减排项目。

（2）股票增发明细

长源电力股票增发详细情况见表11-20。

表11-20 长源电力股票增发详细情况

增发时间	实际增发 （亿股）	募集资金 （亿元）	增发价格 （元/股）	增发用途
2023-08-07	30.00	—	—	①汉川市新能源百万千瓦基地二期项目； ②汉川市新能源百万千瓦基地三期项目； ③国能长源随州市随县百万千瓦新能源多能互补基地二期100MW项目； ④国能长源荆门市源网荷储百万千瓦级新能源基地100MW光伏项目； ⑤国能长源潜江浩口200MW渔光互补光伏发电项目； ⑥国能长源谷城冷集镇230MW农光互补光伏发电项目； ⑦国能长源荆州市纪南镇100MW渔光互补光伏发电项目； ⑧国能长源巴东县沿渡河镇10MW农光互补光伏发电项目； ⑨国能长源荆门市屈家岭罗汉寺70MW农光互补光伏发电项目（一期）； ⑩国电长源谷城县盛康镇50MW农光互补光伏发电项目； ⑪补充流动资金
2022-01-20	2.00	11.89	6.01	①支付本次交易现金对价； ②偿还银行贷款； ③支付本次中介机构费用
2021-04-27	14.41	52.03	3.61	购买国电湖北电力有限公司85%股权
2007-10-12	1.84	11.40	6.30	①投资公司控股的国电长源荆门发电有限公司所属荆门发电三期2台60万千瓦机组工程建设； ②投资公司控股的湖北恩施老渡口水电开发有限公司所属恩施老渡口水电2台4.5万千瓦机组工程建设； ③剩余资金用于偿还银行贷款

资料来源：作者根据东方财富网数据整理。

由表11-20可知，长源电力先后进行了四次增发股，并在湖北省设立各个能源子公司，投资多个新能源项目。由于从2020年开始长源电力才新增碳交易概念股，因此实际上后面的三次增发属于碳股票。

2021年4月27日，长源电力向国家能源集团发行股份1 441 376 398股，新增普通股份的发行价格为3.61元/股，并支付现金购买其持有的湖北电力100%股权。本次重组交易采用发行股份及现金支付交易对价。其中，交易作价的85%即520 336.88万元以发行股份的方式支付，交易作价的15%即 91 824.16万元以现金的方式支付。在本次重组交易中，长源电力向国家能源集团新增发行股份数量为1 441 376 398股，均为国有法人持股的限售股类型。上述股份自发行完成日起36个月内将不以任何方式转让。

2022年1月20日，长源电力通过非公开发行方式在深交所上市，向不超过35名符合条件的投资者增发股票以募集配套资金。本次募集资金主要用于偿还银行借款、补充流动资金，以支持公司主营的电力、热力生产和销售业务，共计募集约2亿股。

长源电力最近一次股票的增发是在2024年1月16日，计划非公开增发不超过8.248亿股，募集资金不超过30亿元。

股票发行实施后涉及资金的筹集与使用。增发成功后，长源电力按照预定用途将募集到的资金投入湖北省内多个光伏发电项目的建设，从而贯彻新发展理念，顺应低碳化发展趋势，落实"碳达峰、碳中和"战略，优化公司的电源结构，增加新能源发电装机比重，以在新能源领域占据一定的市场份额。由此可见，发行碳交易概念股能对企业的资本运作、业务发展起到至关重要的作用。

11.3.5　长源电力发行碳股票的经济后果

（1）宏观层面

①助力碳金融市场的发展

长源电力通过发行碳股票，助力碳交易市场不断完善，为碳交易市场参与者提供了更加灵活和多元的减排选择，推动了新的市场机制的建立。这种市场机制通过经济激励和创造经济增长机会，促进了低碳技术和清洁能源的发展，推动了经济的转型和发展。高排放企业需要购买额外的排放配额，从而为低碳企业提供了经济竞争优势。这种竞争优势激励企业进一步减少碳排放、提高能源效率，采用更环保的生产方式。这不仅有助于减缓全球气候变化，还为企业创造了新的经济增长点。

②宏观经济稳定性增强

企业通过新增碳交易概念股可以将碳排放的标准市场化，起到宏观调控的作用。政府通过灵活地控制碳排放的目标，可以在实现碳达峰、碳中和的国际目标的同时，保持宏观经济的稳定发展，避免因强制性行政手段带来的短期冲击。

（2）微观层面

①缓解企业融资压力

长源电力发行碳交易概念股股票的最大作用就是缓解了企业的融资压力。长源电力2022年增发股所募集的配套资金大部分被用于偿还银行贷款。其年报数据显示，长源电力的资产负债率由2019年6月30日的58.46%增长到2023年6月30日的69.87%，增长了大约10%。同时，长源电力的净利润增长率到2023年显著增长到290.88%，利润增长幅度大于资产负债率的增长幅度。

由此可见，发行碳交易概念股给长源电力带来的是正面效益，企业获得了更多的资金支持，便可进行大规模的投资或扩张。因此，2023年长源电力继续筹集资金投资于低碳项目和减少碳排放的技术研发与改造，这对企业和社会都有双向的积极作用。

长源电力2019—2023年的主要财务数据见表11-21。

表11-21 　　　　　　　　长源电力2019—2023年的主要财务数据 　　　　　　　　单位：亿元

日期	2023年6月30日	2022年12月31日	2022年6月30日	2021年12月31日	2021年6月30日
基本每股收益（元）	0.14	0.04	0.04	−0.01	0.1
净利润增长率（%）	290.88	0	−62.26	−102.53	4.54
偿还能力指标：					
资产负债比率（%）	69.87	68.05	59.02	59.15	58.4
盈利能力指标：					
总资产报酬率（%）	1.17	0.45	0.41	−0.12	1.24
发展能力指标：					
营业利润增长率（%）	251.25	0	−55.85	−106.49	−2.93
净利润增长率（%）	290.88	0	−62.26	−102.53	4.54
净资产增长率（%）	4.2	1.56	1.27	0.62	−8.37
日期	2020年12月31日	2020年6月30日	2019年12月31日	2019年06月30日	
基本每股收益（元）	0.32	0.12	0.52	0.23	
净利润增长率（%）	−38.18	−47.74	174.57	955.17	
偿还能力指标：					
资产负债比率（%）	54.66	55.27	54.65	58.46	
盈利能力指标：					
总资产报酬率（%）	3.65	1.36	6	2.71	
发展能力指标：					
营业利润增长率（%）	−39.5	−37.72	164.04	563.77	
净利润增长率（%）	−38.18	−47.74	174.57	955.17	
净资产增长率（%）	−0.22	−1	22.89	10.08	

资料来源：作者根据巨潮资讯网数据整理。

②加强企业内部管理

长源电力发行碳交易概念股对于企业内部管理、经济决策同样具有积极影响。企业需要加强各项指标的管理，严格检测碳排放量，提高企业的环境管理水平和环保意识，以适应碳交易市场的规则和要求。否则，在碳交易市场中，企业超排、多排都需要付出相应的成本。

另外，随着全球碳市场的发展和完善，碳排放权成为一种可交易的资产，被更多的投资者所熟知，碳排放权逐渐具备金融属性。因此，长源电力发行碳股票也有助于企业进行风险管理，转移碳排放的风险，利于企业的长期稳定运行。

③提升企业发展能力和形象

长源电力发行的碳交易概念股提升了企业的发展能力和品牌形象。在2020年年底新增碳交易概念股后，长源电力的各个发展能力指标有了显著的增长。因此，公司发展向好后，于2023年紧跟新能源项目建设趋势，加快发展清洁可再生能源，提升公司的盈利能力和市场竞争力，为公司实现高质量发展营造良好条件。

④有助于公司绿色转型

长源电力将2023年增发的碳股票所募集的资金投资于各低碳项目，有助于公司的绿色转型，促进了光伏等新能源业务的发展，满足了公司加快建设一流综合能源企业的内在要求，以及公司补短板、强弱项、优化电源结构的需要。公司的"十四五"发展规划明确了要大力发展新能源，将其作为重中之重，切实调整优化电源结构，进一步推进低碳转型。本次向特定对象发行股票，是落实公司发展战略的重要举措，是公司在"十四五"期间抢抓发展机遇、实现健康绿色转型发展的绝佳选择。

11.4　本章小结

本章继续介绍了碳金融各种产品形式产生的政策背景与行业背景、形成动因、具体运用过程以及实施成效。碳信托案例为"海油发展碳信托案例"，碳资产支持证券化案例为"龙源电力碳资产支持证券化案例",碳股票案例为"长源电力碳股票案例"。

本章在进行政策与行业背景介绍时,主要梳理和介绍了一些重要的相关政策和企业所在行业发展的概况;在动因方面,着重从政策动因、企业战略、资金压力等方面展开分析;在产品运行过程方面,主要介绍了产品的设计内容、发行步骤或交易机制等;在实施成效方面主要从财务、推动低碳发展的角度进行了介绍。

思政专栏

随着我国的城市发展和消费升级,餐饮行业发展迅速,餐厨垃圾的产生也逐年递增。生活垃圾"减量化、无害化、资源化"处理已成基础设施建设的刚性需求。餐厨垃圾分类和处理是城镇环境基础设施的重要组成部分,也是开发 CCER 指标的重要来源。S 公司是某集团旗下专注于有机废物处置与资源化利用项目投资运营的上市公司,作为固废处理领域的头部企业,在餐厨垃圾处理行业中依靠技术优势提前布局近20个餐厨垃圾资源化利用项目,形成规模化发展格局,日处理总量约4 000 吨。

目前,S 公司将现有餐厨垃圾资源化利用项目作为碳资产储备项目,根据项目规模和服务时间测算,预计待开发的存量碳减排指标达 600 万吨。S 公司聚焦餐厨有机废弃物处理及废弃食用油脂资源化利用,通过对餐厨废物处置与资源化利用项目,输出工业级混合油、沼气、天然气、化肥、土壤改良剂等产品,真正使餐厨垃圾变废为宝。废弃食用油脂是最具市场前景的生物质柴油原料之一,因其可再生利用的属性成为世界公认的"减碳"明星产品。

S 公司与某信托携手发布某碳信托计划,通过这种方式进行碳减排指标开发和交易,盘活了"碳资产",实现绿色可持续发展。

问题:请简要陈述 S 公司发布某碳信托的实施效果。

分析:通过发行此信托计划,S 公司盘活了 CCER 碳资产,使碳资产提前变现,满足了公司资金需求；同时也助推了行业积极探索绿色金融新业态、构建绿色低碳生态圈；促进了经济社会与资源环境协调可持续发展，为当地构建新经济发展格局、推动生态保护和高质量发展贡献了金融力量。

思考题

（1）海油发展开展碳信托业务的背景是什么？

（2）简单介绍近年来海油发展碳减排的情况。

（3）海油发展开展碳信托业务的动机是什么？

（4）请分析龙源电力2017—2021年的财务状况。

（5）龙源电力发行碳资产支持证券产品的动因有哪些？

（6）发行碳资产支持证券产品对龙源电力有哪些积极的影响？

（7）请结合案例资料列举长源电力发行碳股票的背景和原因。

（8）长源电力发行碳股票对于企业的经营业绩、发展战略有何影响？

（9）长源电力属于电力行业，电力行业发行碳股票会带来哪些机遇？

主要参考文献

［1］ 易兰，李朝鹏，徐缘.碳金融产品开发研究：国际经验及中国的实践［J］.人文杂志，2014（10）：47-54.

［2］ PAUL C H.Finance – supporting the transition to a global green economy ［EB/OL］.［2024-05-10］. United Nations Environment Programme，http：//www. unep. org/greeneconomy/Portals/88/documents/ger/GER_15_Finance.pdf，2011.

［3］ UNITED NATIONS ENVIRONMENT PROGRAMME FINANCE INITIATIVE. Green financial products and services – current trends and future opportunities in North America ［EB/OL］.［2024-05-13］. http：//www.unepfi.org/fileadmin/documents/greenprods_01.pdf，2007.

［4］ BARCLAYS. Barclays Breathe More Easily ［EB/OL］.［2024-04-23］. http：//www. newsroom. Barclays. co. uk/content/Detail. asp? ReleaseID=1029&NewsAreaID=2，2007.

［5］ CITIGROUP.Managing Our Environmental Performance ［EB/OL］.［2024-04-23］. http：//www.citi.com/citi/citizen/data/cr08_ch10.pdf，2009.

［6］ UNITED NATIONS ENVIRONMENT PROGRAMME FINANCE INITIATIVE. Green Financial Products and Services – Current Trends and Future Opportunities in North America ［EB/OL］.［2024-07-23］. http：//www.unepfi. org/fileadmin/documents/greenprods_01.pdf，2007.

［7］ CLIMATE BONDS INITIATIVE.Bonds and Climate Change – the State of the Market in 2013 ［EB/OL］.［2024-06-23］. http：//www.climatebonds.net/wp-content/uploads/2013/08/Bonds_Climate_Change_2013_A4.pdf，2013.

[8] 郭濂.低碳经济与环境金融：理论与实践［M］.北京：中国金融出版社，2011.

[9] WORLD BANK.Prototype Carbon Fund［EB/OL］.［2024-08-23］.http：// wbcarbonfinance.org/PCF.

[10] WORLD BANK.Danish Carbon Fund［EB/OL］.［2024-07-23］.http：// wbcarbonfinance.org/DCF.

[11] 丛静，冯敏.碳金融模式下的风险分析研究［J］.经济研究导刊，2018 （34）：98-100.

[12] 林佐明.碳金融业务发展探索［J］.中国金融，2018（11）：86-87.

[13] 夏西强.基于政府不同策略普通/低碳产品制造商竞争机理研究［J］.软科学，2017（4）：139-145.

[14] 佘孝云，姚烨彬，何斯征，等.碳排放交易机制及发展前景［J］.能源与环境，2016（6）：9-11.

[15] 聂佳佳，林晴.面对多个企业竞争情形下的低碳产品选择策略［J］.运筹与管理，2016（6）：274-281.

[16] 潘家华.碳排放交易体系的构建、挑战与市场拓展［J］.中国人口·资源与环境，2016（8）：1-5.

[17] 课题组.发展中国绿色金融的逻辑与框架［J］.金融论坛，2016（2）：17-28.

[18] 王扬雷，王曼莹.我国碳金融交易市场发展展望［J］.经济纵横，2015，（9）：88-90.

[19] 魏庆坡.碳交易与碳税兼容性分析——兼论中国减排路径选择［J］.中国人口·资源与环境，2015（5）：35-43.

[20] 李峰，王文举.中国试点碳市场配额分配方法比较研究［J］.经济与管理研究，2015（4）：9-15.

[21] 谢一鸣.我国碳排放权交易法律制度研究［D］.赣州：江西理工大学，2013.

[22] 杨星.碳金融概论 [M]. 广州：华南理工大学出版社，2014.

[23] 蓝虹.碳交易市场概论 [M]. 北京：中国金融出版社，2022.

[24] 乔海曙，刘小丽.碳排放权的金融属性 [J]. 理论探索，2011（3）：61-64.

[25] 庄子罐，陈思翀.气候变化与可持续发展银行 [M]. 北京：经济科学出版社，2023.

[26] 杨星，范纯.碳金融市场 [M]. 广州：华南理工大学出版社，2015.

[27] 冯楠.国际碳金融市场运行机制研究 [D]. 长春：吉林大学，2016.

[28] 阳晓伟.公地悲剧的思想史研究 [M]. 北京：生活·读书·新知三联书店，2022.

[29] 高鸿业.西方经济学（微观部分）[M]. 北京：中国人民大学出版社，2018.

[30] 潘家华，王遥，崔莹.气候金融 [M]. 北京：中国社会科学出版社，2021.

[31] 束兰根，顾蔚.绿色金融基础读本 [M]. 南京：南京大学出版社，2020.

[32] FERREIRA, REIS LD, SEQUEIRA T N.Climate change and global development: market, global players and empirical evidence [M]. Berlin: Springer International Publishing，2019.

[33] 莫大喜，王苏生，常凯.碳金融市场与政策 [M]. 北京：清华大学出版社，2013.

[34] 国际碳行动伙伴组织.全球碳市场进展：2022年度报告 [R]. 柏林：国际碳行动伙伴组织，2022.

[35] 李泓江，田江.碳中和的政策与实践 [M]. 成都：四川人民出版社，2022.

[36] ZHOU K, LI Y.Carbon Finance and Carbon Market in China：Progress and challenges [J]. Journal of Cleaner Production，2019：536-549.

[37] 许瑢.关于国际碳金融市场的比较研究与相关思考 [J]. 现代金融导刊，2022（12）：39-45.

[38] 黄娟.构建多元化碳金融产品和服务体系 [J]. 中国外资，2023（16）：12-14.

［39］ 蓝虹.碳金融与业务创新［M］.北京：中国金融出版社，2012.

［40］ 曾悦.碳期货定价方法及价格预测技术综述［J］.新型工业化，2017（2）：81-88.

［41］ 鲁政委，汤维祺.碳金融衍生品的意义和发展条件［J］.金融发展评论，2017（1）：42-52.

［42］ 洪卉.证券投资基金投资管理学［M］.北京：中国经济出版社，2019.

［43］ 孙晋.人民币升值背景下企业防范汇率风险策略［J］.合作经济与科技，2012，（4）：66-68.

［44］ 杨丽娜.碳金融交易原理及衍生产品研究［D］.北京：首都经济贸易大学，2011.

［45］ 韩学义.中国碳金融衍生品市场发展的几点思考［J］.中国产经，2020（8）：151-154.

［46］ 谢庆裕，高国辉.国内首宗互换型碳交易昨在粤产生［N/OL］.南方日报，2015.

［47］ 刘峥.基于期权定价模型的钢铁企业废旧资源公允价值研究［J］.商讯，2022（9）：125-128.

［48］ 唐洁.论述"套期会计"运用于金融衍生工具的确认和计量［J］.中国集体经济，2022（16）：148-150.

［49］ 王春卿.欧洲期货交易所［M］.北京：中信出版社，2007.

［50］ BLACK F, SCHOLES M.The Pricing of Options and Corporate Liabilities ［J］. The Journal of Political Economy，1973，81（3）：637-654.

［51］ 陈敏敏.我国碳交易定价适用方法的研究［D］.西安：西安理工大学，2017.

［52］ 刘致嘉.碳排放期权研究文献综述［J］.现代经济信息，2018（16）：9-10.

［53］ XU L, DENG S J, THOMAS V M.Carbon emission permit price volatility reduction through financial options ［J］. Energy Economics，2016，53：248-260.

[54] 刘婧.我国碳金融市场的跨期交易机制研究［J］.山东工商学院学报，2018，（6）：19-26.

[55] LIU Z，HUANG S.Carbon Option Price Forecasting based on Modified Fractional Brownian Motion Optimized by GARCH Model in Carbon Emission Trading［J］.The North American Journal of Economics and Finance，2020，55：301-307.

[56] 金晨曦，魏晓浩.我国首个碳市场走势的统计指数——创建置信碳指数意义初探［J］.上海节能，2014（7）：15-17.

[57] 黄可欣.基于碳价指数的中国碳排放权价值评估研究［D］.武汉：中南财经政法大学，2021.

[58] 朱丽娜.碳市场价格指数编制研究［D］.天津：天津科技大学，2017.

[59] 翁智雄，葛察忠，段显明，等.国内外绿色金融产品对比研究［J］.中国人口·资源与环境，2015，25（06）：17-22.

[60] 杨钊，马昊.碳排放权质押贷款研究［J］.开发性金融研究，2022（06）：11-22.

[61] 倪受彬.碳排放权权利属性论——兼谈中国碳市场交易规则的完善［J］.政治与法律，2022（02）：2-14.

[62] 蔡顼.我国企业的碳金融实践［J］.时代金融，2022（05）：60-63.

[63] 唐福勇.首单碳债券支持节能环保产业［N］.中国经济时报，2014-5-16（003）.

[64] 彭雅愉，邓翔.中国碳债券发展的制约因素探析［J］.当代经济，2017（25）：66-67.

[65] 李昱，邓宇.国际碳债券发展现状及展望［J］.银行家，2011（06）：93-95.

[66] 拉巴特，怀特.碳金融：碳减排良方还是金融陷阱［M］.北京：石油工业出版社，2010.

[67] 张伟.碳中和背景下绿色金融的研究进展与前瞻[J].经济体制改革，2023
(01)：14-23.

[68] 骆彦佳."双碳"目标下金融产品：开发实践与现实挑战[J].海南金融，
2022 (08)：45-55.

[69] 高清霞，陈琪，志学红.国外商业银行碳金融业务创新发展及其对我国的启
示[J].环境与可持续发展，2018，43 (04)：112-115.

[70] 徐广军，孟倩，葛察忠，等.探索我国环保产业融资新模式——"绿色信
托"[J].环境保护，2011 (18)：36-39.

[71] 漆艰明.绿色信托大有可为[J].中国金融，2021 (20)：36-37.

[72] 谢晶晶.如何以信托服务创新实现融资便利[N].金融时报，2022-11-
28 (12).

[73] 姜枫，张怡超.绿色资产支持证券融资方式探析[J].产业创新研究，2019
(07)：36-38，48.

[74] 夏慧慧.绿色资产证券化信用增级的困境与突破探究[J].西南金融，2019
(06)：13-20.

[75] 撖销霖.我国碳中和股票指数编制与价值研究[J].中国林业经济，2022
(06)：100-104.

[76] 葛察忠，翁智雄，段显明.绿色金融政策与产品：现状与建议[J].环境保
护，2015，43 (02)：32-37.

[77] 龚振庭，陈妍蓓.碳交易市场、能源市场与低碳股票市场的风险溢出效
应——基于联合溢出指数模型的实证研究[J].新疆财经，2023 (05)：
16-28.

[78] 秦天程.传统能源及碳交易价格与新能源股价——基于VAR和CAPM-
GARCH模型的分析[J].技术经济与管理研究，2014 (12)：120-124.

[79] 陶春华.我国碳排放权交易市场与股票市场联动性研究[J].北京交通大学
学报（社会科学版），2015，14 (04)：40-51.

[80] 李若愚.我国绿色金融发展现状及政策建议 [J]. 宏观经济管理，2016 (01)：58-60.

[81] 余婷，段显明，葛察忠，等.中国绿色股票指数的现状分析与发展建议 [J]. 环境保护，2018，46 (18)：42-46.

[82] 史蓉.碳中和背景下碳中和概念股的投资机会与投资策略 [J]. 科技和产业，2021，21 (10)：208-211.

[83] 韩国文，樊呈恒.企业碳排放与股票收益——绿色激励还是碳风险溢价 [J]. 金融经济学研究，2021，36 (04)：78-93.

[84] 周洲，钱妍玲.碳保险产品发展概况及对策研究 [J]. 金融纵横，2022 (07)：87-91.

[85] 蓝春锋，陈恺琪，崔嵘，等."3060" 背景下我国碳保险发展路径研究 [J]. 保险理论与实践，2022 (1)：11-28.

[86] 钱研玲，周洲."双碳" 目标下碳保险发展路径研究 [EB/OL]. [2022-02-09]. https：//iigf.cufe.edu.cn/info/1012/4738.htm.

[87] 廖欣瑞，林梨，柯丹妮.碳资产管理的发展实践及启示 [J]. 福建金融，2022 (11)：9-14.

[88] 鲁政委，汤维祺.碳资产管理：起源、模式与发展 [J]. 金融市场研究，2016 (12)：29-42.

[89] 王加平.碳排放权配额存储与借贷研究 [D]. 济南：济南大学，2017.

[90] 詹诗渊.碳排放权市场的规范性构建 [J]. 中国人口·资源与环境，2023 (8)：62-68.

[91] 李竹薇，卢雪姣，杨倩倩，等.我国碳期权产品研发设计——以碳排放配额为基础标的 [J]. 投资研究，2022 (5)：53-68.

[92] 刘立新，李鹏涛.碳交易对中国低碳指数的溢出效应 [J]. 中国人口·资源与环境，2018 (7)：17-19.

[93] 冯建芬，夏传信，王春霞.碳排放权价格建模与碳债券估值 [J]. 河北经贸

大学学报，2018（1）：66-72.

[94] 段雅超.碳资产管理业务中的风险及应对措施［J］.中国人口·资源与环境，2017（5）：327-330.

[95] 周令，孙英隽.基于科斯定理对我国碳金融市场研究［J］.中国林业经济，2016（3）：14-17.

[96] 冯建芬，陈静，杜冬云，等.碳债券的估值及敏感性分析［J］.科学决策，2015（10）：17-32.

[97] 徐名宇.关于商业银行发展碳金融中间业务的思考［J］.北京金融评论，2015（2）：233-242.

[98] 吴优.我国商业银行碳金融业务及制约因素研究［J］.现代经济信息，2015（5）：311-312.

[99] 吴兴弈，刘纪显，杨翱.模拟统一碳排放市场的建立对我国经济的影响——基于DSGE模型［J］.南方经济，2014（9）：78-97.

[100] 王文乐.我国商业银行碳金融对策及风险控制［J］.科技广场，2014（5）：174-180.

[101] 王宇航.国际碳金融市场期货的价格发现功能分析［J］.现代商业，2013（33）：24-28.

[102] 周力，张宁，陈晴旖.基于低碳视角的我国金融发展对能源效率的影响［J］.企业经济，2013（10）：16-20.

[103] 王晔，刘俊伶.基于谈判的碳排放权拍卖机制设计［J］.通化师范学院学报，2013（10）：142-145.

[104] 李平.商业银行碳金融中间业务创新研究［J］.科技管理研究，2013（17）：215-219.

[105] 张晓艳，张斌.碳金融背景下我国商业银行业务创新研究［J］.未来与发展，2013（6）：67-70.

[106] 魏善吉，郭超洁.国外银行业碳金融业务开展经验及启示［J］.商业时代，

2013（13）：69-70.

[107] 何海霞.后京都时代我国碳金融市场发展研究 [J]. 当代经济管理，2013
（2）：93-97.

[108] 周游，胡卫东.我国商业银行碳金融业务创新研究 [J]. 企业经济，2012
（12）：21-23.

[109] 高亚莉.改进清洁发展机制设计和政策 [J]. 开放导报，2012 （5）：
59-61.

[110] 许传华，林江鹏，徐慧玲.碳金融产品设计与创新研究 [M]. 北京：中国
金融出版社，2016.

[111] 王镛赫.我国碳金融产品价格影响因素及定价机制研究 [J]. 时代金融，
2021 （18）：76-79.

[112] 何德旭，张雪兰.营销学视角中的金融服务创新：文献评述 [J]. 经济研
究，2009 （3）：138-154.

[113] 刘明明.论中国碳金融监管体制的构建 [J]. 中国政法大学学报，2021
（5）：42-51.

[114] 吕明星.欧盟碳金融市场的监管经验与启示 [J]. 海南金融，2022 （12）：
37-41.

[115] 潘晓滨，朱旭.我国碳金融立体式监管的法律制度设计——以"双碳"目标
为背景 [J]. 海南金融，2022 （10）：45-53.

[116] 王光远，胡蓉卿.商业银行发展碳金融和绿色金融的监管分析及建议 [J].
现代金融导刊，2022 （2）：61-67.

[117] 高晓燕.构建中国绿色金融体系——发展与实务 [M]. 北京：经济科学出
版社，2020.

[118] 清华大学国家金融研究院绿色金融研究中心.绿色金融 [M]. 北京：中译
出版社，2022.

[119] 王遥，刘倩.2012中国气候融资报告：气候资金流研究 [M]. 北京：经济

科学出版社，2013.

[120] 蓝虹.碳金融概论 [M].北京：中国金融出版社，2023.

[121] 杨勇，汪玥，汪丽.碳保险的发展、实践及启示 [J].金融纵横，2022
(3)：71-77.

[122] 秦涛，杜亚婷，陈奕多，等.林业碳汇质押贷款融资模式比较、现实困境与
突破方向 [J].农业经济问题，2023 (1)：51-63.

[123] 秦涛，杜亚婷，陈奕多.碳资产质押贷款模式比较、制约因素与发展策略
[J].福建论坛（人文社会科学版），2022 (11)：51-63.

[124] 秦诗音，王峰娟.企业绿色债券发行范例——中广核电碳债券分析 [J].财
务与会计，2017 (9)：28-29.

[125] 王颖.煤炭企业发行碳债券可行性研究——以某大型一体化经营煤企为例
[J].煤炭经济研究，2015 (2)：41-45.

[126] 邢佳琳.绿色金融推动碳中和目标实现的机理与政策研究 [D].长沙：中南
林业科技大学，2023.

[127] 华冰，张颖.绿色资产证券化对可再生能源发电行业的金融支持——以新疆
金风科技为例 [J].财会月刊，2019 (11)：171-176.

[128] 翁忠林.龙源电力发行绿色债券融资的案例研究 [D].南昌：江西财经大
学，2023.

[129] 曹雨蓓.碳排放权交易机制下电力企业低碳转型绩效评价 [D].长沙：湖南
大学，2022.

[130] 陈卓.碳市场背景下企业碳会计信息披露研究 [D].武汉：湖北经济学院，
2020.

[131] 梁易轩.疫情下碳排放权交易的上市企业绩效研究——以电力行业为例
[D].北京：北京化工大学，2022.